ullstein

Jürgen Klopp ist ein Trainer zum Anfassen – authentisch und humorvoll nimmt er Medien und Fans mühelos für sich ein. Die Bundesligisten 1. FSV Mainz 05 und Borussia Dortmund brachte er mit seinem kompromisslosen Stil in die Erfolgsspur. Doch nicht nur in Deutschland liebt man »Kloppo« – auch in England sorgt der Schwabe mit seiner selbstironischen Art und seinem Siegeswillen für Furore: Im Sommer 2019 gelang ihm mit dem FC Liverpool der Champions-League-Triumph in Madrid. Der Sportjournalist und Fußballexperte Raphael Honigstein zeichnet hier ein umfassendes Portrait von der Herkunft und dem Werdegang des beliebten Trainers.

RAPHAEL HONIGSTEIN, geboren 1973 in München, lebt seit vielen Jahren in London und ist Sportjournalist, TV-Experte und Autor. Für SPIEGEL ONLINE und 11Freunde schreibt er über den englischen Fußball, für die TV-Sender BT Sport, ESPN und die BBC berichtet er über den deutschen Fußball.

RAPHAEL HONIGSTEIN

# »ICH MAG, WENN'S KRACHT«

## JÜRGEN KLOPP – DIE BIOGRAPHIE

Aus dem Englischen von
Hans Freundl, Reiner Pfleiderer,
Hans-Peter Remmler

Ullstein

Besuchen Sie uns im Internet:
www.ullstein.de



*Für Mama und Papa*



Erweiterte und aktualisierte Ausgabe im Ullstein Taschenbuch
1. Auflage Oktober 2024

Titel der englischen Originalausgabe:
*Jürgen Klopp – Bring The Noise*, erschienen 2017
bei Yellow Jersey Press, an imprint of Penguin Random House UK
Umschlaggestaltung: zero-media.net, München
Titelabbildung: getty images / © Justin Setterfield
Satz: Pinkuin Satz und Datentechnik, Berlin
Gesetzt aus der Dante Pro MT
Druck und Bindearbeiten: CPI books GmbH, Leck
ISBN 978-3-548-07022-3

# INHALTSVERZEICHNIS

# 1

# Die Überraschung

*Glatten 1967*

Der Schwarzwald ist nicht schwarz. Genau genommen ist er nicht mal ein Wald. Jedenfalls heute nicht mehr. Vor 1800 Jahren drangen als Erste die Alemannen in diese düstere, überwucherte Wildnis vor, die den Römern so viel Furcht eingeflößt hatte. Sie rodeten den Wald, um Platz zu schaffen für Kühe und Siedlungen. Keltische Missionare aus Schottland und Irland, bewaffnet mit Äxten und ihrem Glauben, stießen weiter in das Landesinnere vor, bis die Natur bezwungen und das Böse gezähmt war. Heute liefern die Reste der Dunkelheit nur noch den Rohstoff für Alpträume von Kindern und für Kuckucksuhren.

Aus allen Teilen des Landes und auch aus dem Ausland strömen Touristen in diese Mittelgebirgslandschaft in der südwestlichen Ecke Deutschlands, um ihre Lungen und Seelen vom städtischen Schmutz zu reinigen. Nach dem Krieg wurde der Schwarzwald eine beliebte Anlaufstelle für die Filmbranche, die auf der Suche nach schönen, idyllischen Kulissen war, und ein idealer Standort für echte oder imaginäre Kliniken. Einer dieser Orte, an denen Phantasie und Realität auf magische Weise miteinander verschmelzen konnten.

Tatsächlich ist sie noch heil, die Welt – im schmucken Städtchen Glatten im Nordschwarzwald. Die blitzsauberen weißen Häuser mit ihren lebkuchenförmigen Dächern und Holzbalkonen, die sich an die Hänge schmiegen, wachen hier über den unendlichen grünen Hügeln. »Andere bauen ihr Haus auf dem Hügel, damit man die Pracht auch gut sehen kann. Der Schwabe dagegen baut das Haus in den Hang hinein, damit die Nachbarn nicht sehen können, wie viele Quadratmeter er wirklich hat«, so erklärt der frühere Grünen-Politiker Rezzo Schlauch die Bescheidenheit der Einheimischen, seiner Landsleute. »Beim Schwaben steht der neue Mercedes in der Garage und der VW vor dem Haus.«

Der Fluss Glatt (althochdeutsch für »klar, glänzend, rein«) kommt aus dem Nordwesten und fließt an der stahlverkleideten Fassade der J. Schmalz GmbH (Vakuumtechnologie) vorbei, hinein in das Städtchen, das ihm seinen Namen verdankt. Er ist ein diskreter Begleiter der Hauptstraße (an der sich ein Autohändler, eine Bank, eine Bäckerei, ein Metzger, ein Blumenladen und ein Döner-Imbiss befinden), speist etwas widerwillig ein Freibad und verlässt die Stadt hinter dem Sportplatz in Böffingen, einem kleinen Dorf, das nach Glatten eingemeindet wurde.

Das Klima ist schwierig, im Sommer regnet es viel. Die Idylle musste der Natur abgerungen werden. Es gibt grüne Weiden hier, Getreidefelder, Schweinezuchtbetriebe und Menschen mit furchterregender Entschlossenheit und großer Genügsamkeit, ein außergewöhnlich zäher deutscher Menschenschlag, der härter als hart arbeitet und sich durch nichts aus der Bahn werfen lässt. »Schaffe, schaffe, Häusle baue« – wohl in keinem anderen Landstrich kann dieses Motto größere Gültigkeit beanspruchen.

»Tag und Nacht zu schaffen gehört zum Schwaben, das hat seinen Ursprung in der Geschichte«, sagt Schlauch. »Und darin lassen sich auch die Gründe finden, warum Schwaben solch erfolgreiche Tüftler und Erfinder sind. In anderen Ge-

genden erbten immer die Ältesten die Höfe der Eltern. In Schwaben wurde gerecht und real geteilt. Das bedeutete, die Erbstücke wurden immer kleiner, und irgendwann konnte man davon nicht mehr leben. Die Nachkommen mussten sich in anderen Berufen üben, was die Tüftler und Erfinder hervorbrachte, also Leute, die nach neuen Lösungen suchen für alte Probleme.«

Hier ist es üblich, dass man alles gewissenhaft und ernsthaft macht. Das gilt auch für Spaß und Unterhaltung. Einer der vierzehn aktiven Vereine in Glatten widmet sich dem Karneval. In einem anderen sammeln sich die Freunde des Deutschen Schäferhunds.

Schuppen säumen eine kleine Straße, auf der dicke Erdklumpen liegen, die von Traktoren hinterlassen wurden, und dann taucht es auf, unmittelbar neben einem Feld: das »Haarstüble« von Isolde Reich. Ein kleiner Friseursalon und Treffpunkt, wo auch Socken verkauft werden, die eine Freundin der Inhaberin selbst strickt. Die Erlöse werden für den Kauf von Schuhen für Obdachlose gespendet.

Isolde Reich wurde 1962 als jüngere von zwei Schwestern in Glatten geboren. Ihr Vater Norbert, ein talentierter Fußballtorwart, der beim 1. FC Kaiserslautern ein Probetraining absolvierte, war ein Sportbesessener. Da er von seinem Vater in seinem Eifer gebremst wurde – dieser habe darauf bestanden, dass Norbert einen anständigen Beruf lernte und nicht versuchen solle, Profifußballer zu werden, erzählt Isolde Reich –, war seine Fußballkarriere schon vorbei, bevor sie richtig begonnen hatte. Doch seine Begeisterung für den Sport ließ er sich nicht nehmen. Er spielte Amateurfußball, Handball und Tennis und versuchte auch seiner Familie diese Leidenschaft zu vermitteln. Als seine Frau Elisabeth und seine erste Tochter Stefanie keinerlei Neigung zeigten, irgendeinen Sport zu betreiben, richtete Norbert seine Hoffnungen ganz auf Isolde. »In mein Kinderalbum schrieb er ›Isolde, eigentlich solltest du ein Junge werden‹«, erzählt sie lächelnd. »Ich war das erste Mädchen in Glatten, das Fußballtraining machte.«

Norbert war ihr Trainer, seine Methoden waren anspruchsvoll und fordernd. Er ließ die fünfjährige Isolde auf einem Sportplatz am Fluss, wo ein schwerer alter Ball an einem Seil an einem grünen Eisenbalken hing, Kopfbälle üben. Wenn ihre Körperhaltung nicht richtig war oder sie die Arme zu weit oben hielt, musste sie eine Strafrunde um den Platz laufen. »Er war hart, aber gerecht. Ein Mann mit Prinzipien und extrem leidenschaftlich«, erzählt sie heute.

Im Sommer 1967 musste Mutter Elisabeth die Familie für einen Monat verlassen. Sie war abermals schwanger. Weil bei der Geburt Komplikationen drohten, fuhr sie in ein Krankenhaus in Stuttgart, achtzig Minuten nordöstlich von Glatten. Das nächste Krankenhaus in Freudenstadt, nur acht Kilometer entfernt, war nicht ausgerüstet für Geburten per Kaiserschnitt. Stefanie und Isolde fiel es schwer, so lange ohne ihre Mutter zurechtzukommen. »Uns wurde daher versprochen: Wenn die Mutter wiederkommt, bringt sie was ganz, ganz Tolles mit.«

Doch als Norbert und Elisabeth wieder zu Hause ankamen, hielten sie ein kleines Baby auf dem Arm, das wie am Spieß brüllte. Nach einer Stunde fragten sich die beiden Schwestern, ob man dieses Wesen nicht zurückbringen und gegen etwas anderes umtauschen könnte. Ein kleiner, schreiender Bruder – was für eine miserable Überraschung!

Aber Isolde wurde schnell klar, dass sie an diesem Tag mehr als nur ein zweites, unerträglich lautes Geschwisterchen bekommen hatte. »Ab sofort stand Jürgen im Sport-Fokus des Vaters. Ich wurde vom Training am Kopfball-Pendel entbunden und durfte stattdessen Ballett tanzen und Leichtathletik machen. So gesehen war die Geburt von Jürgen mein Glück. Ich war befreit.«

# 2
# Rosenmontag: Stunde null

*Mainz 2001*

Christian Heidel gefällt die Geschichte so sehr, dass er sich allmählich fragt, ob sie so wirklich stimmt. »Ich könnte als Mainzer jetzt ja sagen, wir denken uns das mal aus. Das war aber so«, sagt er und nimmt Anlauf für einen großen Sprung: weg von seinem eher kargen Büro in der Geschäftsstelle von Schalke 04, mitten rein in eine Stadt, die lustvoll durch den Konfettiregen torkelt, während eine kleine, erfolglose Zweitligamannschaft die Party vierzig Autominuten entfernt im provinziellen, gewollt unprickelnden Exil verpasst.

Am 25. Februar 2001, einen Tag vor Rosenmontag, hatte der FSV Mainz 05 bei seinem Angstgegner SpVgg Greuther Fürth im Playmobilstadion mit 1:3 verloren. »Kloppo war leicht verletzt und war der schlechteste Mann auf dem Platz. Er musste zwanzig Minuten vor Spielende ausgewechselt werden«, erzählt Heidel. Durch die Niederlage rutschte Mainz auf einen Abstiegsplatz. »Wir waren mal wieder am Arsch«, erinnert sich der ehemalige FSV-Manager. Es gab keine Hoffnung mehr da ganz unten, kein Licht. »Wir hatten 3000 Zuschauer im Schnitt. Keiner hat sich mehr für Mainz interessiert. Alle waren überzeugt, dass wir absteigen.«

Eckhard Krautzun, der weitgereiste Trainer der Mainzer (man nannte ihn den »Weltenbummler«), hatte befürchtet, dass die Verlockungen der Fastnacht die Mannschaft vor dem schweren Spiel in Duisburg am Aschermittwoch zu sehr ablenken könnten. Das Team wurde ausquartiert. »Nachdem wir das Spiel in Fürth verloren haben, kochte die Stimmung in Mainz. Da war klar, entweder gibt es jetzt einen Trainerwechsel, oder die Mannschaft kriegt ordentlich Feuer. Wir haben uns dann drei Tage in einem Hotel in Bad Kreuznach abgeschottet, damit keiner draußen unterwegs ist«, erinnert sich der Mainzer Mittelfeldspieler Jürgen Kramny, damaliger Zimmergenosse von Jürgen Klopp.

Christian Heidel war zu Hause in Mainz geblieben. Nach Feiern war ihm jedoch nicht zumute. Die Lage war viel zu düster, um sich ins närrische Treiben zu stürzen. Dass der Trainer würde gehen müssen, war klar. Krautzun war durchaus ein angenehmer Mensch, ein erfahrener Fußballlehrer, der in einem Jubiläumsspiel von Al-Ahli in Saudi-Arabien auch schon Diego Maradona trainiert hatte, abgesehen von den Nationalmannschaften von Kenia und Kanada und zahlreichen Klubs weltweit. Aber sechs Punkte in neun Spielen seit seinem Amtsantritt im November waren eine sehr magere Ausbeute. 05 belegte wieder einen Abstiegsrang. Darüber hinaus wusste Heidel, dass sich Krautzun den Job gewissermaßen erschlichen hatte.

Krautzuns Vorgänger, der ehemalige belgische Nationalspieler René Vandereycken, war ein mürrischer, einsilbiger Mann, dessen Weigerung, mit den Spielern und den Vorstandsmitgliedern zu reden, nur noch durch seinen Widerwillen übertroffen wurde, ein stimmiges Spielsystem zu entwickeln. Er wurde in der Saison 2000/01 nach zwölf Spielen entlassen, die nur mickrige zwölf Punkte eingebracht hatten, Mainz war damit bereits mitten im Abstiegskampf. Heidel wollte einen Nachfolger, der das erfolgreiche System der Viererkette und Raumdeckung wiederbelebte, das der ehemalige Mainzer Trainer Wolfgang Frank vor sechs Jahren eingeführt hatte, eine Taktik, die in der Bundesliga damals als so modern und fortschrittlich galt, dass niemand so richtig wusste, wie man sie praktisch umsetzen konnte.

Heidel erzählt: »Ich habe jedem erzählt, dass ich einen Trainer brauche, der versteht, wie die Viererkette funktioniert. Einen, der das den Spielern beibringen kann. Und irgendwann ruft Krautzun an. Ich muss gestehen, dass ich an den überhaupt nicht mehr gedacht habe. Er war vorher bei Kaiserslautern, und das hat nicht funktioniert. Aber er hat mich so lange überredet, bis ich eingewilligt habe, mich mit ihm in Wiesbaden zu treffen. Und da hat er mir dann alles genaustens über die Viererkette erklärt. Ich dachte: Leck mich am Arsch, der weiß das ja wirklich! Ich wusste ja von Franks Training, wie die Übungen dazu aussahen. Also hab ich ihn zum Trainer gemacht. Zwei Wochen später kam Klopp zu mir und erzählte: ›Der Krautzun hat mich vor einem Monat angerufen und drei Stunden mit mir telefoniert. Der wollte wissen, wie die Viererkette geht.‹ Und so hat sie dann auch ausgesehen: Am Anfang haben wir noch ein, zwei Spiele gewonnen, und dann ging es bergab.«

Sich von Krautzun zu trennen war die vernünftige und leichte Entscheidung. Den richtigen Nachfolger zu finden war wesentlich schwieriger. Heidel durchstöberte einen ganzen Berg von *Kicker*-Jahresheften in der Hoffnung, einen geeigneten Kandidaten ausgraben zu können. »Damals gab es ja noch kein Internet. Du hast nicht gewusst, wer ist denn eigentlich Trainer in Brügge gerade. Die waren sowieso fünf Nummern größer als wir zu diesem Zeitpunkt. Das war damals einfach anders. Es gab auch kaum ausländische Trainer in Deutschland. Du hast immer im selben Teich gefischt.« Nach einer Weile legte Heidel die Zeitschriften beiseite und gestand sich sein Scheitern ein. »Dann habe ich gedacht, die einzige Chance wäre, dass wir wieder so spielen wie beim Wolfgang. Aber ich fand niemanden.«

Vielleicht kam Heidel der zündende Einfall, als er die Narren beobachtete, die an diesem Tag durch die Straßen von Mainz zogen. Der einzig logische, noch verbleibende Schritt in dieser ausweglosen Lage war, das offenkundig Verrückte zu probieren. Wenn sich kein geeigneter Trainer auftreiben ließ, sollte man es mal ohne einen Trainer versuchen?

»Und dann habe ich überlegt: Machen wir doch etwas völlig Spektakuläres. Trainieren wir uns selbst.« Es gab ja schon »ein paar richtig gute Jungs in der Mannschaft, intelligente Typen«, erzählt er, diese mussten nun jene Spieler, die nach Franks Zeit zum Verein gekommen waren, eben selbst unterweisen. Aber Fußball war immer noch Fußball, und einer musste das Sagen haben. Heidel überlegte, ob er selbst den Posten übernehmen sollte. »Ich hätte es denen durchaus beibringen können, so viele von Wolfgangs Trainingseinheiten habe ich erlebt. Aber ich hatte ja weder ein Bundesligaspiel noch ein Oberligaspiel in meiner Karriere absolviert. Das hätte doof ausgesehen. Deshalb habe ich dann Kloppo im Trainingslager in Bad Kreuznach angerufen. Der wusste überhaupt nicht, was auf ihn zukam.«

Heidel informierte den erfahrenen Rechtsverteidiger, dass es mit Krautzun nicht weiterging und dass ein Trainerwechsel unabdingbar war. »Ich habe ihm ganz ehrlich gesagt: Ich glaub, wir sind untrainierbar. Das, was wir spielen wollen, versteht hier in Deutschland keiner. Ihr, also du und die Mannschaft, ihr habt das verstanden. Aber mit den Trainern geht es wirklich nicht. Klopp hat überhaupt nicht gewusst, worauf ich hinauswill. Dann habe ich gesagt: ›Was hältst du davon, wenn wir uns selbst trainieren? Aber einer muss da vorne stehen, und das machst du.‹ Er zögerte ein paar Sekunden. Dann sagte er: ›Geile Idee. Das machen wir.‹«

Heidel rief Mannschaftskapitän Dimo Wache an, den Torwart. »Eigentlich war ja Kloppo Kapitän, aber Dimo trug die Binde. Dietmar Constantini (der Vorgänger von Krautzun) hatte sie Klopp abgenommen, weil der sich immer über die Taktik beschwerte. Der hat ihn auch auf die Bank beordert. Das geht gar nicht, Kloppo auf der Bank. Wenn der heute meckert, dass seine Spieler meckern ... Man hätte ihn mal erleben sollen, als er selbst auf der Bank saß.«

Harald Strutz, damals der Präsident des FSV Mainz, ging gerade seinen karnevalistischen Pflichten als führendes Mitglied der Ranzengarde nach, als sein Telefon klingelte. »Heidel hat mich angerufen: ›Pass auf, wir müssen den Trainer dringend wechseln‹«, erzählt Strutz in seinem Büro im Verwaltungsgebäude des Vereins, in einem Gewerbegebiet außerhalb der Stadt. In der Eingangshalle steht eine Vitrine mit Fanartikeln des FSV, darunter eine Monopoly-Version mit Heidel und Klopp auf der Schachtel. »Eckhard Krautzun hat sich da sehr fair verhalten. Er wollte zwar Trainer bleiben, aber wir haben gesagt, dass es nicht mehr geht. Dann habe ich meine Uniform ausgezogen, und wir sind nach Bad Kreuznach gefahren. Am Rosenmontag feiert eigentlich jeder in Mainz, das bedeutet aber nicht, dass jeder hier betrunken ist. Ich war jedenfalls nicht betrunken, sonst wäre ich nicht mehr gefahren. Wir haben Kloppo gefragt: ›Traust du dir das zu?‹ Er hat keine Sekunde gezögert: ›Klar, mach ich.‹«

Strutz hält kurz inne, noch immer erstaunt über die Tragweite der wichtigsten Entscheidung, die er je in seinem Amt getroffen hat. Er ist Kommunalpolitiker, Mitglied der FDP und arbeitet als Rechtsanwalt, auf seinem Konferenztisch steht ein Exemplar des Bürgerlichen Gesetzbuchs: Strutz ist ein grundseriöser Mann. Eigentlich nicht die Art von Fußballboss, die sich von einer Schnapsidee des Sportdirektors mitreißen lässt. »Es ist schon eine besondere Geschichte«, sagt er. »Aber so hat das eben angefangen. Wenn Sie wüssten, wie es damals hier ausgesehen hat … Es war ja schon eine große Leistung, dass die ganze Mannschaft überhaupt zusammengeblieben ist. Ein außerordentlicher Start für so eine Trainerkarriere. Und diese Außergewöhnlichkeit sprudelt mir immer noch ins Gedächtnis.«

Die zehn Lokaljournalisten, die sich am nächsten Tag zur Pressekonferenz in Bad Kreuznach einfanden, waren weniger euphorisch gestimmt. Heidel: »Die haben schon gewusst, was los ist. Wir haben dann die Trainerentlassung bestätigt. Und dann sagt der eine, Reinhard Rehberg, der ist heute noch Journalist in Mainz: Was macht denn Klopp hier? Die haben gedacht, wir machen mit dem Co-Trainer eine Übergangslösung. Und dann habe ich gesagt: ›Der Kloppo wird jetzt Trainer.‹ Der ganze Tisch hat gegrölt. Alle haben gelacht. Am nächsten Tag sind wir in den Zeitungen verarscht worden. Man glaubt ja immer, dass wegen Klopp alle jubeln, aber das war noch nicht der Klopp von heute, sondern der Kloppo von damals. Er war nur Spieler, er hatte keine Trainerlizenz und Sportwissenschaften studiert.«

Klopp wusste, dass die Reporter ihm nicht zutrauten, Mainz vor dem scheinbar unvermeidlichen Abstieg zu retten. Er machte sich über seine Unerfahrenheit lustig. »Ihr müsst mir sagen, was ich hier sagen soll«, verlangte er von den Pressevertretern mit breitem Grinsen.

»Und dann, das werde ich nie vergessen«, fährt Heidel fort, »als die Journalisten raus waren, sagte Kloppo: ›Wir gehen jetzt trainieren.‹ Dann sind wir zum Friedrich-Moebus-Stadion in Bad Kreuznach gefahren, und ich habe gedacht: ›Ah, das ist wieder Leben in der Bude.‹ Überall haben wieder Stangen auf dem Feld gestanden. Die Mannschaft hat wieder verschoben. Da war mir klar: Wir kehren zurück zu alten Zeiten.«

Die Spieler waren ebenso überrascht wie die Journalisten, dass Klopp ihr neuer Chef war. »Da stand auf einmal der Kloppo im Sitzungsraum. Da war der Kloppo Trainer«, erinnert sich Mittelfeldspieler Sandro Schwarz, der heute Mainz 05 trainiert. »Trotzdem war er noch immer einer von uns. Es war nicht so, dass du von nun an ›Sie‹ sagen oder auf Distanz gehen musstest. Kloppo griff mit einer natürlichen Autorität durch und traf Entscheidungen. Und die Mannschaft hatte damit kein Problem. In der schwierigen Situation, wir waren ja im Abstiegskampf, haben wir das komplett angenommen. Die Jungs, die schon länger da waren, haben danach gelechzt, wieder das 4-4-2-System zu spielen, das uns früher so stark gemacht hatte. Er hat es wieder eingeführt und ist mit seiner positiven Art voranmarschiert.«

Die erste Mannschaftssitzung unter dem neuen Trainer hinterließ einen bleibenden Eindruck bei Heidel. »Ich weiß noch, wie der Raum ausgesehen hat. In diesem Hotel in Bad Kreuznach. Der Mann hatte noch nie eine Mannschaftssitzung abgehalten, noch nie. Damals war ich noch ein bisschen schlanker und fitter, und wenn man mir Fußballschuhe gegeben hätte, wäre ich gegen Duisburg sofort aufgelaufen … Ich kannte ja schon zehn oder elf Trainer, aber so etwas habe ich noch nie erlebt. Du wolltest raus und sofort spielen. Ich habe zu meinen Vorstandskollegen gesagt, dass wir hundertprozentig gewinnen. Und ich habe mir gedacht, wenn die Spieler genauso sicher sind wie ich, dann werden wir das Spiel gewinnen. Ich kann mich nicht mehr daran erinnern, was Kloppo genau gesagt hat. Aber es war eine Mischung aus Taktik und Motivation. Wir hätten sofort spielen können. Das war diese Fähigkeit, die Mannschaft starkzureden.«

Diesen Job anzunehmen, sei »ein gefühltes Himmelfahrtskommando« gewesen, räumte Klopp zehn Jahre später auf spox.com ein. »Es ging nur um die Frage: Was kann man tun, damit wir nicht weiterhin jedes Spiel verlieren? Über Gewinnen habe ich gar nicht nachgedacht. In der ersten Trainingseinheit habe ich Stangen in den Boden gerammt und taktisch laufen lassen. Für die allermeisten waren diese Abläufe noch im Langzeitgedächtnis abgespeichert, weil wir sie ja bis zum Erbrechen unter Wolfgang Frank trainiert haben. Wir wollten das Spiel so aufziehen, dass es unabhängig war vom Gegner.« Auch im Motivationsteil seiner Ansprache klang eines von Franks Themen wieder an: dass es entscheidend darauf ankommt, »die letzten fünf Prozent zu geben« (Klopp).

Klopp habe »ganz einfache Dinge« gemacht, erzählt Kramny. »Mich zum Beispiel hat er von der rechten Position ins Zentrum genommen. Und dann gab es noch eine oder zwei Veränderungen in der Mannschaft. Heidel sagte uns, wir müssten zusammenhalten, nachdem wir es den Trainern zuvor so schwergemacht hatten. Wir fühlten uns alle verantwortlich. Viel Zeit hatten wir nicht, also was konnten wir tun? Ein bisschen spielen, ein bisschen Spaß reinbringen, Standards üben. Und dann haben wir gesagt: Okay, auf geht's. Rennen, rennen, rennen. Am Spieltag hat es gegossen wie aus Kübeln.«

Heidel erzählt: »Wir hatten 4500 Zuschauer. Es war Aschermittwoch, das ist in Mainz etwas Besonderes. Wir haben gegen den MSV Duisburg gespielt, die waren Zweiter oder Dritter. Also ein ganz heißer Aufstiegskandidat. Und ich muss ehrlich sagen: Wir haben die an die Wand gespielt. Wir haben zwar nur 1:0 gewonnen, aber die kamen überhaupt nicht vor unser Tor. Die kamen mit unserem System überhaupt nicht klar. Und die Leute im Stadion sind ausgerastet.«

Die Zuschauer auf der Haupttribüne hatten eine Menge Spaß. Sie sahen einen Mainzer Trainer, der »wie ein zwölfter

Feldspieler um die Bank rumgelaufen ist, er hat ja quasi mitgespielt«, fährt Heidel fort. »Auf die Haupttribüne passten damals ja nur tausend Leute. Die haben sich alle kaputtgelacht über den da unten. Ich weiß gar nicht mehr, wo der hingerannt ist, als das Tor fiel. Vielleicht wurde er vom Schiedsrichter vom Platz verwiesen? (Wurde er nicht – in diesem Fall). Das alles war schon sehr, sehr besonders. Man kann sagen: Das war seine Geburt. Danach ist er seinen Weg gegangen.«

# 3
# Revolution 09

*Dortmund 2008*

Ein kalter Winterabend in Marbella im Januar 2017. Die Eingangshalle des *Don Pepe Gran Melia*-Hotels sieht aus wie der Traum eines »Denver-Clan«-Bühnenbildners: weißer Marmor, goldverkleidete Säulen, Töpfe mit Palmen. Und ein Mann, der Saxophon spielt.

Mitarbeiter von Borussia Dortmund tragen Körbe mit schmutziger Wäsche vom Abendtraining an der leeren Hotelbar vorüber. Auf einem cremefarbenen Sofa sitzt Hans-Joachim Watzke und beobachtet die Szenerie mit zufriedenem Nicken. Der 58-jährige Geschäftsführer des BVB ist ein erfolgreicher Unternehmer; seine Firma Watex setzt mit Arbeitsschutzkleidung jährlich 250 Millionen Euro um. Er ist der Mann, der den Verein 2005 vor dem Konkurs gerettet hat, der Mann, der den schönen, guten Fußball ins Westfalenstadion zurückbrachte, indem er Jürgen Klopp anheuerte. Aber wie jeder echte Anhänger scheint er am allermeisten glücklich und stolz darüber, einfach nur hier sein zu dürfen beim zehntägigen Wintertrainingslager der Mannschaft in Andalusien.

»Wieso Klopp? Das ist einfach zu beantworten«, sagt Watzke und stellt seine Espressotasse ab. »Weil ab 2007 klar war, dass wir überleben würden, aber weil genauso klar war, dass wir kein Geld hatten.«

Der Ballspielverein Borussia 09 e. V. Dortmund, Deutscher Meister 1995 und 1996, Champions-League-Sieger 1997 und erneut Deutscher Meister 2002, hatte einen schmerzhaften finanziellen Niedergang erlebt. Die Einnahmen von 130 Millionen Euro durch den Börsengang im Jahr 2000 waren für teure Spieler ausgegeben worden, um im Wettrüsten mit Bayern München mithalten zu können. Doch als das Team zweimal hintereinander die Qualifikation für die Champions League verpasste, wäre der Verein 2005 unter seiner Schuldenlast von 240 Millionen Euro beinahe zusammengebrochen. »Wir waren in der Geschäftsstelle und wussten nicht, ob wir am nächsten Tag noch einen Job haben würden«, sagt der Stadionsprecher und frühere BVB-Stürmer Norbert »Nobby« Dickel. »Es war eine fürchterliche Zeit.«

»Dortmund ist eine Stadt, die für diesen Verein lebt, die extrem mit diesem Verein lebt«, sagt Sebastian Kehl. Der frühere Mannschaftskapitän erinnert sich, dass in der Stadt große Anspannung herrschte, alle hatten Angst, dass die Borussia untergehen könnte. »Taxifahrer, Bäcker, Hotelangestellte – jeder hatte Angst um seine Existenz. Und wir Spieler wussten nicht, ob es am Ende vielleicht gar keine Rolle mehr spielt, ob wir das Spiel am Wochenende gewinnen oder verlieren.«

Es war Watzke, der frühere Schatzmeister des Vereins, der schließlich den Klub rettete, als er nach dem Abtritt des buchstäblich diskreditierten Duos von Sportdirektor Michael Meier und Präsident Gerd Niebaum die Geschäftsführung übernahm. Watzke sanierte den Verein mit Unterstützung der amerikanischen Investmentbank Morgan Stanley, die ein Darlehen bereitstellte. Mehrere Kapitalerhöhungen ermöglichten es dem Verein, sein Stadion zurückzukaufen. Doch der radikale Kostensenkungsplan bedeutete auch, dass kein Geld für teure Spielertransfers mehr vorhanden war.

»Sportdirektor Michael Zorc und ich hatten uns darauf verständigt, eine junge Mannschaft aufzubauen. Marcel Schmelzer war schon da, Kevin Großkreutz kam bald danach. Wir wollten auch eine andere Art Fußball spielen. Unter Bert van Marwijk und Thomas Doll lief der Ball in der Viererkette rauf und runter, zehnmal hintereinander. Wir hatten zwar 57 Prozent Ballbesitz, aber es fehlte die Action. So kann man in Dortmund nicht spielen. Wir wollten den Leuten eine Mannschaft bieten, die bis zur Erschöpfung rannte. Das hatten wir in Mainz gesehen, als wir in den Jahren zuvor dort spielten. Man hatte immer das Gefühl, die sind eigentlich nicht besonders gut. Trotzdem haben sie es einem schwergemacht und manchmal sogar gewonnen. Weil die eine Mörder-Mentalität hatten. Und sie waren taktisch sehr gut eingestellt. Es musste also am Trainer liegen. Heute wäre es schwierig, in Dortmund einen Trainer aus der Zweiten Liga einzustellen. Damals ging das aber.«

In Dortmund war man nicht sicher, so Heidel, ob Klopp der Umstieg gelingen würde, vom Mainzer Säulenheiligen zum Erneuerer eines gefallenen Bundesliga-Giganten. Im Oktober 2007 nahm Watzke zum ersten Mal Kontakt mit dem Mainzer Geschäftsführer auf, kurz vor einem Treffen des DFB, das in Mainz stattfand. Heidel erzählt: »Watzke rief mich an und fragte, ob er bei mir mal zum Kaffeetrinken vorbeikommen könnte. Ich weiß noch, wie wir zusammensaßen. Das Thema kam schnell auf Jürgen. Ich sagte: ›Wenn ich jetzt sage, dass er top ist, dann schnappen Sie ihn mir ja weg. Ich könnte auch lügen und behaupten, er kann gar nichts. Aber dann erzählen Sie es ihm, und er wäre sauer auf mich.‹ Dann sagte ich: ›Der Kerl ist ein Bundesliga-Trainer.‹« Watzke bohrte weiter, ohne explizit über Dortmund zu sprechen. War Klopp fähig, einen großen Bundesligisten zu trainieren? »Ich sagte ihm: ›Er kann jeden

Klub der Welt trainieren‹«, erzählt Heidel. »›Weil er einen Riesenvorteil vor jedem anderen hat: Er ist wirklich intelligent. Und wenn er zu einem großen Klub geht, wird er sich darauf einstellen. Wenn Sie einen in Anzug und Krawatte brauchen, holen Sie Jürgen Klopp besser nicht. Aber wenn Sie einen Top-Trainer haben wollen, holen Sie ihn.‹ Es ging nicht darum, sofort eine Entscheidung zu treffen, aber die Dortmunder haben von da an ein bisschen genauer auf ihn geguckt. Aber sie waren noch nicht überzeugt. Watzke rief mich immer wieder an, ich weiß gar nicht mehr, wie oft. Ich sagte immer: ›Machen Sie's, machen Sie's. Sie werden den Tag nie bereuen, an dem Sie Klopp unter Vertrag genommen haben.‹«

Zeitgleich wuchsen in der Dortmunder Strobelallee die Zweifel, ob es richtig gewesen war, Thomas Doll zu engagieren. Der frühere Mittelfeldspieler der deutschen Nationalmannschaft, seit März 2007 Trainer in Dortmund, konnte die Spieler und das Publikum mit seinem quälend langweiligen Fußball nicht mitreißen. Dortmund stand näher an den Abstiegsrängen als an der Tabellenspitze und beendete die Saison auf Platz 13, der schlechtesten Platzierung seit zwanzig Jahren. Ein guter Lauf im DFB-Pokal, wo die Dortmunder im Finale im April schließlich Bayern München nach Verlängerung mit 1:2 unterlagen, konnte die Mängel nicht verdecken. »Das war vielleicht die wertvollste Finalniederlage in der Geschichte des Vereins«, schrieben Sascha und Frank Fligge in ihrem Buch *Echte Liebe*, einer Chronik des Comebacks von Borussia Dortmund in den vergangenen zehn Jahren. »Bei einem Sieg hätte sich die Vereinsführung sehr schwergetan, Thomas Doll zu entlassen, an dessen Befähigung keiner mehr glaubte. Jürgen Klopp wäre dann nie nach Dortmund gekommen. Aber die Geschichte hat eine andere Wendung genommen.« Watzke meinte später scherzhaft, die Niederlage sei Teil eines strategischen Plans gewesen, Jürgen Klopp den Weg freizumachen. Klopp hatte das Spiel in Berlin als Experte des ZDF kommentiert und gegenüber Redakteur Jan Döhling bekannt, dass er »eines Tages einmal selbst da unten an der Seitenlinie stehen« wolle. Zurück in seinem Berliner Hotel, empfingen Dortmunder Fans ihn in der Eingangshalle mit »Jürgen Klopp, du bist der beste Mann!«-Gesängen. Sie wollten, dass er den Job übernahm.

Watzke erklärt, er sei immer überzeugt gewesen, dass Klopps Persönlichkeit stark genug war, um diese Herkulesaufgabe zu bewältigen: »Seine Fernsehauftritte haben uns das Gefühl gegeben, dass er die Fähigkeit besitzt, ein großes Projekt in Angriff zu nehmen. Wir haben über keinen anderen Trainer nachgedacht, wir wollten Klopp.« Nachdem Doll am 19. Mai zurückgetreten war, brachte ein geheimes Treffen im Büro eines Freundes von Watzke im Rheinland weitere Klarheit. »Das Gespräch war großartig«, erzählt Watzke. »Wir haben ihm gesagt, wie wir es uns vorstellen, und das deckte sich ziemlich gut mit seinen Vorstellungen. Michael Zorc hatte ihn bereits einen Tag vorher getroffen. Wir wollten uns unabhängig voneinander eine Meinung bilden. Wir sind uns ja häufig einig, aber in diesem Fall waren wir uns sehr schnell einig. Die Chemie stimmte von Anfang an.«

Klopp war damals aber auch an einer anderen Art von Chemie interessiert. Bayer 04 Leverkusen, die Werks-Elf des gleichnamigen Pharmakonzerns, hatte ebenfalls ein Auge auf den Trainer geworfen. Bayer verfügte zwar nicht über das Prestige der Schwarzgelben, hatte dafür aber keine Geldprobleme und besaß einen guten, ausgewogenen Kader, dem die Qualifikation für die Champions League zuzutrauen war. »Kloppo wollte zuerst nicht nach Dortmund, er wollte nach Leverkusen«, erzählt Heidel. »Ich habe ihm gesagt, er muss nach Dortmund, schon wegen der starken

Emotionen dort. Er hatte ein Gespräch mit Wolfgang Holzhäuser, dem Sprecher der Geschäftsführung von Bayer. Die konnten sich nicht entscheiden … dann hat sich Dortmund gemeldet. Aber am Anfang war sich Kloppo nicht sicher.«

Auch die Gehaltsfrage zog sich ein wenig in die Länge, ergänzt Heidel schmunzelnd. »Eine lustige Geschichte. Als Dortmund ihm das erste Angebot gemacht hat, hat Kloppo mir gesagt: ›Du, die bieten weniger an, als ich in Mainz hatte.‹ Da habe ich gesagt: ›Keine Sorge, ich helfe dir.‹ Die Dortmunder konnten sich im Traum nicht vorstellen, dass er bei uns so viel verdient. Dann meldet sich der Watzke wieder: ›Was verdient der denn bei euch?‹ Darauf habe ich gesagt: ›Der verdient richtig Geld bei uns, er ist der wichtigste Mann. Eher würde ich bei einem Spieler sparen.‹ Watzke wollte das erst überhaupt nicht glauben. Dann haben sie sein Gehalt aufgestockt.« Klopp unterschrieb am Freitag, dem 23. Mai, morgens im Lennhof-Hotel in Dortmund einen Zweijahresvertrag und wurde um 11 Uhr im Stadion öffentlich vorgestellt.

Die Borussia hatte mehr als nur finanzielle Anreize zu bieten. Mit Josef Schneck beschäftigte sie beispielsweise einen Mediendirektor, mit dem Klopp sehr gut auskam. »Wir haben uns schon im April 2004 bei einer Veranstaltung in Köln kennengelernt«, erzählt Schneck. An diesem Abend wurde Klopp der Fairness-Preis des Verbands Deutscher Sportjournalisten verliehen als Anerkennung für sein sportliches Verhalten während des nervenaufreibenden Schlussspurts und der Nicht-Aufstiege in den beiden vorangegangenen Spielzeiten. Matthias Sammer, der damalige Trainer von Borussia Dortmund, sollte die Laudatio halten. »Wir sind mit Matthias und seiner Frau Karin hingefahren und saßen mit Klopp an einem Tisch. Es war ein sehr netter Abend«, erinnert sich Schneck.

»Ich kannte Jürgen auch von Pressekonferenzen nach den Spielen gegen Mainz«, fährt Schneck fort. »Einmal hat Mainz unter Klopp in Dortmund 1:1 gespielt. Und wie selbstverständlich gehe ich hin und sage ›Herzlichen Glückwunsch‹. Da guckt er mich an und sagt: ›Ja, dir auch.‹ Das war so ein echter Klopp. Und nachdem er hier angekommen war, während seiner ersten Wochen im Verein, hat er einmal scherzhaft zu Michael Zorc gesagt: ›Ich konnte mich lange nicht entscheiden, ob ich hier unterschreiben soll. Aber ihr habt einen anständigen Pressesprecher, da konnte der Verein ja so schlecht nicht sein.‹«

Dazu kam, dass nur wenige Vereine auf solch leidenschaftliche Anhänger zählen konnten. Die berühmte »Gelbe Wand« im Signal Iduna Park, die größte Stehplatztribüne Europas mit knapp 25 000 Plätzen, bringe die Fußballleidenschaft zum Ausdruck, die in ihm brenne, erklärte Klopp den Reportern bei seiner Vorstellung als Trainer. »Wer schon einmal da unten auf dem Platz gespielt hat, der weiß, dass die Gelbe Wand etwas ganz Besonderes ist, mit das Eindrucksvollste, was man im Fußball findet. Es ist für mich eine Ehre, Trainer des BVB zu sein und dem Verein dabei zu helfen, wieder richtig in die Spur zu kommen. Ich habe eine Riesenlust, hier mit der Arbeit anzufangen.« Ob es ein großer Schritt für ihn sei vom Karnevalsverein Mainz 05 zu einem der traditionellen Schwergewichte der Liga, wollte ein Journalist wissen. »Wir sind in Mainz nicht von einer Prunksitzung zur nächsten geschwankt«, antwortete Klopp und lächelte. »Wir haben mit großer Disziplin gearbeitet. Ich habe das Gefühl, dass ich gut vorbereitet bin.«

In der Stadt kursierten Gerüchte, dass einige der Sponsoren, die an der Sanierung des Vereins beteiligt waren, auf einen bekannteren Trainer gehofft hätten, einen großen Namen mit internationaler Zugkraft.

Klopp, der wahrscheinlich über diese Bedenken informiert war, trug bei seiner Vorstellung ein Jackett. Aber keine Krawatte. Still und heimlich habe er in den vergangenen Monaten an der Aufwertung seiner Garderobe gearbeitet, schrieb die *Frankfurter Allgemeine Sonntagszeitung.* Klopps temperamentvolle Ausdrucksweise passte jedoch exakt zu der in dieser Arbeiterregion tief verwurzelten Liebe zum Fußball als ausgelassene Unterhaltung, als identitätsstiftende Kraft und als quasi-religiöses Erlebnis.

»Es geht immer darum, den Zuschauern Spaß zu bereiten, es geht darum, Spiele mit einem unverwechselbaren Stil zu bieten«, bekannte er. »Wenn die Spiele langweilig sind, verlieren sie ihre Berechtigung. Rasenschach hat noch keine meiner Mannschaften gespielt. Ich hoffe, wir kriegen hier die Gelegenheit, öfter richtig Vollgas zu geben. Die Sonne wird nicht jeden Tag scheinen in Dortmund, aber wir haben die Chance, dafür zu sorgen, dass sie öfter scheint.« Fußballreporter Freddie Röckenhaus von der *Süddeutschen Zeitung* war beeindruckt von diesem forschen Optimismus. Wenn Klopp die Mannschaft so trainiere, wie er rede, dann werde Dortmund bald reif sein für die Champions League, schrieb er. »Klopp hat genau 45 Minuten einer Pressekonferenz gebraucht, um die BVB-Fans mit seinem ansteckenden Funkeln und seiner Schlagfertigkeit im Sturm zu erobern. Wenn man je das Gefühl haben konnte, dass die Mentalität eines Trainers zur fußballverrückten Ruhrpott-Metropole Dortmund passt, dann bei Klopp.«

Die Begeisterung beschränkte sich nicht auf die Anhänger der Borussia. Auf der persönlichen Homepage von Klopp bekundete ein Besucher seine Zustimmung. »Es ist toll, dass Sie zum BVB kommen«, schrieb er. »Dieser Klub ist zwar gar nicht mein Verein, aber ich besitze viele seiner Aktien. Da ich großes Vertrauen in Sie und Ihre Fähigkeiten habe, freue ich mich schon darauf, bald mehr Geld in der Tasche zu haben.« Das Vertrauen des anonymen Anlegers sollte sich als berechtigt erweisen. Dortmunds Aktienkurs stieg um 132 Prozent: von 1,59 Euro am 23. Mai 2008 auf 3,70 Euro am Tag von Klopps Abschied, sieben Jahre später.

# 4
# Der Weg nach Anfield

*Liverpool 2012–2015*

Am 11. April 2014 traf sich Jürgen Klopp gegen 22 Uhr mit Hans-Joachim Watzke zu einem Drink im Münchner Park Hilton Hotel und teilte ihm mit, dass er sich entschlossen habe. Er werde bleiben.

Bis vor ein paar Stunden, bis zum Abflug der Mannschaft zu einem Spiel gegen den FC Bayern in der Allianz Arena in München war Klopp noch uneins mit sich selbst gewesen. Ihm lag ein verlockendes, höchst lukratives Angebot aus dem Nordwesten von England vor, es war die Chance, einen der berühmtesten Fußballklubs der Welt zu übernehmen und umzubauen. »Wir haben uns freitagmorgens bei mir in der Küche getroffen«, erzählt Watzke. »Und das war, ohne Einzelheiten zu nennen, ein ganz interessantes Gespräch. Am Nachmittag im Flieger hat Klopp dann gesagt: ›Wir müssen uns heute Abend noch treffen.‹ … Meine Tochter studierte damals in München, ich habe mich mit ihr zum Abendessen verabredet, und deshalb konnte ich ihn erst um 22 Uhr treffen. Da hat er dann sofort gesagt: ›Ich kann mit diesem Druck nicht mehr leben. Ich habe denen abgesagt.‹«

Kurz zuvor war Ed Woodward, der stellvertretende Vorstandsvorsitzende von Manchester United, nach Deutschland geflogen, um mit Klopp zu sprechen. Die kurze Amtszeit von David Moyes in Old Trafford näherte sich dem

Ende, und Klopp war der Wunschnachfolger der Verantwortlichen. Sie trauten ihm zu, dass er dem Spiel der »Red Devils« wieder mehr Biss verleihen würde. Woodward erklärte Klopp, dass das *Theater of Dreams*, das Theater der Träume, wie das Stadion auch genannt wird, »eine Art Disneyland für Erwachsene« sei, ein mythischer Ort, an dem erstklassige Unterhaltung geboten werde und Träume wahr werden würden. Klopp war nach diesem Verkaufsgespräch nicht überzeugt – er fand das Ganze ein bisschen »unsexy«, wie er gegenüber einem Freund erklärte –, doch er lehnte das Angebot nicht sofort ab. Nach knapp sechs Jahren als Trainer von Dortmund war es vielleicht an der Zeit, den Arbeitsplatz zu wechseln.

Da Watzke wusste, dass die Engländer Interesse zeigten, wollte er von Klopp die Erfüllung seines Vertrages verlangen, der erst im vorhergehenden Herbst bis 2018 verlängert worden war. Er spürte allerdings, dass der 46-jährige Trainer mit sich rang, und entschied sich für eine sehr riskante Strategie. Wenn Klopp zu Manchester United gehen wolle, werde er ihm nicht im Weg stehen, erklärte er und setzte dabei auf das gegenseitige Vertrauen und eine Verbundenheit, die sich schon seit langem über den geschäftlichen Rahmen hinaus zu einer Freundschaft entwickelt hatte. Nach längerer Überlegung – und dem Gespräch an Watzkes Küchentisch – kam Klopp zu dem Schluss, dass seine Mission im Signal Iduna Park noch nicht zu Ende war.

Manchester United aber glaubte, es gebe noch immer die Möglichkeit, ihn wegzulocken. Als David Moyes am 22. April von seiner unvermeidlichen Entlassung erfuhr, avancierte Klopp bei den Buchmachern schnell zum Favoriten für die Nachfolge des Schotten. Die hartnäckigen Spekulationen in den englischen Medien veranlassten den Schwaben, am nächsten Tag über die Zeitung *The Guardian* eine

Erklärung abzugeben, die den Gerüchten den Boden entzogen. »Manchester United ist ein toller Verein, und ich fühle mich seinen wunderbaren Fans eng verbunden«, schrieb er, »aber meine Verpflichtung gegenüber Borussia Dortmund und den Menschen dort ist unerschütterlich.«

Dennoch zog Klopp weiterhin das Interesse der englischen Premier League auf sich. Ein halbes Jahr nachdem er Woodwards Angebot abgelehnt hatte, unternahm Manchester City, der Lokalrivale von United, einen Versuch. Auch Tottenham Hotspur erkundigte sich nach seinen Diensten. Zur selben Zeit nutzte Klopp ein Interview mit dem englischen Fernsehsender BT Sport vor dem Champions-League-Spiel Dortmunds gegen Arsenal, um seine langfristigen Absichten bekanntzugeben. Auf die Frage, ob er nach England kommen werde, wenn seine Zeit bei Borussia Dortmund vorüber sei, gab er eine eindeutige Antwort: »Das ist das einzige Land, in dem ich arbeiten möchte, wenn ich aus Deutschland weggehe. Es ist das einzige Land, dessen Sprache ich ein bisschen beherrsche. Und ich brauche die Sprache für meine Arbeit. Also, man wird sehen. Wenn mich jemand anruft, werde ich mit ihm darüber reden.«

Das war ein klares Zeichen, erzählt Watzke. Dortmund erlebte seine erste – und einzige – schlechte Bundesliga-Saison unter der Leitung von Klopp, dass er in ein wesentlich regenreicheres Land wechseln könnte, erschien plötzlich wahrscheinlicher als jemals zuvor. »Für uns war die Saison bereits im Arsch, und man hatte so ein Gefühl …«, fährt Watzke fort. »Für mich war klar, dass er nach Dortmund zu keinem anderen deutschen Verein gehen würde, das hätte er nicht gekonnt. Aber sein Englisch hatte er schon ein bisschen aufpoliert. Das hatte ich ja beobachtet. Es war klar, dass es in die Premier League geht. Das ist auch genau sein Fußball, der da gespielt wird.«

Der Fußballromantiker Klopp war seit langem ein glühender Anhänger der echten, intensiven und kampfbetonten Variante dieses Sports, die auf der anderen Seite des Kanals gespielt wird. Als Trainer von Mainz hatte er 2007 im Wintertrainingslager in Spanien Nick Hornbys Buch *Fever Pitch* verschlungen (und vor einer Fernseh-Crew eine Eidechse mit der Zahnbürste durch sein Zimmer gejagt); seine Begeisterung für diese Art von leidenschaftlichem Fußball wie auch die Idee, dass sich seine Mannschaften von der Energie einer begeisterten Zuschauermenge mitreißen lassen sollten, stammten aus dem Mutterland des Fußballs. In Mainz wie auch in Dortmund intonierten die Zuschauer passable Versionen von »You Never Walk Alone« und erzeugten eine emotionsgeladene Atmosphäre, die unmittelbar von (idealisierten) englischen Traditionen inspiriert war. »Ich mag das, was wir in Deutschland als ›englischen Fußball‹ bezeichnen: ein regnerischer Tag, ein schwerer Platz, alle sind schmutzig im Gesicht, und dann gehen alle nach Hause und können die nächsten vier Wochen nicht mehr spielen«, sagte Klopp dem *Guardian* 2013. In dem Jahr hatte seine junge Dortmunder Mannschaft die europäische Elite aufgemischt und war bis in das Finale der Champions League gestürmt, während Klopp eine Baseballmütze trug, auf der die Aufschrift »Pöhler« prangte – im Ruhrpottjargon eine Bezeichnung für jemanden, der Fußball auf die alte Art spielt: »am Sonntagmorgen auf einem Grasplatz, einfach nur, weil man das Spiel liebt«.

Fast genau ein Jahr nachdem Klopp Manchester United einen Korb gegeben hatte, zeigte sich, dass seine Verbundenheit mit Dortmund nicht gänzlich unerschütterlich war. Er gab bekannt, dass er nach der Saison 2014/15 seinen Abschied nehmen werde, und machte zugleich klar, dass er nicht die Absicht habe, eine Auszeit einzulegen.

In einer Jugendstilvilla im grünen Bremer Stadtteil

Schwachhausen läutete einige Wochen nach Beginn der folgenden Saison in der englischen Premier League häufiger das Telefon. Als sich die Zeit von Brendan Rodgers in Anfield ihrem Ende näherte, nahmen mehrere Leute mit Klopps Agenten Marc Kosicke Kontakt auf und boten ihm an, Klopp bei Liverpool ins Gespräch zu bringen. Einer der Anrufer, ein deutscher Spielervermittler, erzählte, er kenne Kenny Dalglish sehr gut. Kosicke aber wollte lieber noch ein bisschen warten. Schließlich rief ein Mann an, der sich als Ian Ayre vorstellte, der Geschäftsführer des FC Liverpool. Er fragte, ob man über einen möglichen Wechsel von Klopp an die Anfield Road sprechen könne. Das könne man, erwiderte Kosicke, aber bitte in einem Videotelefonat über Skype. Als Ayre auflegte, um erneut über Skype anzurufen, suchte Kosicke schnell nach Fotos der Verantwortlichen in Liverpool. Um sicherzugehen. Es gibt genügend Witzbolde und Leute, die einem die Zeit stehlen wollen.

»Wer einmal in Dortmund Trainer war, wohin kann der noch gehen?«, fragt Martin Quast, der seit den 1990er Jahren mit Klopp befreundet ist. »In Deutschland kommt für Klopp nur noch die Nationalmannschaft in Frage. Alles andere wäre ein Abstieg. Selbst der FC Bayern. Weil der Kloppo so tickt. Das Emotionale und diese Empathie, dieses Mitreißende, dieses Mitnehmen. Im Vergleich zu Dortmund kann Bayern das nicht bieten. Ich konnte mir nur vorstellen, dass er so einen Klub nimmt, einen Klub wie Liverpool.«

Christian Heidel erzählt, dass Klopp nur in einer Hinsicht Bedenken hatte: wegen seiner Englischkenntnisse. »Ich habe lange mit ihm darüber gesprochen. Er hat mich gefragt: ›Soll ich das machen?‹ Ich habe gesagt: ›Deine Stärke ist deine Sprache. Du musst jetzt für dich entscheiden, ob du das, was für dich wichtig ist, auf Englisch rüberbringen kannst. Wenn du andere für dich sprechen lassen musst, dann wird es nicht funktionieren. Dann bist du nämlich nur zu siebzig Prozent Klopp.‹ Und darauf hat er geantwortet: ›Das kriege ich hin. Es wird jetzt gepaukt, das krieg ich hin.‹ Und da er ja sehr intelligent ist, hat er das sehr schnell auf die Reihe bekommen. Ich glaube, zu diesem Zeitpunkt (als sich der FC Liverpool meldete) hätte kein anderer Verein kommen können. Für Liverpool hatte er sich schon immer interessiert … Das ist Emotion, das ist wie Dortmund. Ich glaube, er wäre nicht zu Manchester City oder einem anderem Klub gegangen, auch wenn die ihn unbedingt wollten.«

Klopps Name war in Anfield erstmals im Frühjahr 2012 zur Sprache gekommen, als die möglichen Nachfolger von Kenny Dalglish ins Auge gefasst wurden. Ein Mittelsmann setzte sich mit dem Dortmunder Trainer in Verbindung, doch ihm wurde unmissverständlich beschieden, dass Klopp nicht die Absicht habe, den Verein zu verlassen. Er war gerade dabei, ein historisches Double zu gewinnen.

Im September 2015 wurde die Sache dann sehr schnell wesentlich ernster. Der schlechte Saisonstart von Brendan Rodgers veranlasste die in Boston ansässige Fenway Sports Group (FSG), die Eigentümer des FC Liverpool, nach einem neuen Trainer Ausschau zu halten. »Wir haben an jemanden gedacht, der Erfahrung hatte und Erfolge auf höchstem Niveau«, erläutert Mike Gordon, der 52-jährige Chef von FSG. »Jürgen hatte das in der Bundesliga unter Beweis gestellt. Er hatte das auch in der Champions League gezeigt, er war im Finale nur ganz knapp gescheitert. Ich glaube, allen war klar, dass er einer der besten Fußballtrainer ist, wenn nicht der beste überhaupt. Und uns gefiel die Art von Fußball, die er spielen ließ. Die Energie und der Offensivgeist, die Impulsivität, der attraktive Hochgeschwindigkeitsfußball. Aus fußballerischer Sicht war es eine relativ einfache und klare Entscheidung.«

Obwohl viel für Klopp sprach, nahm Gordon den Deutschen genauer unter die Lupe, um zu prüfen, ob der Hype um den Trainer eine objektive Grundlage besaß. »Ich habe versucht, seine Popularität in der Fußballwelt und sein Charisma außen vor zu lassen, um eine unvoreingenommene Analyse durchzuführen«, sagt der ehemalige Hegdefondsmanager, der als Junge Popcorn bei Baseballspielen verkaufte. »Ich habe zusammen mit Leuten im Verein ausführliche Erkundigungen eingezogen, um festzustellen, wie er einzustufen ist, in rein analytischer und fußballerischer Hinsicht. Das ist eine ganz ähnliche Herangehensweise wie beim Investment-Geschäft, bevor man einen größeren Kauf tätigt. Ich freue mich sagen zu können – und das ist zum gegenwärtigen Zeitpunkt auch offensichtlich –, dass die Fakten uns noch viel stärker überzeugten als sein an sich schon enorm hohes Ansehen in der Fußballwelt.«

Gordons Recherchen ergaben, dass Klopps Arbeit in Mainz und Dortmund »einen eindeutig positiven Effekt« gehabt hatte, »und zwar in einem quantifizierbaren Sinn, im Verhältnis zu dem, was man üblicherweise hätte erwarten können«. Einfacher gesagt: Der Schwabe hatte alle Erwartungen übertroffen. Gerade das machte ihn für Liverpool interessant, einen Klub, der im Vergleich zu seinen finanzkräftigeren Rivalen in der Premier League auf den effizienteren Einsatz seiner Ressourcen achten musste. »In fußballerischer Hinsicht war die Sache ziemlich eindeutig«, erklärt Gordon. »Aber ich wusste natürlich nicht, ob die Philosophien und die Persönlichkeiten – des Klubs und von Jürgen – zusammenpassen würden. Sie mussten miteinander harmonieren. Wir mussten auch wissen, ob Jürgen bereit war, den Kurs von Liverpool mitzutragen. Das waren wichtige Dinge, die geklärt werden mussten.«

Für den 1. Oktober wurde ein Treffen in New York vereinbart. Klopps und Kosickes Bemühungen um Geheimhaltung waren nicht sonderlich erfolgreich. In der Lufthansa-Lounge am Münchner Flughafen fragte einer der Mitarbeiter Klopp – dessen Baseballkappe nur bedingt als Tarnung taugte –, warum er nach New York fliege. »Wir wollen uns ein Basketballspiel anschauen«, antwortete er. Eine durchaus plausible Erklärung – abgesehen von der Tatsache, dass die NBA-Saison erst in vier Wochen begann.

Wenige Stunden nach ihrer Ankunft in Manhattan flogen die Deutschen abermals auf. Wie es der Zufall wollte, stammte der Mitarbeiter an der Hotelrezeption aus Klopps Fußballheimat. »Meine Güte, der Kloppo!«, entfuhr es dem Mann in breitem Mainzer Dialekt. Dennoch drang die Nachricht von der geheimen Reise nicht an die Öffentlichkeit.

John W. Henry, der Hauptanteilseigner von FSG, und Tom Werner, der Präsident des FC Liverpool, empfingen Klopp und seinen Agenten im Büro der Anwaltskanzlei Shearman & Sterling in der Lexington Avenue im Osten der Stadt. »Mein erster Eindruck war, dass er ziemlich groß ist. Im Gegensatz zu mir«, erzählt Gordon und lacht. »Es war schon reichlich spät, aber wir hatten ein ausführliches und fundiertes Gespräch, dann haben wir uns für den nächsten Tag verabredet und im Hotel ein weiteres Gespräch geführt. Ich möchte betonen: Das waren Gespräche, in denen beide Seiten ihre Vorstellungen eingebracht haben. Es ging darum, ob Jürgen der geeignete Trainer für den FC Liverpool war und ob der FC Liverpool und wir als Eigner der richtige Partner für Jürgen waren.« Wie erwartet entsprach Klopps Charisma seiner Statur (»er nutzt seine persönlichen Fähigkeiten und seine Art, auf Menschen zuzugehen, um seine Botschaft rüberzubringen«), doch was Gordon am meisten beeindruckte, war die »enorme Substanz«, die er hinter dem breiten Lächeln und der übergroßen Persönlichkeit entdeckte.

»Es war nicht so, dass man gedacht hätte: ›Mensch, dieser Bursche ist ja wirklich beeindruckend, er wird eine tolle Figur abgeben bei Pressekonferenzen und als Repräsentant eines Klubs.‹ Vielmehr zeigte sich sehr schnell die Vielschichtigkeit seines Talents: Da ist nicht nur die persönliche Seite, sondern auch die Intelligenz, das analytische Denken, die Logik, die Klarheit und Aufrichtigkeit, seine Fähigkeit, effizient zu kommunizieren, obwohl Englisch nicht seine Muttersprache ist. Diese Seite von ihm wird wahrscheinlich nie richtig gewürdigt, weil die Leute so stark von ihm als Person eingenommen sind.«

Klopp erklärte den Verantwortlichen des FC Liverpool, dass Fußball »mehr als ein System« sei, sondern immer auch »Regen, intensive Zweikämpfe, der Lärm im Stadion«. Am wichtigsten sei es, führte er aus, das Publikum in Anfield durch die Art der Darbietung »zu aktivieren«, das Team anzufeuern und dadurch einen sich selbst verstärkenden Kreislauf der Begeisterung zu erzeugen.

Gordon erzählt: »Es war schwer, bei ihm auch nur irgendeinen Schwachpunkt zu finden, wirklich wahr. Was ich damit sagen möchte: Es war klar, dass sich Jürgen als Fußballtrainer auf dem gleichen Niveau bewegte wie ein Unternehmenschef, wie ein Mann, dem man gern die Leitung einer Firma anvertrauen würde. Ich sage das als jemand, der 27 Jahre als Investor tätig gewesen ist und mit vielen Top-Unternehmensführern und Managern in Amerika und Europa zu tun hatte. Zu diesem Zeitpunkt wurde mir klar, dass er der Richtige war. Also beschlossen wir, über die Konditionen zu sprechen, aber da hat sich Jürgen verabschiedet.«

Während Kosicke die Gehaltsverhandlungen führte, machte Klopp einen Spaziergang im Central Park. Der Ausflug ins Grüne dauerte länger als erwartet. Die beiden Seiten waren zunächst finanziell weit auseinander, aber nach einer Weile wurde der Rahmen für einen Vertrag gefunden.

Als Klopp nach Deutschland zurückgekehrt war, schickte ihm Gordon eine SMS. »Worte können nicht ausdrücken, wie sehr wir uns auf die Zusammenarbeit freuen«, schrieb er. Klopp entschuldigte sich, dass auch er nicht die richtigen Sätze parat hatte. Er kannte jedoch ein Wort, das seine Gefühle zum Ausdruck brachte: »Wooooooooooow!!!«

# 5
# In den Fußstapfen des Vaters

Im Sommer 1940 endeten die Schulbesuche für Norbert Klopp. Sein Vater Karl, der sich als Tagelöhner auf Bauernhöfen und Weinbergen im Umkreis der Stadt Kirn in Rheinland-Pfalz verdingte, brauchte den Sechsjährigen – den einzigen Sohn in einer Familie mit vier Kindern – als Helfer bei der Arbeit.

Das Beackern der fruchtbaren Böden im Südwesten hielt die Familie Klopp in den dunkelsten Jahren Deutschlands am Leben. Auch der berühmteste Fußballverein dieser Region, der 1. FC Kaiserslautern, war noch auf die regionalen Erzeugnisse angewiesen, als 1945 die Sonne wieder zu scheinen begann. Die »Roten Teufel«, die den berühmten und erst vor kurzem aus der Kriegsgefangenschaft heimgekehrten Fritz Walter in ihren Reihen hatten, bestritten eine Vielzahl von Freundschaftsspielen gegen Dorfvereine, wofür sie Kartoffeln und Zwiebeln als Gegenleistung erhielten.

Norbert Klopp wollte Fußballer werden. Wer wollte das nicht? Er war schon als junger Mann 1,91 Meter groß und zu einem starken, reaktionsschnellen Torwart herangewachsen. Er spielte beim örtlichen VfR Kirn, einem der besten Fußballklubs in der Region, und dank seines Talentes wurde er 1952 zu einem Probetraining bei Kaiserslautern eingeladen. »Ich war schon sehr beeindruckt«, erzählte der damals

18-Jährige später Ulrich Rath, einem Freund der Familie. »Ich stand mit all diesen legendären Spielern auf dem Platz.« Lautern war in der vorhergehenden Saison Deutscher Meister geworden und sollte den Titelgewinn 1953 wiederholen. Fünf ihrer Spieler – Fritz Walter, Ottmar Walter, Werner Liebrich, Horst Eckel und Werner Kohlmeyer – wurden 1954 in die deutsche Nationalmannschaft berufen, die in Bern den Weltmeistertitel errang.

Norbert Klopp konnte trotz seines beachtlichen Könnens nicht ganz mithalten. Beim VfR Kirn, der in die (damals noch regional aufgeteilte) erste Liga aufgestiegen war und gegen Mannschaften wie Kaiserslautern und Mainz 05 spielte, kam er an Alfred Hettfleisch nicht vorbei, der Nummer eins im Tor. Als Reservetorwart von Kirn wurde Klopp der neugeschaffene Status eines Vertragsamateurs angeboten, durch den in Westdeutschland der Berufsfußball eingeführt wurde, ohne jedoch so bezeichnet zu werden. Bei einem monatlichen Grundgehalt von 40 bis 75 D-Mark waren die Spieler stark auf Siegprämien angewiesen (die zwischen 10 und 40 D-Mark betrugen). Klopp hatte aber kaum Chancen, diese zu beziehen: Auswechslungen waren damals nicht erlaubt, und er schaffte nie den Sprung in die erste Mannschaft. Er spielte weiter in der Reservemannschaft gegen andere Amateure, aus reiner Freude am Sport.

Karl Klopp bestand darauf, dass der Junge einen »richtigen Beruf« lernte. Norbert begann eine Lehre bei Müller & Mairer, einem kleinen lederverarbeitenden Betrieb. Ungefähr die Hälfte der Einwohner von Kirn, etwa 5000 Menschen, arbeiteten Anfang der 1950er Jahre im Leder- und Gerbereigewerbe, als das deutsche Wirtschaftswunder zu einer raschen Verbesserung der Lebensverhältnisse führte. »Ein Lederarbeiter verdiente zwischen 250 und 300 D-Mark im Monat, das war damals ein sehr guter Job«, erzählt Horst

Dietz (80), der in derselben Abteilung wie Norbert Klopp arbeitete und eine Reihe hinter ihm saß. Eine Reihe bestand aus drei Personen: einem Lehrling, einem »Kleber« (oft ein junges Mädchen) und einem Gesellen, und in jedem Raum gab es zwanzig Reihen, die jeweils von einem Meister überwacht wurden, der vorne stand. Es war teilweise Fließbandarbeit: Jede Reihe produzierte am Tag bis zu hundert Brieftaschen, Geldbörsen oder ähnliche Erzeugnisse; die Arbeitszeit dauerte von 7 Uhr früh bis 17 Uhr nachmittags, mit einer Stunde Mittagspause.

Das Dachgeschoss im Haus von Horst Dietz in Kirn gleicht einer Sportkneipe. Gerahmte Trikots und Pokale aus seiner Spielerzeit beim VfR Kirn reihen sich an den Wänden; es gibt ein Foto von ihm mit Franz Beckenbauer, einen großen Bildschirm zum Fußballschauen und eine Bar. Dietz lebte als junger Mann auf dem Land, die Familie Klopp wohnte in der Stadt. Norbert nahm ihn an den Werktagen oft zum Mittagessen mit zu seiner Familie. »Er war wie ein großer Bruder für mich. Die Klopps waren damals eine bekannte Familie in Kirn, aber sie führten ein normales Leben«, erzählt Dietz. »Strebsam zu sein war einer ihrer Grundsätze.« Es war üblich, dass man Arbeit, die während der Arbeitszeit nicht fertig geworden war, abends mit nach Hause nahm. »Die haben wir allerdings oft an die Oma weitergegeben, weil wir Fußball spielen wollten oder in der Stadt unterwegs waren. Wir haben uns ja auch für Mädchen interessiert mit 14, 15 Jahren«, sagt er und lächelt. Im Unterschied zum drei Jahre älteren Klopp schaffte es Dietz, als Stürmer in der ersten Mannschaft Fuß zu fassen, und spielte ein paar Jahre in der zweithöchsten Spielstaffel, bevor er eine Arbeitsstelle bei Coca-Cola antrat. »Norbert war sehr ehrgeizig, wollte immer ganz weit nach oben«, erinnert sich Dietz. »Er war ein Draufgänger, nicht nur im Sport. Ein charismatischer Typ, der in einen Raum kam und schnell alle für sich einnahm. Er war ein Typ voller Energie und Charme. Ein richtiger Frauenschwarm. Wir haben uns oft den ganzen Tag lang über Fußball unterhalten.«

Im Jahr 1959 zog Norbert Klopp in die Stadt Dornhan im Schwarzwald und nahm eine Stelle in der nahe gelegenen Lederfabrik Sola an. Er ging als Spieler und Trainer zum TSF Dornhan und spielte dort auf unterschiedlichen Positionen, nicht mehr nur im Tor. Seine Eckstöße waren gefürchtet, erzählt Ulrich Rath. Der gepflegte Siebzigjährige – glatte graue Haare, wache Augen – war in seiner Jugend ebenfalls ein vielversprechender Fußballer gewesen und hatte in der württembergischen Regionalauswahl gespielt, bis ein dreifacher Beinbruch seine Spielerlaufbahn beendete. Heute ist er Ehrenvorsitzender des SV Glatten.

Bei einer Hochzeit in Dornhan – »das waren damals öffentliche Veranstaltungen, man brauchte keine Einladung«, erzählt Dietz – lernte Norbert Klopp Elisabeth »Lisbeth« Reich kennen. Die Tochter eines Brauereibesitzers galt als »gute Partie«, sagt Dietz. Nach der Heirat im Herbst 1960 half Norbert Klopp im familieneigenen *Schwanenbräu* aus, der von seiner Schwiegermutter, Helene Reich, geführt wurde. Elisabeths Vater war mit einem wandernden Granatsplitter im Kopf aus dem Krieg heimgekehrt und kurze Zeit später verstorben. Klopp war im *Schwanenbräu* auch als Festzeltmeister tätig und damit zuständig für die Aufstellung der Bierzelte bei Festen. Elisabeths Bruder Eugen übernahm die Firma und leitete sie bis zur Schließung 1992.

Mit Anfang dreißig nahm Norbert Klopp seine Kaufmannslehre wieder auf und besuchte die Abendschule im nicht weit entfernten Freudenstadt. Als Außendienstmitarbeiter bei der Firma Fischer, einem Hersteller von Befestigungssystemen, war er wochentags in ganz Süddeutschland unterwegs. Der großgewachsene und gutaussehende Norbert Klopp sei ein »geborener Vertreter« gewesen, erklärt Rath. »Er war liebenswürdig, umgänglich. Ein großer Entertainer, der die tollsten Geschichten erzählen konnte. Er konnte sich mit einem, der rechts von ihm saß, auf Schwäbisch unterhalten und einem anderen links neben sich auf Hochdeutsch.« Ihr Ehemann, erzählt Klopps Mutter Elisabeth, sei eine Naturbegabung als Redner gewesen. »Er konnte einfach loslegen. Er war rhetorisch ein Ass«, erklärt Isolde Reich.

Der Vater von Martin Quast, der ebenfalls aus Kirn stammt, kannte Norbert Klopp ganz gut. Sie spielten gemeinsam Handball. »Mein Vater hat mir erzählt, dass Norbert immer im Mittelpunkt gewesen ist. Wo Norbert war, da wurde gelacht. Wer sich nur ein bisschen für Sport interessiert hat, kannte ihn und mochte ihn. Kommt einem doch bekannt vor, oder?«, sagt der mit Jürgen Klopp befreundete Sportjournalist.

Norbert Klopp legte großen Wert auf sein äußeres Erscheinungsbild. »Er hat am Morgen länger im Bad gebraucht als wir drei Frauen«, erinnert sich Isolde Reich. »Er sah immer aus wie aus dem Ei gepellt. Jogginghosen zog er höchstens zum Sport an, aber niemals zu Hause. Und auf der Straße schon gar nicht!« Eines Tages, erinnert sie sich, fuhr er mit einem seiner Schwiegersöhne und einem Freund ins Stadion von Mainz 05, um seinen Sohn Jürgen spielen zu sehen. Er trug ein weißes Hemd, eine Krawatte und einen gelben Pullunder mit V-Kragen, »so wie Genscher«. Sie hielten bei einem Rastplatz kurz vor Mainz, wo Norbert Klopp die Gelegenheit nutzte, um seinen etwas zu leger gekleideten Mitfahrern einen kleinen Vortrag zu halten: »Wie ziehe ich mich an, wenn ich zum Fußball nach Mainz gehe«? Sogar während des Karnevals wurde ein strenger Dresscode durchgesetzt: Alle Familienmitglieder gingen als Clowns, und Jürgen fuhr als Hosenmatz im Bollerwagen mit.

Klopp senior bügelte seine Hemden selbst und schnitt den Kindern die Haare. Die Augenbrauen seines Sohnes bildeten eine natürliche Grenze, unter die keine Haarsträhne fallen durfte. Auch Bartstoppeln waren streng verboten. Norbert, der sich stets makellos kleidete, sei manchmal mit Jürgen wegen dessen lässiger Aufmachung aneinandergeraten, berichtet Rath. Nach seinem Auszug von zu Hause habe ihr Bruder als eine seiner ersten Handlungen den Rasierer und die Haarbürste weggeworfen, ergänzt Isolde.

Norbert war es sehr wichtig, dass die Kinder historische Ereignisse mitbekamen, wie die Mondlandung oder die Boxkämpfe von Muhammed Ali. Die Familie versammelte sich im Wohnzimmer um den kleinen Schwarzweißfernseher und stärkte sich während der Übertragungen mit Tee und belegten Broten. Wenn eines der Kinder einschlief, stupste es der Vater von der Seite an.

Schon wenige Jahre nach seinem Umzug nach Glatten gehörte Norbert Klopp zu den bekanntesten Sportlern der Stadt. Er spielte bis zum vierzigsten Lebensjahr in der Altherren-Mannschaft des SV Glatten (während seine Kinder am Spielfeldrand Leergut einsammelten, um sich ein paar Pfennige zu verdienen), trainierte eine Saison lang die erste Mannschaft und war Mitglied im Vorstand. Als seine Beine müde wurden, wuchs seine Leidenschaft für Tennis. Er war die treibende Kraft bei der Gründung der Tennisabteilung des SV Glatten und der Anlage eines Sandplatzes. Im Winter ging Klopp mit Ulrich Rath zum Skifahren. Seine zweite Tochter Isolde erhielt den Vornamen von Raths Schwester.

Jeden Samstag war zur Feier der Heimkehr des Vaters großer Hausputz angesagt. Der kleine Jürgen versuchte, so oft es ging, sich diesen Verpflichtungen zu entziehen, indem er seinen älteren Schwestern erklärte, er müsse Schularbeiten erledigen. Isolde erzählt: »Das sah dann so aus: Er liegt bequem auf dem Bett, und sein Kopf steckt in einem Buch.« Jürgen erinnerte sie an den »Michel aus Lönneberga«, den blonden, blauäugigen Lausbub aus dem bekannten Kinderbuch von Astrid Lindgren.

Ein Bild von seinem ersten Schultag zeigt Jürgen mit einem Pflaster auf dem Knie. Er war gestürzt, als er mit der Schultüte in der Hand aus dem Haus gestürmt war. »Wärst du nicht so schnell gerannt«, ermahnt ihn sein Vater, »hättest du jetzt kein Pflaster auf dem Foto.« Andere Male fiel er vom Schreibtischstuhl und riss sich ein Augenlid auf, oder prallte gegen einen Roller, wobei er sich die Nase aufschlitzte.

»Jürgens Geburt war ein großer Augenblick für Norbert«, erzählt Rath. »Nun hatte er endlich einen echten Sportler, der seine Leidenschaften teilte.« Fast unmittelbar nach Jürgens Erscheinen ließ der Druck auf die Mädchen nach, sich sportlich zu betätigen. Sie durften jetzt ihren eigenen Hobbys nachgehen, wie beispielsweise Ballett oder Musik. Elisabeth, eine liebevolle, ausgeglichene Mutter, die entschied, dass die Kinder, ebenso wie sie selbst, Protestanten werden sollten – Norbert war katholisch –, hatte viel zu tun, die Aktivitäten ihrer Kinder zu koordinieren und zu beaufsichtigen.

Norbert war der persönliche Fußball-, Tennis- und Skitrainer seines Sohnes, und er unterwarf ihn einem strengen, wettbewerbsorientierten Regime. Am Morgen sei sein Vater mit ihm auf den Sportplatz gegangen, erzählte Jürgen Klopp 2011 dem *Abendblatt*, egal, ob es regnete oder die Sonne schien. Dort stellten sie sich auf die Torauslinie, der Vater ließ ihn loslaufen, gab ihm den maximal möglichen Vorsprung – und holte ihn jedes Mal wieder ein. »Das war weit davon entfernt, Spaß zu machen.« Diese Übung wurde wiederholt, Woche für Woche, bis Jürgen schneller war als sein Vater. Norbert meldete seinen Sohn auch beim Leichtathlektikverein an, um seine Schnelligkeit zu verbessern. Darüber hinaus musste Jürgen stundenlang Kopfbälle üben, genau wie Isolde es vor ihm hatte machen müssen.

Mit sechs Jahren ging er zur E-Jugend des SV Glatten, die von Ulrich Rath trainiert wurde. In seinem allerersten Spiel wurde Jürgen von einem Gegenspieler attackiert und machte einen unfreiwilligen Purzelbaum, beim Aufprall brach er sich das Schlüsselbein. Schon in der nächsten Woche stand er mit dem Arm in der Schlinge wieder am Fußballplatz, erzählt Rath, und schaute den anderen wehmütig zu. Er holte Bälle, die übers Tor flogen, und wollte unbedingt dabei sein. »Das zeigt, welcher Kern in ihm steckt«, fügt er hinzu.

Ulrich Rath führt seinen Besuch ein paar Stufen nach unten, tiefer hinein in die Lokalgeschichte. Sein Keller ist ein Schrein für alles, was mit dem SV Glatten zu tun hat. Natürlich nimmt die Jugendmannschaft, in der seine zwei Söhne und Jürgen Klopp spielten – sein dritter Sohn, der Sohn von ganz Glatten –, einen Ehrenplatz ein. Rath kann sich noch immer aufregen, wenn Klopp in den Medien als »Stuttgarter« bezeichnet wird: »Er war nur eine einzige Woche dort, die ersten paar Tage nach seiner Geburt!«, ruft er, schüttelt den Kopf und nimmt ein Foto heraus. Es zeigt die neunjährigen Spieler, nachdem sie an Pfingsten ein regionales Turnier gewonnen hatten. Klopp, der Stürmer in der Mannschaft, bemerkte später einmal scherzhaft, das sei der einzige Pokal, den er je als Fußballspieler gewonnen habe. Hunderte von Amateurfußballern haben seither diesen Klopp-Pokal gewonnen, aber nur wenige wissen das. Es war Norbert Klopps Idee gewesen, erinnert sich Rath, einen Preis zu stiften für den Sieger des ersten Turniers von Glatten im Jahr 1977. Er nahm einen Fußballschuh seines

Sohnes, besprühte ihn mit Goldfarbe und montierte ihn auf einem Holzgestell.

Im selben Jahr kam die E-Jugend der Stuttgarter Kickers zu einem Freundschaftsspiel nach Glatten. Die Jungen aus der baden-württembergischen Landeshauptstadt brachten Zelte mit und übernachteten im nahe gelegenen Wald, Spanferkel wurden über offenem Feuer geröstet. Außerdem unternahmen sie eine Bootsfahrt über den »Gumpen«, die Stelle, an der die Flüsse Glatt und Lauter zusammenfließen. Viele der Kickers-Spieler fielen ins Wasser, darunter auch ein späterer Europapokal-Gewinner. Robert Prosinečki, der Spielmacher von Roter Stern Belgrad und der jugoslawischen Nationalmannschaft, spielte damals bei den Degerlochern, erschien ihnen aber letztlich nicht gut genug. Zwei Jahre später, er war zehn, kehrte er nach Zagreb zurück.

Jürgen war wie viele Jungen aus der Region ein Anhänger des größeren und erfolgreicheren Rivalen der Kickers, des VfB Stuttgart. Ein Probetraining bei dessen Jugendmannschaft verlief erfolglos, aber er bekam einen roten Trainingsanzug, den er stolz trug, bis seine Schwester Stefanie ihn versehentlich zu heiß bügelte. Vielleicht um ihn über diesen tragischen Verlust hinwegzutrösten, strickte ihm seine Großmutter Anna einen weißen Pullover mit einem roten Brustring und der Ziffer »4« auf dem Rücken, der Nummer seines Lieblingsspielers, des Nationalspielers Karlheinz Förster. Er trug diesen Pullover, wenn er mit Freunden oder der Familie ins Stuttgarter Neckarstadion fuhr. Klopp bewunderte die Ruhe des abgebrühten Vorstoppers und seinen leidenschaftlichen Einsatz. »Erst später haben wir festgestellt, dass wir als Jugendliche die gleichen Idole hatten«, erzählt Martin Quast. »Karlheinz Förster und Boris Becker. Von dem einen das Impulsive, von dem anderen das Strategische. Kloppo hat mal zu mir gesagt, wenn das mit dem Kicken nicht geklappt hätte, würde er in jedem Fall irgendwo als Fan auf der Tribüne stehen. Er hat auch mal gesagt, dass er den roten Brustring sozusagen implantiert hat.« Klopps Liebe zum VfB hat sich jedoch in den folgenden Jahren ein wenig abgekühlt. Ulrich Rath ist zu Tränen gerührt, wenn er sich an den Tag erinnert, an dem Klopp als Trainer von Mainz 05 im Stuttgarter Stadion alle Sicherheitsleute ignorierte und beherzt über eine Werbetafel sprang, um eine Abordnung seiner alten Freunde aus Glatten zu begrüßen, die in der Untertürkheimer Kurve saßen. »Ich habe zu ihm gesagt: ›Jürgen, ich stecke in der Zwickmühle, in meiner Brust schlagen zwei Herzen: eines für den VfB und eines für dich.‹ Er antwortete: ›Ulrich, das gibt es nicht. Jeder Mensch hat nur ein Herz – und deines schlägt für mich.‹ Wir haben alle laut gelacht, aber er meinte es ernst.«

Norbert Klopp war einer jener Fußballväter, die ihre Leidenschaft an der Seitenlinie kaum zügeln können. »Jürgen hat das Temperament seines Vaters und die Besonnenheit seiner Mutter«, sagt Isolde Reich. In den Einzelsportarten kamen die kompromisslosen Ansprüche des Vaters am unerbittlichsten zum Tragen. Tennisspiele zwischen den beiden Klopps waren schmerzhafte, einseitige Angelegenheiten, weil Norbert verbissen um jeden Punkt kämpfte. Jürgen war frustriert, auch zornig, wenn er vom Platz gefegt wurde von einem Vater, der nicht imstande war, zumindest ein paar aufmunternde Worte an ihn zu richten. Für keinen der beiden waren diese frühen Trainingsstunden angenehm, aber Klopp senior betrachtete sie als notwendigen Teil der sportlichen Ausbildung. Später spielten die beiden als Doppel in der Tennisabteilung des SV Glatten. Sein Vater war so verbissen aufs Gewinnen, dass er sich einmal sogar weigerte, den Platz zu verlassen, obwohl er einen schweren Hitzschlag hatte und unter starkem Schüttelfrost litt. Klopp junior beendete das Spiel kurzerhand und steckte seinen Vater ins Bett.

Auf der Skipiste fuhr Norbert einfach den Hang hinab und erwartete, dass ihn der Junge einholte. »Nix gschwätzt isch Lob genug«, so lautet eine schwäbische Redensart. Norbert Klopp war ihre lebende Verkörperung. »Das war seine Art, mich zu Leistungen anzuspornen«, sagte Jürgen Klopp in einem Interview mit dem *Tagesspiegel.* »Wenn ich Hopserlauf machte und ihm nicht hoch genug sprang, hieß es: Da passt ja ein ganzes Blatt Papier drunter! Er hatte halt nicht den richtigen Text parat. Seine Taktik war so offensichtlich, ich bin da recht früh durchgestiegen.« Klopp musste lernen, »zwischen den Zeilen zu lesen«, um zu erkennen, wann sein Vater zufrieden war; die fortwährende Kritik ließ keinen Platz für anerkennende Worte. »Wenn ich vier Tore geschossen hatte, meinte er, dass ich aber noch sieben Chancen liegengelassen habe.« Er habe aber gewusst, fügt er hinzu, dass sein Vater insgeheim stolz auf ihn war.

Nach der Schule kickte Klopp mit Raths Söhnen Hartmut und Ingo. Jedes Fleckchen Gras wurde in einen Bolzplatz verwandelt, und am Abend spielte er im Wohnzimmer weiter, warf sich als Torwart auf ein Sofa oder schoss auf ein kleines Tor, das Norbert für ihn aufgestellt hatte. »Das Haus war immer voller Kinder. Jürgen wurde von unserer Mutter verwöhnt«, erzählt seine Schwester Isolde. Erst als ein paar Glasscheiben zu Bruch gingen, wurde der Lederball durch einen aus Schaumstoff ersetzt. »Er spielte, bis er erschöpft unter dem Küchentisch einschlief«, berichtet Ulrich Rath.

An Europapokal-Abenden setzte ihn die Mutter in die Badewanne und machte das Radio an. Klopp lauschte den fiebrigen Reportagen und kickte in Gedanken unter dem Flutlicht neben den großen Bayern- und Borussia-Mönchengladbach-Spielern mit. Eineinhalb Stunden später ging er mit völlig schrumpeliger Haut ins Bett.

»Ich dachte damals eine Zeit lang wirklich, dass man als kleines Kind in die Nationalmannschaft kommen konnte und träumte oft davon«, erzählte er. Schuld an diesem etwas übergroßen Optimismus war der schwedische Film *Fimpen, der Knirps*, in dem ein sechsjähriges Kind zum Top-Stürmer der schwedischen Auswahl wird und das entscheidende Tor für die WM-Qualifikation (1974) schießt. »Es dauerte eine ganze Weile, bis mir klar wurde, dass so etwas in Wirklichkeit nicht so oft passiert.«

Später wurde ihm ein ähnlich überraschend erfolgreicher Youngster zum Vorbild. »Boris Becker, Wimbledon-Sieger 1985, mit 17. Das für mich die größte Geschichte überhaupt. Deutschland, damals keine Tennis-Nation, hatten den jüngsten Wimbledon-Sieger aller Zeiten hervorgebracht, der auch noch exakt gleich alt wie ich war. Das hat mich unglaublich angestachelt.«

In der Sporthalle der Stadt mussten blaue Matten als Tore herhalten. Rath hatte in den siebziger Jahren eine wöchentliche »Sportstunde« für Jungen eingeführt. »Wir turnten, aber die Jungs wollten immer Fußball spielen«, erzählt er. Jürgen, der damals auf den Spitznamen »Klopple« hörte, wurde oft von seinen Freunden vorgeschickt, um Herrn Rath um Erlaubnis zu bitten. »Jürgen war ein ordentlicher Tennisspieler, aber im Kopf war er immer beim Fußball. Er war schnell, dynamisch und explosiv. Er haute sich in jeden Ball rein«, erzählt Rath. Wegen seiner Kopfballstärke habe er den langen Klopp in ein paar Spielen auch als Libero aufgestellt. »Aber das war nicht seine Position. Ihn zog es immer nach vorne.«

»Es war die totale Idylle damals«, erzählte Klopp 2005 dem SWR. »Wir waren nur fünf oder sechs Jungs in dem kleinen Dorf, und wir waren gleichzeitig die Fußball-, Tennis- und die Skimannschaft. Es war toll, ich hatte eine sehr glückliche Kindheit.«

Jürgen fiel es nicht schwer, in die Schule zu gehen. Zumindest im wörtlichen Sinn. Er musste nur die Straße vor seinem Elternhaus überqueren, um zur Grundschule von Glatten zu gelangen. In der dritten und vierten Klasse fuhren die Rath-Brüder und er mit dem Bus in das Nachbardorf Neuneck. Gerüchteweise gab es damals dort ein Bordell, das im Hinterzimmer einer Gastwirtschaft betrieben wurde. Alle Versuche der neugierigen Schuljungen, diesen geheimnisvollen Ort der Sünde aufzuspüren, schlugen jedoch fehl.

»Jürgen war nicht der Typ, der immer hundertprozentig pünktlich kam, aber als Kumpel konnte man sich tausend Prozent auf ihn verlassen«, erklärt Hartmut Rath, der Patenonkel von Klopps Sohn Marc, der 1988 geboren wurde. Wenn die Jungs nicht hinter dem Ball herliefen, bauten sie Modelle oder lösten Puzzles. Klopp sei »künstlerisch« veranlagt gewesen, fügt er hinzu. »Er hatte ein großes kulturelles Interesse und hatte viele Platten und Kassetten von Kabarettisten.« Sein Favorit war Fips Asmussen, ein Komiker, der Witze am laufenden Band erzählen konnte und am Anfang seiner Karriere stärker politisch, satirisch ausgerichtet war (und wohl auch witziger war). »Jürgen war ein begnadeter Witzeerzähler, er brachte alle Mitschüler zum Lachen. Er war sehr beliebt, das Herz und die Seele der Klasse«, erzählt Hartmut Rath.

Jürgen hat es später »Hardy« zugeschrieben, dass er die Abiturprüfung bestand. Das mag ein wenig übertrieben sein, doch Hartmut räumt ein, dass sein Freund – der in den Fremdsprachen und im Sport sehr gut war, sich aber mit den Naturwissenschaften eher schwertat – davon profitierte, dass er bei den Prüfungen neben ihm saß, dem Klassenbesten. »Abschreiben ging damals leichter als heute«, erzählt der jüngere der Rath-Brüder. Sie besuchten beide das Progymnasium in Dornstetten und saßen ab der 8. Klasse im selben Klassenzimmer. Klopp war zunächst mit Ingo Rath in einer Klasse gewesen, hatte dann aber eine »Ehrenrunde« gedreht – er hatte auf Anraten seiner Lehrer ein Schuljahr wiederholt. »Die Schule war nicht das Wichtigste für ihn«, bemerkt Hartmut Rath schmunzelnd. »Er interessierte sich mehr für Fußball und Mädchen.« Aber er war ein Schüler, der seine Lehrer respektierte und nur selten Schwierigkeiten bekam. »Hardy« schätzt, dass sie beide nur selten nachsitzen mussten, vielleicht einmal im halben Jahr.

Andere Verstöße hingegen wurden schnell bestraft. Als Vierzehnjährige nahmen Klopp und seine Freunde aus dem Skiteam am Jedermann-Fußballturnier teil. Sie hätten eigentlich nicht mitspielen dürfen, denn die Teilnehmer mussten mindestens 16 Jahre alt sein, als Vereinsvorstand hatte Norbert Klopp großzügig darüber hinweggesehen. Die Jungs spielten schlecht, sicherten sich aber dennoch den ersten Preis – eine Flasche Whisky –, weil die Sieger nicht bei der Siegerehrung erschienen. Jürgen und die Rath-Brüder leerten ihren unverdienten Gewinn schon außerhalb des Festzelts und fühlten sich, als sie nach Hause kamen, noch übler, als sie gespielt hatten.

Der Spitzname »Klopple« wurde bald abgelöst durch »Der Lange«, als Klopp seine Schul- und Mannschaftskameraden an Körpergröße zu überragen begann. Nach der 10. Klasse wechselten Hardy und er auf das Eduard-Spranger-Wirtschaftsgymnasium in Freudenstadt, um sich dort auf das Abitur vorzubereiten. Jürgen besaß seit seinem 15. Lebensjahr ein Mofa und fuhr später zweimal einen 2CV, eine »Ente«, eine davon weinrot. Robert Mongiatti, einer der besten Freunde von Norbert Klopp, wartete und reparierte den

Wagen vor dem Wohnhaus der Familie. Später erbte Jürgen einen gelben VW-Golf von seiner Schwester Stefanie.

Ein Schulfreund lud Klassenkameraden oft in eine abgeschiedene Gartenlaube ein, um gemeinsam zu lernen und Schularbeiten zu machen. Dabei hielten sie sich allerdings nicht immer strikt an den Lehrplan. Auch in Raths Hobbykeller und Norbert Klopps Garage feierten die Teenager Partys und spielten Flaschendrehen. Wenn die Eltern eines Mitschülers verreist waren, wurden Schlafzimmer an Pärchen vergeben.

»Jürgen hat das soziale Leben der Klasse nachhaltig mitbestimmt«, erzählt Hartmut Rath. »Er war aufgeschlossen und Mitglied in der Theater AG. Und er war wissbegierig, einer, von dem man sagte, der schaut über den Tellerrand hinaus.« Häufig entbrannten hitzige politische Diskussionen zwischen Jürgen und seinem konservativ eingestellten Vater.

Drei Wochen bevor er in Rente gehen sollte, erkrankte Norbert Klopp. Leberkrebs. Die Ärzte gaben ihm noch drei Wochen. Die Diagnose war ein Schock für die Familie. Norbert hatte gesund gelebt, immer Sport getrieben. Er hatte nicht geraucht. »Der Krebs kriegt mich nicht«, schwor er sich. Er entwickelte neuen Lebensmut und las das Buch von Lance Armstrong, der beschreibt, wie er den Hodenkrebs besiegte. Die Kinder gingen mit ihm in mehrere verschiedene Kliniken. Seine Leber wurde chirurgisch entnommen, vereist und wieder eingesetzt. Er lebte noch drei Jahre, entschlossen, jeden einzelnen Tag zu genießen. »Sein traditionelles Frauen- und Männerbild veränderte sich, er verstand jetzt meine rebellische Ader und meinen Drang nach Freiheit besser«, erzählt Isolde Reich. Kurz vor seinem Tod im Jahr 2000 nahm der geschwächte Vater alle seine Kräfte zusammen, um noch einmal im Verein Tennis zu spielen. Das war sein Vermächtnis. Sein Sieg. Die Familie Klopp fand Trost darin, dass sich Norberts letzter Wunsch erfüllt hatte.

Zwei Wochen vor seinem Tod hatte die Familie Norbert nach Hause geholt. Die beiden Schwestern waren stets an seiner Seite, hielten Tag und Nacht seine Hand. Jürgen habe extrem gelitten, erzählt Isolde, weil er nicht so oft, wie er wollte, bei seinem Vater sein konnte. Nach den Spielen fuhr er nach Glatten, verbrachte eine Nacht an der Seite des Vaters und kehrte am Sonntagmorgen zum Training nach Mainz zurück.

Klopp: »Das war das erste große Glück meines Lebens, genau das zu tun, was mein Vater selbst einmal wollte. Ich habe ja das von ihm erträumte Leben gelebt. Mit jedem anderen Job hätten wir reichlich Stress miteinander gehabt, fürchte ich.« Sein Vater hätte es nicht verstanden, wenn er gesagt hätte, er wolle beispielsweise Florist werden. Er hätte ihn schlicht für verrückt erklärt.

Nach Norberts Tod suchte Jürgen Klopp nach Antworten und gelangte schließlich zu der Einsicht, dass »es eine höhere Macht gibt, die entscheidet«. Seine Trauer darüber, dass sein Vater nicht mehr hatte erleben können, wie er ein erfolgreicher Trainer wurde, wurde durch seine Gläubigkeit gemildert. »Ich bin mir ganz sicher, zumindest ist der Glaube daran ganz stark, dass er das sieht«, und von oben »einen entspannten Blick« darauf habe.

Ständig gesagt zu bekommen, dass er besser werden musste, auf dem Fußballfeld, auf dem Tennisplatz, auf der Skipiste, ist nicht unbedingt das, was man sich als Kind unter väterlicher Fürsorge vorstellt. Vierzig Jahre später hat Jürgen Klopp aber erkannt, dass all die Wochenenden, die Norbert damit verbrachte, dem Sohn schier unerfüllbare Leistungen abzuverlangen, seine spezielle Art der Zuneigung darstellten. Denn die Liebe eines Vaters bemisst sich weder in Worten noch in Küssen, sondern in Zeit.

# 6
# Wolfgang Frank: Der Lehrmeister

*Mainz 1995–2000*

»Unser Vater hatte eine brutale Selbstdisziplin. Man könnte fast von Besessenheit sprechen«, sagt Benjamin Frank, 36, bei einem gemeinsamen Lunch mit Pasta und bittersüßen Erinnerungen mit seinem Bruder Sebastian, 39, in einer Hotellobby in Mainz.

Die Gebrüder Frank arbeiten heute als Agenten und Talentscouts für Jürgen Klopps FC Liverpool. Davor waren sie als Berater für Leicester City tätig, den Sensationsmeister der Premier League 2016. Aufgewachsen sind sie in Glarus, einem gemütlichen Städtchen in der Schweiz mit 12 000 Einwohnern, in dem ihr Vater Wolfgang als Held verehrt wird. Der ehemalige Bundesligastürmer (215 Spiele, 89 Tore für den VfB Stuttgart, Eintracht Braunschweig, Borussia Dortmund und den 1. FC Nürnberg) hatte den örtlichen Provinzverein FC Glarus als Spielertrainer zum ersten Mal in der Vereinsgeschichte in die Nationalliga B geführt, die zweite Liga der Schweiz.

Frank, erinnern sich die Brüder, sah zwischen den Rollen als Trainer und als Vater keinen Unterschied. Beides lief auf dasselbe hinaus: die Pflicht zur Erziehung. Sebastian beschreibt seinen Vater als »verrückt im positiven Sinn«, als unglaublich ehrgeizigen Mann, für den Fußball nicht bloß Spieltage und Taktik bedeutete. Er bedeutete ihm schlicht alles; eine Schule des Lebens.

In seiner letzten aktiven Profisaison hatte Wolfgang Frank seine Ausbildung als Lehrer für Sport und Religion abgeschlossen. Beide Fächer erfüllten ihn mit dem Glauben, dass es »so etwas wie Zufall nicht gibt, dass alles – Verletzungen, Niederlagen – irgendeinen Grund haben musste«, erinnert sich Benjamin.

Es war ihm extrem wichtig, diesen einen zentralen Glaubensgrundsatz zu vermitteln – jedem, der es hören wollte.

Die Jungs mussten in der Stadt regelmäßig Dauerläufe bei Eis und Schnee absolvieren. Ein paar Jahre später, bei einem der wenigen Familienurlaube in Griechenland, die Wolfgangs vollgepackter Terminkalender zuließ, standen die Söhne, inzwischen Teenager, jeden Morgen um fünf Uhr auf und machten einen Strandlauf, danach gab es Frühstück mit Vitaminpillen. Anschließend, noch vor dem Mittagessen, die zweite Trainingseinheit mit Gewichten.

Abends spät oder früh am Morgen fingen daheim in Glarus die Faxgeräte an zu piepsen. Frank schickte seitenweise Motivationstexte, Ratschläge oder auch ausgefeilte Trainingspläne an seine Söhne, von einem der fünfzehn Klubs, die er betreute. »Immer wenn wir ein Problem in der Schule oder im Sport hatten, kam zu Hause ein langes Fax an, um uns aufzuheitern und uns zu zeigen, dass er, wenngleich weit weg, lange und intensiv und auf seine Weise über unser Problem nachgedacht hatte«, sagt Benjamin.

Als Spieler war Wolfgang Frank fasziniert vom Spielstil des AC Mailand unter Arrigo Sacchi gewesen, einem Team, das den Fußball in Europa Ende der achtziger und Anfang der neunziger Jahre mit seiner revolutionären Kollektivtaktik dominiert hatte: ein Synchronismus in der Bewegung, der dem Gegner Raum und Zeit nahm, ihn geradezu erdrückte. Er studierte bis spät in die Nacht die koordinierten Manöver der Spieler auf Videos und machte sich auch Gedanken über die Bedeutung von Regeneration, Ernährung und Mentaltraining; in einer Zeit, als derlei Themen in Deutschland noch als esoterisch galten. Anders in der Schweiz: Dort war man angesichts geringerer Budgets und eines wesentlich kleineren Spielerreservoirs viel offener für solche Themen. Die Raumdeckung, ein System, bei dem die verteidigende Mannschaft die gegnerischen Stürmer vor allem mit Blick auf die Verteidigung des Terrains vor dem Tor und auf das Spiel gegen den Ball ins Visier nahm, war bereits 1986, unter Anleitung des Schweizer Nationaltrainers Daniel Jeandupeux, eingeführt worden. Die Nationalspieler brachten ihr Wissen dann mit in ihre Klubs und arbeiteten auch dort damit, wie sich der ehemalige Abwehrspieler Andy Egli erinnert. Jeandupeux hatte nach Überzeugung von Egli diesen Spielstil erstmals als Profi und Trainer in Frankreich kennengelernt.

Frank war klar, dass taktische Innovation die Waffe der kleinen Klubs im Kampf gegen größere Vereine mit größerer individueller Klasse sein konnte; dass die richtigen Ideen die Qualität des eigenen Spiels entscheidend verbessern konnten.

Nach seinem wundersamen Erfolg mit dem FC Glarus unterschrieb er beim FC Aarau, einem Provinzverein der Ersten Liga, der seinerseits unter Führung von Ottmar Hitzfeld erstaunliche Erfolge eingefahren hatte. Hitzfeld, der später mit Borussia Dortmund und Bayern München die Champions League gewinnen sollte, war mit seiner bescheidenen Truppe derart erfolgreich, dass die Medien den Verein 1985 in »FC Wunder« umtauften. Sie wurde Vizemeister und gewann den Schweizer Pokal.

Auch Frank führte Aarau schon in seiner ersten halben Saison (1989/90) bis ins Pokalfinale, aber dann hatte das Wunder ein Ende. Die Aargauer unterlagen in Bern mit 1:2 gegen die von Hitzfeld trainierten Grasshoppers aus Zürich. Frank verabschiedete sich ein Jahr später. Engagements beim Abstiegskandidaten FC Wettingen (1991–92) und beim Zweitligisten FC Winterthur (1992–93) hinterließen keinen größeren Eindruck. Der wichtigste Spieler und Mannschaftskapitän bei Winterthur war übrigens ein Stürmer aus Deutschland – ein gewisser Joachim Löw. Der heutige Nationaltrainer, damals Anfang dreißig, stand einmal sogar in der Kabine auf, um das Team gegen Franks Kritik in Schutz zu nehmen. (Löw versuchte sich nebenbei auch im Modegeschäft: Er verkaufte lustige Krawatten aus dem Kofferraum seines Wagens an die Mannschaftkollegen in Winterthur.)

Endlich, im Januar 1994, bekam Frank zumindest so etwas wie eine Chance, sich in der Heimat zu beweisen. Rot-Weiss Essen, ein Ruhrgebietsklub mit treuer Anhängerschaft im Herzen von Fußballdeutschland, brauchte einen neuen Trainer, nachdem Jürgen Röber in der Winterpause vom VfB Stuttgart abgeworben worden war. Noch bevor er den Job im Georg-Melches-Stadion überhaupt angetreten hatte, war Frank und sein neues Team zum Abstieg verdammt. Der DFB hatte dem Klub als Sanktion für finanzielle Unregelmäßigkeiten die Profilizenz entzogen. Und es kam noch schlimmer: An seinem allerersten Arbeitstag sah sich Frank mit einer Kabinenrevolte konfrontiert: Mannschaftskapitän Ingo Pickenäcker und sein Stellvertreter Frank Kurth waren aus Protest zurückgetreten, weil sie trotz einer entsprechenden Zusage durch den Vorstand nicht in die Frage der Nachfolge Röbers einbezogen worden waren.

RWE hoffte auf Kulanz des DFB bei der Berufungsverhandlung. Reinhard Rauball, der clevere Anwalt des Vereins (heute Präsident von Borussia Dortmund), fand zahlreiche Verfahrensfehler seitens des Fußballverbands. Franks Männer gewannen das DFB-Pokalhalbfinale gegen Tennis Borussia Berlin im März mit 2:0 und erreichten sensationell das Finale. Ein paar Tage darauf wurde aber der Zwangsabstieg in die Regionalliga durch ein DFB-Schiedsgericht bestätigt. Alle Punkte und Tore der Essener wurden aus der Tabelle gestrichen.

35 000 RWE-Fans pilgerten im Mai in »Jetzt erst recht«-Stimmung in die Hauptstadt. Zahllose Transparente im Stadion beklagten die Entscheidung des DFB. »Wenn es eine Gerechtigkeit im Himmel gibt, gewinnen wir«, sagte Frank. Auf dem Rasen des Olympiastadions wollten die haushohen Favoriten, das von Otto Rehhagel betreute Werder Bremen, von derlei göttlichem Beistand allerdings nichts wissen. Die Norddeutschen, die zwei Jahre zuvor gegen Arsène Wengers AS Monaco den Europapokal der Pokalsieger geholt hatten, siegten in Berlin ungefährdet. Endstand: 3:1.

Erst Jahrzehnte später kam ans Licht, dass eine hässliche vereinspolitische Intrige bei der Niederlage eine Rolle gespielt hatte. Der damalige RWE-Spieler Frank Kontny zögert noch heute, die Geschichte zu erzählen. Der heute 52-Jährige war damals Mannschaftskapitän und als Abwehrspieler fest für die Startaufstellung eingeplant. »Aber am Morgen vor dem Spiel sagte mir Frank, ich sei draußen. Und wenn ich weiter aktiv Fußball spielen wolle, müsse ich mir einen neuen Verein suchen«, erzählt er. »An dem Tag brach für mich eine Welt zusammen. Man hatte mir den größten Moment meiner Spielerkarriere geraubt.«

Wie die meisten RWE-Spieler hatte Kontny einen Teilzeitjob neben dem Fußball, um die Familie während der Insolvenz des Vereins versorgen zu können. Vorstandsmitglied

Wolfgang Thulius hatte ihm einen Job als Immobilienhändler organisiert. Nach dem Erreichen des DFB-Pokalfinales im März wechselte jedoch die Führung des Vereins. Frank wurde gedrängt, alle Verbindungen zum alten Vorstand zu kappen, Kontny war aber eng mit Thulius verbandelt: »Ich stand einfach auf der verkehrten Seite«, sagt Kontny. »Frank traf eine Entscheidung, die mit dem Fußball nichts zu tun hatte.« Statt Kontny brachte der Trainer Pickenäcker in der Startelf, der sich wenige Wochen zuvor eine schwere Leistenverletzung zugezogen hatte und noch längst nicht wieder fit war. Pickenäcker verschuldete die ersten zwei Tore der Bremer und wurde sieben Minuten vor der Halbzeit ausgewechselt. Essen drängte nach der Halbzeit und schaffte auch den Anschlusstreffer durch Daouda Bangoura, aber Wynton Rufer sicherte mit einem späten Elfmeter Werders 3:1-Sieg. »Mit mir auf dem Platz wäre es garantiert ein anderes Spiel geworden«, sagt Kontny schweren Herzens. »Ich war schwer enttäuscht von Frank, habe ihn sogar beschimpft. Er war ein guter Coach – er sagte immer, wir müssten immer weiter lernen, unseren Horizont erweitern. Die Trainingseinheiten dauerten zwei Stunden. Aber ich denke, er würde heute einsehen, dass er damals einen großen Fehler gemacht hat.«

Drei Wochen nach dem Finale fuhr Rot-Weiss nach Mainz zum vorletzten Spieltag der Saison. Ein chaotisches Match im Stadion am Bruchweg vor 3000 Zuschauern endete mit drei roten Karten, davon zwei für die Auswärtsmannschaft, und einem Ausgleichstreffer in der letzten Minute durch Željko Buvač, Mittelfeldspieler von Mainz 05, der Klopp noch lange begleiten sollte. Der Klassenerhalt der Mainzer war endgültig gesichert.

Ein Jahr später, im September 1995 waren die notorisch abstiegsbedrohten Mainzer erneut im Tabellenkeller der Zweiten Bundesliga und auf der Suche nach einem neuen

Trainer. Manager Christian Heidel rief Frank an. »Der letzte Strohhalm-Mann«, wie es die *Rhein-Zeitung* ausdrückte.

»Das war alles sehr nett, was er mir so erzählte«, erinnert sich Heidel. »Er hatte so ein bisschen Lehrer-Marotten. Da bin ich immer vorsichtig, bei Lehrern. Weil die teilweise nicht so ganz einfach sind im Umgang. Aber irgendwie habe ich dann gesagt, mach du das doch. Im Nachhinein muss man sagen, dass das ein einschneidender Tag für Mainz 05 war. Ich könnte jetzt ja sagen: Ach, ich habe sofort bemerkt, dass das ein guter Trainer ist. Aber in Wirklichkeit wollte bei uns sonst gar keiner Trainer werden.«

Die Mannschaft war beeindruckt von den Trainingsmethoden, fand sie »irgendwie anspruchsvoll« (Heidel), aber die Spiele verloren sie trotzdem. Mainz ging als Schlusslicht in die Winterpause, magere zwölf Punkte hatten sie auf dem Konto, fünf Punkte Abstand zum rettenden Ufer. *Der Kicker* attestierte den Mainzern damals, wie Heidel erzählt, eine Abstiegswahrscheinlichkeit von hundert Prozent. »Nicht 99, nein, 100 Prozent. Das werde ich nie vergessen.«

Frank klopfte bei Heidel an die Tür. »Er sagte: ›Wir müssen was ändern.‹ Dann meinte er: ›Ich habe mir was überlegt. Wir fahren ins Trainingslager, und wir spielen in Zukunft ohne Libero.‹ Ich dachte bloß, das kann doch nicht sein Ernst sein.«

Ein Team im Profifußball ohne Libero oder Ausputzer, ohne »letzten Mann« hinter der Abwehr war Mitte der neunziger Jahre in Deutschland praktisch unvorstellbar. Die Klubs und die Nationalmannschaft hatten ihre großen Titel seit Franz Beckenbauers großen Zeiten in den siebziger Jahren sämtlich mit Libero geholt. »Wir haben immer gedacht, da muss eine Absicherung sein. Wenn da einer durchkommt, da muss eine Absicherung sein«, erzählt Heidel. »Das gibt's doch gar nicht, du kannst doch nicht den Libero abschaffen!

Unmöglich. Ich war ja selbst mal Libero gewesen, und ich hatte das Gefühl, dass er mich hier sozusagen mit abschafft.«

Der ehemalige Nationalspieler Hannes Bongartz hatte eine Version der Viererkette ohne letzten Mann bereits 1986 beim 1. FC Kaiserslautern eingeführt – inspiriert durch eine Niederlage: Kaiserslautern war gegen das von Sven-Göran Eriksson trainierte IFK Göteborg im Halbfinale des UEFA-Cups gescheitert. Göteborg war seiner Zeit taktisch meilenweit voraus. In der deutschen Eliteliga hinterließ er mit dieser Innovation aber keinen nachhaltigen Eindruck.

Als Präsident des FC Bayern verbot Beckenbauer seinem Trainer Erich Ribbeck ausdrücklich dessen (zugegebenermaßen reichlich amateurhafte) Experimente mit der Viererkette in der Saison 1993/94. Ein paar Wochen nach Franks Verpflichtung in Mainz erzählte der damalige Nationaltrainer Berti Vogts dem Schweizer Boulevardblatt *Blick*, ein System ohne Libero sei »fundamental destruktiv« und würde sicherlich keine Akzeptanz in der Bundesliga finden.

Heidel: »Ich dachte zunächst, wir machen uns zur Lachnummer. Das war schon Fatalismus. Im Trainingslager habe ich mich dann zum ersten Mal richtig reingekniet, um zu verstehen, was der eigentlich will. Wir waren auf dem Trainingsplatz, und da standen dann nur noch Stangen auf dem Platz, lauter Stangen. Die Spieler haben gedacht, der hat sie nicht mehr alle. Die sind ohne Ball da rumgelaufen, stundenlang. Da kam erstmalig dieses Verschieben, in Formation. Heutzutage ist ja völlig klar, dass eine Seite blank ist, wenn alle vier Abwehrspieler auf die Seite rücken, wo der Ball ist. Als wir das erste Heimspiel gespielt haben, hat das ganze Stadion geschrien. Da stand ganz links ein Stürmer total frei, und unsere Abwehr war komplett rechts, da hat das ganze Stadion geschrien. Nur dass der Ball dann nicht so schnell auf die linke Seite kam, das hat keiner kapiert, dass die Abwehr genug Zeit hatte, sich zu verschieben. Ballorientierte Raumdeckung nannte sich das, und das war etwas völlig Neues in Deutschland. Das war quasi Hexerei. Also haben wir dann im Trainingslager trainiert und trainiert und trainiert, haben Viererkette trainiert. Für mich war der Abstieg besiegelt.«

Mitte der neunziger Jahre gab es Übungseinheiten im Wesentlichen in zwei Geschmacksrichtungen. Es gab Arbeit (jede Menge Rennerei), und es gab Spaß (es wurde gekickt). Von kollektiver Bewegung oder theoretischem Studium hatte nie jemand etwas läuten gehört. Frank aber war ganz im Gegensatz zu seinen damaligen Kollegen »ein Taktikbesessener«, erzählt Heidel. »Ich hatte so etwas noch nie gesehen.« Der Trainer verbrachte Stunden damit, sich Fußballspiele anzusehen, italienischen Fußball vor allem. Und Sacchi war sein Idol. »Der hat uns alle Spiele von Sacchi auf Videokassette gezeigt, ich war ja immer dabei. ›Ein Manager hat dabei zu sein‹, meinte Frank. Und dann musste auch ich mir den Mist immer anschauen. Geschnitten wurde damals ja noch nicht. Also hielt er den Film an, zurückspulen, abspielen, wieder zurückspulen, stundenlang. Der war völlig vernarrt in Sacchis Taktik.«

Frank fuhr sogar nach Italien, um sich das Training seines Idols persönlich anzusehen. »Sacchi hat ihn nicht ernst genommen, aber er durfte dann beim Training zuschauen«, sagt Heidel. »Da hatte er das alles her. Aber wir in Deutschland waren noch nicht so weit.«

In Dieter Augustin, einem Professor für Sportwissenschaft an der Universität Mainz, ganz in der Nähe des Stadions gelegen, hatte Frank einen gleichgesinnten Fußballtheoretiker gefunden. Augustin bevorzugte zwar präzise strukturiertes Positionsspiel gegenüber der vertikalen Spielanlage des FSV, aber abgesehen von solchen unterschiedlichen Präferenzen waren sich beide einig, dass visuelle Hilfsmittel die fußballerische Ausbildung der Spieler voranbrachten. Studenten aus Augustins Kurs sollten kurze Videoclips von Mainz und deren Gegnern als Beitrag zur Spielvorbereitung zusammenstellen. Eine ebenso simple wie originelle Idee: Deutsche Teams hatten damals weder das Personal noch das Know-how, um mit Videoanalyse zu arbeiten. Einer der jungen Sportwissenschaftler, die sich für das Experiment freiwillig meldeten, war Peter Krawietz. Später wurde er der Mainzer Chefscout und Klopps zweitwichtigster Assistent, der ihn nach Dortmund und Liverpool begleiten sollte.

»Franks Videosessions um 7:30 Uhr morgens waren allgemein gefürchtet«, sagte der ehemalige Mainzer Spieler Torsten Lieberknecht. »Wir saßen auf diesen eisernen Gartenstühlen in einem winzigen Raum beim Frühstück, während Frank den Videorecorder bediente. Das dauerte eine Ewigkeit.«

Frank fand auch Inspiration in seiner eigenen Zeit als Spieler. In seinem Jahr bei AZ Alkmaar in der niederländischen Ehrendivision 1973/74 konnte er den »totalen Fußball« von Ajax Amsterdam bewundern. Zurück in Deutschland, führte der Weg des schmächtigen Stürmers (Spitzname »Floh«) zum Aufsteiger Eintracht Braunschweig und damit wieder zu seinem früheren Stuttgarter Trainer Branko Zebec. Der Jugoslawe Zebec, der Bayern München 1969 mit einem strengen Fitnessprogramm und größter taktischer Disziplin zu deren erstem Meistertitel in der Bundesliga geführt hatte, war Mitte der siebziger Jahre der erste Trainer in der deutschen Eliteliga, der mit Raumdeckung experimentierte. Alle anderen setzten damals noch strikt auf Manndeckung. »Unter Zebec liefen wir nicht mehr sinnlos unseren jeweiligen Gegenspielern hinterher. Er war seiner Zeit voraus«, erinnerte sich Frank später.

Einundzwanzig Jahre danach dürstete Mainz nach ähnlich futuristischen Impulsen. »In der Winterpause waren wir als Team praktisch tot«, erzählte Klopp der *Süddeutschen Zeitung* 1999. »Wir wollten unten raus, waren aufnahmefähig für Neues. Wir wären auch fünfzehn Mal den Baum hochgeklettert, wenn man uns dafür Punkte versprochen hätte.« Frank schätzte, es würde 150 Stunden Theorietraining brauchen, um dem Team das neue System zu vermitteln. Anstatt des üblichen, vor allem unterhaltsamen Trainings, an das die deutschen Profis gewöhnt waren, verbrachten sie ganze Tage ohne Ball. »Aber wir sagten uns: Wenn Gullit und Van Basten das bei Milan lernen konnten, dann schaffen wir das auch«, sagte Klopp 2007 bei einem gemeinsamen Interview mit seinem Mentor für die *Frankfurter Rundschau*. »Man muss auch sehen, was für ein mutiger Schritt das war. Im Fußball braucht es lange, bis sich eine Neuerung etabliert hat. Wolfgang führte die Viererkette mitten im heftigsten Abstiegskampf ein. Wir steckten im Prinzip im Dschungel fest, bevor er kam. Wir waren allem hinterhergerannt, was ein gegnerisches Trikot trug.« Frank hätte, erinnert sich Klopp, den Spielern auch sagen können, sie hätten eine Klausur über Quantenphysik schreiben sollen, wenn man bedenkt, was an Wissen über die Viererkette vorhanden oder eben nicht vorhanden war.

»Der Fußball in Mainz war bis dahin ziemlich konservativ gewesen; es musste einfach etwas passieren. Die Zeit war reif«, sagte Frank rückblickend. Das Team war laut Heidel anfangs nicht so ganz überzeugt. »Sie wussten nicht, wie ihnen geschah. All diese Rennerei ohne Ball. Mal nach links, mal nach rechts. Frank erklärte mir stundenlang, dass einer weniger in der Abwehr heißt, wir würden im Mittelfeld einen mehr haben. Ich sagte dann immer: ›Ja, aber was ist, wenn einer von den Gegnern einfach durchbricht und frei aufs Tor zugeht?‹ Darauf er: ›Da bricht aber keiner durch, das darf nicht passieren.‹ Im Offensivbereich spielten wir Pressing, damit der Gegner zu langen Bällen gezwungen wird. Hinten hatten wir Riesen wie Klopp, der jedes Kopfballduell gewann. Das war unser neues Spiel. Damit kamen wir aus dem Trainingslager.«

Ein erstes Freundschaftsspiel mit der neuen Formation führte das Team gegen den Drittligisten 1. FC Saarbrücken, »eine ›Geld-Mannschaft‹, die ihre Liga mit Riesenvorsprung dominierte und als Aufsteiger praktisch feststand«, erinnert sich Heidel. »In Fraulautern haben wir gespielt, irgendwo an der französischen Grenze. Ich war ziemlich sicher, die hauen uns fünf Dinger rein. Und dann war Halbzeit, und es stand 6:0. Für uns. Ich habe gedacht, ich bin im falschen Film. Die sind mit der stärksten Mannschaft angetreten, aber hatten keinen Plan, wie sie gegen uns spielen sollten. Wir haben die in Grund und Boden gespielt. Das war die Geburtsstunde, die Auferstehung von Mainz 05, die Geburt der Viererkette. Wir waren wirklich die Ersten, die das gespielt haben, in Verbindung mit einer ballorientierten Raumdeckung. Erst danach kamen Ralf Rangnick in Ulm und Uwe Rapolder bei Waldhof Mannheim.«

Der ehemalige Mainz-Abwehrspieler Jürgen Kramny stand damals für Saarbrücken auf dem Platz. »Ich war damals dabei, als die Mainzer Viererkette geboren wurde«, erzählt er. »Wir waren ein ziemlich gutes Team, aber wir hatten keine Chance. Die haben uns plattgemacht, regelrecht schwindlig gespielt.«

Jürgen Klopp, Peter Neustädter, Michael Müller und Uwe Stöver waren die vier Abwehrspieler an dem Tag. »Das lief so gut, dass wir in den achtzehn Monaten danach absolut nichts verändert haben«, berichtete Klopp.

Frank beschrieb seine Taktik einmal als ausgefeilte Version von Kinderfußball: »Jeder musste da hingehen, wo der Ball war. Das Ziel war, eine Überzahl zu schaffen, um den Ball zu erobern, und dann auszuschwärmen, wie eine Faust, die sich öffnet.« Mit diesen neuartigen Methoden wurde Mainz zum besten Team der Rückrunde. Sie holten zweiunddreißig Punkte, mehr als jede andere Mannschaft. »Es war total verrückt, das hatte es im deutschen Profifußball noch nie gegeben«, erzählt Heidel schmunzelnd.

Für Klopp war es »eine Offenbarung: Ich merkte, dass wir mit unserem System Mannschaften schlagen konnten, die die besseren Spieler hatten. Er hat bis zu einem gewissen Grad unsere Ergebnisse von unserem Talent unabhängig gemacht. Franks große Stärke war, dass er einen klaren Matchplan hatte.« Dass harte Arbeit oder der unbedingte Wille spielerische Defizite zumindest ein wenig ausgleichen können, war allgemein anerkannt. Aber ein kollektives Konzept, das auf einem bestimmten Verständnis von Raum basierte? Niemand hatte es in Deutschland für möglich gehalten, dass das einen solchen Unterschied ausmachen könnte. »Da habe ich mich das erste Mal so richtig in Taktik verliebt«, erzählt Heidel. »Da spielst du gegen Mannschaften, die individuell viel besser sind, aber du kannst trotzdem gewinnen, einfach weil du einen Plan hast, der funktioniert.« Die Mannschaft trainierte »bis zur Bewusstlosigkeit«, fügt er hinzu. »Irgendwann hatten es alle kapiert. Heute ist es ja normal, dass man intelligente, flexible Spieler hat, aber damals hat man schon ein paar Führungsspieler gebraucht. Kloppo war natürlich der taktische Kopf der Mannschaft, auch wenn sein Spiel nicht gerade danach ausgesehen hat. Er ist über Kraft und Emotionen, über die Physis gekommen, weniger über Schönspielerei. Aber er war der Kopf der Mannschaft.«

»In Mainz kam ich zum ersten Mal überhaupt mit Taktik in Berührung«, sagt der frühere FSV-Mittelfeldspieler

Christian Hock, der in der Jugend für Eintracht Frankfurt und danach in der ersten Mannschaft von Borussia Mönchengladbach gespielt hatte. »Taktik wurde bei der Borussia nie trainiert. Es dauerte lange, bis man das System in Mainz kapiert hatte, es war etwas, womit man absolut nicht vertraut war: Du musstest gleichzeitig den Ball und die Gegenspieler im Auge behalten, die ganze Zeit. Jahre später, als ich meinen Trainerschein machte, hatten viele ehemalige Spieler echte Probleme damit, die Viererkette in der Theorie zu verstehen. Dank Wolfgang Frank kannte ich mich bereits bestens aus.«

»Wolfgangs Ziel war immer, dass wir Spieler dazulernen«, sagte Klopp. »Es war nicht so gedacht, dass wir uns am Wochenende treffen und einfach ein bisschen kicken. Natürlich haben wir uns manchmal beschwert, wenn wir stundenlang Fitnesstraining machen mussten, aber wir wussten immer, warum wir taten, was wir taten.« Klopp erinnert sich, dass Frank den Lokaljournalisten sagte, sie sollten nicht so viel über die Viererkette schreiben. Er wusste, dass er im Fall des Scheiterns eine Menge zu erklären gehabt hätte. Der Bruch mit der Tradition wurde mit viel Skepsis beäugt.

Trotz der deutlich verbesserten Ergebnisse hing der Klassenerhalt wegen der katastrophalen Hinrunde bis zum letzten Spieltag am seidenen Faden. Mainz spielte zu Hause gegen den VfL Bochum und musste unbedingt gewinnen.

Martin Quast erinnert sich: »Da waren 12 000 Zuschauer am Bruchweg, nahezu ausverkauft damals. Marco Weißhaupt erzielte ein frühes Führungstor. 83 unfassbar angespannte Minuten später war Mainz dann gerettet. Und anstatt zu jubeln, wie alle Menschen im Stadion, ging Wolfgang Frank mit ganz ernstem Gesicht hin und her und hin und her. Wie ein Tiger im Käfig. Er wusste nicht, was er machen sollte. Das war für ihn eine fremde Welt, was da passierte. Tausende Menschen feierten, als gäbe es kein Morgen, und Wolfgang Frank ist total in sich verschlossen und wie ferngesteuert über den Platz gelaufen.«

»Alle feierten, aber mein Vater war total erschöpft, brachte kein Wort heraus und hatte schreckliche Kopfschmerzen«, erzählt Sebastian Frank. Er hatte sich völlig verausgabt. Wolfgang Frank war ein Trainer, der an der Seitenlinie mit Tempo 100 im ersten Gang unterwegs war, der innerlich brannte und nicht wusste, wohin mit all seiner Energie. »Er wollte nicht im Mittelpunkt stehen«, sagt sein Sohn Sebastian, »öffentliche Aufmerksamkeit und Glorifizierung waren überhaupt nicht sein Ding.«

»In der nächsten Saison blieb die Mannschaft zusammen. Und keiner wusste, wie er uns anpacken sollte«, erinnert sich Heidel. »Zum ersten Mal in der Geschichte von Mainz 05 klopften wir an die Tür der Bundesliga.« »Jahrelang ist der Klub im Nirgendwo herumgedümpelt, war von niemandem richtig ernst genommen worden«, schrieb die *Süddeutsche Zeitung* im Oktober 1996. »Als einzige Mannschaft der Zweiten Liga spielen (und verstehen) die 05er nun die Viererkette.« Der selbsternannte Karnevalsverein nötigte allen Respekt und Bewunderung für seine radikalen Methoden ab. »Eine wahre Euphorie ist bei uns in Mainz ausgebrochen«, wurde Präsident Harald Strutz zitiert. Die ganze Stadt war aufgeregt und gespannt wie nie zuvor.

Und Mainz siegte immer weiter. Franks Team ging als Zweiter in die Winterpause der Saison 1996/97, hinter Otto Rehhagels Lautern, das ein Jahr später sensationell Deutscher Meister werden sollte.

Aber für Frank konnte es mit dem Fortschritt nicht schnell genug gehen. Zur gleichen Zeit, als er die Taktik der Mannschaft grundlegend umgestellt hatte, hatte er auch den Vorstand mit Forderungen nach einem größeren, modernisierten Stadion und besseren Trainingsbedingungen konfrontiert. Das Stadion am Bruchweg war erst wenige Monate zuvor mit Flutlicht und einer elektronischen Anzeigetafel ausgestattet worden.

»Er brachte uns bei, dass wir eine Vision brauchten, wenn wir etwas erreichen wollten, das war entscheidend«, sagt Strutz. »Er fragte uns geradeheraus: ›Wollt ihr irgendwann Bundesliga spielen?‹ Ich bin nicht sicher, ob hier irgendjemand davor überhaupt daran gedacht hatte. Wir standen damals immer noch ganz unten in der Zweiten Liga.« Franks Vision war, den Bruchweg komplett zu erneuern – der Name des Stadions war, wie Strutz zugibt, ein wenig Programm. Er verlangte den Einbau eines Entmüdungsbeckens und einer Sauna, und bessere Rasenplätze. »Wolfgang Frank war einzigartig, ein ganz eigener Typ. Ein wunderbarer Mensch. Aber auch übertrieben intellektuell, verkopft. Er trieb den Mainzer Vorstand zum Wahnsinn mit seinen Forderungen, aus dem Erfolg einen nachhaltigen Erfolg zu machen. Ich weiß noch, wie er auf diesem Entmüdungsbecken bestand. Mainz hatte damals gerade mal eine versiffte Badewanne, in der der Zeugwart manchmal auch die Schuhe abschrubbte. Nach dem Spiel saß da der Mannschaftskapitän drin, dann konnte kein anderer rein. Frank war unerbittlich. Neue Plätze, neue Umkleidekabinen, ›der Presseraum mitten im Gebäude, wo die Spieler sind, das geht nicht‹, sagte er. Er war mit nichts zufrieden. Langsamer Fortschritt war für ihn schon Rückschritt. Alles musste im Turbogang passieren.«

Der winzige VIP-Bereich in einem der Container, in denen auch die Verwaltung untergebracht war, wurde umgebaut, so dass er unter der Woche als Ruheraum mit genug Liegen für alle Spieler diente, man diskutierte die Einstellung eines Ernährungswissenschaftlers. »Er wollte potentiellen Neuzugängen zeigen, dass wir eingerichtet waren, um ihnen ein gutes Training zu bieten. Das war ihm sehr wichtig«, sagt Strutz. »Und er konnte nicht verstehen, dass nicht gleich am nächsten Tag die Bagger anrollten, um mit dem Umbau zu starten.« Der Vorstand muss gedacht haben, »der spinnt«, gab Frank Jahre später freimütig zu.

In ihrer Vereinsanthologie *Karneval am Bruchweg* schreiben Lokalreporter Reinhard Rehberg und Christian Karn, dass die Verhandlungen mit dem Stadionbesitzer, der Stadt Mainz, äußerst schwierig waren. Die Politiker sahen keine Rechtfertigung dafür, eine Menge Geld für einen Verein auszugeben, der ein Stammpublikum von gerade mal 3000 bis 5000 Zuschauern vorweisen konnte.

Unbeirrt von solchen Kleinigkeiten, machte Frank intern weiter Druck, bis Mainz die Finanzierung für einen bescheidenen Stadionausbau unter Dach und Fach hatte. »Er war kein einfacher Trainer und auch kein einfacher Mensch«, sagt Strutz. »Als Verhandlungspartner war er für mich als Klubpräsident eine komplizierte Persönlichkeit. Er hatte so viel Energie. Er wollte den Verein möglichst schnell voranbringen.«

Im Januar 1997 fuhr der unerwartete Aufstiegskandidat nach Zypern, um sich auf die zweite Saisonhälfte vorzubereiten. Die Gebrüder Frank waren auch dabei, als Jugendspieler. »Einige der Profis lachten sich schlapp über uns, weil wir bei den Stabilisationsübungen der Mannschaft auf dem angrenzenden Platz mitmachen mussten«, erinnert sich Benjamin. »Unser Vater sagte, ›Kümmert euch nicht drum, was andere denken, macht einfach euer Ding‹.« (Sieben Jahre später lachten auch deutsche Boulevardblätter und Experten, als Jürgen Klinsmann das Nationalteam unter der Aufsicht amerikanischer Fitnesstrainer ähnliche Einheiten bestreiten ließ. Nach der WM 2006 wurden solche Übungen überall in der Bundesliga zum Standardprogramm.)

Als auf Zypern gegen Ende des zehntägigen Trainingslagers die Nachricht von Neuschneefällen in Mainz eintraf, verfügte Frank, dass er und das Team zwei weitere Wochen auf der Insel bleiben würden, um die perfekten Trainingsbedingungen zu nutzen. Die Spieler waren alles andere als begeistert. Sie wollten nach Hause zu ihren Familien. Aber der Verein war so begeistert von dem ersten Trainer, der jemals einen Hauch von Erfolg in den Verein gebracht hatte, dass man ihm jeden seiner Wünsche erfüllte. »Wir waren Zweiter in der Tabelle. Mainz 05: Zweiter in der Tabelle«, betont Heidel, als setze er seine Worte in dicke Lettern. »Hätte Frank gesagt: Morgen lassen wir den Kirchturm abreißen, wir wären hochgeklettert und hätten den Kirchturm abgerissen. Wir hatten noch nie an der Spitze gestanden. Was immer er auch sagte, wurde unverzüglich in die Tat umgesetzt.«

Nach dem mutmaßlich längsten Trainingslager in der Geschichte des deutschen Profifußballs kamen die Mainzer nach Hause und verloren das erste Heimspiel gegen Hertha BSC mit 1:0. Auch das nächste Spiel verloren sie, 3:0 beim VfB Leipzig. Und dann verloren sie ihren Trainer.

Heidel: »Ich war nach dem Spiel noch in Leipzig geblieben. Am nächsten Morgen sitze ich im Taxi, und dann ruft mein Trainer an. ›Christian, ich wollte dir nur sagen, du musst dir einen neuen Trainer suchen.‹ Ich dachte zunächst, im Sommer, weil da sein Vertrag auslief. Aber er meinte das ab sofort. Ich bin nach Mainz geflogen, da waren schon vier Journalisten da, das war viel für unsere Verhältnisse. Er hatte schon überall kundgetan, dass er aufhört. Einfach so, mittendrin.«

Frank hatte während der ganzen Rückfahrt von Leipzig über die Gründe für die zwei Niederlagen gebrütet. Irgendwie kam er zu dem Schluss, er selbst sei der Grund gewesen.

Heidel beschreibt Franks Rücktritt als Kurzschlussreaktion. Nicht einmal Jürgen Klopp, der Vertrauensmann des Trainers in der Kabine, konnte ihn umstimmen.

Franks Nachfolger war ein Mann namens Reinhard Saftig. Ein kampferprobter Übungsleiter mit Erfahrung in der Bundesliga (Dortmund, Leverkusen) und der Türkei (Kocaelispor, Galatasaray), da konnte man nichts falsch machen. Dachte Heidel jedenfalls. »Diese Verpflichtung war eine meiner ganz großen Leistungen«, sagt er und zuckt bei dem Gedanken leicht zusammen. »Der hatte von Tuten und Blasen keine Ahnung. Das muss ich so ehrlich sagen, der wusste überhaupt nicht, wie das geht, dieses Geschäft. Natürlich sind wir dann auch nicht aufgestiegen, wir sind am letzten Spieltag gescheitert.« Mainz musste zum direkten Aufstiegskonkurrenten nach Wolfsburg und verlor das Spiel mit 4:5. »Ein legendäres Spiel«, erinnert sich Heidel. »Mit einem grandiosen Jürgen Klopp.« Der Rechtsverteidiger hatte ein Tor erzielt, als sich Mainz mit einem Mann weniger nach 1:3-Rückstand zurückkämpfte und sogar den Ausgleich schaffte. Dann aber unterlief ausgerechnet Klopp ein verhängnisvoller Fehler, der die Niederlage besiegelte.

Frank war zwischenzeitlich bei FK Austria Wien gelandet. Benjamin erinnert sich an die Fahrt zum Flughafen mit seinem Vater. »Er sagte kaum ein Wort. Er tat nichts weiter, als die Namen der Austria-Spieler auswendig zu lernen. Vor der ersten Trainingseinheit wollte er sie alle kennen.«

Die Mannschaft der Wiener, eine mittelmäßige Mischung aus Weltenbummlern, zu denen auch der mit einem eindrucksvollen Haarwuchs gesegnete bulgarische Nationalspieler Trifon Ivanov zählte, wunderte sich ebenso über das Frank-System, wie es Saftig zur gleichen Zeit in Mainz tat. Dort glaubte die Mannschaft nämlich nach wie vor an die Spielanlage seines Vorgängers. Saftigs Versuche, wieder auf eine Drei-Mann-Verteidigung mit dem neu verpflichteten Kramny als Libero umzustellen, erwiesen sich als Desaster.

»Saftig war nicht eben das, was man einen harten Arbeiter nennt«, schrieb Rehberg in der *Allgemeinen Zeitung.* Offensichtlich nahm er am Vorabend der Spiele ganz gerne noch einen Schluck mit den Spielern. »Schlüsselspieler wie Jürgen Klopp fürchteten diese Einladungen. Saftig hatte Durst und Stehvermögen.«

Nach fünf Monaten am Bruchweg wurde Saftig durch den Österreicher Dietmar Constantini ersetzt. Er hatte als Assistent des legendären Ernst Happel gearbeitet und erläuterte der staunenden Lokalpresse, das Mainzer Pressing funktioniere »in der Form eines Dudelsacks«. In der Praxis lief das auf die Wiedereinführung der Viererkette Marke Frank hinaus, allerdings mit einem wichtigen Unterschied: Mit Kramny gab es zusätzlich einen Libero dahinter. Heidel: »Also hatten wir vier Defensive in einer Reihe plus einen Ausputzer hinter dieser Kette. Kloppo machte das ganz verrückt. Wir hatten immer ein vertrauensvolles Verhältnis. Er kam in mein Büro und sagte: ›Der hat überhaupt keine Ahnung von Taktik. Wir können so nicht spielen … Viererkette mit dem Libero hintendran.‹ Da war mir schon klar, der wird irgendwann selbst mal Trainer.«

Constantini verlor nicht viele Spiele. Aber er gewann auch nicht viele – ganze vier von achtzehn. Als »Remis-König« betitelte ihn die *Allgemeine Zeitung.* Mit Constantinis letzter Partie, eine 1:3-Heimniederlage gegen Wattenscheid 09 (mit Souleyman Sané im Angriff, dem Vater des heutigen Nationalspielers Leroy Sané) Anfang April 1998, rutschte Mainz wieder in die Abstiegszone. »Die Typen, die nach Frank kamen, hatten kein Vertrauen in die Viererkette«, sagte Kramny. »Sie meinten, die Spieler wären zu langsam für dieses System, und kamen dann mit allen möglichen verrückten Abwehrsystemen. Aber die Mannschaft hat immer an Franks Viererkette geglaubt. Deswegen hat auch alles andere, was probiert wurde, nie funktioniert.«

Constantini gestand Heidel, dass er keinen wirklichen Zugang zur Mannschaft finden konnte. Der Mainzer Manager überwand seinen Stolz und rief den einzigen Coach an, dem er zutraute, das Team wieder in die Erfolgsspur zu führen: Wolfgang Frank. Sein Engagement in Wien ging dem Ende entgegen, beide Seiten hatten sich darauf geeinigt, am Saisonende getrennte Wege zu gehen. Nach dem Anruf von Heidel, der bis 3 Uhr in der Nacht auf ihn einredete, verließ Frank seinen Posten in Wien mit sofortiger Wirkung, um die Zeit zurückzudrehen und Mainz ein zweites Mal vor dem Absturz zu bewahren. Er gewann seine erste Partie auswärts bei den Stuttgarter Kickers – der Schuss Hoffnung, den er brachte, hatte offenbar schon geholfen. »Der Typ brennt dermaßen vor Begeisterung«, sagte Klopp nach dem Schlusspfiff in die Kamera. »Wenn irgendjemand nach nur drei Tagen Veränderungen bewirken kann, dann er.« Mainz landete am Ende auf einem gesicherten zehnten Platz.

Das Team spielte endlich wieder das System, mit dem es sich am wohlsten fühlte. Nach der Rückkehr zur flachen Viererkette mit Raumdeckung verlegte Frank seinen Schwerpunkt darauf, einen ganz anderen Raum zu erobern: den zwischen den Ohren der Spieler.

»Er machte es zu seiner Mission, an der mentalen Stärke des Teams zu arbeiten«, erzählt Strutz. »Dabei ging er ziemlich weit, auch mit der Einführung von psychologischem und autogenem Training. Er stellte sogar einen autogenen Coach an, der aber – das stellte sich erst später heraus – gar kein ausgebildeter Psychotherapeut war, sondern ein ehemaliger Lokführer. Er hatte einfach den Job gewechselt.«

Strutz, ein ehemaliger Dreispringer (1969 und 1970 immerhin Zweiter bei den Deutschen Meisterschaften) sieht einen Teil der Schuld bei sich, was Franks Reise in die Köpfe seiner Spieler angeht. »Ich habe ihm ein Buch geschenkt, *Die Macht der Motivation* von Nikolaus B. Enkelmann. Das hatte ich selbst zu Weihnachten geschenkt bekommen. Ich dachte, das wäre was für ihn. Allerdings nahm er diese psychologische Herangehensweise dermaßen ernst, dass es sein Leben komplett veränderte. Das ging bis zu Atemübungen und Mantras. Es wurde ziemlich esoterisch.«

Franks Wohnung war voll von Enkelmanns Büchern und Videos, erzählen seine Söhne. Jeden Morgen nach dem Aufstehen betrieb er Sprachtraining. Kleine Notizzettel mit autosuggestiven Sprüchen pappten am Spiegel im Badezimmer: »Ich werde jeden Tag stärker« und dergleichen. »Außenstehenden kam unser Vater vielleicht manchmal seltsam oder kauzig vor«, erzählt Benjamin. Im Wintertrainingslager 1998, wieder auf Zypern, bekamen die Mainzer Spieler Unterricht in Sprachtherapie: Sie trainierten ihre Stimmbänder durch wiederholtes lautes Rufen von Vokalen, zur größten Erheiterung der Mannschaft von Greuther Fürth, die zufällig im gleichen Hotel logierte und ständig diese »Aahs« und »Oohs« aus dem Speisesaal vernahm. Der österreichische Torwart Herbert Ilsanker bemerkte einmal, dass Frank ein Interview in der Mannschaftssauna führte. Ein eigenartiger Ort für so etwas, dachte er sich. Bei genauerer Betrachtung wurde es noch viel eigenartiger: Frank saß allein in der Sauna und interviewte sich selbst – um seine Ansprache an das Team zu üben. »Seine Stimmlage war nie monoton, hatte Höhen und Tiefen. Wenn Frank eine Ansprache hielt, warst du wach«, erzählte Ilsanker der *Allgemeinen Zeitung*. Und Frank sprach viel. Teambesprechungen dauerten im Schnitt eine Stunde, und sie standen jeden Tag auf dem Programm. »Manche dachten, die Sache läuft ein wenig aus dem Ruder«, sagte Klopp. »Spieler, die relativ früh von der Schule abgegangen waren, lasen im Mannschaftsbus plötzlich Bücher, von denen ich noch nicht mal den Titel verstand.«

Strutz: »Unsere Prioritäten verschoben sich ein wenig. Frank wollte die Spieler besser machen, indem er ihnen diese Persönlichkeitsstabilität vermittelte, er wollte ihnen zeigen, dass es mehr gab als Taktik und Rennen, dass man den Gegner auch mit der Kraft des Verstands besiegen konnte.« Später, in seiner Zeit bei Kickers Offenbach, legte Frank einen Tischtennisball auf einen Flaschenhals und bat seine Spieler, sich darauf zu konzentrieren, ihn in vollem Lauf wegzuschnippen. »Wie maximiere ich mein geistiges Potential? Das wird eine der entscheidenden Fragen sein«, erzählte er der *Frankfurter Rundschau*. Damals glaubten ihm nur wenige. Heute sind viele Spitzentrainer überzeugt, dass kognitives Training und die Arbeit an einer Verkürzung von Reaktionszeiten entscheidend sind, damit die Spieler mit dem immer schneller werdenden Spiel mithalten können. »Besser zu werden heißt, Dinge schneller wahrnehmen, schneller analysieren, schneller entscheiden, schneller handeln«, sagt Ralf Rangnick.

Frank war ein Disziplinfanatiker, aber auch ein Kommunikator, erinnert sich Sebastian, ganz anders als diese Leuteschinder-Typen, die den Sport damals beherrschten. »Die Art und Weise, wie man bei uns mit den Spielern umging, zeigte uns: Ah ja, es geht also auch anders«, sagte Klopp der *Frankfurter Rundschau* 2007. »Er stellte immer den Menschen in den Mittelpunkt. Wir mochten ihn einfach. Wenn wir verloren, hatten wir zwei Probleme. Erstens, weil wir verloren hatten, und zweitens, weil wir Wolfgang enttäuscht hatten. Das war uns ziemlich wichtig. Es war bemerkenswert, wie er es geschafft hat, die ganze Mannschaft auf seine Seite zu bringen.«

Klopp und Frank stritten auch oft genug, aber nur ein einziges Mal haben sie sich richtig verkracht. Klopp hatte dem Trainer während eines Trainingslagers gestanden, er hätte das Gefühl, der Coach würde »einen Eimer Wasser über ein Glas kippen, das bereits zum Überlaufen voll war«, und dass viele Spieler das genauso sehen würden. Frank war beleidigt, und Klopp fürchtete, am nächsten Tag gefeuert zu werden (»Ich habe die Nacht keine Sekunde geschlafen«), aber am nächsten Tag lief alles weiter wie bisher. »Ich redete mit den Spielern so, wie ich als Spieler gerne von den Trainern angesprochen worden wäre«, beschreibt Frank seinen Stil als Trainer.

Vielleicht traf er nicht immer den richtigen Ton. »Frank war ein ganz besonderer Charakter«, sagt Strutz. »Er wäre ein phantastischer Trainer gewesen, wenn er nur ein wenig lockerer gewesen wäre. Anders als später Jürgen Klopp war er einfach zu ernsthaft. Und er konnte nicht verstehen, dass junge Spieler manchmal einfach nur Spaß haben und auch mal ein Bier trinken wollten, dass sie sich nicht eingesperrt fühlen wollten.«

Seine Söhne zeichnen ein etwas differenzierteres Bild. Daheim, so sagen sie, konnte Frank sehr witzig sein, sehr warmherzig. Aber im Rampenlicht zu stehen lag ihm nicht, er war nicht der Typ, der vor dem Fanblock auf den Zaun kletterte.

»Mein Vater«, erzählt sein Sohn Sebastian, »verlor sich in seinem Leben als Fußballtrainer. Ich weiß nicht, ob er wusste, was ein Brötchen kostet. Manchmal hatte er Probleme, mit dem Alltag klarzukommen. Sein Arbeitstag begann um sieben Uhr mit dem Frühstück im Verein und endete nach Mitternacht. Er ging immer an seine Grenzen; er wollte seinen Spielern dieses Ausmaß an Engagement vorleben.«

Frank sammelte alles, was er für nützlich in seinem Job

hielt. Er schnitt Zeitungsartikel aus, archivierte Trainingspläne und -programme in dicken Ordnern. »Er saugte alles in sich auf«, sagt Benjamin. Wie viele Besessene konnte er nichts delegieren. Er musste immer alles unter Kontrolle haben, oder wenigstens wissen, was ablief, bis ins kleinste Detail. Oft gab es Streit zu Hause, weil er mal wieder seine Siegprämie, die ja eigentlich sein bescheidenes Salär aufbessern sollte, dem Platzwart oder sonst jemandem im Verein gegeben hatte – er beharrte darauf, diese seien genauso wichtig wie Stürmer und Verteidiger. Frank sah den Fußball als einen einzigen großen Organismus, und nicht als Unternehmen mit verschiedenen Abteilungen, die wenig miteinander zu tun haben.

Seine Emotionen als Trainer richteten sich nach innen. Einmal war er so enttäuscht und wütend, dass er die komplette Einrichtung aus seinem Büro nahm und vor die Tür stellte. Offiziell hieß es, man würde den Raum gerade renovieren und neu streichen. Der Grund für seinen Ärger war nicht etwa ein Streit mit Spielern oder der Führungsetage des Vereins, nein, sein Team hatte ein Pokalspiel verloren. Auswärts, bei Bayern München. »So war er«, bestätigt Sebastian Frank. »Er war sich sicher, das kleine Mainz könnte die großen Bayern in München schlagen, wenn sie nur an ihre Grenzen gehen und die Bayern vielleicht einen schlechten Tag erwischen würden.« (Klopp hatte die 3:0-Niederlage im Münchner Olympiastadion übrigens von der Tribüne aus verfolgt – er war in der Runde zuvor vom Platz geflogen, nachdem er den Iraner Ali Daei von Hertha BSC umgegrätscht hatte. Und mit Marcio Rodríguez musste noch ein weiterer Mainzer vom Platz, da dieser sein spätes Siegtor ein wenig zu übertrieben gefeiert hatte. Der Brasilianer bemerkte in der Kabine nicht, dass Klopp gerade auf der Toilette war, und sperrte seinen Teamkollegen nach dem Spiel versehentlich ein.)

Mit Frank auf dem Chefposten schnitt Mainz 05 erneut besser ab, als es das bescheidene Budget hätte erwarten lassen. Sie erreichten 1998/99 Platz 7, ein Jahr danach Platz 9. Aber der Mann, dem das »Erwachen im Narrenparadies«, wie die *Süddeutsche Zeitung* anerkennend titelte, größtenteils zuzuschreiben war, war schon wieder ungeduldig. Er wollte in der Bundesliga trainieren und glaubte, mit dem MSV Duisburg, den »Zebras«, wären die Chancen größer, sich auf höchstem Niveau bewähren zu können. Doch der Wechsel zum mittelgroßen Traditionsverein ins Ruhrgebiet erwies sich als Fehlschlag. Frank wurde in der folgenden Zweitligasaison nach vier Monaten gefeuert, das Team dümpelte in der Nähe der Abstiegszone herum. »Seine Methoden trafen bei einem Großteil der Mannschaft von Anfang an auf Ablehnung«, notierte die *Rhein-Post*. Er hatte, unter anderem, seine Spieler angewiesen, bei einem Waldlauf Bäume zu umarmen.

Sein nächster Job, bei der SpVgg Unterhaching, war zunächst erfolgreicher: Er führte den Münchner Vorortverein und Ex-Bundesligisten aus der Regionalliga in die Zweite Bundesliga – und wurde ein Jahr danach entlassen. Ein Engagement bei SSC Farul Constanța in Rumänien erwies sich als weitere Sackgasse. Die Liste seiner folgenden Arbeitgeber liest sich wie ein »Who's who« der hoffnungslosen Fälle in unteren Ligen, die darauf spezialisiert waren, anstelle von Punkten geplatzte Träume und enttäuschte Hoffnungen anzuhäufen: FC Sachsen Leipzig (existiert heute nicht mehr), Kickers Offenbach, Wuppertaler SV, SV Wehen Wiesbaden, FC Carl Zeiss Jena, AS Eupen (Belgien). Nirgendwo gelang es ihm, wirklich etwas auf den Weg zu bringen.

Frank gab später zu, er hätte sich in seiner Karriere wohl

ein paar Vereinen zu viel angenommen. »Es wäre viel besser gewesen, er hätte auf das richtige Angebot gewartet. Aber ohne Job zu sein, nicht in der Lage, alles, was er hatte, in seine Arbeit einzubringen, machte ihm Angst«, sagt sein Sohn Sebastian. »Und dann war da auch die Furcht, vergessen und übersehen zu werden, wenn er zu lange von der Bildfläche verschwunden blieb. Unser Vater überlegte ständig, was hätte passieren können, wo die Reise ihn hätte hinführen können.« Einmal hatte ihn Werder Bremen kontaktiert, aber Frank war sich zu der Zeit sicher, dass er bei Austria sein Glück finden würde. Das Gleiche geschah ein paar Jahre später mit Hansa Rostock.

»Unser Vater wusste unglaublich viel, er war ein Visionär«, ergänzt Benjamin. »Er wirkte voller Selbstvertrauen, aber insgeheim nagten immer Selbstzweifel an ihm, was seine Arbeit und seine Wirkung auf die Mannschaft anging. Als Trainer blieb er letztendlich unerfüllt.«

»Er ist nie ganz groß rausgekommen, weil er als Typ sehr schwierig war«, sagt Heidel. »Der Einzige, der mit ihm klarkam, war ich. Wir verstanden uns sehr gut. Bis wir uns einmal riesig verkracht haben. Als er das zweite Mal gegangen war, nach Duisburg. Da haben wir zwei Jahre nicht mehr miteinander gesprochen. Er hat eben gedacht, er würde etwas Besseres finden.«

Aber weder er noch Mainz fanden etwas Besseres. Zum Jahrtausendwechsel war Franks bahnbrechende Taktik für deutsche Verhältnisse noch immer so modern, dass die nachfolgenden Trainer von Mainz nicht wussten, wie sie das System zum Laufen kriegen sollten. »Taktisch war die Mannschaft besser als ihre Trainer«, sagt Klopp. Die Nationalmannschaft und die meisten Vereinsteams setzten nach wie vor auf ein System mit letztem Mann. Heidel: »In Mainz wusste die Hälfte der Mannschaft, wie man mit Viererkette und ohne Libero spielt. Die anderen nicht, und die Trainer schon gar nicht. Wir haben alles durchprobiert; wer nicht bei drei auf den Bäumen war, wurde Trainer bei uns. Aber kein Einziger konnte den Spielern erklären, was ihnen Wolfgang längst beigebracht hatte. Im Winter 2001 waren wir völlig am Ende. Total am Boden. Ich sagte zu Kloppo: ›Du bist intelligent, du bist eloquent, du kapierst das Spiel. Willst du nicht mal probieren, ob das geht?‹ Innerhalb von zwei Wochen hatte er das geregelt.«

Klopp und Frank hatten sich lange über Fußball und die Kunst des Coachings unterhalten, erzählt Benjamin Frank. »Klopp stellte ständig Fragen, er wollte immer den Sinn und Zweck dieser oder jener Übung erfahren. Mein Vater riet ihm, alles aufzuschreiben: Teambesprechungen, Taktik, Trainingseinheiten, Spielideen. Er hatte ein Gespür dafür, dass Klopp das eines Tages nutzen würde. Zweifellos hat er Klopp dazu inspiriert, später einmal selbst Trainer zu werden.«

An jenem Tag, als der lang aufgeschossene Verteidiger zum Spielertrainer befördert wurde, wurde Mainz zum ersten größeren Verein in Deutschland, der es wagte, das Pferd beim Schwanz aufzuzäumen. Mit Klopp wurde ein Trainer ausgewählt, der zu der Mannschaft und einem bestimmten Spielstil passte, nicht umgekehrt. »Wir wollen keinen Trainer, der uns seine Konzeption erklärt, wir wollen eine Konzeption vorgeben und dann den richtigen Mann dafür finden«, sagt Heidel. »So haben wir das gehandhabt, bis ich 2016 ging. Und das alles geht zurück auf dieses erste Jahr mit Wolfgang Frank, unser erstes wirklich erfolgreiches Jahr. Wir haben damals kapiert, dass wir mit Taktik etwas erreichen können, auch mit individuell unterlegenen Spielern. So läuft das bis heute in Mainz.«

Was für den FSV Mainz richtig ist, fügt er hinzu, sollte auch für finanzkräftigere Vereine nicht falsch sein. »Du kannst nicht jedes Mal, wenn du den Trainer wechselst, das komplette System und das Team umkrempeln. So erreichst du nie eine Stabilität.« Er erwähnt den Hamburger SV, einen Giganten der Bundesliga in den siebziger und achtziger Jahren, der nicht mehr aus der Sackgasse herauskommt, weil ihm diese Stringenz fehlt.

Frank waren nur flüchtige Blicke ins Gelobte Land vergönnt, auch seine Ungeduld verwehrte ihm den Zutritt. Immerhin durfte er noch miterleben, wie seine Jünger – Jürgen Klopp und eine ganze Reihe weiterer ehemaliger Spieler wie Joachim Löw, Torsten Lieberknecht, Jürgen Kramny, Peter Neustädter, Christian Hock, Stephan Kuhnert, Lars Schmidt, Sandro Schwarz, Sven Demandt und Uwe Stöver – als Trainer dazu beitrugen, die Taktik in Fußballdeutschland aus der Wildnis herauszuführen.

»Er hat uns gesagt, wir sollten ihm von unseren Heldentaten berichten, wenn wir Trainer geworden sind«, erzählt Klopp. Am Tag des Champions-League-Finales im Mai 2013 schickte der BVB-Coach seinem alten Freund eine SMS: »Ohne dich wäre ich heute nicht hier, in London im Wembley-Stadion.« Klopp hielt auch Kontakt zu den Söhnen, lud sie zu Sommertrainingslagern des BVB in Bad Ragaz in der Schweiz ein.

Franks prominentester Schüler war es auch, der zusammen mit einem weiteren schwäbischen Taktikfanatiker, Ralf Rangnick, die innovative Vorlage des »Flohs« etablierte: Raumdeckung samt Viererkette und hartem Pressing wurde Mitte bis Ende der Nullerjahre die neue, stilbildende Lehre in der Bundesliga. Es sollte aber noch ein paar weitere Jahre dauern, bis der Einfluss Franks in seiner ganzen Dimension von einem breiteren Publikum erkannt wurde. »Wenn große Dinge geschehen, kommt der Lohn dafür oft zu spät«, sagte Klopp ein paar Tage nach Franks Tod am 7. September 2013. Nur wenige Monate zuvor war bei Frank ein bösartiger Hirntumor diagnostiziert worden.

In seinem letzten Lebensjahr arbeitete er als Gegnerbeobachter für Mainz. Er hatte immer auf seine Gesundheit und die richtige Ernährung geachtet. Die Diagnose und die Geschwindigkeit, mit der ihn der Krebs dahinraffte, waren ein gewaltiger Schock für alle. »Eine Woche vor seiner Operation, als eigentlich klar war, dass er das nicht überleben wird, hat er mir noch einmal gesagt, dass er einen Riesenfehler in seinem Leben gemacht hat, als er von Mainz weggegangen ist«, sagt Heidel. »Das war verdammt schwer, mit seinem Tod klarzukommen …«

»Aber vielleicht war das ja Vorsehung, dass er krank wurde«, fragt sich Sebastian. Seine Söhne waren bis zum Ende bei ihm. Die Fans von Mainz 05 ehrten Frank vor dem Bundesligaspiel gegen Schalke 04 ein paar Tage nach seinem Tod mit einer besonderen Choreographie. »Mainz ist deins«, stand auf dem Transparent. Viele Trainer gewinnen Pokale, aber nur wenige schaffen es, einen Verein und eine Stadt dauerhaft für sich einzunehmen. Und noch weniger schaffen es, ein Erbe zu hinterlassen, das weit über ihre eigene Zeit auf der Trainerbank hinausreicht.

»Jeder in Mainz, der mit Fußball zu tun hat, ist zu 100 Prozent überzeugt, dass mit Wolfgang Frank alles begann«, sagt Klopp über seinen Lehrmeister und sein Vorbild.

Klopp legte großen Wert darauf, dass viele frühere Spieler zur Beerdigung auf dem Mainzer Hauptfriedhof kamen, um Frank die letzte Ehre zu erweisen. »Alle waren da«, sagt Quast. »Spieler der Vereine, die er trainiert hatte, hochrangige Vertreter des DFB, der Bundesliga, der Trainerakademie. Ich kriege eine Gänsehaut, wenn ich daran denke. Die meisten Leute wissen es nicht, aber wer im Fußball arbeitet, die Insider, wissen alle Bescheid. Sie wissen, dass Wolfgang Frank einen ganz erheblichen Anteil nicht nur an der Entwicklung des Fußballs in Mainz, sondern grundsätzlich am modernen Fußball hat. Der hat sich Gedanken gemacht, die sich vorher nie einer gemacht hat.«

»Du warst Bundesligatrainer, auch wenn du nie dort gearbeitet hast«, sagte Klopp mit tränenerstickter Stimme. »Ich habe mehr als tausend Spielern gesagt, dass Wolfgang eine ganze Generation von Fußballern geprägt hat und bis heute prägt. Er war der Trainer, der mich am meisten geprägt hat. Er war ein außergewöhnlicher Mensch.«

Quast kennt Klopp seit fünfundzwanzig Jahren. Bei der Trauerfeier für Frank war sein Freund zum ersten Mal um Worte verlegen. »Er sprach, natürlich sprach er, aber er wird wahrscheinlich sagen, das war seine schwerste Aufgabe überhaupt. Eine Trauerrede für seinen großen Mentor. Ich gewann den Eindruck, dass das mehr war als nur ein Abschied: Viele waren gekommen, um eine spirituelle Botschaft mitzunehmen – oder um eine zu hinterlassen. Das war mehr als ein Begräbnis. Das war eine Ehrung.«

Dank der Arbeit von Klopp, Franks eifrigstem Schüler, erfährt die entscheidende Bedeutung, die dieser introvertierte, komplizierte Mensch für die Renaissance des deutschen Fußballs hatte, doch noch die gebührende Anerkennung. Es gibt keine größere Ehre, die ein Schüler seinem Lehrmeister erweisen kann.

# 7

# »Schönen guten Tag. Hier ist Jürgen Klopp.«

*Dortmund 2008–2010*

Ein klassischer Marketingtrick: Man bewirbt nicht das Produkt, sondern die Emotion, die die Kundschaft mit diesem verbinden soll. Das Englische kennt dafür das hübsche Motto »sell the sizzle, not the sausage« – wörtlich übersetzt: »Verkaufe nicht die Wurst, verkaufe das Brutzeln!« Borussia Dortmund bediente sich im Juni 2008 genau dieses Tricks. Sechs Wochen vor Saisonbeginn brachte man riesige Poster mit dem Konterfei Jürgen Klopps an der Schnellstraße B1 an, die am Signal Iduna Park entlang und durch die wohlhabenderen Stadtviertel in Dortmunds Süden führt. Sein Gesicht war die Botschaft, ein Versprechen: Der neue Mann am Ruder würde ein Team, das in den zurückliegenden Spielzeiten »Schlafwagenfußball« (*Tagesspiegel*) produziert hatte, in einen rasenden Express verwandeln.

»Die Dortmunder waren ja nicht blöd«, sagt der ehemalige Mediendirektor Josef Schneck bei einem Glas Mineralwasser in einem Businesshotel ganz in der Nähe des BVB-Stadions. »Sie nutzten sein Gesicht, um den Dauerkartenverkauf anzukurbeln, der dann tatsächlich neue Rekordhöhen erreichte. Die Leute schlugen am Abend vor dem Verkaufsstart Zelte vor der Geschäftsstelle auf.« Freddie

Röckenhaus von der *Süddeutschen Zeitung*, einer der beiden Reporter, die das schockierende Ausmaß von Verschuldung und finanziellem Missmanagement Anfang der Nullerjahre ans Licht gebracht hatten, vergleicht diese Poster mit Wahlwerbung. »Sie hätten auch sagen können: ›Wählt Merkel‹. Aber sie sagten: ›Wählt Klopp!‹ Und die Leute taten es.« Dortmund musste den Verkauf bei 49 300 Saisontickets deckeln, damit wenigstens ein paar tausend Tagestickets für Mitarbeiter und Fanklubs übrig blieben.

Vom ersten Moment an, erzählt Schneck, redete Klopp offen mit allen. »Er wollte sich mit den Ultras und mit Vertretern von Fanklubs treffen, um sie mit ins Boot zu holen.« Jan-Henrik Gruszecki, Gründungsmitglied der BVB-Ultra-Gruppe »The Unity«, erinnert sich, zunächst wenig überzeugt von der Entscheidung des Vereins für Klopp gewesen zu sein. »Wir dachten, Mainz, dieser Karnevalsverein, immer ›La-La‹ – nicht cool. Klopp war eines der TV-Gesichter der WM 2006 – überhaupt nicht cool. Und was hatte er als Trainer schon erreicht? Überschaubar. Wir hatten Angst, er würde es nicht schaffen, den Niedergang aufzuhalten. Der Fußball war langweilig. Geld war keines da. Aki Watzke musste sich jeden Transfer über 500 000 Euro absegnen lassen. Wir waren auf dem besten Weg zu einer grauen Maus im Niemandsland der Tabelle zu werden. Und dann kam Klopp … Ich glaube nicht, dass mich jemals einer so dermaßen beeindruckt hat. Wir brachten ihm ›Schocken‹ bei, ein Würfelspiel, und er hat mit uns geredet. Es war absolut klar, dass Klopp und seine Frau Ulla, die mit nach Dortmund kam, hundertprozentige Borussen waren. Sie wollten alles über den Verein und seine Leute wissen. Er erzählte uns, wie aufgeregt er war, dass es endlich losging, und dass wir eine enorm wichtige Rolle als zwölfter oder gar dreizehnter Mann hätten, dass wir dieses Wir-Gefühl mit aufbauen müssten. Von dem Moment an hatte er uns gepackt. Das hatte noch kein Trainer vor ihm gemacht.«

Schneck erzählt amüsiert-bewundernd, was passierte, als jemand aus der Marketingabteilung Klopp informierte, dass ein paar Firmenkunden ihre VIP-Tickets zurückgegeben hätten. Klopp entgegnete, er werde die einfach mal anrufen und sehen, ob er sie umstimmen kann. »Dann ist der in das Büro gegangen, hat sich das Telefon geschnappt und hat gesagt: ›Schönen guten Tag, hier ist Jürgen Klopp. Ich bin der neue Trainer von Borussia Dortmund. Ich habe gehört, Sie wollen Ihr Ticket kündigen. Meinen Sie nicht, Sie sollten sich das noch mal überlegen?‹ Die Kunden waren teilweise so baff, dass sie gesagt haben: ›Ja, ja, wir überlegen noch mal.‹ Und er hat sie zurückgeholt. Können Sie sich vorstellen, dass irgendein anderer Trainer so etwas macht? So war Jürgen. Er gewann die Herzen der Leute.«

»Wir hatten auch schon vorher erfolgreiche Trainer in Dortmund, die großartig mit den Leuten umgehen konnten«, sagt Fritz Lünschermann, ein gutgelaunter Bär von einem Mann Anfang sechzig, der seit 1988 im Verein ist und sich als Teammanager um die organisatorischen Belange der Profimannschaft kümmert. »Etwa Ottmar Hitzfeld und Matthias Sammer. Aber Jürgen Klopp ist unerreicht. Das ganze Vereinspersonal fraß ihm quasi aus der Hand. Er hat jeden ernst genommen und die Arbeit der anderen immer zu schätzen gewusst. Er hat sich auch nach den einzelnen Leuten erkundigt, ob privat alles okay ist. Ich hatte früher immer so bunte Hemden an und weiß noch, wie er zu mir sagte: ›Pass mal auf, ey, läufst du eigentlich immer mit so Tapeten rum?‹ Da konntest du ihm gar nicht böse sein. Ich sag: ›Du, ich muss mal gucken, ob ich noch irgendwas anderes im Schrank habe‹. Und irgendwann habe ich die Tapeten mal weggeschmissen. Da habe ich auch auf seinen Rat gehört.«

Abgesehen von seiner freiberuflichen Tätigkeit als Modeberater nutzte Klopp die Sommerpause, um sich in die Tradition und Geschichte des Vereins zu vertiefen. Lünschermann, »ein wandelndes Lexikon« (Schneck), erklärte ihm die Bedeutung der »Drei Alfredos«, das Stürmertrio Alfred »Ady« Preißler, Alfred Kelbassa und Alfred Niepieklo, die Mitte der fünfziger Jahre zweimal hintereinander die Meisterschaft geholt hatten. Klopp und er verstanden sich auf Anhieb, erzählt Lünschermann. »Der Junge hat immer Spaß an dem, was er tut, und ich bin auch ein positiver Typ. Ich musste in erster Linie seine Termine fußballerischer Art koordinieren. Ich hatte aber auch ein Anliegen. Wir haben jedes Jahr ein Sommerfest unseres Ältestenrates. Da kommen die Spieler von einst und langjährige Mitglieder. Ich sagte zu Jürgen: Das ist ein Termin, da solltest du einfach mal vorbeikommen. Und das hat er trotz der Terminnot, die wir im Jahr 2008 schon hatten, hingekriegt. Wir waren in einem Lokal in Wickede, und da waren alle versammelt. Wie der da schon aufschlug, die älteren Herrschaften waren restlos begeistert. Er hat sich an jeden Tisch gesetzt. Er hat sich mit allen unterhalten, auch mit den Frauen, die dabei waren, und hat allen das Gefühl vermittelt, der hört euch zu und der geht auf eure Interessen ein. Und er ist viel länger geblieben, als er eigentlich wollte. Das ging morgens los und ist bis in den Nachmittag gegangen. Das hat, gerade auch bei der älteren Generation, einen bleibenden Eindruck hinterlassen.« Legendäre Spieler wie Aki Schmidt und Hoppy Kurrat liebten Klopp, ergänzt Schneck. »Für andere Trainer waren diese Treffen eher eine lästige Pflicht. Jürgen war klar, dass der Klub ohne diese Leute nicht da wäre, wo er heute ist. Sein Interesse war echt. Er wusste zu schätzen, was die Historie ausmacht.«

Klopp gewann selbst dann den Verein für sich, wenn er

verlor. Bei einem Mitarbeiterfest Jahre später traten die Leute in gemischten Gruppen bei Geschicklichkeitsspielen und Quizfragen gegeneinander an. Schneck erzählt die folgende launige Anekdote: »Ich war in einer Gruppe mit Jürgen, einem Rasenpfleger, einer Dame aus der Finanzbuchhaltung und so was. Geschicklichkeitsspiele, Torwandschießen, solche Sachen. Es gab Fragen zur Geschichte des BVB. Und wir haben geglaubt, wir liegen ganz weit vorne, wurden dann aber Letzter. Was zu einem großen Vergnügen der Mitarbeiter geführt hat, wir mussten nämlich als Verlierer den Mannschaftsbus waschen. Der Typ war einfach zum Anfassen, jeder hatte das Gefühl, mit dem kannst du dich unterhalten, der ist in Ordnung. Das passte einfach.« Klopp, so Schneck weiter, zog keine Grenze zwischen Arbeit und Privatleben. »Ich hatte irgendwann mal beiläufig erwähnt, dass meine Mutter demnächst neunzig werde. Da sagt er: ›Soll ich dann nicht mal gratulieren kommen?‹ Ich habe das erst mal gar nicht ernst genommen und es nicht wieder erwähnt. Und dann kommt er ein paar Wochen später: ›Sag mal, ist jetzt nicht irgendwann bald der Termin? Schreib mir mal die Adresse auf, ich komm vorbei.‹ Und dann stand er vor der Tür, das war unglaublich, die beiden haben Kaffee getrunken und Kuchen gegessen. Die Gäste, die reinkamen, gingen alle zu meiner Mutter: Herzlichen Glückwunsch … oh, da ist ja der Klopp. Für ihn war das eine Selbstverständlichkeit.«

Die Saisonvorbereitung begann mit einem Trainingslager in Donaueschingen im Schwarzwald, inklusive Kanufahrt. »Das war das Erste, was wir zusammen unternommen haben, etwas, worauf alle Bock haben«, erzählt Innenverteidiger Neven Subotić, der seinem Trainer zum BVB gefolgt war. »Kloppo ist einer, der nimmt das Kanu von jemand anderem und schubst es aus dem Weg. Dann fängt der Spaß an. Der

Trainer eröffnet die Runde, wir machen ein Wettrennen. Es ging nur um den Spaß. Das ist etwas Besonderes, wie er das macht. Ich glaube nicht, dass er sich überlegt: ›Wie kann ich jetzt lustig sein?‹ Das kommt bei ihm sehr natürlich.«

»Jürgen ist der geborene Entertainer. Er hatte in Donaueschingen sofort diese enorme Präsenz und eine Riesenausstrahlung«, sagt Watzke. »Die Mannschaft ist ihm sofort gefolgt.« Eine andere Wahl blieb den Spielern freilich auch nicht. »Er wusste, was er wollte, für ihn gab es nur einen Weg«, sagt Subotić. »Seine Strategie lief darauf hinaus, dass wir den Gegner quasi in Grund und Boden laufen. Das ist nicht jedermanns Sache. Manche denken: ›Ich kann ja kicken, gib mir den Ball.‹ Vor allem die älteren Spieler hatten eine eigene Denkweise, eigene Vorstellungen vom Fußball. Diese Leute auf seine Seite zu bringen war eine Herausforderung, die er, glaube ich, sehr gut gemeistert hat. Das war eine neue Situation für ihn, denn in Mainz hatte er ein Team, das auf seine Spielweise zugeschnitten war. In Dortmund musste er erst einmal sehen, wer mitzieht und wer nicht.«

Sebastian Kehl, damals achtundzwanzig Jahre, wurde während des Trainingslagers von Klopp zum Kapitän bestimmt. Kehl erklärt, dass es nur die halbe Miete war, die Spieler in der Saisonvorbereitung zum Laufen zu kriegen. Das neue System, eine radikale Abkehr von Borussias methodischem, auf Ballbesitz beruhenden Spiel unter Doll und van Marwijk, verlangte nicht nur mehr Laufarbeit. Man musste Fußball auch ganz anders denken.

»Klopp arbeitete unermüdlich, um seine Philosophie in die Köpfe der Spieler zu kriegen«, sagt Kehl. »Er rief mich im Urlaub an, um ausführlich über seine Ideen und Konzepte zu sprechen. Wir haben einen vollkommen neuen Weg eingeschlagen.« Einige kleinere Bundesligateams, vor allem

Klopps Mainz, hatten diesen extremen Stil zuvor schon gespielt. Aber es galt unausgesprochen als ausgemacht, dass bessere Teams mit mehr Qualität nicht so hart arbeiten und so viel denken mussten. »Taktik ist etwas für schlechte Spieler«, hatte Felix Magath, der ehemalige Trainer des VfB Stuttgart und des FC Bayern, einige Jahre zuvor verkündet.

Klopps Markenzeichen des Pressing und Gegenpressing verlangte sowohl eine starke theoretische Schulung als auch eine selbstlose Einstellung. Die Grundlage für Ersteres wurde in »vielen, vielen Videostudien« (Kehl) gelegt. Einige der Clips stammten aus anderen Ligen und Vereinen, darunter Barcelona, aber die Analyse drehte sich vor allem um die Spiele von Dortmund selbst. Klopp malte Pfeile auf den Bildschirm und markierte damit, wo die Spieler stehen oder hingehen mussten, um in der Zone in der Nähe des Balles Druck auszuüben. Kehl beschreibt es so: »Natürlich war es gepaart mit intensiver Arbeit auf dem Trainingsplatz. Immer wieder anhalten, korrigieren, stoppen, verschieben, also all das, was notwendig ist, um die Spielphilosophie in die Köpfe der Spieler zu kriegen. Nicht nur durch Videos, du musst das auch auf dem Platz spüren. Den richtigen Moment. Du musst einen anderen Impuls entwickeln. Das geht nicht von heute auf morgen. Da ist viel Arbeit auf dem Platz notwendig.«

Als defensiver Mittelfeldspieler war es Kehl gewohnt, die Abwehr zu entlasten und ruhig den Ball an seine Vorderleute zu verteilen. Er fungierte als menschliche Temposchwelle. Aber Klopp war auf der Überholspur unterwegs, Hochgeschwindigkeitsfußball war angesagt. Kehl musste seine Spielweise stärker verändern als andere Spieler, um mit der Beschleunigung des Spiels um ihn herum mitzukommen. Anstatt sich sofort in die eigene Hälfte zurückfallen zu lassen, sobald Borussia vorne den Ball verloren hatte, waren er und seine Teamkollegen nun gefordert, nach vorne zu stürmen, um den Ball möglichst schnell zurückzuerobern. »Andere Trainer haben gesagt: Lassen wir die in ihrer Hälfte spielen. Wir greifen sie erst an, wenn sie näher kommen«, erläutert Kehl. »Wenn man den Ball im gegnerischen Bereich verliert, oder wenn der Gegner uns den Rücken zukehrt, dann gab es von Jürgen die klare Ansage zum Pressen und Nachrücken. Wir haben die Gegner auch in eine Falle gelockt, indem wir nicht auf den ersten Ball draufgingen, sondern sie den Ball zum Beispiel nach außen spielen ließen, wo wir sie haben wollten. Dort konnten wir sie dann doppeln. Das war der Matchplan, gepaart mit einer hohen Laufbereitschaft und einer hohen Bereitschaft zur Selbstaufopferung. Wenn der Erste draufgeht und ausgespielt wird, dann muss der Zweite schon da sein. Es war ein sehr, sehr wildes Anlaufen. Den Begriff ›wild‹ hat er auch sehr häufig benutzt. Ein wildes Anrennen gegen den Ball. Es ging darum, die Gegner vor neue Aufgaben und Situationen zu stellen. Viele Spieler in der Bundesliga waren es gewohnt, in Ruhe den Ball anzunehmen und dann in Ruhe eine Idee zu entwickeln. Wenn sie Zeit haben, sind alle Spieler gut, aber wenn man ihnen, sobald sie den Ball haben, schon auf den Füßen steht – das war seine Philosophie –, dann hat jeder Spieler ein Problem. Wenn man ihn dann noch doppelt oder tripelt, dann hat jeder Spieler gleich mehrere Probleme.«

Subotić war diese Übung von seinen zwei Spielzeiten in Mainz schon gewohnt, aber in Dortmund musste Klopp wieder von vorne anfangen. »Das Team war viel besser, aber für die war das System völlig neu. Da gab es dann die Einheiten, die wirklich keinen Spaß gemacht haben. Da stehen dann zwanzig Mann, während einer was erklärt. Oder taktisches synchrones Laufen, das macht überhaupt keinen Spaß. Aber es ist wichtig. Und mit der Zeit hat sich dann Co-Trainer Željko Buvač viel mehr eingebracht. Davor hatte er auch schon Teile der Einheiten gemacht. Vielleicht schweigt er nach außen, aber welcher Co-Trainer redet schon viel? Der wird ja gar nicht gefragt. Aber er hatte ein super Vertrauen – auch zu den Spielern – aufgebaut. Eine super Beziehung. Er hat ja auch am Anfang mit uns gezockt und sich dadurch eine Menge Respekt verdient, weil wir gesehen haben: Er kann es.«

Dasselbe könnte man vom neuen Defensivduo des BVB sagen: Subotić und der von Bayern München ausgeliehene Mats Hummels, beide neunzehn Jahre jung und von der *Bild* als »Kinderriegel« tituliert. Die beiden (auf Bundesliganiveau) unerfahrenen Teenager erhielten zur Verwunderung vieler Experten den Vorzug vor dem viel routinierteren kroatischen Nationalspieler Robert Kovač. Die BVB-Defensive wurde zwangsläufig noch weiter verjüngt, als der linke Verteidiger Dédé im ersten Saisonspiel, einem 3:2-Sieg bei Bayer 04 Leverkusen, einen Kreuzbandriss erlitt. Der Brasilianer war, wie Klopp nur zwei Wochen zuvor einem Freund gegenüber geäußert hatte, »der beste Spieler, mit dem ich jemals gearbeitet habe« – entsprechend am Boden zerstört war der Trainer. Publikumsliebling Dédé, der schon bei der Dortmunder Meisterschaft anno 2002 dabei gewesen war, war eigentlich als Ausgangspunkt des Dortmunder Aufbauspiels vorgesehen gewesen. Glücklicherweise erwies sich der zwanzigjährige Marcel Schmelzer, der aus der A-Jugend des BVB kam, als überaus fähiger Ersatz. »Er war eine Maschine«, sagte Klopp einmal.

»Es gab am Anfang der Vorbereitung nicht einen gesetzten Innenverteidiger, es war alles offen. Das hat Neven und mir natürlich in die Karten gespielt«, sagt Mats Hummels, den »der andere Jürgen«, Bayerns neuer Trainer Klinsmann, abgegeben hatte. »Wir haben uns dann schnell beide in einer guten Verfassung gezeigt, wahrscheinlich auch als gute

Persönlichkeiten, da hat er gemerkt: Die zwei sind zwar erst neunzehn, vielleicht aber mental schon etwas weiter.« Hummels war der herausragende und mit viel Selbstvertrauen ausgestattete Spieler in der Fußballakademie des FC Bayern gewesen; Subotić hatte eine bewegte Vorgeschichte – die Familie war vor dem Balkankrieg nach Deutschland und in die USA geflüchtet.

Dem Trainer konnte man zutrauen, dass er als ehemaliger Verteidiger das junge Duo richtig führen würde. Zu Hummels' Überraschung war Klopp gegenüber seinen Schützlingen sehr offen, was seine eigenen Grenzen anging: »Jungs, ich selber habe nie auf diesem Niveau gespielt, ich will mir deshalb gar nicht immer anmaßen, dass ich perfekt weiß, wie es ist. Ich kann euch da helfen, und ich kann euch eine Meinung geben.« Der offenkundige Mangel an Erfahrung in der Viererkette wurde, wie Hummels weiter ausführt, durch eine Strategie ausgeglichen, die einen Großteil der defensiven Verantwortung vierzig Meter weiter nach vorn verschob, hin zu den Angreifern und Mittelfeldspielern. »Die Gegner konnten kaum einmal einen Ball ohne Druck nach vorne spielen. Das führte zu vielen langen Bällen, aber die waren dann oft nicht mit der letzten Kontrolle oder Präzision gespielt. Selbst wenn der Ball mal hinter die Abwehr flog, war er oft etwas zu weit oder zu ungenau. Es war schon so, zumindest in meinen Augen, dass diese Spielweise den Verteidigern das Leben einfacher gemacht hat. Es war neu, und es hat enorm Spaß gemacht. Wir waren so jung und ohne Routine, wir konnten uns vollkommen auf diese Spielweise einlassen.« Es kam schlicht darauf an, ein Maximum an Druck »gegen den Ball« auszuüben, wie Klopp seinen Spielern gegenüber wieder und wieder betonte. Er war ein Missionar im Trainingsanzug, der den taktisch Ungetauften das Evangelium predigte.

Nicht alle hörten die Botschaft gern. Der kroatische Stürmer Mladen Petrić, mit dreizehn Treffern Dortmunds Topscorer der zurückliegenden Saison und vielleicht sogar der talentierteste Spieler der ganzen Truppe, kam mit der neuen Führung nicht zurecht. Am Tag nach dem Leverkusen-Spiel wurde er in einem Tauschtransfer an den Hamburger SV verkauft. Dortmund erhielt eine Ablöse von fünf Millionen Euro und holte mit dem Ägypter Mohamed Zidan zusätzlich einen Lieblingsspieler von Klopp aus alten Mainzer Tagen in den Signal Iduna Park.

Klopps Schachzug, den überaus beliebten Petrić abzugeben, wurde als hochriskantes Manöver interpretiert, als Machtdemonstration eines kompromisslosen Trainers, der unbedingt zeigen wollte, wo es langgeht. Aber Watzke betont, dass es zu der Zeit handfeste finanzielle und fußballerische Gründe gab, die den Transfer aus Sicht des Vereins wünschenswert erscheinen ließen. »Wir alle wollten das so«, sagt er und verzieht das Gesicht, als der Saxophonist in der Hotellobby seinem Sofa gefährlich nahe kommt. »Jürgen wollte Zidan gerne haben. Und das Angebot von Hamburg stimmte. Petrić und Frei passten in der Tat nicht ideal zusammen.« Alexander Frei, ein Schweizer Angreifer und klassischer Strafraumstürmer, war ebenfalls nicht der natürliche Spielertyp für Klopp, aber bei der Borussia dachte man, in Verbindung mit dem quirligen Zidan würde das ganz gut zusammenpassen. Die Partnerschaft zwischen Frei und Petrić, der eleganten »hängenden Spitze«, hatte nicht das geforderte Arbeitstempo geliefert.

»Diese Strategie, die wir jetzt fahren wollten, war Gegenpressing, extrem aktionsreicher Fußball«, sagt Watzke. »Dafür waren das nicht die Richtigen, obwohl es sehr gute Spieler waren.« (Im zweiten Jahr wurde Frei verkauft und machte Platz für den argentinischen Angreifer Lucas Barrios. Danach lief Dortmunds Pressing noch besser.) »Du hast einfach gemerkt, dass sich die Mannschaft stabilisierte«, erzählt Watzke über den ermutigenden Saisonstart mit dem Gewinn des Supercup gegen Bayern (2:1), einem Sieg im DFB-Pokal (3:1 gegen RW Essen) und sieben Punkten aus den ersten drei Ligaspielen. »Jürgen hat da eine Defensivstabilität hineingebracht. Dieses Gegenpressing war damals unser Markenzeichen, heute macht das fast jeder. Aber man hat vom ersten Tag an gesehen, dass hier etwas entsteht. Dass es so groß werden würde, haben wir aber ehrlich gesagt nicht gedacht.«

Wie es das Schicksal wollte, wurde Klopps viertes Bundesligaspiel mit Dortmund zum wichtigsten Spiel der Saison: das Revierderby zu Hause gegen den verhassten Nachbarn Schalke 04. Die Königsblauen – Dortmund-Fans kommt der volle Name der Rivalen niemals über die Lippen – führten nach sechsundsechzig Minuten mit 3:0, und Borussias junge Mannschaft wirkte total überfordert. Schalkes Spieler trabten locker bis überheblich über den Platz in der Gewissheit, die Festung Signal Iduna Park gestürmt zu haben. Kevin Kuranyi hatte das 4:0 knapp verpasst, als er einen Kopfball aus kurzer Entfernung an die Latte setzte. Klopp war entsetzt. »Meine Frau Ulla hat auf der Tribüne gesessen und überlegt, ob sie heute Abend schon die Koffer packen soll«, sagte er später.

Aber irgendwie geschah das Unmögliche. Angestachelt durch das überzogene Selbstvertrauen der Schalker, erzielte Subotić ein Tor, und danach stand das Stadion in hellen Flammen. Die Gäste verloren genau wie der Schiedsrichter die Kontrolle über das Geschehen. Der eingewechselte Alexander Frei traf in der 70. Minute aus einer Abseitsposition, und eine Minute vor Schluss wurde Dortmund ein äußerst fragwürdiger Elfmeter zugesprochen. Klopp konnte nicht hinsehen. Er wandte Frei den Rücken zu, aber der trat in aller Ruhe an und verwandelte zum 3:3-Endstand »eines der verrücktesten Revierderbys«, wie die *Frankfurter Rundschau* konstatierte. »Ein Epos, besser als jeder 1000-Seiten-Roman. Eine Wiederauferstehung.«

»Wenn es nach Schweiß stinkt, das bin ich«, sagte ein erleichterter, erschöpfter, überwältigter Klopp in der Pressekonferenz. »Das Spiel war so aufregend. Ich habe Siege gesehen, die sich nicht so gut angefühlt haben.« Dortmunds bester Saisonstart seit fünf Jahren brachte die ganze Stadt in Wallung. »Egal, wo man hinging, die Leute streckten die Daumen hoch, wenn sie einen sahen. So etwas habe ich in zehn Jahren in dem Geschäft noch nicht erlebt«, erzählt Schneck. »Wenn du mich fragst, wie er es geschafft hat, den schlafenden Riesen BVB wachzuküssen: mit seiner Einstellung. Die passt einfach zur Ruhrgebietsmentalität. Er hat ja keinen Kurs gemacht, und keinen gefragt, wie die Leute hier drauf sind. Er hat das instinktiv gespürt, und er verhielt sich so, dass der Funke übersprang. Er brachte die ganz Stadt auf Trab. Die Leute fragten ständig: ›Bist du sicher, dass du keine Vorfahren aus der Gegend hast? Einen Opa, der in der Kohlenzeche oder im Stahlwerk gearbeitet hat?‹ Sie waren sich sicher, er war einer von ihnen. Kein Mensch kam darauf, dass er Schwabe ist, aus dem Schwarzwald stammt. Er hat sich auch selbst nicht so gesehen, er sagte immer: ›Ich wusste schon sehr früh, ich muss da weg, weil ich mir nicht vorstellen konnte, dass ich jemals den Bürgersteig fege, damit der Nachbar guckt und sagt: Oh ja, der hat auch gefegt.‹ Er hatte nie dieses Verkniffene, das man den Schwaben nachsagt. Meine Güte, am Anfang hat er jeden Wunsch der Fans erfüllt. Wenn einer wollte, dass er irgendwo hinkommt, ist der hingegangen. Ich hatte nie das Gefühl, dass er das aus Berechnung macht. Sondern weil er vom Typ her so ist, weil er Menschen mag. Ich meine, ich hätte von ihm auch mal den Satz gehört: ›Ein Trainer, der seine Spieler nicht liebt, kann kein guter Trainer sein.‹«

*Bild*-Experte Mario Basler nannte Klopp einen »weißen Barack Obama«. Beide hätten »eine Überdosis Grips und Geschick«, schrieb der ehemalige Bayern-Mittelfeldspieler, »beide sind Hoffnungsträger und Idole. In Dortmund sind sie so heiß auf den Kloppo, da jubeln sie schon auf der Südtribüne, wenn der auf der Trainerbank halbwegs unfallfrei seine Brille putzt.«

Klopp warnte, er sei »kein Messias, bloß ein Trainer«, und dass es zu früh für Dortmund sei, an einen der ersten drei Plätze in der Tabelle zu denken: »Aber wenn wir die Entschlossenheit und Bereitschaft zeigen, neunzig Minuten lang zu kämpfen, kann hier etwas wachsen.«

Seine Skepsis wurde bestätigt – deutlicher, als ihm lieb sein konnte: Dortmund verlor in der ersten Runde des UEFA-Cups zu Hause mit 0:2 gegen Udinese. (Qualifiziert hatte sich Dortmund durch das Erreichen des DFB-Pokalfinales unter Klopps Vorgänger Thomas Doll.) Das erste Spiel des BVB auf europäischer Ebene nach fünf Jahren offenbarte, was der ungeschliffenen Taktik der jungen Mannschaft noch fehlte, um mit den Besten mithalten zu können. Die Italiener, unbeeindruckt von Dortmunds Wildheit, überspielten ganz cool das Pressing und setzten Konter, die weh taten. Der frustrierte Klopp meinte kopfschüttelnd, noch nie eine von ihm betreute Mannschaft derart schlecht spielen gesehen zu haben, gar peinlich sei der Auftritt streckenweise gewesen. Zwei frühe unfreiwillige Auswechslungen – Zidan und Hummels hatten sich verletzt – hatten die Konfusion noch gesteigert. Die Gastgeber waren »hilflos wie ein gestrandeter Wal«, meldete die *Gazzetta dello Sport* schadenfroh. Die Art und Weise der Niederlage warf auch Fragen nach der Transferpolitik des Vereins auf. Die *Financial Times Deutschland* fragte sich, ob die von Michael Zorc über Jahre zusammengestellte Truppe wirklich gut genug war, um langfristig Spitzenfußball präsentieren zu können.

Nach einer 1:4-Niederlage gegen Aufsteiger Hoffenheim, der völlig überraschend an der Tabellenspitze mitmischte, wurden diese Fragen noch lauter. Ralf Rangnicks Truppe pflegte einen ähnlichen Stil wie Dortmund, nur viel besser. »Das war Systemfußball, wie er sein sollte«, musste Klopp zugeben. »Wir müssen dahin, wo die jetzt schon sind. Taktisches Verhalten ist leider nicht wie Radfahren. Das musst du üben, immer und immer wieder.«

Das Umprogrammieren des Betriebssystems der Mannschaft brauchte aber einfach Zeit, wie Subotić betont. »Das geht nicht von heute auf morgen, auch wenn man es tagtäglich trainiert. Es ist im Spiel auch manchmal schwerer als im Training. Pressing, drei gegen drei oder fünf gegen fünf, ist ziemlich leicht. Aber im Spiel bist du müde, dann fragst du dich: Soll ich jetzt schon wieder pressen? Dann gehst du da drauf, der Gegner spielt quer, und dann ist dein Mitspieler nicht da und du bist umsonst gesprintet. Das hat gedauert, bis die Spieler sich daran gewöhnt hatten. Es ist auch eine Belastung, ein Fußballspiel so anzugehen. Mental, aber vor allem physisch. Du bist als Mannschaft 105 Kilometer gewohnt. Und auf einmal läufst du 115. Und das Ziel sind 120 oder mehr. Klopp wusste, dass das nicht über Nacht passieren wird. Das brauchte Arbeit und Zeit, ganz einfach.«

Die ersten Wochen waren von Aufbruchsstimmung geprägt gewesen, vom Gefühl, dass es zurück in eine glanzvolle schwarzgelbe Zukunft gehen würde. Im Herbst aber war Dortmund plötzlich an einem sehr heiklen Punkt angekommen. Man sah eine zutiefst beunruhigende Mischung aus löchriger Abwehr (»eine Schießbude«, spottete die *Süd-*

*deutsche*), einer halbgaren Konzeption und einem Coach, der die optimale Startelf noch suchte. In der Aufstellung gegen Hoffenheim gab es sechs Veränderungen, und weitere sechs für das Pokalspiel gegen Hertha BSC, das Klopp absolut nicht verlieren durfte. »Das sind schwarze Tage, eine schwarze Woche«, klagte er.

»Du kannst als Trainer noch so ein netter Typ sein, am Ende hängt alles am Erfolg«, sagt Schneck und zieht die Augenbraue hoch. Subotić erzählt, dass das Vertrauen in den neuen Coach und sein System in der Kabine damals zeitweise wackelte. »Ich kannte ihn schon, ich habe ihm auch vertraut, aber für die Mannschaft ist es immer wichtig zu sehen, dass das tatsächlich aufgeht, was der da vorne erzählt, und wenn du ihn noch so nett findest. Das ist mit die wichtigste Messlatte«.

»Es war ein bisschen Überzeugungsarbeit nötig, und es lief auch nicht direkt vom ersten Tag an«, sagt Kehl. »Wir hatten am Anfang schwierige Momente, wo wir gedacht haben: Wie soll das denn funktionieren? Da gab es durchaus Diskussionen. Trotz alledem, er hat vom ersten Tag an klargemacht, dass mit ihm nur dieser Weg möglich ist und er voll davon überzeugt ist, diese Art Fußball zu spielen.«

Gegen Berlin kam Klopp das Glück zu Hilfe. Dortmund mühte sich zu einem 2:1 in der Nachspielzeit, mit einer etwas defensiver ausgerichteten Raute im Mittelfeld, um mehr Sicherheit in die Abwehr zu bringen. Danach besiegte man den VfB Stuttgart auswärts in der Mercedes Benz Arena glatt mit 3:0, und da zeigte die Borussia, wie gut ihr Matchplan sein konnte, wenn er richtig umgesetzt wird.

»Inzwischen hätte auch der Letzte in Dortmund merken müssen, dass wir auf dem richtigen Weg waren«, meinte Watzke nach dem Rückspiel gegen Udinese. Seine Mannschaft hatte im Stadio Friuli im Elfmeterschießen verloren, nachdem man zuvor das 0:2 aus dem Hinspiel wettgemacht hatte. Aber die Qualität und Courage des Auftritts hatten aus diesem Ausscheiden eine Art Neuanfang werden lassen: Das Team hatte jetzt festen Boden unter den Füßen. Dortmunds Fortschritte waren einfach zu offensichtlich. Von manchen als reiner Motivationscoach abgetan, als Schattenboxer, der an der Außenlinie herumhampelte wie ein überzuckerter Sechsjähriger auf dem Rummelplatz, zeigte Klopp, dass er ein Spiel nicht nur lesen konnte, wie er es im Fernsehen schon bewiesen hatte. Er konnte auch eines schreiben.

Klopp gewann an dem Abend auch die aus Deutschland mitgereisten Reporter für sich, als er bei einer Auseinandersetzung intervenierte. Die italienischen Ordner hatten den Journalisten den Zugang zu den BVB-Spielern im Stadioninneren nach dem Schlusspfiff verwehrt, bis Dortmunds Trainer persönlich einschritt und den Weg frei machte. Einer der Italiener beschimpfte Klopp als *»cazzo«* – Schwanz –, aber er blieb standhaft: »Keine Angst, ich kann kein Italienisch.«

Dortmund verlor bis Weihnachten nur noch ein einziges Spiel – gegen den Hamburger SV, der unerklärlicherweise zu Klopps Angstgegner in der Bundesliga werden sollte –, und überwinterte auf Platz 6, noch vor Schalke. Die Verbesserung war real und messbar.

»Wir alle wissen, dass Geld Tore schießt«, erzählt Norbert Dickel in einem Café mit wackligen Plastiktischen gegenüber dem Stadion. Auf der anderen Straßenseite, im roten Backsteinbau des Estadio Municipal de Marbella, trainiert heute Abend Dortmunds erste Mannschaft. »Nur hatten wir damals kein Geld. Es war ein Segen, dass Jürgen zu uns gekommen ist. Das Team, das wir damals an den Start schickten, spielte wirklich gut im ersten Jahr, das konnte jeder sehen. Der ganze Spielstil hatte sich verändert. Abgesehen von der Tatsache, dass wir uns fußballerisch enorm weiterentwickelt haben, hat der Jürgen auch noch dafür gesorgt, dass die Beliebtheit unseres Vereins unheimlich gestiegen ist und viele wieder an erfolgreiche Zeiten geglaubt haben. Einfach weil er da war, vierundzwanzig Stunden am Tag, und die Leute zusammengebracht hat. Er hat sich niemals über Verletzungen beklagt. Er sagte schlicht: ›Wir haben genügend gute Spieler.‹ Er jammerte nicht rum, er sagte sich, es bringt nichts, sich über Dinge zu sorgen, die du ohnehin nicht beeinflussen kannst. Das war für uns eine neue Situation, wir haben gemerkt, dass es vorangeht, dass es weitergeht, und wir haben wieder an Erfolge geglaubt.« Teammanager Lünschermann beschreibt diese Phase so: »Es war ein echter Wandel. Wir hatten ja Spiele zuhauf gesehen, die waren wirklich nicht sehr ansehnlich. Plötzlich sind die Jungs gelaufen wie die Hasen, hinter jedem Ball her. Sogar kombiniert haben die nach einer Weile. Es war phantastisch. Da haben wir alle gesagt: Mensch, das wird eine Ära. Und das wurde ja auch eine Ära, die unvergessen bleibt. Das ist sein Werk.«

Während der Hinrunde von Klopps erster Bundesligasaison in Dortmund hielt sich der BVB ordentlich auf dem sechsten Platz: 7 Siege, 8 Unentschieden, 2 Niederlagen. Mit fast dem gleichen Ergebnis (8 Siege, 6 Unentschieden, 3 Niederlagen) nach der Winterpause, trotz einer schweren Knöchelverletzung von Hummels und einem Fehlstart ins neue Jahr, war das Team auf dem Weg zur Qualifikation für den UEFA-Cup. Klopps Vertrag wurde vorzeitig bis 2012 verlängert. »Nicht ein einziger im Verein war gegen Jürgen Klopp, alle standen hinter dieser Entscheidung«, erklärte Watzke im März.

Die Mannschaft schrammte jedoch an Europa vorbei, in klassischem, schmerzvoll-dramatischen Klopp-Stil – in der letzten Spielminute des letzten Spieltags. Der fünftplatzierte

Hamburger SV war nach einer Stunde 0:2 gegen Eintracht Frankfurt im Rückstand, drehte das Spiel aber und gewann dank eines Abseitstors von Piotr Trochowski mit 3:2. Dortmund, das seine Partie bei der anderen Borussia in Mönchengladbach 1:1 beendet hatte, stand mit leeren Händen da. Das kostete den Verein fünf bis sieben Millionen, die allein die neu gegründete Gruppenphase der Europa League hätte einbringen können, und hinterließ eine ordentliche Lücke im Budget.

»Es ist ein bisschen weniger Geld da«, sagte Klopp, nachdem sich der Frust gelegt hatte. »Aber wir haben enorm wichtige Erfahrungen gemacht und sind zu einer viel stärkeren Einheit mit den Fans geworden. Ich hoffe, ein paar Sponsoren werden sagen: ›Da wächst wieder was, das ist geil, da wollen wir dabei sein.‹ Auf einen fahrenden Zug aufspringen kann jeder. Aber es ist noch schöner, etwas mit anzuschieben.«

»Insgesamt war es eine großartige Saison«, sagt Watzke. »Leider hat am Ende das i-Tüpfelchen gefehlt. Das Ende war eine riesige Enttäuschung für uns alle. Wir waren ja bis dahin nicht gerade verwöhnt gewesen, und eine Verbesserung um sieben Plätze war nicht übel. Es gab Enttäuschungen über die Jahre, und sie brachten uns noch enger zusammen. Letztendlich ist es Tatsache, dass wir drei – Jürgen, Michael Zorc und ich – sehr gut miteinander konnten. Das war der Schlüssel.«

Irgendwo, halb verschüttet unter dem bedingungslosen, ansteckenden Optimismus, den Klopp ausstrahlte, gab es auch Zweifel und Ängste. Immerhin war er ein Trainer, der bis dahin nur in der deutschen Fußballprovinz gearbeitet hatte. Zu viele Übungsleiter waren seit dem Abgang von Matthias Sammer 2004 gekommen und gescheitert. »Es gab schon gewisse Ängste im Verein, angesichts der jüngeren Geschichte. ›Bitte nicht noch einen Reinfall‹, hieß es«, erzählt Subotić. »Wir schafften es, diese Ängste im ersten Jahr zu zerstreuen. Platz 6 nach Platz 13 im Vorjahr war ein Erfolg. Wir hatten Siege, wir hatten Unentschieden und wir haben natürlich auch verloren, aber insgesamt konnte man sehen, dass der Plan funktioniert. Wir haben gemerkt, dass wir ihm vertrauen können und einander vertrauen können. Der ganze Verein konnte erst mal tief durchatmen.« Auch Sebastian Kehl bestätigt, dass der BVB inzwischen von einer spürbar veränderten Stimmung getragen wurde.

Aber nicht alle waren geeignet, den gemeinsamen Weg mitzugehen. Der Schweizer Stürmer Alex Frei wurde für 4,25 Millionen Euro in der Winterpause an den FC Basel abgegeben. Dortmund investierte das ganze Geld in den Argentinier Lucas »Panther« Barrios, dem es besser lag, selbstlos an vorderster Front zu rackern, wie es Klopps System verlangte. Hummels' Leihgeschäft wurde dank eines 4,2-Millionen-Euro-Deals mit Bayern München zu einer festen Verpflichtung, die die Bayern noch bereuen sollten. Zwei weitere entscheidende Verpflichtungen kosteten fast gar nichts. Die Allrounder Sven Bender (20, TSV 1860, 1,5 Mio. Euro) und Kevin Großkreutz (21, Ahlen, ablösefrei) brachten zusätzlich jugendliche Dynamik ins Mittelfeld.

Der in München geborene Bender erinnert sich, wie Klopp anrief, um ihn für einen Transfer nach Dortmund zu gewinnen. »Ich war gerade im Auto. Gefühlt war das Netz vier Mal weg, aber wir haben es immer wieder versucht. Ich wusste bereits, dass Dortmund interessiert ist, aber der Moment, in dem der Trainer anruft und das noch mal verdeutlicht, ist immer noch das Entscheidende. Für mich war es erst mal cool, ihn am Telefon zu haben und ihn zu hören. Vorher hat man ihn ja auch nur aus dem Fernsehen gekannt, da war das schon relativ lässig, den Klopp einfach am Telefon zu haben. Er ist dann auch direkt so, wie er dort rüberkommt. Es war ein total angenehmes und cooles Gespräch. Das war dann auch mit ausschlaggebend für meine Entscheidung. Es ging um meine Art zu spielen, und dass er Bock drauf hat, dass es für mich als junger Spieler interessant wäre und dass Dortmund ein Top-Klub ist. Und dass er sagen kann, dass es ein phantastischer Verein ist, den er mir nur empfehlen kann und dass ich das machen soll. Und dass er sich brutal freuen würde, wenn ich mich für ihn als Trainer und für Borussia als Verein entscheiden würde. Dann hatte ich natürlich Lust drauf, dort mitzumachen, ist doch klar. Dortmund ist ein ganz großer Verein mit großer Strahlkraft, und irgendwie passte Jürgen Klopp von Anfang an perfekt dazu.« Noch stärker beeindruckt war Bender von der ersten persönlichen Begegnung mit dem neuen Coach. »Zunächst war ich natürlich erstaunt, wie groß er ist. Er ist ein Riese, und das kam im Fernsehen gar nicht so rüber. Da hab ich erst mal geschaut. Natürlich war es ganz allgemein eine Umstellung für mich, aus der Zweiten Liga in die Bundesliga zu kommen. Er war von Anfang an ein unglaublich guter Motivator. Bei mir als jungem Spieler kam das extrem gut an.«

Klopp hatte ein Talent dafür, bei allen gut anzukommen, sagt Lünschermann. »Er hatte keine bestimmte Routine in der Kabine vor dem Spiel, oder irgendwas Abergläubisches. Nur auswärts suchte er immer nach einem Plätzchen, wo er sich vor dem Spiel in Ruhe noch eine anzünden konnte. Das machte ihn sympathisch. Dass er jetzt nicht nur den Asketen raushängen lässt. Er hat auch gerne mal ein Bierchen getrunken und hat eben dieses Menschliche verkörpert wie kaum ein anderer. Andere Trainer versuchen immer, alles zu verbergen, was ihnen als Schwäche ausgelegt werden könnte.«

Bei Dortmund waren Sportdirektor Michael Zorc und Chefscout Sven Mislintat dafür zuständig, Lösungen zu finden, die zu Dortmunds relativ schmalem Budget passten – abgesehen von ein paar Mainzer Spielern (Zidan, Subotić, Markus Feulner), die Klopp persönlich auf seine Einkaufsliste gesetzt hatte. Es blieb kaum eine Wahl, als auf exotische Nobodys zu setzen, wie Barrios und den völlig unbekannten polnischen Angreifer Robert Lewandowski, der 2010 für 4,25 Millionen Euro von Lech Posen verpflichtet wurde. Diese Investition war für Dortmunder Verhältnisse so hoch, dass Lewandowski nicht weniger als dreißig Mal beobachtet wurde. Klopp selbst fuhr nach Polen, um sich den Stürmer anzusehen, getarnt mit Hoodie und Baseballmütze.

Angesichts der leeren Kassen war es zudem ein Muss, auf die Jugend zu setzen. Zum Glück für Dortmund entwickelte Klopp einen Appetit an der Arbeit, der über das bloße Training hinausging, wie Subotić bemerkte. Es machte ihm Spaß, ein neues Team zu entwickeln. »In Dortmund hatte er die Chance, eine Mannschaft zu formen, praktisch von Anfang an, um mit ihr seine Vision zu verwirklichen. Das hat ihm wirklich gefallen, glaube ich. Wahrscheinlich war es bei Liverpool ganz ähnlich.«

Klopp bezeichnete seine junge Truppe regelmäßig als »heiß wie Frittenfett«, aber seine zweite Saison startete dennoch eher lauwarm. Zwei heftige Niederlagen gegen Hamburg (1:4) und Bayern (1:5), drei Unentschieden und eine unangenehme 0:1-Heimschlappe im Derby gegen Schalke in den ersten sieben Spielen bedeuteten den schlechtesten Saisonstart seit vierundzwanzig Jahren. Einen Monat vor dem hundertjährigen Vereinsjubiläum war das Team auf Platz 15 abgerutscht. »Die Fans wurden langsam kribbelig«, erzählt Watzke. Hundert wütende Ultras tauchten nach der Niederlage gegen Schalke auf dem Trainingsgelände auf und wollten Antworten von Spielern und Offiziellen. Klopp entschärfte die Lage, indem er sich der verärgerten Gruppe direkt stellte. Schneck erinnert sich an die Szene: »Er stieg aus dem Mannschaftsbus aus und sagte: ›So Jungs, dann erzählt mal.‹ Und er hat mit denen diskutiert … da kommt ja dann meistens: ›Ihr seid keine Borussen, ihr habt nicht gekämpft‹, diese typischen Sprüche. Und er hat ihnen innerhalb von einer Viertelstunde klargemacht, dass das keineswegs so ist. Und dass er sehr wohl die Bedenken und Anregungen der Fans ernst nimmt. Die sind friedlich und mit einem Dankeschön nach Hause gegangen. Das musst du auch erst einmal hinkriegen. Da gibt es andere Trainer, die wollen mit so etwas nichts zu tun haben.«

Klopp hatte, wie Dickel erzählt, die Gabe, bei den Anhängern den richtigen Ton zu treffen, er sprach ihre Sprache. »Wir hatten jede Menge Trainer, die sagten: ›Heute hat unser Spiel zwischen Abwehr und Mittelfeld, zwischen Mittelfeld und Angriff nicht so ganz funktioniert.‹ Oder ›Das Umschaltspiel‹ und so weiter. So etwas will im Ruhrpott keiner hören. Jürgen sagt: ›Wir haben heute scheiße gespielt und deshalb verdient verloren.‹ Damit kann jeder leben.«

Die Ruhe an der Medienfront zu wahren war aber deutlich schwieriger. Als Dortmund im November vom Drittligisten VfL Osnabrück aus dem DFB-Pokal geworfen wurde, stellte die *Berliner Zeitung* Klopps Fähigkeit, die Borussia voranzubringen, grundsätzlich in Frage. »Das Aus bedeutet einen Rückschritt«, schrieb das Blatt. »Klopp kann einen kleinen Verein etwas größer machen, das hat er beim FSV Mainz eindrucksvoll bewiesen, ob er einen nicht mehr ganz so großen Klub wieder groß machen kann, bleibt ungewiss. Jedenfalls kann diese Saison unter diesem Gesichtspunkt für Borussia Dortmund schon jetzt als eine verlorene gewertet werden.«

Der Dortmunder Coach zeigte sich enttäuscht über den abrupten Wandel in der Wahrnehmung (»heutzutage ist alles immer gleich Krise, die Kompetenz der Leute wird viel zu schnell in Zweifel gezogen«) und versprach zugleich Besserung. »Wir kommen da raus, da bin ich absolut sicher.« Watzke betont, der Verein »hatte keine Zweifel, dass das gutgehen wird, null Komma null«.

Klopps Fähigkeit, intern die Stimmung hochzuhalten, war zu der Zeit ganz wichtig, erzählt Bender. Manche Trainer lassen ihren Frust an den Spielern aus, oder sie verlieren das Vertrauen in ihre eigene Fußballphilosophie. Nicht so Klopp. »Er hat das natürlich knallhart angesprochen, wenn jemand nicht mitgelaufen ist oder im falschen Moment stehen geblieben ist«, erzählt Bender. »Aber er hat einem Spieler nie das Gefühl gegeben, er wäre komplett unten durch und hätte seine Chance vertan. Ganz im Gegenteil, er hat eigentlich immer drauf geachtet, dass die Spieler ihre Chancen immer wieder bekamen. Man konnte ihn immer wieder neu überzeugen, ihm beweisen: Du bist noch da und willst noch mal Gas geben.«

Klopp selbst betrachtete jede Partie als neue Gelegenheit, Dinge zu korrigieren. Dortmunds Misserfolgsserie im Herbst 2009 war nach seinem Gefühl ein kaum vermeidbarer Nebeneffekt, da sich eine junge Mannschaft erst an ein System anpassen musste, das hundertprozentigen Einsatz und eine detaillierte Umsetzung verlangte, auch wenn es weh tat.

Die Antwort lautete einfach: mehr arbeiten. »Wir machten ein kurzes Trainingslager und sagten den Jungs, sie bekämen über die Feiertage zusätzlich drei Tage frei, wenn sie – als Mannschaft – mehr als 118 Kilometer Laufleistung in jedem der zehn Spiele bis zur Winterpause schafften«, erzählte Klopp dem englischen Fußballmagazin *FourFourTwo* Jahre später. Ganz geschafft haben sie es nicht, aber er gab ihnen trotzdem die drei freien Tage. »Ich habe das gemacht, weil sich die zusätzliche Anstrengung, die das Team aufbrachte, unmittelbar in mehr Leben auf dem Platz umsetzte. Wir traten sofort selbstbewusster auf, wir kreierten Überzahl – all diese Dinge, die man mit zusätzlicher Anstrengung in Verbindung bringen kann.«

»Er stand oft an der Seite und rastete aus. Wir sollten draufgehen«, erinnert sich Subotić. »Aber er sah das Spiel natürlich anders als wir. Besonders ich als Innenverteidiger, oder auch die Außenverteidiger, wir dachten erst einmal an die Absicherung. Daher musste er vor allem in der Anfangsphase schon häufiger mal Ansagen machen, was klar ist, wenn man ein komplett neues System spielt, das in der Form bisher keiner gespielt hatte. Hoffenheim hat das auch versucht zu spielen, ein halbes Jahr hat es dort funktioniert, dann haben sie es aufgegeben. Für uns war das daher ein kontinuierlicher Lernprozess, den wir uns nicht von irgendwelchen anderen Teams abschauen konnten.«

Dortmund musste für sich ganz eigene Maßstäbe setzen. Mit jeder Woche fand eine, wie die *Süddeutsche Zeitung* fand, geradezu absurd junge Truppe – das Durchschnittsalter lag nicht selten unter dreiundzwanzig Jahren – etwas besser die Verbindung zwischen hohem Tempo, Wildheit und Stabilität. Mitte Dezember waren sie bis auf Platz 5 geklettert. Die Tore von Lucas Barrios, neunzehn insgesamt, hielten sie im neuen Jahr in Reichweite der Champions-League-Plätze, bis zum vorletzten Spieltag. Der VfL Wolfsburg, Meister des Jahres 2009, der den Titel gerade an Louis van Gaals Bayern verloren hatte, war der Gegner an einem Tag, der in Jubelfeiern endete, die selbst den Ex-Mainzer Klopp sprachlos machten. »Einen solchen Support habe ich noch nie erlebt«, sagte er, nachdem die Gelbe Wand und der Rest des Stadions die Mannschaft mit nicht enden wollenden Sprechchören, Gesängen und Standing Ovations gefeiert hatte. Aus der allgemeinen Begeisterung war jedenfalls nicht herauszulesen, dass Dortmund nur 1:1 gespielt hatte. Da Werder Bremen mit 2:0 beim FC Schalke 04 gewonnen hatte, waren die ersten drei Plätze und somit die Qualifikation für Europas lukrativsten Wettbewerb nicht mehr erreichbar. Den Fans war das egal. Ihre Freude speiste sich aus der Niederlage der Nachbarn aus Schalke, die sicherstellte, dass die Königsblauen – Gott bewahre! – nicht mehr Meister werden konnten. Und vor allem aber begeisterte den Anhang, dass Dortmund als Fünfter erstmals seit sieben Jahren die direkte Qualifikation für die Europa League geschafft hatte. Deutschlands leidenschaftlichstes Fußballpublikum besaß auch genug Sachverstand, um zu würdigen, wie weit der Verein in den ersten zwei Jahren unter Klopp gekommen war. Durch das Verpassen der Champions League um ein paar Punkte ließ man sich nicht den Spaß verderben. »Bombastische Party: Das Team wurde nach Spielschluss gefeiert, als wäre gerade der ganz große Coup gelungen«, berichtete die *Frankfurter Allgemeine Zeitung* mit ungläubigem Staunen.

Vor seinem ersten Arbeitstag hatte Klopp von Watzke und Zorc ein kleines, geflügeltes Nashorn als Glücksbringer geschenkt bekommen. Das Fabeltier war als Maskottchen für die im Jahr 2002 neueröffnete Konzerthalle gedacht gewesen und war zu einem Symbol für die ganze Stadt geworden, die dickhäutige Verkörperung von Stolz und Sehnsucht. Im Mai gestattete sich der ganze Signal Iduna Park zu glauben, dass dieses Phantasiewesen vielleicht tatsächlich … fliegen könnte?! Das BVB-Nashorn scharrte zumindest schon mit den Hufen auf der Startbahn.

# 8 Pump up the Volume

*Liverpool 2015–2016*

Es ist ein schöner Frühsommertag in Liverpool, den man am besten auf der Spielerterrasse genießt, die sich über die ganze Länge des Liverpooler Trainingsgeländes Melwood erstreckt, von Jürgen Klopps Kommandozentrale mit ihren vielen Erkerfenstern am einen Ende vorbei am Speisesaal bis zum anderen Ende, wo Mona Nemmer, die Ernährungsberaterin des Klubs, und Klopp-Doppelgänger Andreas Kornmayer, der Fitnesstrainer, ihre verglasten Büros haben.

Angesichts der lockeren Nachmittagsstimmung, der Stille auf dem verwaisten Trainingsplatz und des lachenden Jordan Henderson am Nebentisch würde man nie auf den Gedanken kommen, dass Liverpool in drei Tagen gegen Southampton spielt und unbedingt gewinnen muss, um Vierter zu werden. Adam Lallana lächelt und blinzelt in die Sonne wie ein Tourist am ersten Urlaubstag. Hätte er an einem rosa Cocktail mit Schirmchen statt an einer Flasche Mineralwasser genippt, hätte er kaum entspannter aussehen können.

Das Gespräch dreht sich darum, wie schwer es ist, Fußball der Marke Klopp zu spielen. Doch der englische Mittelfeldspieler wirkt nicht überzeugend, wenn er schildert, wie er und seine Mannschaft leiden. Aus einem einfachen Grund: Er genießt die Schmerzen.

»Ich war gerade mit der Nationalmannschaft unterwegs,

als Klopp verpflichtet wurde, und weiß noch, dass ich es nicht erwarten konnte, zurückzukommen«, erzählt er im Mai 2017. »Ich habe mir seinen Werdegang und die Spielweise seiner Teams angesehen. Überall bin ich auf das Wort ›Gegenpressing‹ gestoßen. Gegenpressing-Stil. Heavy-Metal-Fußball. Vom ersten Tag an, unserem ersten Spiel gegen Tottenham, war diese Spielweise körperlich sehr anstrengend. Aber du nimmst sie an, sie ist eine Herausforderung, fitter zu werden. Wenn du fit bist, kannst du auch so spielen. Manchmal sehe ich mir Philippe Coutinho an und wie er rackert. Er fordert den Ball zurück und hat immer noch die Fähigkeit und die Kraft, einen Mann zu umspielen und oben in den Winkel zu treffen.«

Bewegung und Motivation gehören zusammen. Das eine ist ohne das andere nicht denkbar, sie sind ein und dasselbe. Klopps allererste Botschaft an die Liverpooler Anhänger, dass sie »von Zweiflern zu Gläubigen« werden müssten, wurde vor dem ersten Training in Melwood den Spielern gegenüber wiederholt. »Er hat viel darüber gesprochen, dass die Mannschaft Selbstvertrauen haben muss, den Glauben an sich selbst, und dass sie keine Angst vor irgendeinem anderen Team haben darf«, sagt Lallana. »Er selbst hat dieses Selbstvertrauen auf jeden Fall, diese Aura und die Überzeugung, dass er ein Spitzentrainer ist. Das spürt man, wenn er zur Tür hereinkommt. Und ich glaube, das überträgt sich automatisch auf die Spieler.«

Bevor der Deutsche den Spielern Beine machen konnte, musste er ihre Köpfe erreichen. Es hatte keinen Sinn, in das öffentliche Lamento über die schlechte Abwehrleistung der Mannschaft und den allgemeinen Mangel an Qualität im Vergleich zu den Titelanwärtern einzustimmen. Klopp musste mit dem Kader arbeiten, der ihm zur Verfügung stand, und seine Stärken hervorheben. Sein Trick war, dass er den Zusammenhang zwischen Leistung und Aufwand betonte, nicht das individuelle Können. Lallana: »Er hat gesagt: ›Arbeitet hart für mich.‹ Mehr wollte er nicht. Er kann mit Fehlern umgehen, er kann mit schlechten Spielen umgehen. ›Arbeitet hart für mich und gebt mir alles.‹ Er ist davon überzeugt, dass am Ende technisches Können und Qualität dabei herauskommen.«

Zwei Monate nach Beginn der Saison 2015/16 war weder Zeit, den neuen Pressing-Stil auf dem Trainingsplatz zu üben, noch ließ der Spielplan zusätzliche Fitness-Einheiten zu. Klopps berüchtigte doppelte Trainingseinheiten, die, als das Team nach Weihnachten unter einer mysteriösen Serie von Muskelverletzungen litt, von einigen Experten aus der Entfernung als übertrieben und kontraproduktiv kritisiert wurden, fanden nie statt. Die sofortige Einführung von Pressing und Gegenpressing – also der Versuch, den Ball nach Verlust möglichst schnell zurückzuerobern, indem auf den ballführenden Gegner gemeinsam Druck ausgeübt wird – erforderte einen entschiedenen kollektiven Einsatz. »Im Grunde ist das eine Vereinbarung, die man als Mannschaft zusammen trifft«, sagt Co-Trainer und Chefscout Peter »Pete« Krawietz, der mit Klopp nach Liverpool kam. »›Ja, wir wollen das so machen.‹ Wenn es einer tut, macht er es einmal, macht er es zweimal, und wenn es nicht klappt, dann sagt er: ›Freunde, was ist denn mit euch? Ich renne hier herum, und ihr glotzt nur.‹ Deswegen braucht man diese Vereinbarung: Wir tun das zusammen. Das gilt für jeden. Den Ball in dem Moment zurückzuholen versuchen, in dem wir ihn verloren haben. Das hat wahnsinnig viele Vorteile. Wir haben den gegnerischen Angriff unterbunden, unter Umständen hat der Gegner auch einen Umschaltreflex in die eigene Offensive, das heißt, er verliert eine Positionierung, die vorher kompakt war, der Linksverteidiger glaubt, er könnte jetzt mit nach vorne gehen ... Am Ende kann man auf diese Weise sogar Kräfte sparen. Wenn man sich überlegt: Wie weit müssen wir laufen? Wenn wir wirklich die Konterattacke des Gegners unterbinden wollen, brauchen wir acht Spieler, die 80 Meter laufen müssen. Das sind 640 Meter. Spielen wir aber Gegenpressing, richtig geordnet, mit dem richtigen Impuls und der richtigen Intensität, dann sind das fünf bis zehn schnelle Meter für drei bis vier Spieler. Also im Grunde genommen ist das eine reine Kopfsache. Ein gewisser Moment der Überwindung. Freunde der Südsee, nicht abschalten, nicht enttäuscht sein, sondern diesen einen Schritt machen. Weil dann unsere Offensivaktion weitergeht. Das erfordert Überzeugungsarbeit. Wir haben Trainingseinheiten oder Trainingsformen dafür entwickelt. Zahlreiche Videositzungen dazu abgehalten, viele Gegneranalysen durchgeführt, um die Mannschaft auf ein Spiel vorzubereiten. Schau mal, die stehen sehr kompakt, das ist wahnsinnig schwierig, aber genau das ist der Moment. So haben wir versucht, diese Idee zu verankern. Wenn man darüber nachdenkt, kann eine Mannschaft auf diese Weise viel Energie sparen. Und gelaufene Meter.«

Lallana, der unter Mauricio Pochettino in Southampton ein ähnliches System gespielt hat, verrät, dass abgestimmtes Vorgehen mit einem Wohlfühlfaktor einhergeht, der alle Leiden aufwiegt. »Es ist mental sehr anstrengend, aber wenn die anderen zehn alle mitziehen, ist es einfach. Du genießt es, den Schmerz zu spüren, weil es alle machen. Du willst für deinen Kollegen weitermachen. Er leidet, und du leidest, aber das ist in Ordnung. So gefällt es dem Trainer, so ist er selbst. Manchmal bejubelt er Tacklings wie Tore. Weil er weiß, dass es weh tut.« Abweichler und Egoisten, die sich dem kollektiven Diktat nicht unterwerfen wollten, so fügt er hinzu, könne Klopps Taktik nicht wirklich einbinden. »*Einen*

Spieler kann man vielleicht noch mitschleppen, aber so will er nicht spielen. So kann es nicht funktionieren.«

Wie schwer war es für Klopp und seinen Stab, die Spieler dazu zu bringen, so zu denken und zu spielen? Krawietz überlegt einen Moment. »Ich glaube«, antwortet er, »dass wir hier vom ersten Tag an eine wahnsinnig aufnahmebereite Mannschaft vorgefunden haben. Die sehr, sehr willens war. Die sich darüber im Klaren war, dass es Gründe hatte, warum es vorher nicht so gelaufen ist und warum wir jetzt plötzlich da im schwarzroten Trainingsanzug stehen. Das haben wir von der ersten Trainingseinheit an gespürt: Die Jungs versuchen zu verstehen, was wir von ihnen wollen.« Schwierigkeiten waren weniger auf mangelnde Bereitschaft als vielmehr auf die anfängliche Sprachbarriere zurückzuführen. Co- Trainer und Taktikexperte Željko Buvač, der Klopp ebenfalls nach Liverpool folgte, sprach anfangs nur ungern Englisch, so dass Klopp für ihn übersetzte. Lallana lacht: »Wie oft sagt er, hauptsächlich wenn er sich ärgert: Scheiße, wenn ich doch nur Deutsch mit euch reden könnte. In Wahrheit ist sein Englisch ausgezeichnet. Ich verstehe alles, was er uns sagen will. Aber manchmal frustriert es ihn echt.«

»Ich wurschtele mich in Englisch auf meinem flachen Niveau durch«, erklärte Klopp einen Monat nach Amtsantritt in typischer Selbstironie in einem Interview mit dem Magazin *Focus*. »Alles gute Leute hier, es macht einen Riesenspaß. Hier im Verein sind alle auf Entwicklung aus, für die nehmen wir uns Zeit.« Der Rest sei harte Arbeit. Bislang habe ihm sogar die Zeit gefehlt, das ganze Glück angemessen zu reflektieren. »Uns ist das ein bisschen durchgerutscht, aber natürlich, es gab die Sekunde, in der man denkt: Es ist geil, Trainer von Liverpool zu sein. Ich hätte nie gedacht, dass ich eines Tages hier sein würde.«

Trotzdem hat es nach Krawietz eine Weile gedauert, die unterschiedlichen Fußballkulturen auf dem Trainingsplatz unter einen Hut zu bringen. Gelegentliche Missverständnisse seien unvermeidlich gewesen: »Jeder schmeißt seine komplette zwanzigjährige Fußballerfahrung in einen Raum. Man glaubt, man spricht über dasselbe, doch am Ende unterhält man sich über komplett unterschiedliche Dinge.«

Bei Pressing und Tackling war nach dem Verständnis des Trainerstabs ein Foul am Gegner ausdrücklich verboten. Ein Foul macht die eigenen Versuche, den Ball zurückzuerobern, sofort zunichte. Doch bei den ersten taktischen Übungen, die eigentlich als leichte Trainingseinheit gedacht waren, stürzten sich die Liverpooler Spieler in die Zweikämpfe, im Irrglauben, sie müssten den Spielaufbau des Gegners mit allen erforderlichen Mitteln unterbinden. Klopp musste sie zurückpfeifen und bremsen. »Es war cool zu sehen, dass die Jungs absolut bereit waren, neue Ideen umzusetzen und total zu verinnerlichen. Das hat uns das Leben viel leichter gemacht.«

Lallana sagt, dass die Spieler auf die »Offenheit« des Trainers reagierten. »Er kann dich zusammenstauchen, er kann dich richtig loben. Auch die Umarmungen sind wirklich echt. Er will dir zeigen, wenn er mit dir zufrieden ist. Er will dir zeigen, wenn er mit dir nicht zufrieden ist. Er ist einfach authentisch, geradeheraus. Er kann seine Gefühle nicht verbergen, oder? Wenn er etwas sagen möchte, wird er es am Ende auch tun. Er sagt, dass er dein Freund sein kann, aber nicht dein bester Freund, weil er gelegentlich ein schwieriges Gespräch mit dir führen muss.«

Der belgische Angreifer Christian Benteke etwa hatte Mühe, sich der neuen Richtung des Teams anzupassen. Klopp erkannte schnell, dass der 1,90-Meter-Riese nicht die besten Voraussetzungen für ein Spiel mit intensivem Pressing und Gegenpressing mitbrachte. Divock Origi und der ehemalige Hoffenheimer Stürmer Roberto Firmino erhielten den Vorzug. Das Verhältnis Klopp–Benteke kam nicht in die Gänge. Jahre zuvor hatte der Deutsche für sich den Schluss gezogen, dass es sinnlos war, Spielern zu erklären, warum sie nicht aufgestellt wurden, dass er ihnen lediglich sagen konnte, in welchen Bereichen sie ihr Spiel verbessern konnten. Doch Benteke konnte das Schweigen des Trainers nicht mit dem Eifer in Einklang bringen, mit dem dieser ein paar Jahre zuvor versucht hatte, ihn zu Borussia Dortmund zu holen. Klopp hatte sich mit dem ehemaligen Aston-Villa-Spieler in einem Hotel in Deutschland getroffen, von einer künftigen Zusammenarbeit geschwärmt und sicherheitshalber noch ein paar SMS hinterhergeschickt. (Wie seine Kollegen Antonio Conte und José Mourinho ist Klopp ein unermüdlicher SMS-Schreiber. Selbst am Tag des Champions-League-Finales mit Dortmund schickte er Kevin De Bruyne, damals bei Chelsea, eine SMS, in der er seine Freude darüber ausdrückte, den Belgier in der Saison 2013/14 zu trainieren. Der Wechsel sollte jedoch letztlich am Veto der *Blues* scheitern.)

Benteke erzielte als Einwechselspieler Liverpools entscheidenden dritten Treffer beim 3:1-Auswärtssieg über Chelsea, Klopps erstem Dreier in der Liga nach zwei Unentschieden (0:0 bei den Spurs, 1:1 gegen Southampton), einem enttäuschenden 1:1 in seinem Heimdebüt gegen das russische Team Rubin Kasan in der Europa League und einem Ligapokal-Sieg gegen Bournemouth (1:0). Der mit smart vorgetragenem Konterfußball eingefahrene Sieg über Mourinhos Meisterelf aus West London war wichtig, da er früh Fortschritte erkennen ließ. Vielleicht war der Riesenhype in den Medien seit Klopps Eintreffen an der Mersey nicht ganz unberechtigt.

»Können Sie die Liga gewinnen?«, fragte ein Reporter Klopp nach dem Schlusspfiff. »Sind Sie verrückt?«, blaffte der fassungslos zurück. »Ich dachte zuerst, ich hätte die Frage nicht verstanden. Ich bin doch erst drei Wochen hier. Als Liverpool sein letztes Auswärtsspiel gewonnen hat, war ich noch im Urlaub.« Wenig später wurde er im Spielertunnel erneut mit Fragen bombardiert. Wen Liverpool im Januar einkaufe, wollte man wissen, und wie die Chancen auf die Champions League stünden. »Ich kann nicht glauben, dass man hier so ungeduldig ist«, sagte Klopp, und dann zu Schiedsrichter Mark Clattenburg, der in dem Moment an ihm vorbeiging: »Die wollen von mir wissen, ob ich Vierter werde.« Clattenburg nickte nur: *»Welcome to England.«*

35 500 Anhänger der Reds hatten den Anflug von Klopps Chartermaschine aus Deutschland im Internet verfolgt. Vor seiner Präsentation hatte ihn der Klub in einem Boutique-Hotel in der Hope Street untergebracht. Das hatte Symbolkraft: In den Köpfen vieler Fans war der Schwabe weniger der neue Trainer als vielmehr ein Hoffnungsträger, ein Mann, der den Verein aus Lethargie und Mittelmaß reißen und die Rückkehr zu glorreichen Tagen einläuten würde. »Seine Verpflichtung erscheint instinktiv richtig, denn die übergroße Persönlichkeit des 48-Jährigen wird sofort die verdatterte Stille durchbrechen, die Anfield seit der knapp verpassten Meisterschaft 2014 befallen hat, und dafür sorgen, dass die Lautstärke ab sofort wieder voll aufgedreht wird«, schrieb *The Guardian*. Der ehemalige Liverpooler Spieler Mark Lawrenson, kein Mann, der zu Gefühlsausbrüchen neigt, sagte voraus: »Mit Klopp wird es wieder aufregend.« In einem Hochhaus in der Innenstadt, wo er gerade einen Beitrag für den Vereinssender LFCTV produzierte, fügte er in einer Drehpause hinzu: »Der Mann ist mit seiner übergroßen Persönlichkeit und seinem 1000-Megawatt-Lächeln ein

Kassenschlager. Die Leute versprechen sich von ihm wieder bessere Zeiten, das allein ist schon sehr viel.«

In keinem anderen Fußballland glaubt man so sehr an die verändernde Kraft des Trainers wie in England, und in keiner Stadt mehr als in Liverpool – dank Bill Shankly. Die große Vergangenheit des Klubs und seine viel kompliziertere Gegenwart, in der man gegenüber reicheren Rivalen und Emporkömmlingen ins Hintertreffen geraten ist, haben ein Klima der Verunsicherung erzeugt, ein Hin- und Hergerissensein zwischen überbordenden Erwartungen und tiefer Depression. Viele vermeintliche Erlöser kamen und gingen, weil sie die hysterischen Gefühlsschwankungen nicht aushielten.

Klopp (dunkle Jeans, schwarzes Sakko, Chelseaboots) präsentierte sich als höchst entspannter Vereins-Elektrisierer, der überzeugt war, den Klub mit ein paar Reparaturen wieder unter Strom setzen zu können, aber auch die Schwere der Aufgabe erkannte: »Wir dürfen nicht mit einem zwanzig Kilo schweren Rucksack der Geschichte herumlaufen«, warnte er, noch dürfe der Klub über seine relativ bescheidenen Mittel jammern. »Wir sollten nicht über Geld nachdenken, nur über Fußball.« Amen. Liverpools Situation sei »gar nicht so schlecht. Es ist eine gute Zeit für Veränderungen, für einen Neubeginn.« Er versprach »Vollgasfußball«, der im Stadion einen emotionalen Sturm entfesseln werde, zeigte sich aber auch bemüht, die eigene Bedeutung herunterzuspielen. Er sei »kein Idiot« und »kein Genie«, »kein Alleswisser« und »kein Träumer«, sagte er, bevor er zur großen Pointe ansetzte: »Ich komme aus dem Schwarzwald, ich bin ein ganz normaler Typ. *I'm the Normal One.*« Schallendes Gelächter. Es bedurfte schon einer gehörigen Portion Selbstvertrauen, sich am ersten Tag in diesem wichtigen Job vor der Weltpresse als gewöhnlich zu beschreiben. Die *Süddeutsche*

*Zeitung* fühlte sich an die Szene in »Das Leben des Brian« erinnert, in der der gleichnamige Held einer Schar Jünger vergeblich klarzumachen versucht, dass er ihre Verehrung nicht verdient. »Nur der wahrhaftige Messias leugnet seine Göttlichkeit«, ruft eine Frau im Filmklassiker von Monty Python. Der FC Liverpool erkannte sofort das Vermarktungspotential des neuen Sympathieträgers, ließ »The Normal One« markenrechtlich schützen und warf eine ganze Palette von Merchandising-Produkten mit dem Slogan auf den Markt.

Mike Gordon sagt, der gewaltige Hype um Klopps Verpflichtung habe ihn nicht überrascht. »Jürgen Klopp und der FC Liverpool sind einfach wie füreinander geschaffen. Mit ihrer Leidenschaft, ihrer Authentizität, ihrer Einstellung zum Fußball und ihrem Fußballsachverstand haben unsere Fans und Anhänger auf Anhieb verstanden, dass hier eine außergewöhnliche Persönlichkeit die Kontrolle über etwas übernimmt, das ihnen unheimlich wichtig ist. Ich betone zwar immer wieder, dass Jürgens Substanz seinen Stil noch übertrifft – ein Insider dürfte das wissen, ein Außenstehender vielleicht nicht unbedingt –, doch sein Auftreten ist dennoch sehr überzeugend. Darin sind wir uns alle einig. Es ist keine Überraschung, dass die Menschen ihn so schnell und so sehr ins Herz geschlossen haben. Das hat bei der allerersten Pressekonferenz angefangen. Das gehört zu den am wenigsten überraschenden Dingen, die bis jetzt geschehen sind.«

Gordon prophezeite der Presseabteilung des Klubs, dass sie in dem neuen Trainer einen »Ferrari« bekommen werde. Auch LFC-Legende Kenny Dalglish erwartete aufregende Zeiten. »Ich habe Klopps Pressekonferenz gehört, er klang sehr, sehr eindrucksvoll«, sagte der frühere Coach. »Die Fans sollten sich anschnallen – sie werden mit ihm viel Spaß haben.«

Bekannte aus Deutschland, die Klopp während seiner ersten Saison in England besuchten, bemerkten, dass man ihnen an der Anfield Road und in Melwood alle Türen öffnete, sobald sie erklärten, dass sie hier waren, um den Trainer zu besuchen. Fernsehreporter Martin Quast wartet eines Tages auf Klopp in dessen Büro, um ein Interview mit ihm zu machen, als das Gelächter seines Freundes durch die Gänge hallte. »Ich hab dann rausgeschaut, und da sind ständig irgendwelche Sekretärinnen vorbeigelaufen. Die hatten alle ein Lachen im Gesicht. Und wie ich so rausgucke, sehe ich den Kloppo lachen. Der hat seinen Style da reingebracht, dieses völlig Offene. Da stehen die Türen offen, da wird gelacht, und der ist mit jedem am Flachsen … Ich weiß noch, wie in seinem Haus in Mainz immer die Türen offen waren. Im ganzen Haus waren immer die Türen auf, zu den verschiedenen Wohnungen. Ein guter Freund von mir, der über ihm gewohnt hat, kam morgens immer zum Frühstück runter. Er hat einfach gern Menschen um sich.« Klopp ist für alle zu sprechen. Eine Angestellte hat gar wegen Beziehungsproblemen bei ihm Rat gesucht.

Vor der Ankunft des Schwaben hatte Torhüter Simon Mignolet immer die Mannschaftstreffen organisiert. Klopp ging zu ihm und erklärte, dass es in den kommenden Monaten sehr viel mehr solche Zusammenkünfte geben würde. »Wir sind ein Team und eine Familie«, sagte der Trainer und betonte, dass dies ausdrücklich auch die anderen Mitarbeiter einschließe. Er prägte sich die Namen aller achtzig Angestellten in Melwood ein, bat sie in den Speisesaal und stellte sie den Spielern vor. Mannschaft und Personal hätten »die Pflicht«, einander zu helfen, das Beste zu erreichen, sagte er.

In Klopps Augen spielten auch die Zuschauer eine wichtige Rolle. In Mainz und Dortmund hatte er regelmäßig erleben können, wie Spieler von der Energie des Stadions zehrten, die legendäre Anfield Road wurde ihrem Ruf als Hexenkessel aber nicht unbedingt gerecht. Beim 1:2 gegen Crystal Palace im November 2015, Klopps erster Niederlage als Liverpools Coach, verließen die Zuschauer acht Minuten vor Schluss in Scharen das Stadion. »In dem Moment fühlte ich mich ziemlich einsam«, sagte er hinterher, sichtlich enttäuscht über die vorzeitige Kapitulation des Anhangs. Als frisch zugewandertes Mitglied der LFC-Gemeinde hütete er sich vor Kritik am Publikum wegen mangelnder Unterstützung. Das Verhalten der Anhänger sei verständlich, räumte er ein, und dies zu ändern läge in seiner Verantwortung. Er und sein Team hätten die Pflicht, einen Fußball zu zeigen, der begeistere und bis zur letzten Sekunde die Hoffnung auf Erfolg wachhalte. »Wir müssen dafür sorgen, dass niemand eine Minute vor Schluss das Stadion verlässt, weil alles passieren kann«, sagte er. »Das müssen wir zeigen, und wir haben es nicht gezeigt.«

Das Etihad Stadium von Manchester City erwies sich im nächsten Ligaspiel als weitaus gastlicher. Klopps Reds wirbelten die wackelige Abwehr der Hausherren durcheinander, gewannen 4:1 und lieferten einen weiteren Beleg für den Aufwärtstrend. Anderthalb Jahre später glaubt Lallana, dass dies die bis dahin beste Leistung der Klopp-Ära war: »Es hat wirklich Spaß gemacht, es war eine echte Mannschaftsleistung.«

Ein späteres Kräftemessen mit demselben Gegner im Ligacup-Finale verlief für Lallana und seine Mannschaft leider weniger erfreulich. Liverpool schlug sich im Wembley-Stadion zwar gut und holte nach Rückstand noch ein 1:1 gegen ein City-Team, das über mehr individuelle Qualität verfügte. Nach torloser Verlängerung verlor man aber im Elfmeterschießen. »Wir sind auf die Schnauze gefallen und müssen jetzt wieder aufstehen. Nur Idioten bleiben auf dem

Boden liegen und warten auf die nächste Niederlage«, sagte Klopp. Die Enttäuschung, dass er nicht seine erste englische Trophäe stemmen durfte, wurde dadurch gemildert, dass Liverpool bravourös gekämpft hatte. Zu mehr hatte es für die erschöpfte Elf nicht gereicht.

In der Liga kam die Mannschaft indes nicht so richtig in Fahrt. Auf große Siege folgten in nervender Regelmäßigkeit – die sich auch in der nächsten Saison wiederholen sollte – Unentschieden und Niederlagen gegen kleinere Klubs. Sechs Monate nach Klopps Amtsantritt an der Mersey dümpelte sein Team immer noch im Mittelfeld der Tabelle unterhalb der Europapokalplätze.

»Jürgen hat vieles gut gemacht«, sagte Steve McManaman der *Süddeutschen Zeitung* im April 2016. »Er ist hier sehr beliebt, selbst die Fans von anderen Teams mögen ihn sehr. In den vergangenen Monaten kamen immer mal wieder Fans von Manchester United, Arsenal oder Chelsea auf mich zu und sagten: ›Ich wünschte, er wäre unser Trainer. Das wäre schön.‹ Er ist sehr charismatisch, er sagt die richtigen Dinge, man liebt seine Leidenschaft an der Seitenlinie. Jürgen hat die Fans für sich gewonnen. Sie glauben an ihn. Was die Ergebnisse betrifft, mangelt es ganz einfach an Konstanz. Jürgens Kader fehlen Tiefe und die individuelle Qualität, um über fünf, sechs Partien am Stück überdurchschnittlich gut zu spielen.«

Der Fortschritt maß weniger in Punkten als in Dezibel. Der *Kop*, die Fankurve an der Anfield Road, überwand allmählich die Zweifel, die sich in nahezu zehn Jahren ohne bedeutenden Titel angehäuft hatten, und fand seine Stimme wieder. Mitte Dezember rettete der belgische Stürmer Divock Origi in einem dramatischen Spiel gegen West Bromwich Albion mit seinem sehr späten Ausgleich zum 2:2 Liverpool einen Punkt. Klopp führte die Spieler nach dem

Schlusspfiff zum Kop, um sich mit der Mannschaft für die rückhaltlose Unterstützung bis zum Schluss zu bedanken. »Das war die beste Atmosphäre, seit ich hier bin«, erklärte er. »Natürlich sind die Leute enttäuscht, aber sie lassen es uns nicht spüren. Sie haben gesehen, dass die Jungs alles versucht und Fußball gespielt haben.« Die Geste wurde – das war zu erwarten – von manchen als überzogener Jubel über ein bescheidenes Resultat gegen einen mittelmäßigen Gegner belächelt, doch Klopp war es egal, wie sie von außen gesehen wurde. Die Anerkennung, die das Team dem Publikum zollte, war ein Beispiel für cleveres Crowd Management: Sie sollte die Anfield Road an ihr außergewöhnliches Potential erinnern, Spielausgänge zu beeinflussen.

Wer Wind sät, wird Sturm ernten. Und die Ernte kam schnell. Bei der Achtelfinale-Auslosung der Europa League zog Liverpool als Gegner den Erzrivalen Manchester United. Der zweite europäische Wettbewerb, vormals ein ungeliebter Trostpreis für Teams, die es nicht unter die ersten vier geschafft hatten, öffnete dem Sieger eine Hintertür in die Champions League und bot, was fast ebenso wichtig war, eine Chance, den Erzrivalen die Saison zu vermasseln. An der Anfield Road herrschte eine knisternde Spannung, die eines großen Spiels auf europäischer Bühne würdig war. Das Publikum erfüllte seine Rolle und trieb die Heimmannschaft im Hinspiel zu einem vorentscheidenden 2:0-Sieg. Ein abgeklärtes, kontrolliertes 1:1-Unentschieden im Rückspiel besiegelte die Qualifikation für das Viertelfinale. Den nächsten Gegner kannte Klopp ziemlich gut. Er hieß: Borussia Dortmund.

»Die Spiele gegen Liverpool waren sicher eine Belastung für uns beide. Und auch für unsere Freundschaft«, sagt Borussia-Geschäftsführer Hans-Joachim Watzke, froh, dass der Saxophonist in der Lobby des Hotels in Marbella endlich sein Medley von Kenny G's größten Hits beendet hat. »Weil wir einfach Dinge machen mussten, die wir sonst nicht gemacht hätten.« Watzke hatte seine Spieler vor dem emotionalen Wiedersehen mit ihrem Ex-Trainer beschworen, aus dem »Umarmungsmodus« in den »Wettbewerbsmodus« zu schalten. »Am meisten fürchte ich, dass er versucht, uns einzulullen und die Fans auf seine Seite zu kriegen«, warnte der BVB-Boss. »Aber wir spielen nicht gegen unseren Freund Kloppo. Wir dürfen unsere Aggressivität nicht verlieren.«

Watzke betont, dass er nichts »Ehrenrühriges« geäußert habe. »Ich habe nur gesagt: Wir dürfen hier keine Festspiele aufkommen lassen. Er war, und ich hatte das ja auch schon gehört und gemerkt, deswegen ein bisschen angefressen … Und als ich später in Liverpool seine Familie begrüßt habe, habe ich an der Reaktion gemerkt, dass es wirklich so war. Es hat ihn auch geärgert, dass es funktionierte.«

Doch es funktionierte nur bedingt, wie Watzke einräumt. Die Zuschauer im Signal Iduna Park waren auf Kampf geeicht, die Spieler aber kamen nur schwer damit zurecht, dass Klopp auf der Gästebank saß. »Normalerweise schlagen wir sie in Dortmund«, sagt Watzke. »Aber das war kein normales Spiel. Man hatte das Gefühl, dass die Mannschaft am Anfang komplett gehemmt war, man hat gemerkt, dass uns in der ersten Halbzeit der Biss fehlte. Hätte ich mit den Spielern nicht sehr intensiv gesprochen und auch das Umfeld vorbereitet, wäre es wahrscheinlich noch schlimmer gekommen. Wir sind zwar in Liverpool ausgeschieden, aber eigentlich sind wir es schon in Dortmund.«

Klopp konnte nicht verhehlen, dass die Rückkehr nach Westfalen auch ihn berührt hatte. »Wenn ich sagen würde, das ganze Außenrum hätte mich nicht irgendwie aus meiner Mitte gerissen, wäre das gelogen«, sagte er nach dem 1:1-Unentschieden. Die kühle Fassade, die er am Vortag aufgesetzt hatte, war ebendies gewesen: eine Fassade. »Es ist besser, hier zu sein als in Nordkorea«, hatte er am Tag vor dem Spiel gewitzelt. »Aber ich glaube nicht, dass ich große Gefühlsschwankungen haben werde. Wir ziehen uns um, gehen raus und spielen. Fertig.«

Für Dortmund galt das sicher nicht. Das von Thomas Tuchel trainierte Team konnte nicht an das unglaublich hohe Niveau der vorherigen Saisonleistungen anknüpfen und kam erst in der zweiten Halbzeit in Schwung. Dank der Auswärtstorregel lag nun der Vorteil bei Liverpool. »Anfield wird brennen«, drohte Klopp.

Sein erfolgsorientiertes Denken kappte auch alle emotionalen Bande zu ehemaligen Mitstreitern, zumindest vorübergehend. Als BVB-Teammanager Fritz Lünschermann vor dem Rückspiel im Kabinengang mit Klopp zusammentraf, wünschte er ihm »ein schönes Spiel«. Darauf Klopp: »Hör mal, du Arsch. Ich will kein schönes Spiel sehen, ich will gewinnen.«

Doch zunächst waren es die Dortmunder, die ein Feuerwerk abbrannten. Die unwiderstehlichen Vorstöße des Bundesligisten ins letzte Drittel überforderten die behäbige Abwehr der Reds und brachten den Schwarzgelben innerhalb von neun Minuten eine 2:0-Führung. Das Premier-League-Team musste nun drei Tore gegen einen klar überlegenen Gegner schießen, um weiterzukommen. Das Spiel schien gelaufen.

Klopp sah es anders. In der Halbzeitpause zeigte er seiner Mannschaft ein Video von drei Liverpooler Angriffen, die fast zum Torerfolg geführt hatten, und versprach ihnen, dass weitere Chancen folgen würden. Außerdem erinnerte er die Spieler daran, dass dieser Verein auch in aussichtslosester Lage triumphieren konnte, und verwies auf das Comeback aller Comebacks, den Champions-League-Sieg

2005 in Istanbul, bei dem Liverpool zur Halbzeit noch mit 0:3 zurückgelegen hatte. »Er hat zu uns gesagt«, berichtete Origi, »wir sollen etwas schaffen, von dem wir noch unseren Enkeln erzählen können.«

Tatsächlich machte der Anschlusstreffer des belgischen Stürmers kurz nach Wiederanpfiff wieder etwas Hoffnung, aber Dortmund schlug zurück und stellte den alten Abstand wieder her, als Marco Reus in der 57. Minute eine weitere schöne Kombination erfolgreich abschloss. Die Liverpooler ließen die Köpfe hängen. Anfield war bereit, sich ins Unvermeidliche zu fügen.

Ein Mann, ganz in Weiß, war es nicht. Klopp sagte, er habe »die Sensation riechen, hören und fühlen können«. Er stachelte die Menge zum Schreien an, bis die Hoffnungslosigkeit von Trotz überdröhnt wurde. »Es wirkte phasenweise, als hätte er sich als zwölfte Kraft selbst eingewechselt. Als Antreiber und Motivator für Spieler und Fans«, schrieb die *Welt*.

»In diesem Spiel«, sagt Watzke, »konnte man natürlich auch erkennen, welche Wucht er von der Linie entfalten kann. Da war schon eine Stimmung. So etwas kann er ja. Und dass er das gegen uns einsetzt, ist komplett legitim. Aber im ersten Moment hat es mich schon gewurmt, wie er die Massen gegen uns aufgepeitscht hat. Das habe ich in dieser Massivität selten erlebt. Aber im Nachhinein war das unsere Aufgabe. Im Hinspiel meine, und im Rückspiel seine.« Auch Norbert Dickel empfand es als kränkend, wie er das Stadion gegen Dortmund mobilisierte. »Es hat mir nicht gefallen, dass er die Fans so aufgepeitscht hat«, sagt der frühere BVB-Stürmer. »Es war professionell aus seiner Sicht, es war in seinen Augen das Richtige, aber nicht in unseren. Er hätte sich das auch sparen können. Ich weiß, das würde er nie zugeben. Aber sauer bin ich nicht mehr auf ihn.«

Philippe Coutinho verkürzte in der 66. Minute auf 2:3. Liverpool hatte sich ins Match zurückgekämpft und benötigte noch zwei Tore. Die Borussen spielten weiter sehr beeindruckend und zeigten sich den Gastgebern technisch hoch überlegen. Aber dies war einer der Abende, an denen der Lärm in Anfield zur Waffe wird und beim Gegner im Flutlicht der Mut wegschmilzt. Eine mythische Kraft nahm Besitz von dem Spiel und zerrte es in eine Welt aus Phantasie und Alpträumen; je nachdem, auf welcher Seite man stand. »Wir haben Schiss bekommen«, sagte Mats Hummels später. Dortmund habe sich von der Stimmung so beeindrucken lassen, erklärte der Abwehrspieler, dass »verschiedene Teile der Mannschaft verschiedene Systeme spielten«.

Als Mamadou Sakho zwölf Minuten vor Schluss das dritte Tor für die Reds erzielte, wusste Watzke: »Das Ding ist verloren. Da hatte ich innerlich schon abgehakt.« Man habe gewusst, welche Energie Klopp an der Seitenlinie freisetzen könne. »Es war kein Zufall, wie oft wir Last-Minute-Tore unter ihm gemacht haben. Gegen Málaga, da war er der Einzige im Stadion, der sicher war, dass wir das Spiel noch gewinnen. Als Liverpool das 3:3 machte, da war es für mich nur noch eine Frage der Zeit, wann das nächste Gegentor fällt. Und der hat dann das ganze Stadion …« Er spricht den Satz nicht zu Ende, gepackt von Grausen und Bewunderung. »Karl-Heinz Riedle und Nuri Şahin hatten ja beide in Anfield gespielt. Und die hatten mir berichtet: So etwas hat es noch nie gegeben. Und das ist Jürgens Stärke.«

Dejan Lovren machte das Wunder in der zweiten Minute der Nachspielzeit perfekt. Klopp konnte im ersten Moment nicht glauben, dass der Ball tatsächlich die Torlinie überquert hatte. Anfield brüllte beim Schlusspfiff immer wieder seinen Namen. »Der deutsche Trainer verließ die Arena wie ein Gladiator das Kolosseum, nachdem er eine gefährliche

Bestie getötet hatte«, schrieb *The Independent.* Sein unterlegener Gegner, Thomas Tuchel, war fassungslos über das Ergebnis. »Ich kann es nicht erklären, weil es keine logische Erklärung dafür gibt. Heute haben die Emotionen gewonnen«, sagte er und stierte verzweifelt ins Leere. Im Unterschied zu dem erfahrenen Wundertäter Klopp hatte er den Wahnsinn nicht kommen sehen. Eine so irrationale Wende überstieg seine Vorstellungskraft. Er hatte keine Mittel, wirkungsvoll gegenzusteuern.

»Das war schon mit die schlimmste Niederlage in den zwölf Jahren, in denen ich das jetzt mache«, sagt Watzke. »Nicht wegen Jürgen – ich habe mich am Ende sogar für ihn gefreut. Aber wir waren so nah dran an einem internationalen Titel. Und ich glaube auch, dass wir ihn geholt hätten.« Danach habe es einen Monat gedauert, bis sein Verhältnis zu dem ehemaligen BVB-Trainer wieder wie vorher gewesen sei. »Das werde ich wahrscheinlich nie wieder irgendwo erleben. Aber die Freundschaft mit ihm wird immer halten.«

»Ich weiß, es klingt vielleicht komisch«, sagt İlkay Gündoğan, »aber wenn ich ganz ehrlich sein muss, dann würde ich sagen, ich habe es Klopp ein wenig gegönnt. Obwohl ich selber damals für Dortmund gespielt hab und auch traurig war, als wir ausgeschieden sind. Aber ich habe mich für ihn gefreut.« Auch Lünschermann hatte Anzeichen unfreiwilliger Verbrüderung bemerkt. »Die Spieler, die unter ihm gespielt haben, haben noch eine emotionale Bindung zu ihm. Dass ein Sven Bender während des Warmmachens, er war ja nur Ersatzspieler, sich noch bei ihm abklatscht … Ich weiß nicht, ob das überall so Gefallen gefunden hat. Aber das muss man einfach verstehen.«

Die Besitzer des FC Liverpool von der Fenway Sports Group hatten genug gesehen. In jenem April boten sie Klopp und seinem Stab eine Vertragsverlängerung bis 2022 an. »Wenn man einen Charakter von Jürgens Qualität bei sich hat, ergibt es absolut Sinn, diese Person langfristig an sich zu binden«, erklärten Klub-Besitzer John Henry, Vorstand Tom Werner und FSG-Präsident Mike Gordon nach der Unterzeichnung des neuen Vertrags im Juli. »Das nicht zu tun wäre unverantwortlich.« Als Dank für den Vertrauensbeweis gelobte Klopp ewige Treue. »Ich werde nie zu einem anderen Premier-League-Klub gehen«, versicherte er den Amerikanern.

FSG und Trainerstab stimmten darin überein, dass sich das Team angesichts der begrenzten Mittel in den letzten zwei Monaten der Saison auf den Gewinn der Europa League konzentrieren sollte. Natürlich versuchte Liverpool nach wie vor, in der Liga weiter nach vorn zu kommen, doch der Fokus lag jetzt eindeutig auf dem Gewinn des Endspiels in Basel.

Villarreal wurde im Halbfinale standesgemäß ohne allzu große Mühe aus dem Weg geräumt, doch Titelverteidiger Sevilla war aus härterem Holz geschnitzt. Unai Emerys Team ließ sich von Daniel Sturridges herrlichem Führungstreffer in der 35. Minute nicht beeindrucken, drehte nach der Pause richtig auf und sicherte sich mit drei Toren die Trophäe zum dritten Mal in Folge.

Nach den Gründen für den Liverpooler Zusammenbruch in der zweiten Halbzeit gefragt, antwortet Krawietz: »Das war eine Mischung aus körperlicher Erschöpfung und mentalem Genickschlag« – gemeint ist der Ausgleich durch Kevin Gameiro eine Minute nach Wiederbeginn. »Da hat schlicht und ergreifend die Stabilität gefehlt. Die erste Halbzeit war in Ordnung, ohne dass sie jetzt sonderlich gut gewesen wäre. Im Nachhinein hatte ich das Gefühl, dass die Phase nach der Halbzeit für Sevilla die letzte Chance war. Auf die haben sie relativ clever gesetzt. Und so haben sie die

Wende geschafft. Wir waren darauf eingestellt, aber eben auf Basis des 1:0. Defensiv stabil, weiter nach vorne attackieren, Ball halten im richtigen Moment, Situationen erkennen, wenn es nach vorne gehen soll. Der Plan war so ein bisschen: warten, bis die hektisch werden. Aber dann stoßen die an, und der Ball liegt im Tor. Es steht 1:1. Die Spanier: Hurra. Wir so: Hu. Davon haben wir uns nicht mehr erholt. Wir hatten dann auch körperlich nichts mehr zuzusetzen.«

»Ich weiß aus eigener Erfahrung«, sagt Jamie Carragher, »wie schwer es ist, einen Europapokal zu gewinnen. Deswegen war die Finalpleite eine Riesenenttäuschung. Aber du denkst an den Weg und die legendären Abende: Manchester, Villarreal. Borussia Dortmund – der Höhepunkt …«

Schöne Erinnerungen können die Lücken im Trophäenschrank nicht ganz füllen. Aber wenn man Glück hat, bleiben sie einem erhalten, genau wie die Pokale.

# 9
# Starts und Stopps

*Ergenzingen, Frankfurt, Mainz 1983–2001*

Die Kunde vom fünfzehnjährigen Wunderkind verbreitete sich in Windeseile in der Region. Sein Spiel hatte selbst unter höchstem Gegnerdruck Eleganz und Klasse, mit seinen Samtfüßen war er den anderen stets um zwei Sekunden voraus. Er war zweifellos ein Ausnahmetalent, und er hieß Jürgen. Jürgen Haug.

Der begabte Teenager spielte in der Jugendmannschaft des SV Glatten von Ulrich Rath zusammen mit Hartmut Rath und Jürgen Klopp, und er war so gut, dass der TuS Ergenzingen, der renommierteste Verein in der Region, ihn aufnehmen wollte. Haugs Eltern waren jedoch nicht bereit, ihren Sohn zum Training und zu den Spielen jeweils sechzig Kilometer hin und zurück in diesen Vorort von Rottenburg zu fahren. Walter Baur, der hochangesehene Ergenzinger Trainer, musste sich etwas einfallen lassen. Er stellte auch Jürgen Klopp einen Platz im Kader in Aussicht – im Wissen, dass dessen Mutter den jungen Haug dreimal in der Woche zum Training mitnehmen würde.

So jedenfalls erzählte Klopp die Geschichte, stets darauf bedacht, seine eigenen fußballerischen Fähigkeiten herunterzuspielen. Baur, der 2012 starb, erklärte gegenüber der *Zeit*, Haug sei eindeutig das »größere Talent« gewesen, aber auch Klopp und Rath, der ebenfalls zu den Ergenzingern ging, konnten mit Sicherheit auch kicken. »Ergenzingen war für uns so weit weg wie Barcelona«, sagte Klopp 2012 in einem Interview des *Tagesspiegel*. »Wenn man von Walter Baur für gut befunden wurde, dann hatte man's geschafft.«

Ulrich Rath erzählt, dass einige Leute in Glatten es ihm heute noch, dreißig Jahre später, verübeln, dass er die drei Jungen gehen ließ. »Sie haben nicht begriffen, dass Ergenzingen eine Riesenchance für sie war, eine Chance, weiterzukommen«, sagt er. Sein Sohn Hartmut erwies sich am Ende als zu langsam, um Profifußballer zu werden, und auch Haugs Entwicklung stagnierte. Sie hätten mindestens fünf Spieler mit ähnlichen Fähigkeiten in ihren Reihen gehabt, erzählte Baur, aber Begabung allein sei eben nicht ausreichend gewesen. Wenn sich Klopp etwas in den Kopf gesetzt habe, dann habe er es auch umgesetzt.

Mit Unterstützung seiner Eltern, denen es nichts ausmachte, vor sechs Uhr in der Frühe aufzustehen, um ihn zu den Spielen zu fahren, wurde Klopp schnell Kapitän der Ergenzinger und schoss auch regelmäßig Tore. Baurs Trainingsmethoden waren ihrer Zeit weit voraus und der entscheidende Faktor für die Entwicklung des jungen Spielers. Er wollte, dass sich seine Spieler möglichst oft und möglichst lange mit dem Ball beschäftigten, statt die Zeit mit Ausdauerläufen um den Platz zu vergeuden. Er war nach Brasilien gereist, hatte dort Pelé getroffen und hatte sich Anregungen bei Futsal geholt, einer südamerikanischen Variante des Fußballs mit fünf Spielern pro Mannschaft, die das Können und die Kreativität der Spieler besonders fordert. »Wir mussten vor jedem Training eine halbe Stunde mit dem Ball jonglieren«, erinnerte sich Klopp. »Nach sechs Monaten hätten wir als dressierte Seehunde bei Weihnachtsfeiern auftreten können.«

Bei Baur wurde 1977 Magenkrebs festgestellt, aber er wollte nicht aufgeben. Er gehörte zu jenen Menschen, deren grenzenlose Liebe zum Fußball es rund sechs Millionen Menschen in Deutschland ermöglicht, diesem Sport nachzugehen.

Hermann Bauer, der Geschäftsführer des Vereins, besitzt eine große Sammlung von Fotos und Zeitungsberichten über die Leistungen der A-Jugend des TuS Ergenzingen in den Jahren 1984/85. Die Ergenzinger wurden in der Liga zwar nur Dritter, gewannen aber einige andere Pokale. Im März 1985 belegten sie den dritten Platz bei einem Hallenturnier im polnischen Kattowitz mit Mannschaften aus dem Ostblock. Die Deutschen, die in einem lokalen Zeitungsbericht als »große Botschafter ihres Landes« gepriesen wurden, besuchten auch Auschwitz (»Ich war sehr bewegt«, wurde Klopp zitiert) und schenkten ihren Gastgebern eine komplette Fußballausstattung und fünf Bälle. Im Gegenzug erhielten sie eine Vase, die aus Steinkohle gefertigt war. »Es war eine echte Begegnung von West und Ost«, hieß es in dem Artikel. Der Kalte Krieg war noch nicht vorüber.

Im selben Jahr reisten Klopp, Haug und ihr Teamkamerad Ralf Scheurenbrand nach Hamburg, wo sie den Preis für den zweiten Platz eines Wettbewerbs entgegennahmen, der von dem Rasierwasserhersteller Hattric veranstaltet wurde. Die Ergenzinger Stürmer hatten in der abgelaufenen Saison zehn Hattricks erzielt, nur Chemie Wirges hatte mit dreizehn Hattricks besser abgeschnitten. In Hamburg spielte eine Auswahl der Preisträger, mit dem späteren Weltmeister Bodo Illgner im Tor, gegen eine Altherrenmannschaft des HSV mit Uwe Seeler. Die Stürmerlegende überreichte Klopp – der in dem Match den Siegtreffer erzielt hatte – die Auszeichnung bei einem Festbankett im Hamburger *Plaza Hotel*.

Ein paar Wochen später bestritt Baurs Team das jährliche Pfingst-Turnier, das Baur seit den siebziger Jahren in seiner

Heimatstadt organisierte. Vitkovice Ostrava aus der Tschechoslowakei erwies sich im Finale als die klar bessere Mannschaft. Baur erwog, den Tschechen nach der torlosen Verlängerung großzügig den Sieg zu schenken, aber Klopp hielt überhaupt nichts von dieser Idee. Er erklärte seinem Trainer entschlossen, dass sein Team im folgenden Elfmeterschießen jeden Schuss verwandeln würde. Die Heimmannschaft gewann schließlich 3:2.

Klopp bewunderte Baur so sehr, dass er drohte, er werde den Klub verlassen, wenn der Trainer nicht die erste Mannschaft übernehmen dürfe, in der er in der Saison 1986/87 spielen würde. Die Vereinsführung gab nach. In einem seiner ersten Spiele in der ersten Mannschaft traf der neunzehnjährige Klopp auf das Bundesligateam Eintracht Frankfurt, das im Schwarzwald seine Saisonvorbereitung absolvierte. Die »launische Diva« vom Main war an jenem Tag nicht gnädig gestimmt. Das Team von Trainer Dietrich Weise zerlegte ihre Gastgeber, obwohl sie ohne sieben Stammspieler antraten.

Die demütigende 1:9-Niederlage war dazu geeignet, den einen oder anderen Ergenzinger Amateur zu bewegen, es künftig mit einer anderen Sportart zu versuchen, doch für Jürgen Klopp war das Spiel am 21. Juli 1986 eine Art Durchbruch. An diesem Sommertag, als Dietrich Weise zu Besuch in den Schwarzwald kam, seien mehrere entscheidende Dinge in seinem Leben in Bewegung gekommen, erzählte er 2012 in einem Interview mit dem *Tagesspiegel.* Weise habe ihn in die Region Frankfurt geholt, eine wesentlich größere Bühne für den Fußball als der Schwarzwald.

Klopp hatte den Ehrentreffer der Ergenzinger erzielt und hätte beinahe noch ein weiteres Tor geschossen, als er den schnellen Frankfurter Verteidiger Thomas Berthold ausspielte, den deutschen Nationalspieler, der gerade als Vizeweltmeister vom WM-Turnier in Mexiko zurückgekommen war. Weise war beeindruckt. Als ehemaliger Trainer der deutschen Jugendnationalmannschaft hatte er ein Auge für junge Talente und sollte am Jahrhundertwechsel eine Schlüsselrolle bei der Reform der Jugendarbeit im deutschen Fußball spielen.

Berthold kann sich noch lebhaft an das Trainingslager im Schwarzwald erinnern, in das er schon ein paar wenige Tage nach dem verlorenen Finale gegen Diego Maradonas Argentinien im Azteken Stadion gereist war. Aber der ehemalige Verteidiger von AS Rom und dem FC Bayern gesteht, dass er sich an das Spiel gegen Ergenzingen, geschweige denn einen Gegenspieler namens Jürgen Klopp nicht mehr konkret erinnert. Dass er von einem schlaksigen Amateur überrannt worden sei, erscheint ihm eher unwahrscheinlich. »Was soll er gemacht haben? An mir vorbeigezogen sein? Niemals!«, lacht er. »Ich bin die hundert Meter damals unter elf Sekunden gelaufen. Vielleicht habe ich ihn gehen lassen, damit die auch noch eine Bude machen konnten?«

Weise sprach jedenfalls Klopp auf einen möglichen Wechsel nach Frankfurt an. Da habe er vor Aufregung sein Speziglas zerdrückt, erzählte Klopp später. Dennoch hätte er das Angebot dankend ablehnen müssen. Jürgen habe ihm gesagt, dass er zuerst sein Abitur machen müsse, erinnert sich der heute zweiundachtzigjährige Weise. Sie verständigten sich darauf, dass sie sich in einem Jahr erneut unterhalten würden. Sein Freund Baur versprach Weise, ihn über die Fortschritte des Angreifers auf dem Laufenden zu halten.

Frankfurt, das knapp drei Stunden von Glatten entfernt liegt, kam für Klopp nicht in Frage, solange er noch die Schule besuchte. Mit dem 120 000 Einwohner zählenden Pforzheim, siebzig Minuten nördlich von Glatten, verhielt es sich anders. Der 1. FC Pforzheim wurde damals von Bernd Hoffmann trainiert, einem früheren Stürmer der Zweiten Bundesliga. Der Wechsel nach Pforzheim war für Klopp ein wichtiger Schritt nach vorn. »Er war ein gefürchteter und bekannter Torjäger im Umkreis«, erzählt Hoffmann. »Ich habe ihn in vielen Spielen beobachtet, er hat sehr viele Tore geschossen. Er hatte eine große Präsenz, allein schon von seiner Größe und Schnelligkeit her.«

Die Verantwortlichen von Pforzheim und Ergenzingen trafen sich an einer Tankstelle auf halbem Weg, die Transfergebühr betrug 12 000 D-Mark, in bar. In den folgenden sechs Monaten pendelte Klopp im gelben Golf seiner Schwester Stefanie für das Training und die Spiele zwischen den beiden Städten hin und her.

Zwischen 3000 und 5000 Zuschauer kamen zu den Spielen in das Stadion im Brötzinger Tal. Dort war auch Klopp die meiste Zeit Zuschauer. Er kam nur viermal zum Einsatz, und ihm gelang kein Treffer. »Er hatte Probleme, sich in der Oberliga durchzusetzen«, erzählt Hoffmann. »Natürlich war er sehr unzufrieden. Er hat aber akzeptiert, dass da Leute waren, an denen er schwer vorbeikam. Im Training hat er sich immer voll reingehängt, da konnte man ihm nichts vorwerfen.«

Pforzheim erwies sich für Klopp als Sackgasse. Aber Eintracht Frankfurt hatte ihn nicht vergessen.

»Jürgen, ich und ein paar Klassenkameraden machten im Sommer 1987 mit dem Zug eine Abiturfahrt nach Südeuropa«, berichtet Hartmut Rath. »Nach ungefähr zehn Tagen waren wir auf einer abgelegenen Insel in Griechenland. Jürgen hatte seit einer Weile nicht mehr mit seinen Eltern telefoniert, und damals gab es ja noch keine Mobiltelefone. Ein kleines Fischerboot nahm ihn mit zur nächsten Poststelle. ›Gut, dass du anrufst‹, sagte seine Mutter Lisbeth, ›du sollst zu einem Probetraining nach Frankfurt kommen.‹ Jürgen dachte ein paar Tage darüber nach, dann ist er mit dem Zug nach Athen gefahren und allein die 48 Stunden zurück nach Stuttgart beziehungsweise Glatten.«

Norbert Klopp, erinnert sich Isolde Reich, wollte seinen Sohn nur unter der Bedingung nach Frankfurt ziehen lassen, dass er sich gleichzeitig an der Johann Wolfgang Goethe-Universität für Sportwissenschaften einschrieb.

Klopp schlug sich gut im Probetraining und erhielt bei den Hessen einen Vertrag, allerdings bei den Amateuren, der zweiten Mannschaft, die aus Reservisten und jungen Talenten bestand, in der hessischen Oberliga spielte und nicht in die Profiligen aufsteigen durfte. Klopps Mentor Weise hatte vor einem halben Jahr bei Frankfurt aufgehört. Karl-Heinz Feldkamp, Fußballtrainer der alten Schule, hatte in der ersten Mannschaft keine Verwendung für den jungen Spieler.

»Da kam ein junger, schlaksiger Mann mit Oberlippenbart und silberumrandeter Brille, braungebrannt, der mit starkem schwäbischen Dialekt sprach«, erinnert sich Sven Müller, damals Stürmer bei den Eintracht-Amateuren. »Es wurde schon spekuliert, dass er mein Sturmkollege sein sollte. Da habe ich mir gedacht: Schau dir den doch mal an. Jürgen erzählte mir, dass er in Griechenland in Urlaub war und dort einen Ausflug mit der Vespa gemacht hatte. Und es war so heiß, dass sie sogar während der Fahrt geschwitzt haben.« Er ahmt Klopps schwäbischen Dialekt nach: »Da schitscht auf der Veschpa und schwitscht.«

Müller, zwei Jahre älter als sein Mitspieler, war technisch ausgereifter und ein wesentlich kaltschnäuzigerer Vollstrecker. Klopp wurde von Hubert Neu nur selten aufgestellt. Dem Trainer missfiel auch, dass der Zwanzigjährige nachts in einer Kneipe im Vergnügungsviertel Sachsenhausen jobbte, um sein mageres Gehalt aufzubessern.

Klopps Kurz-Einsätze als Einwechselspieler hinterließen nicht den besten Eindruck. Eine Szene blieb in dieser enttäuschenden Saison besonders in Erinnerung. Es war in einem Spiel gegen die SG Hoechst, erzählt Müller. »Kurz vor Schluss stand es unentschieden. Jürgen war vor ein paar Minuten ins Spiel gekommen. Dann gab es einen Freistoß für uns aus aussichtsreicher Position. Unser Schütze trat an ... und haute das Ding in den Winkel! Wir fingen natürlich an wie wild zu feiern. Aber auf einmal pfiff der Schiedsrichter ab, und alle guckten ihn an. Jürgen stand in der Mauer und hatte irgendwie zwei Gegenspieler umgeschubst. Das Tor wurde nicht gegeben. Da war die Mannschaft natürlich nicht gerade erfreut.«

Abgesehen vom Fußball fühlte sich der junge Mann aus dem Schwarzwald sehr wohl in der Großstadt. Müller hatte vom Trainer den Auftrag bekommen, sich um Klopp und Teamkollegen Armin Bohn zu kümmern, die beide neu in der Stadt waren und in Studentenbuden lebten. Er nahm seine Aufgabe sehr ernst. »Wir sind abends durch Sachsenhausen gezogen. Apfelwein. Wir sind allerdings niemals vor einem Spiel um die Häuser gezogen. Da hatten wir schon eine professionelle Einstellung. Aber danach oder unter der Woche haben wir es schon mal krachen lassen. Wir haben uns gut verstanden. Auch wenn wir Konkurrenten waren. Wir hatten den gleichen Humor und den gleichen Spaß am Leben. Das hat uns irgendwie zusammengeschweißt. Wir waren schon des Öfteren dort, wo die bunten Lichter gekreist sind. Damals gab es glücklicherweise noch keine Handys. Da kam uns niemand auf die Schliche.«

Müller ist überzeugt, dass diese Tage – oder besser gesagt, Nächte – Klopp darauf vorbereiteten, später als Trainer mit jungen Spielern umzugehen. »Er weiß genau, wie junge Männer in dem Alter sind. Da ist man teilweise noch Kind.

Manchmal muss man auch einen über den Durst trinken oder ein bisschen Quatsch machen. Ich glaube, das kann er ganz gut nachvollziehen. Denn er war ja auch so.«

In Frankfurt erhielt Klopp auch einen ersten konkreten Vorgeschmack auf die Trainerarbeit. Zusammen mit seinem Kollegen Michael Gabriel aus der Amateurmannschaft übernahm er die D-Jugend der Eintracht – »für 400 Mark, einen Wintermantel und ein Jahresticket der Eintracht«, wie er im Januar 2017 dem Reporter Jonathan Northcroft von der englischen Zeitung *Sunday Times* erzählte. Es wäre eine schöne Zeit gewesen, erinnert sich Gabriel. Klopp gefiel diese Tätigkeit sehr, und er trainierte die Mannschaft auch in der folgenden Saison, nachdem er schon zu Viktoria Sindlingen gegangen war. Seine erste echte Entscheidung als Trainer habe darin bestanden, alle Spieler zu behalten, obwohl die Frankfurter Vereinsführung sie teilweise durch jüngere Jahrgänge ersetzen wollte, erinnerte er sich. Klopp gewann die Auseinandersetzung, stellte dann aber fest, dass ihm seine anderen Aufgaben zu wenig Zeit für die Jugendarbeit ließen. Mittelfeldspieler Patrick Glöckner (vierzehn Spiele für die Eintracht in der Saison 1997/98) war der einzige von Klopp trainierte Jugendspieler, der es später in die Bundesliga schaffte.

Die Freundschaft zwischen Sven Müller und Klopp hatte auch über das gemeinsame Jahr in der zweiten Mannschaft von Eintracht Frankfurt hinaus Bestand. Müller, der heute als Event-Veranstalter und PR-Fachmann arbeitet, organisierte die Hochzeitsfeierlichkeiten bei Klopps Strandheirat mit Ulla, seiner zweiten Frau, im Jahr 2006. (Sie hatten vorher schon standesamtlich in Mainz-Gonsenheim geheiratet. Klopp trug gebleichte Jeans, einen gestreiften Blazer und ein gestreiftes Hemd über der Hose; Christian Heidel hatte den Sänger Thomas Neger und dessen Band engagiert, die

»Im Schatten des Doms« vortrugen, eine Mainzer Hymne, die auf Anweisung des Trainers zum festen Bestandteil des Stadion-DJ geworden war.)

»Jürgen ist einfach ein guter Typ«, sagt Müller. »Ein lustiger, authentischer Typ, der genau weiß, wie das Leben funktioniert. Er hat nicht vergessen, wo er herkommt, und er ist ein Typ, dem eine gute Freundschaft viel wert ist. Er ist einfach ein cooler Junge von nebenan.« Sofern es nicht gerade um Fußball geht, denn da ist es mit der Coolness oft schnell vorbei. Bei einem gemeinsamen Familienurlaub in der Türkei vor einigen Jahren spielte Müller in einem Fünferteam mit Klopps Söhnen Marc und Dennis. Klopp hatte eine kleine Verletzung, aber er gab seinem Team von draußen Anweisungen. »Ich bin dann rausgegangen, denn ich bin ja auch nicht mehr der Jüngste«, erinnert sich Müller. »Ich glaube, wir haben knapp geführt. Und dann hat er mir in seiner unnachahmlichen Art eine leichte Backpfeife gegeben und gesagt: ›Eins machst du noch, eins machst du noch.‹ Ich bin dann tatsächlich wieder reingegangen und habe noch ein Tor geschossen. Da ist schon eine gewisse Verbissenheit, wenn es um Fußball geht. Auch wenn es nur die Hobbymannschaft ist. Da will er gewinnen und gibt seine Tipps und Ratschläge.«

Was Klopps Karriere bei Eintracht Frankfurt betraf, war keine Unterstützung aus der Führungsriege des Vereins in Sicht. Hubert Neus designierter Nachfolger als Amateurtrainer, Jürgen Sparwasser – der berühmte DDR-Spieler, der bei der WM 1974 das 1:0-Siegtor beim Spiel gegen die Bundesrepublik Deutschland schoss –, erläuterte Klopp im Frühjahr 1988 seine Pläne für die kommende Saison. »Er hat Jürgen nicht übernommen, er wollte ihn nicht haben«, berichtet Müller.

Dietrich Weise aber war nach wie vor überzeugt, dass der

junge Schwabe Potential besaß. Weise arbeitete mittlerweile als Trainer des ägyptischen Vereins Al-Ahly in Kairo und hatte im Frankfurter Raum das erste regionale Ausbildungszentrum für talentierte Jungfußballer aufgebaut, zehn Jahre bevor der DFB sein Konzept für die Jugendarbeit übernahm und an mehreren Orten in Deutschland solche »Stützpunkte« einrichtete. Weise fungierte auch als Berater für Viktoria Sindlingen, das wenig glanzvoll neben einer Chemiefabrik von Hoechst in einem westlichen Vorort von Frankfurt residierte. Norbert Neuhaus, der Geschäftsführer des Klubs, erinnert sich, wie Weise Klopp anpries. »Er kam zu mir und sagte: ›Ich habe da diesen Spieler aus Pforzheim, er kommt nicht recht voran bei der Eintracht. Aber ich glaube, aus ihm kann noch was werden, er kann dem Fußball etwas geben. Vielleicht könnte es klappen, wenn er einen Umweg über Sindlingen macht.‹«

Laut seinem Terminkalender traf sich Neuhaus am 16. April 1988 auf dem Gelände des FC Homburg zum ersten Mal mit Klopp. Im Mai wurden sich die beiden einig. Sindlingen kaufte den Stürmer für 8000 D-Mark von Eintracht Frankfurt, und Klopp erhielt 1200 D-Mark Monatsgehalt – aber nur während der laufenden Saison. Kaum mehr als ein Taschengeld.

Sindlingen hielt sich den Großteil der Saison in der Abstiegszone auf. Sein Teamkollege Axel Schubert spürte, dass Klopp frustriert war. »Er hat nicht die spielerischen Fortschritte gemacht, die er sich erhofft hatte«, berichtet Schubert. »Vielleicht ist es ihm in dieser Zeit auch schwergefallen, sich auf den Fußball zu konzentrieren, da er in Frankfurt Sport studierte und seine Freundin hochschwanger war.« (Klopps Sohn Marc wurde im Dezember 1988 geboren.) Doch das Jahr hatte auch erfreuliche Momente zu bieten. Bei einem Heimspiel gegen seine frühere Mannschaft, die Eintracht Amateure, das Sindlingen mit 6:0 gewann, erzielte Klopp vier Tore. »Das war großartig für ihn«, erzählt Müller. »Da konnte er mal zeigen: So geht das. Und es war ein schöner Gruß an Herrn Sparwasser.«

Neuhaus, heute einundsiebzig Jahre alt, hat sich stolz einen Spielbericht über Sindlingens 2:0-Niederlage im Auswärtsspiel gegen Rot-Weiß Frankfurt vom November 1988 aufgehoben. Er war damals Interimstrainer des Teams, nachdem Günter Dutiné (ehemals Kapitän von Mainz 05) entlassen worden war. Er habe seinen Kindern erzählt, dass er für ein Spiel den berühmten Jürgen Klopp trainiert habe, erzählt Neuhaus lachend. Klopp sei zwar nicht gerade eine »Rakete« gewesen, aber immer konzentriert und präsent in jeder Trainingseinheit.

Sindlingens neuer Chef, Ramon Berndroth, ließ die Mannschaft in seinem ersten Training spielen, um die Stärken und Schwächen seiner Leute kennenzulernen. Nach einer knappen halben Stunde brach Berndroth das Spiel ab und holte sich einen Spieler heraus, um ihm eine Standpauke zu halten: Jürgen Klopp. »Klopp hat diese Geschichte im VIP-Raum im Stadion Rote Erde erzählt, als er Jahre später Berndroth dort bei einem Jugendspiel entdeckte«, so Neuhaus. Berndroth, der seit mehreren Jahren in der Nachwuchsarbeit tätig ist, erzählte Neuhaus, er habe noch nie einen Bundesligatrainer getroffen, der nicht nur alle Jugendspieler im Verein kannte, sondern auch deren familiären Hintergrund und Lebensumstände.

Als Spieler sei Klopp sehr ehrgeizig gewesen und habe sich auf dem Platz durchzusetzen gewusst, sagt der Sindlinger Teamkollege Schubert. »Er war kein Weichei, das nach zwei Fouls keine Lust mehr hatte.« Er habe sich auch nicht gescheut, älteren Spielern Ratschläge zu geben, wie sie sich technisch verbessern könnten. »Nach dem Spiel hat er sich immer mit dem Spiel des Teams beschäftigt, nicht nur mit seinem. Er hatte bereits leichte Ansätze, ein Spiel zu lesen und zu kommentieren.«

Klopps Kopfballstärke nutzte Berndroth regelmäßig bei Standardsituationen. Dies zahlte sich für Sindlingen in einem entscheidenden Augenblick aus. Die Mannschaft bestritt ein Relegationsspiel auf neutralem Boden gegen den FC Erbach, und zwanzig Minuten vor Schluss stand es 2:2, als Walter Braun eine Ecke auf den kurzen Pfosten schlug. Schubert verlängerte den Ball weiter in die Mitte, wo Klopp hochstieg und ihn ins Netz wuchtete. Sindlingen gewann schließlich mit 4:2.

Im Jahr 2009 schickte Neuhaus Klopp eine DVD mit einem verwackelten Amateurvideo dieses Spiels. »Du machst hier gar keinen schlechten Eindruck«, schrieb er und fügte hinzu, dass er gesehen habe, dass auch Klopps Mainzer Team diesen Spieltrick anwendete. Klopp rief ihn an und bedankte sich ausführlich. Klopp und Schubert liefen sich nach der gemeinsamen Zeit bei Sindlingen auf dem Platz in Mainz wieder über den Weg, allerdings nicht als Spieler. »Wir haben uns später wiedergesehen, als ich beim Grünamt der Stadt Mainz beschäftigt war und den Rasen des Stadions am Bruchweg pflegte«, erzählt Schubert. »Klopp und die Mannschaft trainierten im Stadion. Klopp war sehr erstaunt, als er einen Vorgesetzten und mich sah. Er war mit dem Team gerade auf der anderen Platzseite bei Dehnübungen. Er rannte über den Platz zu uns und fiel mir freudestrahlend um den Hals. ›Was machst du denn hier?‹ Das war goldig von ihm. Wir haben uns lange unterhalten, und die Dehnübungen dauerten dann halt etwas länger. Er hatte immer ein offenes Ohr für seine alten Kollegen. Später schenkte die Sindlinger Mannschaft ihrem damaligen Trainer Helmut Jakob zum Geburtstag eine Trainingseinheit bei Klopp in Mainz. Klopp fand die Idee klasse und hat mitgemacht. Jakob kam stolz zurück mit einem Poster, auf dem er neben Klopp auf dem Mainzer Trainingsplatz zu sehen war.«

Die vierzehn Tore, die Klopp in der Saison 1987/88 schoss, trugen dazu bei, dass Sindlingen den Abstieg vermied, doch der Verein hatte »mehr erwartet«, erklärt Neuhaus. Für die Verhältnisse des Vereins sei das Gehalt der Spieler sehr hoch gewesen. Klopp hatte das Glück, dass ein anderer Klub, der ebenfalls in dieser niedrigen Liga spielte, aber mehr Geld und wesentlich größere Ambitionen hatte, Interesse an ihm zeigte: Rot-Weiß Frankfurt.

»Ein Freund sagte mir, in Sindlingen gibt es einen Rechtsaußen, der dir gefallen wird«, erzählt Dragoslav »Stepi« Stepanović. Der ehemalige jugoslawische Nationalspieler und Eintracht-Frankfurt-Profi sorgte 1991 als Trainer der Hessen in der Bundesliga für Furore. Stepis junge Truppe – zu der unter anderem Spieler wie Uwe Bein, Andy Möller und Anthony Yeboah gehörten – begeisterte mit schnellem und aufregendem Spiel, das von den Medien das Prädikat »Fußball 2000« verliehen bekam. Stepanović, ein geborener Showman und Zigarrenraucher mit mexikanischem Banditenbart, einem einzigartigen serbo-hessischen Zungenschlag und einer Vorliebe für lachsfarbene Blazer, avancierte rasch zum Liebling der aufstrebenden Privatsender. Einmal sang er Frank Sinatras *My Way* in einer Fußballsendung.

Einige Jahre vorher hatte »Stepi« den Auftrag erhalten, Rot-Weiß Frankfurt, den drittklassigen, wesentlich kleineren Nachbarn von Eintracht Frankfurt, in die Zweite Bundesliga zu führen. Rot-Weiß Frankfurt erhielt finanzielle Unterstützung durch seinen Sponsor Wolfgang Steubing. »Der Champagner-Klub« nannten die lokalen Medien den Verein. Sie seien gewissermaßen der FC Bayern München der Hessenliga gewesen, erzählt Stepanović.

Stepanović fuhr nach Sindlingen, um sich den empfohlenen Spieler anzuschauen. Bei dem Rechtsaußen handelte es sich um Jürgen Klopp. »In diesem Spiel spielte er wie ein Gott«, erinnert sich der Achtundsechzigjährige. »Er ging tausend Mal an den Verteidigern vorbei und flankte. Nie wäre mir in diesem Spiel aufgefallen, dass er irgendwelche technischen Probleme hatte. Ich mochte Spieler, die dynamisch waren, und liebte Mannschaften, die beide Flügel stark besetzten und Angriffsfußball spielten.« RW Frankfurt überwies eine Transfergebühr von 8000 D-Mark nach Sindlingen.

Klopp sei wahrscheinlich selbst überrascht gewesen, dass RW Frankfurt ihn unter Vertrag nahm, erzählt Stepanović. Die Saisonvorbereitung sorgte bei beiden Männern für Ernüchterung. Klopp erwies sich nicht als der Spieler, als den Stepanović ihn gekauft hatte. »Nach drei, vier Ligaspielen habe ich ihn in die zweite Mannschaft geschickt. Die Ersten im Verein haben mich zusammengeschissen, warum ich den überhaupt geholt habe. Sie sprachen von Fehleinkauf. Auch in der zweiten Mannschaft setzte ihn mein Co-Trainer auf die Bank. Es hat nicht für die Startelf gereicht. Ich dachte, das gibt's doch nicht, habe ich mich so geirrt?«

Stepi habe ihm gesagt, dass er der Lieblingsspieler seiner Frau und seiner Tochter sei, aber trotzdem könne er ihn nicht aufstellen, erzählte Klopp 2014 in einem Interview mit den *Ruhrnachrichten*. »Ich glaube, ich hätte in Jeans ein halbes Jahr auf der Bank sitzen können, und er hätte mich nicht zur Kenntnis genommen.«

Nach der Winterpause entschloss sich der Trainer von RW Frankfurt, dem Angreifer noch eine Chance zu geben. Er holte ihn in die erste Mannschaft zurück und stellte ihn als Mittelstürmer auf. Klopp schoss plötzlich Tore wie am Fließband. »Drei, sechs, zehn – in jedem Training hat es gerappelt. In der Luft war er uneinholbar. Sein Kopfballspiel war herausragend. Am Ende waren es vierzehn Treffer. Er hat uns in der Saison 1989/90 zur Meisterschaft geschossen.«

Stepanović hatte eine Ahnung, dass Klopp das Zeug dazu hatte, im Fußball auch außerhalb des Spielfelds Karriere zu machen, im Management vielleicht, nicht aber als Trainer. »Ich dachte immer, so locker, wie der ist, so viel, wie der redet, und wie gut er sich ausdrücken kann, wird er irgendwann Manager oder Sportdirektor werden. Das war für mich später eine große Überraschung. Er hat immer klar gesagt, was ihm nicht gepasst hat. Er hat seine Meinung nie versteckt. Wir waren nach seiner Achterbahnfahrt bei mir sicher nicht die besten Freunde, aber ich habe an ihm geschätzt, dass er nie aufgegeben hat.«

Der Legende nach nahm der Mainzer Trainer Robert Jung Klopp unter Vertrag, nachdem Rot-Weiß Frankfurt im Sommer 1990 in der Aufstiegsrunde zur Zweiten Bundesliga zweimal gegen Mainz gespielt (und verloren) hatte, doch Stepanović erzählt, dass der Stürmer bereits am Ende der regulären Saison, einige Wochen vorher, beim FSV Mainz unterschrieben hatte. »Als wir den Titel gewonnen hatten, sah ich Jürgen Klopp in der Kantine sitzen und rauchen. Ich war auch Raucher und musste lachen. Ich habe dann zu ihm gesagt: ›Wenn ich gewusst hätte, dass du mal eine rauchst, hättest du bei mir öfter gespielt.‹ An diesem Tag hat er uns dann gesagt, dass er geht und nach Mainz wechselt. Damals waren wir schon sehr enttäuscht, aber für ihn war es ein logischer Schritt.«

Im Alter von dreiundzwanzig Jahren war Jürgen Klopp endlich Profifußballer geworden.

Am anderen Ende der Leitung hört man, wie Hermann Hummels schon kichert, bevor er den Satz angefangen hat. »Bei Kloppo wusste man nie genau …«, sagt der Vater von

Nationalspieler Mats und macht eine Kunstpause. »Will er den Ball stoppen oder schießt er?«.

Jürgen Klopp war, wie er sich selbst oft genug eingestand, kein Genie in kurzen Hosen. Er bezeichnete sich selbst als »aggressives Arschloch auf dem Platz« (*taz*, 2014) und bescheinigte sich die Mentalität einer »Willens- und Kampfmaschine, extrem kopfballstark und sehr schnell« (*Der Tagesspiegel*, 2012). In technischer Hinsicht aber, räumte er ein, sei er nicht gut genug gewesen: »Ich selbst habe vor allen anderen gemerkt, wo mein Limit ist. Kurz gesagt: Im Kopf war ich Erste Bundesliga, mit den Füßen Landesliga, herausgekommen ist Zweite Liga.« Das habe er schnell akzeptiert, alles andere wäre Zeitverschwendung gewesen. Er war viel zu tatendurstig, um sich lange mit seinen Defiziten zu beschäftigen: »Es war für mich unfassbar, dass ich jetzt Profifußballer war«, sagte er. »Ich hätte bezahlt, um kicken zu dürfen!«

Auf der Feier zum zwanzigjährigen Dienstjubiläum von Christian Heidel als Sportdirektor in Mainz 2012 erinnerte sich Klopp, wie Heidel einmal, als er in Homburg einen Spieler sah, dem der Ball sehr weit versprang, ausrief: »Die haben ja auch einen Kloppo!«

Klopp und ehemalige Mitstreiter stellen seine Unzulänglichkeiten als Spieler rückblickend vielleicht etwas übertrieben dar, weil die Geschichte so mehr hergibt. Sein Mainzer Teamkollege Guido Schäfer, der heute in Leipzig als Sportjournalist arbeitet, zeichnet ein etwas differenzierteres Bild: »Jürgen wusste, was er kann und was er nicht kann. Er hat es gar nicht erst probiert, ins Dribbling zu gehen. Er konnte nicht dribbeln. Aber er war schnell. Er hat auf hundert Meter eine unglaubliche Zeit gehabt. Das sah nicht so schnell aus auf den ersten Metern, aber wenn er im Lauf war, konntest du ihn kaum noch halten. Er war natürlich kein filigraner Fußballer, aber ich glaube, er hat 342 Zweitligaspiele, also ganz blind kann er auch nicht gewesen sein. Jürgen war schon von seiner Leistung und seiner Einstellung her über Jahre hinweg ein wichtiger Spieler.«

Klopp begann in Mainz als Mittelstürmer und erzielte in seinem ersten Profijahr (1990/91) respektable zehn Tore. In Saison zwei kamen bis Februar acht weitere Treffer hinzu. In diese Zeit fiel auch sein ruhmreichster Auftritt als Profifußballer: Beim 5:0-Auswärtssieg gegen Rot-Weiß Erfurt erzielte er vier Tore. »Das war seine fußballerische Sternstunde«, sagt Martin Quast, der damals für eine Lokalzeitung über das Spiel berichtete. »Kloppo ist auf den Zaun gestiegen, um mit den vielleicht zwei Dutzend Fans aus Mainz zu feiern. Dieses Foto habe ich damals gemacht. Hundertfach haben die das gedruckt. Viermal Klopp. In einem weißen Trikot mit der Nummer vier hintendrauf. Großartig.«

Der strenge Vater Norbert war weit weniger beeindruckt. Er beschied Jürgen am Telefon, dass er dessen neue Frisur nicht so gut fand.

Kurz nach dieser Großtat wurde der schlaksige, aber flinke Angreifer von einem Bundesliga-Spitzenklub kontaktiert. »Der Hamburger SV war ganz heiß auf ihn«, erzählt Schäfer. »Aber es hat dann aus irgendwelchen Gründen nicht hingehauen. Und der HSV sollte ja Jahre später noch einmal über Jürgen Klopp nachdenken, als Trainer. Und er hat ihn wieder nicht geholt. Das waren zwei dramatische Fehler, die der HSV gemacht hat.« Klopp war verständlicherweise enttäuscht, dass es ihm nicht vergönnt gewesen war, die mühselige Plackerei in der Zweiten Liga gegen das finanziell wesentlich attraktivere Engagement einzutauschen. Laut Harald Strutz legte der damalige Trainer Robert Jung sein Veto ein. Er drohte mit Rücktritt, falls der Verein seinen besten Angreifer verkaufen würde. »Das hat Klopp zum damaligen Zeitpunkt unglaublich gestunken, glaube ich«, erzählt Strutz. »Aber er war jemand, der das sofort akzeptiert hat. Er hat verstanden, dass wir bemüht sein mussten, überhaupt die Liga zu halten, mit den Spielern, die wir damals hatten. Man muss sagen, es war ein großer Glücksfall, dass es so gelaufen ist.«

Die unmittelbaren Auswirkungen waren jedoch zunächst negativ. Nachdem sich der mögliche Wechsel nach Hamburg zerschlagen hatte, erzielte Klopp in den folgenden achtzehn Monaten nur noch drei Tore. Er wurde in die Abwehr beordert, und Mainz gingen die Tore aus. Die schwierige finanzielle Lage des Vereins schlug voll auf den Rasen durch. »Jedes Jahr ging es nur darum, sich irgendwie oben zu halten«, sagt Hermann Hummels, der die Mannschaft 1994/95 ein halbes Jahr trainierte. »Die Vorstände sind immer im April, Mai in die Kirche und haben Kerzen aufgestellt, um den Abstieg zu verhindern.«

»Wir waren 1988 nach zwölf Jahren als Amateure in die Profiliga aufgestiegen, stiegen dann wieder ab und kamen abermals hoch. Eigentlich hatte der Verein in der Zweiten Bundesliga nichts verloren«, erinnert sich Christian Heidel. »Als ich angefangen habe, im April 1992, mitten in der Saison, steckten wir im Abstiegskampf. Im letzten Spiel gegen Darmstadt durften wir nur mit einem Tor Unterschied verlieren. Und wir haben natürlich mit einem Tor Unterschied verloren. Wir hatten keine Trainingsplätze, kein richtiges Stadion und kein Geld. Ich weiß noch, dass wir 1994 ein Budget von 3,5 Millionen Mark hatten. Für den ganzen Verein, komplett mit allen Jugendmannschaften.«

1998 war Michael Müller der erste FSV-Mainz-Spieler, der im Monat 10 000 Mark verdiente. Klopps Gehalt war wesentlich niedriger, im unteren vierstelligen Bereich, wie das Honorar von Guido Schäfer. »Unsere erste Zweitligasaison war

1988/89«, erzählt Schäfer. »Da gab es drei Grundgehälter. 1500 D-Mark für die Blinden, 2500 D-Mark für die Einäugigen. Und 3500 D-Mark für die Sehenden. Ich war bei den Einäugigen. Dann gab es noch die opulente Siegprämie. Damals hat Harald Strutz, der Präsident, zu mir gesagt: ›Guido, das läuft doch wunderbar über die Prämie. 2000 Mark für einen Sieg.‹ Das Problem war nur, dass wir nie gewonnen haben.«

Klopp scherzte gegenüber seiner Frau Ulla, dass Heidel für sein zwanzigjähriges Dienstjubiläum bei Mainz eigentlich gar kein Geschenk verdient habe: Schließlich habe Klopp zehn Jahre praktisch umsonst für ihn gespielt. Heidel schloss die Spielerverträge in seinem BMW-Autohaus ab, das damals quasi als Geschäftsstelle des Vereins diente. Mit dem Geld, das Heidel ihm zahlte, hätte er sich nie im Leben eines der Autos leisten können, die er verkaufte, erinnerte sich Klopp.

Die einzige Angestellte des Klubs war eine Teilzeitkraft, die alle paar Tage kam und die Post durchschaute. Der Stadionsprecher Klaus Hafner arbeitete unentgeltlich als Geschäftsführer für den Verein. Er verkaufte auch die Karten am Spieltag. Ein anderer ehrenamtlicher Mitarbeiter sorgte für die Verpflegung der Zuschauer: mit selbstgeschmierten Butterbroten. Quast erinnert sich, dass Hafner in der Vorweihnachtszeit mit einer Sammelbüchse durch die Stadt lief und um Spenden bat, damit für die B-Jugend neue Trainingsanzüge angeschafft werden konnten. Die alten waren komplett verschlissen.

»Der einzige Fanartikel, der 1995 auf der Geschäftsstelle verkauft wurde, waren Handtücher«, erinnert sich Hummels. »Ich glaube, sie haben vier davon verkauft. Meines habe ich heute noch. Wenn mir jemand gesagt hätte, dass Mainz in fünf, sieben oder acht Jahren in der Bundesliga spielen würde, hätte ich alles, was ich gehabt habe, dagegengesetzt. Ich hätte sogar noch was aufgenommen. Das war wirklich nicht abzusehen.«

Die zweite Mannschaft von Mainz, um die sich Heidel kümmern sollte, war die schlechteste im gesamten deutschen Profifußball. Sie spielte in der Kreisklasse C, auf der untersten Stufe des organisierten Fußballs. »Die hatten nicht mal einen kompletten Trikotsatz. Egal, wo wir hinkamen, gab es was auf die Socken. Da waren ja Leute dabei, die konnten gar nicht Fußball spielen«, schmunzelt Heidel.

Die Spieler der ersten Mannschaft wurden mit VW-Bussen zum Training in einer Bezirkssportanlage gebracht, deren Nutzung vom Einverständnis des städtischen Platzwarts abhing. Der Umkleidebereich im Stadion war eine Art »Feuchtbiotop«, erinnert sich Schäfer schaudernd. »Da konntest du auch kein Handtuch hängen lassen. Es gab eine verrostete Badewanne. Das sollte ein Entmüdungsbecken sein. Da sind wir zu fünft dringesessen, und du hast dir irgendwelche Krankheiten geholt, wenn du zu lang dringeblieben bist. Die große Leistung von uns ehemaligen Spielern besteht darin, dass wir es geschafft haben, unter diesen Voraussetzungen die 2. Liga zu halten.«

Die chronisch-hoffnungslose Lage von Mainz hatte einen starken Trainerverschleiß zur Folge. In den elf Jahren, die Klopp bei Mainz 05 spielte, erlebte er vierzehn verschiedene Trainer. Die Instabilität auf der Führungsebene förderte im Umkleideraum das Aufkommen einer gewissen Gesetzlosigkeit. »Das war eine Horde wilder Spieler«, erzählt Hummels. »Da musste öfter mal die Polizei gerufen werden.«

Der offensive Mittelfeldspieler Ansgar Brinkmann (Spitzname: »Der weiße Brasilianer«) war zum Beispiel dafür bekannt, dass er gern einmal über die Stränge schlug. Als Spieler in Osnabrück war er einmal unter Alkoholeinfluss am Steuer seines Porsche Boxster erwischt worden, aber es gelang ihm, aus dem Polizeiwagen zu entkommen und barfuß davonzulaufen, bevor seine Personalien festgestellt werden konnten. Er blieb letztlich ungeschoren. »Heidel und Strutz haben mich bei Auswärtsspielen im Hotel zusammen mit Klopp auf ein Zimmer gelegt, damit er auf mich aufpasste«, erzählt Brinkmann. »Er hat Bücher gefressen, war unendlich neugierig und hatte immer ein Buch in der Hand. Ich habe immer Fernsehen geschaut. Er sagte dann: ›Ansgar, mach das Scheißding aus, wir haben morgen ein Spiel.‹ Ich habe dann erwidert: ›Kloppo, morgen ist an der Mittellinie ein Stoppschild für dich. Dann gibst du mir den Ball, und ich mach den Rest, du hast ja kein Talent.‹ Dann flog immer ein Kissen oder was gerade in der Nähe lag. Einmal habe ich den Fernseher im achten Stock aus dem Fenster des Hotels geworfen. Er wacht auf, weil es scheppert. Er: ›Ansgar, wo ist der Fernseher?‹ Ich: ›Den habe ich aus dem Fenster geworfen.‹ Er: ›Warum?‹ Ich: ›Der Film hatte ein Scheißende.‹«

Auch Guido Schäfer, der mit zweiundfünfzig noch eine beeindruckende wasserstoffblonde Mähne sein Eigen nennt, war ein Freigeist. Manchmal kam er zu spät zum Training oder ließ es gleich ganz ausfallen. »Kloppo hat dafür gesorgt, dass ich mehrfach irgendwelche Geldstrafen abdrücken musste. Er war ja bei uns im Mannschaftsrat. Der Trainer hat es dem Mannschaftsrat freigestellt, welche Strafen zu zahlen waren. Und Kloppo hat dann immer schön draufgehalten. Vielen Dank, Kloppo. Einmal habe ich 500 D-Mark bezahlt. Da habe ich das Training nicht ganz verpennt, aber ich musste meine Katze suchen. Kloppo hat nur gelacht: ›Du hast sie doch nicht alle, mit deiner Katze. Denk dir eine andere Geschichte aus. Und schön 500 flocken.‹ Drei Tage später haben wir in Chemnitz verloren. Hermann Hummels, er war damals Co-Trainer, hat gesagt: ›Das ist das erste Mal, dass eine Zweitligamannschaft wegen einer Katze verloren hat.‹ Ein anderes Mal haben sie mir einen Tausender abgezogen, weil ich im Trainingslager den Zapfenstreich überzogen hatte.«

Klopp, damals Anfang zwanzig, war vergleichsweise ein Heiliger: ein lustiger, ziemlich ruhiger junger Mann mit Schnurrbart, der vor einem Spiel minutenlang mit einem Handtuch über dem Kopf in der Kabine saß und still betete. Auf der Heimfahrt von Auswärtsspielen scharten sich Klopp und die anderen Spieler immer um Schäfer, der im Bus in der hintersten Reihe saß und seine neuesten Kneipenstorys oder Frauengeschichten zum Besten gab. »Der Jürgen war immer der Erste, der hinten gesessen ist«, erzählt Schäfer. »Mit dem ersten Satz schon fing er an zu lachen. Er war leicht zu entflammen. Er war damals keiner, der selbst Storys erzählt hat, er hat gern zugehört. Er hat mal zu mir gesagt, dass er ein bisschen von dem Charme und von dieser Schlagfertigkeit, die er hat, damals in der letzten Busreihe von Mainz 05 gelernt hat.«

Klopp habe sich auch nicht unbedingt sportlergerecht ernährt, berichtet Schäfer – »Pommes frites und Bratwurst und so weiter« –, und er rauchte gerne im Hotelbad unter dem Abzug. Nach Brinkmanns Erinnerung seien Klopps Zimmer immer dermaßen verraucht gewesen, dass man einen Discostrahler gebraucht hätte, um klar zu sehen. Beide Ex-Kollegen bestätigen übereinstimmend, dass Klopp aber nur selten Alkohol trank. »Er ist nach dem Training immer gleich heimgefahren. Richtung Frankfurt. Da kam er gar nicht in Verlegenheit, mit uns um die Häuser zu ziehen. Alkohol hat er nur ganz, ganz selten getrunken. Und wenn, hat er ihn nicht vertragen. Im Trainingslager war immer ein Mannschaftsabend. Da hat er zwei Longdrinks getrunken und musste sich übergeben. In dieser Hinsicht war er überhaupt nicht fähig, mit uns mitzuhalten«, berichtet Schäfer.

Im Spiel war es anders. In der rauen, schmutzigen Zweiten Bundesliga trieben ihn seine Leidenschaftlichkeit und sein Einsatzwille bis an die Grenzen der Leistungsfähigkeit, manchmal vielleicht auch ein bisschen darüber hinaus. Brinkmann erzählt: »Kein Gegenspieler hat mich je so beschimpft wie er. Ich habe vor ihm gespielt, und er brüllte ständig: ›Ansgar, du Pfeife, komm zurück!‹ Oder: ›Wenn du jetzt nicht zurückkommst, passiert was, du Esel, ich mach dich alle. Los, beweg dich!‹ Du hast am Ende mehr Angst vor ihm gehabt als vor dem Gegenspieler. Wenn Kloppo in Trainingsspielen zurücklag, hat er den Trainer ohne Ende zugetextet, bis der vergaß, dass eigentlich längst Schluss war. Jedes Trainingsspiel dauerte immer so lange, bis Kloppo gewonnen hatte. Daher wolltest du Kloppo in deiner Mannschaft haben – der konnte und wollte nicht verlieren.«

Klopps Siegeswille sei bisweilen beängstigend gewesen, erinnert sich Schäfer: »Es war manchmal auch unangenehm. Er war sehr impulsiv, man könnte sogar sagen hysterisch. Oder cholerisch. Einmal, bei einem Spiel in Saarbrücken, stand er vor mir und hat mich zusammengeschrien, weil ich irgendwie einen Eckball provoziert hatte. Ich dachte, der hat sie nicht alle, der Typ. Aber das war eine Minute später wieder vergessen, und er war dann wieder dein Freund. Er ist nicht immer der Li-La-Launebär, der alle herzt und umarmt. Er kann auch wild und ungerecht sein. Aber er ist nicht nachtragend.«

Jürgen Kramny, ein weiterer Mainzer Mannschaftskollege, der das Glück – oder das Pech – hatte, unmittelbar vor dem konzentrierten, hochmotivierten rechten Außenverteidiger zu spielen, kann ähnliche Geschichten erzählen: »Ich habe oft relativ offensiv gespielt, und da war es nicht immer einfach, den Kloppo hinter mir zu haben. Laut war er schon immer. Wenn ich ihm nicht ausreichend geholfen habe, hat er gemotzt. Manchmal war er ein bisschen cholerisch auf dem Platz, aber wir haben uns auch gut ausgetauscht, ab und zu habe ich ihm einen Spruch zurückgeworfen. Im Großen und Ganzen hat es aber eigentlich ganz gut funktioniert zwischen uns beiden.« Auch der Stürmer Sven Demandt hatte ein gutes Arbeitsverhältnis mit Klopp, wozu allerdings auch die räumliche Distanz beitrug: Weil Klopp weit hinter ihm in der Abwehr stand, hörte er dessen Schreien nicht so deutlich.

Kramny erinnert sich an einen Vorfall im Training, bei dem Klopp richtig wütend wurde. »Da saß er auf einem beweglichen Tor, und ich stand vor ihm und hatte einen Ball auf dem Fuß. Ich habe dann so getan, als ob ich schießen wollte, und er hat gedacht, ich schieße wirklich. Er sprang auf. Dadurch ist das Tor gekippt, und er ist böse auf sein Steißbein gefallen. Er hat mich wütend über den Platz gejagt, bis er nicht mehr konnte, weil der Schmerz so groß war. Die Schmerzen spürt er vielleicht heute noch.«

Im Unterhaus, der Liga der Schulden und Tränen, ging es allen Vereinen mehr oder weniger schlecht. Für Mainz und viele andere Vereine war es ein einziger Überlebenskampf, der auf dem Spielfeld und den Rängen mit extremer Aggressivität geführt wurde. Bei einem Auswärtsspiel von Mainz im Carl-Benz-Stadion von Waldhof Mannheim kam es im April 1994 zu Tumulten. Klopp ging an den Zaun hinter der Trainerbank, hinter dem die lautesten Mannheimer Anhänger standen, und machte den Fehler, den Kopf durch den Zaun zu stecken. »Er bekam voll eins auf die Fresse gehauen«, erzählt Schäfer. »Jürgen hat danach nie mehr den Kopf durch irgendeinen Stadionzaun gesteckt.«

Klopps Hauptproblem war auch das Problem der Liga insgesamt. Er wollte besseren Fußball spielen, konnte es aber nicht. »Er hat öfter gesagt, dass er die richtige Idee hatte, wo zum Beispiel ein Ball bei einer Flanke hinkommen sollte. Nur kam der Ball nie dahin. Es hat an der Umsetzung gehakt«, erinnert sich Schäfer. »Er wusste, wie es funktionieren kann, aber sein Körper war nicht imstande, es zu leisten«, meint Quast. »Er hat mir mal erzählt, dass er sich wie ein Gefangener fühlte.«

Diese Art von Kerkerhaft erwies sich schließlich als befreiend, da Klopp gezwungen war, seine körperlichen Defizite durch die intensivere Beschäftigung mit dem Spiel zu überwinden. Ursprünglich interessierte er sich weniger für Taktik, sondern mehr für die sozialen Aspekte einer Fußballmannschaft, erinnert sich Hummels. »Die Gemeinschaft hat immer eine große Bedeutung für ihn gehabt. Auch das Klima im Klub und in der Mannschaft. Da hat er nicht gesagt: ›Das geht mir am Arsch vorbei, ich mach hier nur meinen Job.‹ Er hat immer diese Identifikation gehabt, er hat immer die Gruppe gesehen. Er war nie ein egoistisches Arschloch. Nie, nie.«

Die Erfahrungen, die er in Mainz mit gruppendynamischen Prozessen unter besonderen Drucksituationen gemacht habe, seien für ihn prägend gewesen, berichtet Peter Krawietz, Klopps Co-Trainer in Liverpool. »Weil die Mainzer letztendlich immer, auf Deutsch gesagt, mit dem Arsch an der Wand standen, waren sie darauf angewiesen, dass jeder bereit war, alles zu investieren. In dieser Zeit hat er viel darüber gelernt, wie eine Fußballmannschaft tickt und welche unterschiedlichen Typen es in einer Mannschaft gibt. Ich denke, er hat für sich alles aufgenommen, hat das Ganze gefiltert und dann festgestellt, dass man vieles mit gesundem Menschenverstand regeln kann. Er hat ein Gespür für die Situation, er findet immer wieder den richtigen Ton im richtigen Augenblick.«

Rückblickend ist Klopp davon überzeugt, dass sein 1995

abgeschlossenes Studium der Sportwissenschaft an der Johann Wolfgang Goethe-Universität in Frankfurt für seine berufliche Karriere nicht minder wichtig war. »Mein Studium ist meine Basis für alles, was ich später gemacht habe«, sagte er im Dezember 2013 in einem Interview. Damals beschäftigte er sich mit Trainingslehre, Ergotherapie und Psychomotorik, der Verbindung zwischen Persönlichkeitsstruktur und Bewegung. »Ohne es so tatsächlich zu planen, habe ich schon im Studium darauf hingearbeitet, dass es damit am Ende vielleicht doch etwas werden könnte (mit dem Trainersein).« Darüber hinaus habe er gelernt, selbständig zu arbeiten und die Bedeutung von theoretischer Arbeit zu erkennen: »An der Uni wirst du von heute auf morgen alleingelassen. So kannst du ein selbständiger Mensch werden. Das ist sehr wichtig. Der Einsatz, den du bringst, zahlt sich entweder direkt aus, oder dein nicht erbrachter Einsatz fliegt dir sofort um die Ohren.« Diese Dinge könne man nicht überall lernen.

In einem anderen Interview erzählte Klopp, dass er kein »Musterstudent« gewesen sei. »Ich hatte eine Familie und musste mit Fußballspielen mein Geld verdienen«, sagte er. Aber der Umgang mit Lehrern, Psychologen und Soziologen und die Auseinandersetzung mit Methoden hätten ihm später geholfen, Lösungen als Trainer zu finden, ohne dass ihm dies immer bewusst gewesen sei. Das Studium habe ihn vielleicht vor einem frühen Scheitern als Trainer bewahrt.

Obwohl er nur wenig Geld hatte und einen sehr engen Terminplan, empfand er das Studieren als sehr angenehm. Einige praktische Bestandteile des Studiums sagten Klopp weniger zu. Schwimmen gehörte nicht zu seinen Lieblingssportarten, Geräteturnen auch nicht, Stabhochsprung noch weniger. Aber warum verfasst ein Mann, in dessen fußballerischer Lehre das Laufen eine solch zentrale Rolle spielt, seine Diplomarbeit ausgerechnet über »Walking«?

Nach eigener Aussage wollte Klopp zunächst über das Thema »Rückenschule« schreiben. Professor Klaus Bös, sein Betreuer, war dagegen: Es gebe bereits Dutzende ähnlicher Abschlussarbeiten. Bös schlug ihm stattdessen das Thema »Walking« vor, eine neue »Trendsportart« aus den USA, die in Deutschland noch niemand wissenschaftlich untersucht hatte. Zusammen mit einer Kommilitonin habe er eine richtige statistische Erhebung durchgeführt, erzählte Klopp, und daraus sei die erste Diplomarbeit in Deutschland über diesen Sport entstanden.

Was den Fußball anging, so sorgte der Mainzer Trainer Wolfgang Frank für Klopps höhere Bildung. Franks erstes Engagement am Bruchweg (1995–97) war Klopps taktisches Erweckungserlebnis. Er begriff plötzlich, dass man ein Spiel auch in struktureller Hinsicht interpretieren konnte, als eine Anordnung von Mustern, die eine gut eingestellte Mannschaft der Gegenseite aufzwingen konnte. Doch weder für ihn noch Frank war dieses Interesse von künstlerischen oder ästhetischen Ambitionen geprägt. Taktik, lehrte Frank, war ein Mittel zum Zweck. Ihm sei es nie darum gegangen, den Fußball neu zu erfinden, sagte Klopp später. Er wollte nur Wege finden, um öfter zu gewinnen.

Nachdem er schon als »verlängerter Arm des Trainers« (Schäfer) fungiert hatte, wollte sich Klopp nicht mehr mit den vielen mittelmäßigen Fußballlehrern abfinden, die nach Wolfgang Frank auf der Trainerbank des FSV Mainz saßen. Quast erinnert sich an einen Vorfall unter dem mittlerweile verstorbenen Trainer Dirk Karkuth, kurz nachdem Franks zweite Amtszeit in Mainz im April 2000 zu Ende gegangen war. »Mainz führte 2:0 gegen die Stuttgarter Kickers, und Kloppo sollte drei Minuten vor Spielende ausgewechselt werden. Karkuth spricht an der Seitenlinie mit dem Brasilianer Machado, der für Klopp kommen sollte. Klopp geht hin, schiebt den Trainer weg und redet auf den Brasilianer ein. Er haut ihm auf den Rücken, deutet auf das Spielfeld und erklärt ihm, was er auf dem Platz machen soll. Dann ist der Klopp vom Platz gegangen und hat dabei noch wütend einen Eimer weggetreten.«

Als der umgeschulte Verteidiger älter und langsamer wurde, wurde seine Spielweise – »sehr bissig, zweikampfstark, kopfballstark, und er hatte auch eine gewisse Torgefahr«, wie der frühere Mainzer Mittelfeldspieler Sandro Schwarz es beschreibt – zum Beweis, dass Aufwand wichtiger sein kann als Können. Begabteren Spielern wurde vor Augen geführt, dass es möglich war, dauerhaft am eigenen Limit oder sogar darüber zu spielen. Er habe das Unmögliche möglich gemacht, sagt Sandro Schwarz. Der neunzehnjährige Mittelfeldspieler war gerade von der Jugendmannschaft zu den Profis gekommen und suchte häufig den Rat von Klopp, der damals dreißig Jahre alt war. Auch für viele andere Spieler war er der wichtigste Ansprechpartner. »Wenn du als junger Spieler Fragen hattest, war er immer für dich da. Er war eine enorme Hilfe«, erzählt Schwarz. »Kloppo war der Führungsspieler schlechthin.« Als Schwarz 1998 einen Kreuzbandriss erlitt, wurde Klopp noch mehr zum Vorbild für ihn. »Er hatte diese Verletzung zwei Jahre zuvor auch gehabt und war in Rekordzeit wiedergekommen. Drei Monate nach seiner Kreuzbandgeschichte stand er schon wieder auf dem Platz. Man konnte ihn um Rat fragen, wie man mit der Situation in der Reha-Phase umgeht. Er hat einen gestärkt.«

Normalerweise benötigen Profifußballer ein halbes Jahr, um nach einem Kreuzbandriss wieder spielen zu können. Dass Klopp so schnell wieder aufs Spielfeld zurückkehrte, unterstreicht sein außergewöhnliches Engagement für das

Team und die Hingabe zu seinem Beruf. Das hastige Comeback war aber auch seiner finanziellen Situation geschuldet. Fußballvereine müssen in Deutschland die Gehälter verletzter Spieler nur für sechs Wochen weiterzahlen, danach zahlt die Krankenversicherung achtzig Prozent des früheren Monatsgehalts als Krankengeld. Für Klopp waren zwanzig Prozent weniger von einem ohnehin schon geringen Gehalt mehr, als er verkraften konnte. »In seiner Zeit als Zweitligaprofi in den neunziger Jahren hat er tatsächlich Existenzängste ausgestanden«, berichtet Krawietz. »Er verdiente nur wenige tausend Mark im Monat, hatte ein kleines Kind zu Hause und wusste, dass der Abstieg das Ende des Klubs und das Ende seiner Fußballerkarriere bedeuten konnte.« Klopps unerbittlicher Siegeswille ging über den Wettkampfgeist hinaus, den er vom Vater geerbt hatte. Er wollte unbedingt gewinnen, weil er gewinnen musste. Sein Lebensunterhalt hing vom Klassenerhalt ab.

»Wir waren damals oft in extremer Not«, erinnert sich Schäfer. »Oft wussten wir ein paar Wochen vor Saisonende noch nicht, ob wir nächste Saison überhaupt noch Profis sind. Kannst du deine Wohnung weiter zahlen? Und du kannst ja auch kein richtiges Geld verdienen. Ich habe zehn Jahre in Mainz als Profi gespielt, zwei Jahre Regionalliga und acht Jahre Zweite Liga. Am Ende hatte ich eine halbe Eigentumswohnung.«

Klopp war es sich unter diesen prekären Bedingungen schuldig, sich mit ganzer Kraft einzubringen, erläutert Krawietz: »Die Fähigkeit, die ganze Woche auf das Spiel hinzuarbeiten, sich auf dem Feld in diesen neunzig Minuten voll zu fokussieren und alles hineinzuhauen – das, glaube ich, hat er in Mainz als Spieler gelernt. Und das gibt er heute auch als Trainer an seine Mannschaften weiter.«

# 10
# Feuer am Rhein

*Mainz 2001–2006*

Klopps 1:0-Erfolg über Duisburg bei seinem Einstand als Trainer verhalf ihm zu einem zweiten Spiel. »Die erste Frage bei der anschließenden Pressekonferenz war«, erzählt Heidel, »wer denn jetzt nächste Woche Trainer wird. Ich hatte das ja zunächst als Interimslösung präsentiert. Da habe ich gesagt, dass Klopp jetzt erst einmal bis zum Wochenende Trainer bleibt.« Das Wochenende kam und brachte einen 3:1-Heimsieg gegen Chemnitz. Mainz stand zwar immer noch auf einem Abstiegsplatz, aber nur aufgrund der schlechteren Tordifferenz. Klopp bekam das Traineramt bis zum Saisonende übertragen. Widerwillig räumte er seinen Spielerspind und zog in das Trainerkabuff um. »Das ist mir richtig schwergefallen«, gestand er Reinhard Rehberg.

»Wir hatten das Momentum«, sagt Sandro Schwarz. »Wir hatten das Gefühl, dass wir jetzt einen Trainer haben, der einer von uns ist. Wir waren eine große, große Gemeinschaft und hatten das Gefühl, da ist jetzt bei uns einer, der Kloppo, der voranmarschiert. Wir hatten das Gefühl, die Dinge selber regeln zu können. Mit einem unbändigen Glauben, aber auch mit einem Plan in der Tasche, Spiele gewinnen zu können. So hat sich das dann hochgeschaukelt.«

Klopp beobachtete die Übungseinheiten auf der Bezirkssportanlage Mainz-Mombach, wo die Mannschaft trainierte, von einem kleinen Hügel aus. »Ich hatte damals noch nicht das Auge, um unten am Feld alles überblicken zu können. Ich ließ Elf-gegen-Elf spielen, und wenn ich in die Pfeife geblasen habe, mussten die Spieler wie bei der Mannequin Challenge sofort stehen bleiben. Dann bin ich runtergerannt und habe ihnen aufgezeigt, wo die Abstände zu groß geraten sind.«

»Er konnte nicht verlieren«, erinnerte sich Kramny an jene frühen Tage. »Das war neben der taktischen Umstellung ein wichtiger Punkt. Am Tag nach den Spielen haben die Ersatzspieler häufig ein Fünf-gegen-Fünf gespielt, und Klopp hat oft mitgemacht. Und die, die in seiner Mannschaft waren, haben dann kein schönes Leben gehabt. Er war stark vom Ehrgeiz getrieben und hat ziemlich direkt mit den Leuten gesprochen.«

Schwarz erinnerte sich an Trainingseinheiten von »maximaler Intensität«, die darauf ausgerichtet waren, das Team für das bevorstehende Saisonfinale in Form zu bringen. Jedes Wochenende war ein Endspiel. »Mit anderen Dingen haben wir uns gar nicht mehr beschäftigt. Und so wurde das dann zum Selbstläufer. Irgendwie war unsere gute Leistung auch eine logische Folge von dem, wie wir miteinander umgegangen sind. Und was wir auf dem Platz gebracht haben.«

Die Mainzer holten aus den nächsten vier Partien weitere acht Punkte und verließen die Abstiegszone. Nach einem 4:2-Sieg bei Hannover 96, wo sie zur Pause noch 0:2 zurückgelegen hatten, waren sie einen Monat vor Saisonschluss so gut wie gerettet. »Danach sind wir mit dem Bus von Hannover aus zu einer Raststätte gefahren«, berichtet Schwarz. »Da haben uns die Eltern von Christoph Babatz Getränke in den Bus gestellt, weil es so ein besonderer Sieg war. Dann sind wir von dort aus direkt in die Euro Palace Disco gefahren, und Kloppo war mittendrin. Nach gewonnenen Spielen war der Kloppo immer mittendrin. Er wollte bei seinen Jungs sein und nicht zu Hause auf der Couch sitzen. Aber am nächsten Tag war um zehn Uhr Training. Wir standen alle auf der Matte, und es ging weiter.«

Der zwischenzeitlich kaum noch für möglich gehaltene Klassenerhalt wurde am vorletzten Spieltag mit einem 2:2 zu Hause gegen LR Ahlen unter Dach und Fach gebracht. »Jürgen, Jürgen, Jürgen«, skandierten die Fans, als er in die Kurve rannte und seine Spieler umarmte. »Das war mir unangenehm«, gestand er später. »Ich hatte ja nicht gespielt.«

Im Spiel bei Waldhof Mannheim ging es um nichts mehr, doch Klopp und Heidel hielten es für angebracht, eine besondere Party für die Anhänger zu organisieren. Der Klub mietete fünfzig oder sechzig Busse für die Fans und charterte dann »das größte Schiff, das auf dem Rhein stehen darf« (Heidel). Es brachte Mannschaft und Anhang wieder stromabwärts nach Mainz. »Damals waren Bengalos noch erlaubt«, sagte Heidel. »Dann hat das ganze Schiff gebrannt, am Abend den Rhein entlang, das war ein Bild! Ein richtiger Feuerwall ist da Richtung Mainz gefahren.«

Heidel und Klopp zogen aus diesen Wochen eine wichtige Lehre. Das kleine Mainz konnte als Klub nur wachsen, wenn die Anhänger mit im Boot saßen. Sie mussten das Gefühl haben, dass sie wirklich eingebunden waren und einen wichtigen Beitrag zum Mainzer Erfolg leisteten. Heidel: »Wir haben immer auf Einheit gesetzt. Das geht halt mit Klopp. Der hat sich in die Kurve gestellt und konnte auch sagen: Ihr habt nicht mehr alle Tassen im Schrank. Denn von ihm haben sie es angenommen. Du musst die Leute mitnehmen, und du musst ihnen erklären, was du willst. Aber du musst sie auch teilhaben lassen am Erfolg. Das waren immer Dinge, für die er sich eingesetzt hat. Er ist ein Menschenfänger. Er macht das emotional, hat aber auch einen Plan.«

Das Risiko machte sich bezahlt. Klopp behielt seinen Platz auf der Bank und unterschrieb einen Zweijahresvertrag, nachdem er Ralf Rangnick telefonisch um Rat gefragt hatte. Sein offizieller Titel lautete »Teamchef«, weil er keine Fußballlehrerlizenz für die Erste und Zweite Bundesliga besaß.

»Wir haben gemerkt, dass die Mannschaft den früheren Spieler als Trainer akzeptierte«, sagt Strutz. »Es war ja auch keine riesige Veränderung, denn er hatte als Spieler schon einen besonderen Status gehabt, er war der ›intellektuelle Leader‹, oder besser gesagt, ›der Denker‹ gewesen. Er hatte immer einen Blick für das Gesamte. Und das bedeutet auch, die wirtschaftlichen und sportlichen Rahmenbedingungen des Vereins zu akzeptieren und zu verstehen. Sie müssen bedenken, dass wir damals nicht der Verein waren, der wir heute sind. Zu der Zeit hat man uns belächelt, weil wir vorhatten, in die Bundesliga aufzusteigen. ›Das schafft ihr nie‹, hieß es. Aber es gab keinen Zweifel, dass Klopp das schafft. Ich habe keine Minute gezweifelt. Keine Sekunde. Er war dafür prädestiniert.«

Quast ist sich da nicht so sicher. »Irgendwann hat Strutz dasselbe zu mir gesagt. Da habe ich geantwortet: ›Erzähl mir nichts. Wenn du keine Zweifel gehabt hättest, dann frage ich mich: Warum hast du Klopp nicht schon im Oktober verpflichtet, bevor du den Eckhard Krautzun geholt hast?‹ Hinterher wollten es alle gewusst haben. Auch die alten Trainer. Die erzählen dir ja immer wieder, was das für ein Riese war damals, schon im Training. ›Er hat schon immer das Auge gehabt.‹ Und: ›Das war klar, dass der erfolgreich sein wird.‹ Da schöpfen die natürlich alle noch so ein bisschen vom Ruhm für sich selbst weg. Das ist Bullshit. In Wirklichkeit brauchst du dazu genau so einen Bekloppten wie den Kloppo. Und den Christian Heidel, der so ein

Risiko eingeht. Wie beim Pokern All-in in einer Situation, in der du nichts in der Hand hast.«

Klopp selbst sagte im Dezember 2011 zu Oliver Trust von der *FAZ*: »So komisch das klingt, ich war auf nichts im Leben besser vorbereitet als auf den Trainerjob. Ich habe mehr Vertrauen in meine Fähigkeiten als Trainer, als ich sie in mich als Spieler hatte.« Jahre später gab er aber zu, dass er sich seiner Sache damals keineswegs hundertprozentig sicher gewesen sei. »Ich hatte ja tausend Fragen, aber keinen Ratgeber. Nur konnte ich die Fragen anfangs nicht stellen, da ich ja so tun musste, als wüsste ich schon alles.« Klopp war klar, dass er einen Vertrauten brauchte. Und dafür kam nur einer in Frage: Željko Buvač, sein ehemaliger Mainzer Teamkollege. »Er war meine erste Wahl, und er wäre auch meine zweite und dritte Wahl gewesen«, sagte Klopp über den sechs Jahre älteren, wortkargen Bosnier. »Er ist fleischgewordener Fußballsachverstand.«

Der ehemalige Spielmacher, von 1992 bis 1995 am Bruchweg aktiv, »wusste als Spieler schon immer, was der Gegner vorhat, er konnte ein Spiel lesen. Wenn wir in Ballbesitz waren, hat er von fünf Entscheidungen viermal die perfekte getroffen – rein intuitiv«, sagt Ansgar Brinkmann, ebenfalls ehemaliger Mainzer. Und Heidel: »Klopp wollte nur den haben. Aber nicht mal, weil er als Trainer gut war, sondern weil er ihn aus der gemeinsamen Zeit als Spieler in Mainz kannte. Die beiden haben sich ständig den Kopf darüber zerbrochen, wie sie diese schlechte Mannschaft einigermaßen durch die Saison bringen konnten.«

Der Bosnier war 1995 von Mainz zum Regionalligisten SC Neukirchen gewechselt und hatte dort seine Trainerlaufbahn begonnen. »Klopp und er hatten eine Vereinbarung«, sagt der ZDF-Redakteur Jan Döhling. »Wer von uns zuerst den Trainerschein macht, holt den anderen. Oder wer zuerst einen großen Job hat, holt den anderen. Es hätte auch sein können, dass Buvač den großen Job bekommt, und Klopp als Co-Trainer dazunimmt. Wobei es, wenn man es logisch durchdenkt, so kommen musste. Klopp ist der Verkäufer, und Buvač ist der Typ für die Details im Hintergrund. Der sagt nie was. In all den Jahren in Mainz hat er nie ein Wort zu jemandem außerhalb des Vereins gesagt. Nicht ein Wort. Ich weiß noch, wie ich mal mit dem ungarischen Nationaltorwart Péter Disztl vor der Umkleidekabine stand. Disztl hatte mit Buvač zusammen bei Rot-Weiß Erfurt gespielt. Wir klopfen. Buvač öffnet das Fenster bei der Dusche und sagt: ›Ah, du!‹ Und ich: ›Der kann ja reden.‹ Dann hat er das Fenster wieder zugemacht. Mehr habe ich von ihm nie gehört.«

Auf dem Trainingsplatz war »Chucky«, wie Buvač von den Spielern genannt wurde, gesprächiger. Manchmal spielte er sogar mit und erwarb sich mit seiner exzellenten Technik den Respekt der Mannschaft. Das Wichtigste war jedoch, dass er als theoretischer Sparringspartner des neuen Trainers fungierte, als »Bruder im Geiste« (Klopp). Praktischerweise hatte er im Unterschied zu seinem Vorgesetzten auch eine Pro-Lizenz. Klopp wurde offiziell als Teamchef geführt, bis er ein paar Jahre später den Trainerschein für den Profifußball machte und damit die strengen DFB-Kriterien erfüllte.

»Jeder glaubt, die liegen sich die ganze Zeit in den Armen«, sagt Heidel über die Beziehung der beiden. »Aber das stimmt so nicht, die haben sich gefetzt. Aber es ging immer nur um Fußball. Der Buvač ist total emotional. ›Leck mich am Arsch!‹ ›Scheiße!‹ Da wurden schon mal Türen zugeknallt. Und fünf Minuten später war es dann wieder in Ordnung.«

Das Training war stets öffentlich, es machte sich aber kaum jemand die Mühe, zuzusehen. Döhling und der angehende Trainer Kosta Runjaić gehörten zu den wenigen regelmäßigen Besuchern am Bruchweg oder in der Kaserne der Bereitschaftspolizei Rheinland-Pfalz, wo die Mainzer trainierten, wenn ihr eigener Platz unter Wasser stand. Was sie zu sehen bekamen, waren Übungen aus verschiedenen Elementen, die ineinander verschachtelt waren. Jeder Spieler war ständig involviert. »Das Schlimmste beim Fußballtraining ist ja«, erläutert Döhling, »wenn die Leute stehen. Die meisten Übungen sind nicht spielnah, weil du im Spiel immer in Bewegung bist.« Buvačs Idee war, genau das zu simulieren. Er ließ die Mainzer Spieler einen Hindernisparcours durchlaufen, um ihren Puls hochzutreiben, und dann aufs Tor schießen. Damit nicht genug. Wände und Stangen wurden aufgestellt, damit die Bälle in eine unvorhersehbare Richtung abprallten. Zufälle, wie sie den Spielern auf dem Platz begegneten, waren ins Training eingebaut. Döhling: »Sie trainierten natürlich auch die Automatismen. Aber bei Buvač wussten sie nie, was als Nächstes passiert.«

Klopp sagte später über Buvač: »Er war mein bester Transfer. Das wird auch niemand mehr toppen können.« Heidel sah in dieser Verpflichtung einen Beleg dafür, dass Klopp keiner war, »der alles aus dem Bauch raus macht«. Er gehe die Dinge vielmehr sehr durchdacht an und habe immer das Ganze im Auge. 2001 war der vierunddreißigjährige Novize ehrlich genug, sich einzugestehen, dass er Hilfe brauchte. »In einem Sport, in dem es von Egomanen und selbstgefälligen Leuten wimmelt«, sagt Döhling, »ist es eine große Stärke, wenn du weißt, was du kannst und was du nicht kannst. Und schnell zu lernen ist ein großer Vorteil. Aufnehmen, verarbeiten, schnell lernen. Das hat Klopp alles.«

Die Mannschaft sprach sofort auf das anspruchsvollere Spielsystem an, als Mainz von seinem 4-4-2 auf ein flexibleres 4-3-3 umstellte. Ein paar Wochen nach Saisonbeginn führte die Low-Budget-Truppe aus Fußballern, »die keiner haben wollte« (Klopp), die Tabelle der Zweiten Bundesliga an und spielte einen Fußball, der nach dem Urteil der *Süddeutschen Zeitung* »qualitativ und taktisch der Mehrheit in der Liga überlegen« war. Journalisten von überregionalen Zeitungen reisten an den Bruchweg, um den märchenhaften Aufstieg der grauen Maus zu beleuchten, und kamen mit erstaunlichen Zitaten zurück. Klopp erklärte, dass sein Mainz »sein Spiel unabhängig vom Gegner« spielte, »ruhende Bälle ausgenommen«. Oder: »Sieg und Niederlage müssen erklärbar sein. Man muss Spiele gewinnen, weil man eine Entwicklung durchgemacht hat. Keiner verliert ein Spiel, weil er irgendwo einen Zweikampf verloren hat.« Um nicht als streberhafter Besserwisser mit Nickelbrille rüberzukommen und dasselbe Schicksal zu erleiden wie Rangnick – der als »Professor« verspottet wurde, nachdem er 1998 im ZDF-*Sportstudio* die Vorzüge der Viererkette angepriesen hatte –, würzte Klopp seine theoretischen Ausführungen mit kernigem Kabinendeutsch: »Die Mannschaft ist heiß wie Frittenfett«, sagte er gern.

Mainz hatte die gewaltige Summe von null D-Mark für Neuzugänge ausgegeben. Sechs Abgänge brachten dieselbe Summe in die Vereinskasse: nichts. Das Budget für das Jahr 2001/02 lag bei vierzehn Millionen D-Mark, und das Stadion war noch immer ein wackeliger Haufen Stahl und Holz, zu zwei Dritteln leer. Nach dem knapp abgewendeten Abstieg im Mai feierten die Anhänger die Siegesserie mit selbstironischem Humor: »Wir sind nur ein Karnevalsverein«, sangen sie auf den Tribünen. Klopps überraschende Erfolge und seine entfernte äußere Ähnlichkeit mit einem gewissen Zauberlehrling brachten die *Bild*-Zeitung auf die Idee, ihn den »Harry Potter der Zweiten Liga« zu nennen. Klopp ließ der Spitzname kalt: »Die Leute müssen sich irgendwie erklären, warum wir da oben sind.«

Vom zweiten Spieltag an stand Mainz auf einem Aufstiegsplatz. Ein grandioser 4:1-Heimsieg über Arminia Bielefeld vor 14700 Zuschauern Mitte April 2002 öffnete die Tür zur Bundesliga. Mainz benötigte aus den verbliebenen drei Spielen drei Punkte, um die außergewöhnlichste Saison in der Vereinsgeschichte zu krönen. Es folgte ein 1:1 in Duisburg, dann ein 1:1 zu Hause gegen Angstgegner Greuther Fürth. Nur bei einer Niederlage im letzten Spiel beim 1. FC Union Berlin und gleichzeitigen Siegen der Konkurrenten Bochum und Bielefeld konnte der FSV noch auf den vierten Platz abrutschen. »Wir werden nach Berlin fahren«, prophezeite Heidel, »unseren Job machen und als Erstligist zurückkommen.«

Mainz fuhr ins Stadion an der Alten Försterei – und geriet in einen Hinterhalt. Viele neutrale Fans hegten zwar Sympathien für die Underdogs und ihren unterhaltsamen Fußball, doch bei den Köpenickern aus dem Osten der Hauptstadt herrschte eine mit Ressentiments gegen Wessis aufgeladene Atmosphäre. »Da schlug uns ein Hass entgegen, der echt brutal war«, sagt Heidel. »Dabei ist es für die um gar nichts gegangen. Nachts ist der Bus angegriffen worden, wir sind bespuckt worden, da war eine Stimmung in dem Stadion, als ob es um den WM-Titel ging.« Auf diesen Hexenkessel war Mainz nicht vorbereitet.

Die Atmosphäre war durch den Artikel eines Journalisten vom Boulevardblatt *Berliner Kurier* angeheizt worden. (»Ein Idiot«, so Strutz.) Klopp hatte im Dezember ein paar unverfängliche Bemerkungen über Unions kampfbetonten Fußball gemacht. Der *Kurier* schrieb daraufhin, der Mainz-Trainer hätte den Kultklub aus der ehemaligen DDR als »Kloppertruppe« abqualifiziert. Zudem wurde Klopp als Klugscheißer dargestellt, als selbsternannter Fußballerneuerer à la Rangnick und Lieblings-Interviewpartner des DSF, das damals die Zweite Liga übertrug.

Union spielte mit dem Messer zwischen den Zähnen und ging nach einer knappen Stunde in Führung. Der Schweizer Stürmer Blaise Nkufo kam mit dick bandagiertem Bein für die Mainzer rein und schoss zwanzig Minuten vor dem Ende den Ausgleich. »Da haben wir eigentlich gedacht, wir haben es geschafft«, sagt Heidel. »Aber dann kriegen wir kurz vor Schluss das 1:2, machen auf und kriegen noch ein drittes Tor.« Mainz rutschte auf den vierten Platz ab, weil die Mannschaften hinter ihnen gewonnen hatten. »Das ganze Stadion sang Schmähgesänge in Richtung Kloppo. Das war bis zum heutigen Tag vielleicht seine bitterste Niederlage überhaupt. Weil er da etwas kennengelernt hat, was er vorher so nicht kannte. Er war ja so ein bisschen der Sonnyboy. Alle wollten Interviews mit ihm. Mit seinen Sprüchen hat er alle zum Lachen gebracht.«

Klopp weinte in der Kabine bittere Tränen. »Unser Lebenstraum ist zerstört worden«, sagte er kreidebleich. Auch Heidel war verzweifelt. »Zum damaligen Zeitpunkt glaubte ich, das war es jetzt, jetzt bricht uns die Mannschaft weg. Ist dann ja auch passiert, muss man sagen, es sind viele weggegangen. Weil sie einfach gut waren. Wir haben ja noch nicht ahnen können, dass wir im nächsten Jahr das Drama hoch zwei erleben.«

Spieler und Trainerstab ertränkten ihre Trauer über den verpassten Aufstieg im Berliner Mannschaftshotel bis zum Sonnenaufgang, wie Sandro Schwarz berichtet: »Wir haben uns gesagt, jetzt müssen wir ganz schnell irgendwas anderes veranstalten, eine Art Euphorie entfachen mit diesem Nicht-Aufstieg.« Schwarz erinnert sich, wie sie am Mainzer Bahnhof ankamen und zu ihrer Überraschung von ein paar hundert Fans mit Fahnen und Transparenten empfangen wurden. »Früher konntest du durch Mainz laufen, und es hat keine Sau interessiert.« Nun erkannte die Mannschaft, dass die Anhänger wirklich hinter ihr standen. »Am nächsten Tag herrschte keine tiefe Trauer mehr, und man hatte schon das Gefühl, okay, nächstes Jahr werden wir wieder angreifen. Das hat der Kloppo brutal vorgelebt. Er ist sehr kämpferisch damit umgegangen.«

Doch die Ausgangslage für einen zweiten Anlauf war nicht einfach. Mainz musste ein neues Team aufbauen. Drei Leistungsträger (Stürmer Nkufo, Innenverteidiger Manuel Friedrich und der linke Außenverteidiger Markus Schuler) verließen den Verein, und im Hinblick auf die erste Bundesligasaison, aus der nun ja nichts geworden war, hatte man im Stadion mit dem Ausbau von zwei Zuschauertribünen begonnen. (Das Land Rheinland-Pfalz stellte 5,75 Millionen Euro zur Verfügung, die Stadt Mainz übereignete dem Verein das Stadiongelände und verzichtete auf die jährliche Pacht von 100 000 Euro.) Erschwerend kamen Verletzungen mehrerer Schlüsselspieler hinzu.

Nach einem Auswärtssieg zum Auftakt, ausgerechnet bei Union Berlin, rangierte Klopps Team die ganze Saison knapp unterhalb der Aufstiegsränge. Die Vereinsoberen waren mittlerweile fest davon überzeugt, dass der Schwabe (zu dem Zeitpunkt noch immer ohne Profitrainerlizenz) der richtige Mann war, um sie voranzubringen. Im Oktober 2002 wurde Klopps Vertrag trotz einer zweimonatigen Durststrecke ohne Heimsieg um zwei Jahre verlängert. »Mein Interesse, hier zu verlängern«, sagte er der *Frankfurter Rundschau*, »war genauso groß wie das Interesse des Vereins. Es ist nach wie vor ein Vergnügen, hier zu arbeiten und sich hier entwickeln zu dürfen. Außerdem hat man nicht allzu oft im Leben die Gelegenheit, da, wo man ist, genauso zu sein, wie man ist. Hier geht das. Ich glaube, ich hätte für einen anderen Verein noch nicht einmal die geeigneten Klamotten.«

Drei Spiele vor Saisonende rückte der FSV nach einem dramatischen 3:2-Sieg im Derby gegen den großen Nachbarn Eintracht Frankfurt auf Platz drei vor. »Nichts in mir schreit ›Juhu‹ oder ›Vorentscheidung‹«, warnte Klopp. Die restlichen Spiele schienen machbar: auswärts gegen das abstiegsgefährdete Ahlen, zu Hause gegen die graue Maus Lübeck, auswärts gegen Braunschweig, das ebenfalls vom Abstieg bedroht war. »Diesen elektrisierenden Fußball wollen wir jetzt immer haben«, sagte Strutz.

Im kleinen Wersestadion in Ahlen flogen mit Sicherheit Funken. Die Mainzer lagen früh 0:2 hinten, waren nach neunzig Minuten dann 3:2 vorn, und schafften es trotzdem noch zu verlieren. Zwei Gegentore in der Nachspielzeit ließen sie auf den fünften Tabellenplatz abrutschen. Klopp und Torhüter Dimo Wache gerieten nach dem Schlusspfiff beinahe handgreiflich aneinander. Mainz schien aus dem Rennen um den Aufstieg, aber war am nächsten Wochenende plötzlich wieder im Geschäft. Ein 5:1 über Lübeck ebnete den Weg zu einem weiteren Endspiel, diesmal in Braunschweig. Mainz musste gegenüber dem drittplatzierten Frankfurt (zu Hause gegen Reutlingen) ein Tor höher gewinnen, um den Traum von der Bundesliga endlich zu verwirklichen. Klopp zog mit seinem Team ins Trainingslager, um die Köpfe frei zu bekommen, denn er wusste, dass ein abermaliges Scheitern den beliebten Underdog zur Lachnummer machen konnte. Schon nannten sie einige das »Vizekusen der Zweiten Liga«.

Am Spieltag war von Nervosität nichts zu spüren. Mainz lag nach zwanzig Minuten mit 2:0 vorn und erhöhte sogar auf 4:0, bevor Braunschweig in der achtzigsten Minute der Ehrentreffer gelang. Bei Spielschluss in Niedersachsen war Mainz aufgestiegen, da Frankfurt gegen Reutlingen kurz vor Schluss nur mit 4:3 führte.

Klopp deutete mit den Handflächen zu Boden, wie um die aufwallende Freude zu dämpfen. In Frankfurt wurde noch gespielt. Die Eintracht hatte gerade auf 5:3 erhöht und brauchte nur noch ein Tor, um an Mainz vorbeizuziehen. Klopp und seine Spieler legten sich gegenseitig die Arme auf die Schultern und bildeten einen Kreis um Teammanager Axel Schuster, der über Handy mit einem Journalisten in Frankfurt verbunden war. Im Waldstadion lief die Nachspielzeit, keine drei Minuten mehr. Zweieinhalb Minuten zwischen Hoffen und Bangen später geschah das Unvorstellbare. Die Eintracht erzielte mit dem Schlusspfiff das 6:3. Mainz war Vierter und das zweite Jahr in Folge in Tränen aufgelöst. »Wir haben gedacht: Wo ist die versteckte Kamera?«, sagt Sandro Schwarz. »Wir hatten ja Chancen für sieben oder acht Tore. Ich kriege heute noch Gänsehaut, wenn ich daran denke. Der Axel Schuster mit einem Telefon in der Hand. Und wir alle haben auf sein Gesicht geschaut. Da war eine völlige Leere. Danach ist jeder für sich dann ein paar Minuten raus, weg. Jeder dachte, das kann doch nicht wahr sein.«

»Die Meister der Schmerzen« nannte sie die *Frankfurter Rundschau* mit aufrichtigem Mitgefühl. Andere verhöhnten sie als die »Unaufsteigbaren«.

»Ein fürchterliches Erlebnis ... da braucht man nichts zu erzählen«, erinnert sich Strutz. Er schluchzte hemmungslos auf dem Rasen neben Heidel. Klopp war schnell in die Kabine gerannt, um den Journalisten und den schadenfrohen Gesängen der Eintracht-Anhänger zu entfliehen. Strutz: »Er hat eine Zigarette geraucht. Das weiß ich, weil ich das auch tat. Wir haben keinen Ton gesagt.« Eigentlich habe man gedacht, dass es nach Berlin nicht noch schlimmer kommen könne.

Klopp brach in Tränen aus, als sein dreizehnjähriger Sohn

Marc ihn fragte, ob er am nächsten Tag in die Schule müsse. Doch alles in allem wahrte er die Fassung erstaunlich gut. »Ich glaube daran, dass alles im Leben für etwas gut ist«, sagte er. »Irgendwann werde ich erfahren, für was das hier heute gut war.«

Am nächsten Tag wurde die Mannschaft auf dem Gutenbergplatz in Mainz von 8000 trotzigen Anhängern begrüßt. Mainz hatte, wie es Heidel ausdrückt, »wieder auf die Fresse bekommen«, aber dann »hat sich Kloppo da hingestellt, eine dieser fulminanten Reden gehalten und die Leute in einer unglaublichen Art und Weise emotionalisiert und begeistert ...«

»Wir stehen wieder auf«, sagte der Trainer. »Wir sind alle noch jung, keiner muss resignieren. Wir wollen noch viel für die Stadt und unsere Fans reißen. Ich weiß, dass die Leute sagen, die Mainzer schaffen es nie. Doch die haben ein Problem, denn wir kommen wieder. Wir werden weiter versuchen, alles Mögliche für den Erfolg zu tun. Wer uns abschreibt, täuscht sich gewaltig.«

Die Botschaft, erklärt Schwarz, sei glaubwürdig gewesen, weil auch der Bote es gewesen sei. »Das ist einfach der Mensch Kloppo, der sehr, sehr kämpferisch ist. Und er kann die Dinge so vermitteln, wie er sie selbst fühlt. Wahrscheinlich hat er es schon vom ersten Tag an gefühlt, dass das alles Prüfungen sind. Und wenn wir uns richtig verhalten und richtig damit umgehen, dann wird es etwas Gutes haben. Ich glaube, das ist der entscheidende Punkt bei Kloppo. Er hat uns nie etwas vorgespielt. Er ist so überzeugend aufgetreten, dass wir das Gefühl hatten, wir ziehen es einfach weiter durch. Es gibt keine andere Möglichkeit. Wir können jetzt ja nicht den Fußballverein abmelden. Es war ganz klar, dass jetzt der nächste Anlauf folgt. Ich weiß noch, wie er gesagt hat: ›Damals hat ein Punkt gefehlt, jetzt ein Tor, dann ist ja wohl klar, was ein Jahr später passiert.‹ Und so kam es dann ja auch.«

In der Tat. Allerdings nicht ganz so wie erwartet. Klopps dritte komplette Saison als Trainer war, an Punkten gemessen, seine schlechteste. Der ukrainische Stürmer und passionierte Pferdeschwanzträger Andrej Woronin, der mit seinen zwanzig Toren zu erfolgreich für die Zweite Liga geworden und zum 1. FC Köln gewechselt war, hatte im Angriff eine große Lücke hinterlassen. Die Leistungen waren ziemlich mittelmäßig. Heidel monierte, dass zu viele Spieler von der Bundesliga träumten, statt sich auf die vor ihnen liegende Ochsentour zu konzentrieren. Klopp verteidigte seine Mannschaft energisch gegen Kritik von außen (»Mich hat immer gestört, wenn ein Trainer nach einem Sieg gesagt hat, es sei seine richtige Taktik gewesen, und bei Niederlagen waren die Spieler schuld. So etwas widert mich an«), aber die Unbeständigkeit wuchs sich zu einer Krise aus. Von Mitte Dezember bis Mitte April gewann der FSV nur zwei Ligaspiele. Er war Achter, mit sechs Punkten Rückstand auf den Dritten bei noch fünf ausstehenden Spielen.

»Die Saison war für uns eigentlich gelaufen«, sagt Kramny. »Nach vorne schien nichts mehr zu gehen, jetzt mussten wir zusehen, dass die Mannschaft verändert wurde. Zweimal hatte es nicht geklappt, und der dritte Anlauf stockte.« Zudem standen in Mainz dringende Einsparungen vor der Tür. Der Klub hatte in den letzten zwei Spielzeiten Geld verloren und musste neue Mittel beschaffen, da die Kosten für den Stadionumbau höher ausgefallen waren als vorgesehen.

In jenem Frühjahr, so Kramny weiter, habe Klopp zum ersten Mal etwas ratlos gewirkt. Der Trainer bat die Spieler, anonym aufzuschreiben, wo ihrer Meinung nach die Ursachen für die momentane Misere lagen. Niemand hatte eine Erklärung, die weiterhalf. In einer anschließenden Mannschaftssitzung sagte Klopp seinen Leuten, sie sollten nun aufhören, über das Negative zu grübeln. Es liege allein an ihnen, einen Stimmungsumschwung herbeizuführen und für frischen Wind zu sorgen. »Das ist unser Auftrag für die letzten fünf Spiele«, verordnete er.

Zum Glück für Mainz leistete Duisburg im nächsten Spiel nur schwache Gegenwehr und ging am Bruchweg 1:4 unter. In Lübeck gewann man ebenfalls 4:1. Dann folgte ein 2:0 zu Hause gegen Unterhaching. Doch auswärts beim bayerischen Abstiegskandidaten Regensburg hatte Klopps Team Ladehemmung. Nach dem torlosen Unentschieden blieb es Vierter. Um doch noch aufzusteigen, musste Mainz am letzten Spieltag Eintracht Trier zu Hause schlagen, und Alemannia Aachen, der Tabellendritte, durfte beim Karlsruher SC nicht gewinnen.

Klopp hängte in der Kabine ein Transparent auf: »Jaaaaaaaaa!« stand darauf. »Der Mainzer Trainer will seinen Spielern den großen Druck nehmen«, schreiben Rehberg und Karn, »indem er ein Gefühl der Vorfreude erzeugt. Im Vordergrund soll nicht der Siegzwang stehen, sondern die Aussicht auf den lange ersehnten Glücksmoment.« Und Mainz gewann vor ausverkauftem Haus mit 2:0. Doch wieder war man vom Ergebnis auf einem anderen Platz abhängig. Nach dem Schlusspfiff am Bruchweg lief das Spiel in Karlsruhe noch. Aachen lag 0:1 hinten. Ein paar angespannte Minuten später hat es Mainz endlich geschafft.

Mit vierundfünfzig Punkten war Mainz der historisch schlechteste Bundesligaaufsteiger, doch das spielte keine Rolle. »Da ist eine ganze Stadt explodiert«, sagt Heidel über den kollektiven Freudenausbruch. »Mainz ist ja eine emotionale Stadt, man feiert hier gern und ist sehr stolz darauf. Aber so etwas hatte ich noch nicht erlebt.« Mainz, eine Stadt ohne große Fußballgeschichte, hatte neunundneunzig Jahre nach

Gründung des FSV seine Liebe zu diesem Sport und seiner Mannschaft entdeckt. »Die ganze Stadt ein einziges Chaos. Überall Menschen.« Der Mannschaftsbus brauchte eine halbe Ewigkeit für die kurze Fahrt vom Stadion zum Gutenbergplatz, durch ein Meer strahlender, überglücklicher Gesichter. Spieler und Trainer zeigten sich der Menge auf den Balkonen des Staatstheaters, und natürlich war es Klopp, der, tränenüberströmt und mit Sekt übergossen, das Mikrophon schnappte und nur ein Wort schrie: »Jaaaaaaaaaa!«

Eine einzige Feier war nach den beiden Enttäuschungen der Vorjahre nicht genug, beschlossen Heidel und der Trainer spontan und verfügten, dass man sich tags darauf an gleicher Stelle zu einer zweiten Aufstiegsparty zu treffen hatte. »Am nächsten Tag waren alle wieder da. 30 000 Menschen. An einem Montag! Die ganze Stadt war wieder dicht. Das war schon gut, und das Gesicht von allem, das war Kloppo. Ohne Zweifel. Aber er hat das niemals eitel für sich in Anspruch genommen. Er ist einfach authentisch.«

Klopps Ansprache in der Innenstadt habe allen Tränen in die Augen getrieben, berichtet Döhling mit einem Hauch von Übertreibung, und Mütter dazu gebracht, ihre Babys hochzuhalten und zu rufen, dass sie sie nach dem Trainer benennen würden.

»Das große Wunder überhaupt war, dass wir im dritten Jahr dann doch aufgestiegen sind«, sagt Strutz, dessen Vater bereits Präsident des Vereins gewesen war. Der erste Aufstieg des FSV in die Eliteklasse krönte daher nicht nur sein Lebenswerk. »Normalerweise steigen Vereine nach zwei solchen Rückschlägen gnadenlos ab. Im Nachhinein betrachtet war es das Beste, was uns als Verein passieren konnte, zwei Mal nicht aufzusteigen. Wissen Sie, warum? Wegen dieser Geschichte hat uns jeder Fußballbegeisterte in Deutschland den Aufstieg gegönnt. Weil wir so sympathisch waren.

Weil wir gesagt haben, ›Mainz ist ein Aufstehmännchen‹ – wir stehen immer wieder auf.« Ein kleiner Verein, der ein »Nein« nicht akzeptieren wollte und dem Schicksal ein »Ja« in seine hässliche Fratze schleuderte. »Ich glaube, das ist nur deshalb gelungen, weil Klopp dieses besondere Verhältnis zu seinen Spielern hatte. Es war keinem Spieler egal, in diesem Verein zu spielen, und auch heute sehen wir, dass die Spieler unglaublich gerne zu uns kommen, auch die, die vor zehn Jahren hier gespielt haben.«

Es ist eine Binsenweisheit, dass Fußballmannschaften dazu neigen, nach einer Weile ihren Trainern ähnlich zu werden, doch in Mainz war diese Ähnlichkeit offensichtlicher als anderswo. »Das waren limitierte Fußballer«, sagt Quast. »Da war kein überragender Kicker dabei. Manuel Friedrich nehme ich da mal aus. Ganz viele haben mich an Kloppo erinnert. Nehmen wir Toni da Silva … Über den hat der Kloppo mal gesagt: Das ist der einzige Brasilianer, der nicht Fußball spielen kann. In Mainz wurde er zum Star, hier hat er funktioniert. Alles Durchschnittskicker, aus denen nirgendwo etwas Besonderes geworden wäre. Marco Rose … der steigt nach dem Aufstieg aus dem Bus und brüllt in meine Kamera: ›Da ist er, der Erstligaspieler Rose. Was? Glaubt das keiner? Irgendwelche Einwände?‹ Der hätte in keiner anderen Stadt der Welt Erstligaspieler werden können. Das ging nur in Mainz, die hatten alle so eine Mentalität wie der Kloppo. Die haben richtig Gas gegeben, auch wenn sie in der Stadt waren. Das Ballplatz-Café in Mainz, das war in der Regel die Hauptanlaufadresse. Da war der Kloppo mit dabei. Zeig mir bitte einen anderen Trainer, der mit seiner Mannschaft steil geht.«

Der Aufstieg brachte Mainz eine Verdoppelung des Etats auf zwanzig Millionen Euro pro Saison und milderte die Finanzprobleme, die der Stadionumbau nach sich zog. Altgedienten Spielern wie Sandro Schwarz und Jürgen Kramny wurden neue Verträge angeboten. Doch für echte Stars war noch immer kein Geld da.

»Die Konkurrenz darf sich auf einen Klub einstellen, der mit dem SC Freiburg in den Wettbewerb um den nettesten Bundesligisten treten wird«, schrieb die *Süddeutsche Zeitung.* »Nicht übersehen sollte man jedoch, dass es Mainz 05 in der Bundesliga ausgesprochen schwer haben wird. Auf den Rängen singen die Fans Karnevalslieder, und auf dem Rasen schuftet dazu tapfer eine Mannschaft, die nicht unter Kunstverdacht steht. Und dem Spiel des Aufsteigers merkt man Klopps Vorliebe für die englische Art und Weise zu kicken an.«

»Die Bundesliga kann sich auf uns freuen«, verkündete der Trainer. »Wir sind geil auf diese Liga.«

Im Juni 2004 lag der deutsche Fußball am Boden, war orientierungslos und demoralisiert. Die Nationalmannschaft unter Rudi Völler war gerade zum zweiten Mal in Folge in der Gruppenphase der Europameisterschaft ohne einen Sieg ausgeschieden und hatte sich mit lahmem Ballgeschiebe blamiert, das von entsetzten Experten und Journalisten wahlweise als »Schlafwagen-« oder »Rumpelfußball« tituliert wurde.

Der Fußball, den die Besten des Landes spielten, sah so hoffnungslos rückständig aus, dass jetzt, zwei Jahre vor der Weltmeisterschaft auf heimischem Boden, kein gestandener Trainer die Mannschaft übernehmen wollte. In Ermangelung etablierter Kandidaten übertrug der DFB die Aufgabe widerwillig Jürgen Klinsmann, dem in Kalifornien lebenden Reformer, der die Notwendigkeit zu mehr Tempo und eine aggressive, jugendliche Neupositionierung der Marke Nationalmannschaft predigte. »Deutschland ist immer ein ›Doer‹-Land gewesen, aber wir hatten aufgehört, ›Doer‹-Fußball zu spielen«, erinnerte er sich zehn Jahre später.

Es sollte bis zum Ende der Weltmeisterschaft 2006 dauern, ehe die von vielen beargwöhnten Methoden des ehemaligen Stürmers offiziell Anerkennung fanden. In der Bundesliga erfolgte die Wende etwas früher. In der Saison 2004/05 legte die langweilige, behäbige und taktisch antiquierte Liga einen Zahn zu. Drei junge schwäbische Trainer, die gelernt hatten, dass kleine Teams dank einer klugen Strategie und der engagierten Umsetzung in der Zweiten Liga größer und besser werden konnten, stellten fest, dass ihr Konzept genauso gut auch gegen die traditionellen Branchenführer auf nationaler Ebene funktionierte. »Es scheint ein Ruck durch die Bundesliga zu gehen«, schrieb die *Frankfurter Allgemeine.* »Risikofußball, eine nach vorne gewandte Verteidigung, Pressing und eine allgemeine Beschleunigung: Das sind die Kennzeichen dieser Bewegung, die gerade die ›armen‹ Underdogs verkörpern.« Klassische Ausputzer und lauffaule Spielmacher hatten keinen Platz mehr in einem Spielsystem, dessen Betonung des Kollektivs der landläufigen Überzeugung widersprach, dass Einzelspieler auf diesem Niveau den Unterschied ausmachten. »Sie lassen Konzeptfußball spielen, keinen Heldenfußball«, bemerkte die *Berliner Zeitung* zu der neuen Trainergeneration von »Bessermachern«, die am Status quo rüttelten.

Bei Schalke 04 verbot Ralf Rangnick im Training Rückpässe und erlaubte maximal zwei Ballberührungen. Arminia Bielefelds Uwe Rapolder, der die Ostwestfalen auf einen Aufstiegsplatz vor Mainz geführt hatte, gewann erstaunlich viele Spiele mit einer deutlich unterdurchschnittlichen, aber perfekt gedrillten Mannschaft, die viel talentiertere Gegner niederkämpfte und überlistete. Und der Mainzer Trainer Jürgen Klopp, der dritte und bei weitem lauteste Vertreter dieses Trios von Fußballmachern aus dem Südwesten, legte mit seiner Mannschaft einen begeisternden Saisonstart hin, der jene Zyniker Lügen strafte, die prophezeit hatten, dass der FSV eine Dauerparty bis zum sicheren Abstieg feiern werde. Fünf Siege und drei Unentschieden in den ersten zehn Spielen bewiesen, dass der finanziell klamme Neuling mit den Großen gut mithalten konnte.

Trotz der theorielastigen Untermauerung ihrer Spielweise wurden Schalke, Bielefeld und Mainz als Spaßmannschaften bewundert. Ihre Trainer ließen nicht nur guten, modernen Fußball spielen. Sie sprachen auch interessant darüber. Besonders Klopp glänzte im Scheinwerferlicht, becircte das Publikum mit ausführlichen Beschreibungen der Strategien seiner Mannschaft und Lobeshymnen auf ihren Kampfgeist, wobei er betonte, dass der beste Plan nichts wert sei ohne die Beine und die Leidenschaft, die man zu seiner Umsetzung brauche. Zwei lange Interviews mit dem *Spiegel* und der *taz* lieferten genügend schmissige Zitate für zehn Jahre. Sie lasen sich nicht wie das übliche Frage-und-Antwort-Spiel, eher wie ein Manifest: für einen anderen Fußball und eine neue Art zu coachen, die auf den Grundsätzen von Menschlichkeit und Respekt beruhte.

»Wir wollen das Spiel dominieren«, sagt der zweitjüngste Trainer in der Liga nach Matthias Sammer über seinen Matchplan. »Und zwar vor allem auch dann, wenn wir den Ball nicht haben. Wir wollen, dass der Gegner den Ball nur dorthin spielt, wohin wir es erlauben. Was wir machen, ist Torvorbereitung, während der Gegner noch den Ball hat. Wir wollen den Ball so früh erobern, dass wir nur noch einen Pass brauchen, um vor der Kiste zu stehen. Wir laufen auch gar nicht mehr als andere. Wir schalten nur zwischendurch nicht ab. Denn warum sollen wir Pausen machen? Wir trainieren doch die ganze Woche, um dann neunzig

Minuten fit zu sein. Und wir haben ein klares System. Wir stechen nicht einfach durch die Gegend wie die Hornissen. Wir locken den Gegner und stechen dann zu Ende. Die Leute sagen so oft, Fußballer sollen rennen und kämpfen. Genau das schreiben wir uns auf die Fahnen. Wir sind die Speerspitze des Otto Normalverbrauchers. Die Eintrittskarte der Spieler für diese Mannschaft ist Woche für Woche klar definiert: Leidenschaft, Laufbereitschaft, Wille. Es wäre schlimm, wenn auch nur einer aus dem Stadion rausgeht und sagt: ›Die hätten mehr rennen und kämpfen müssen.‹ Dann hätten wir alles falsch gemacht. Ich liebe dieses Spiel so sehr, weil es um Kraft geht. Die Emotionalität eines Spiels ist nur über Tempo und Aktion zu erreichen. Es geht nicht darum, so zu spielen, dass es reicht, um zu gewinnen. Ein Sieg allein ist nicht emotional. Nach guten Spielen stehen einem Montag oder Dienstag noch die Haare zu Berge. Fußball ist Theater. Wenn wir kein überragendes Stück spielen, sitzen am Ende nur noch zwei Leute rum.«

Den starken Zusammenhalt der Mainzer auf dem Platz führte Klopp auf eine besondere Verbundenheit zurück. Zwei Jahre zuvor war er mit den Spielern in eine abgelegene Schwarzwaldhütte gefahren, in der sie selbst kochen und die Toilette putzen mussten. Vor der ersten Bundesligasaison unternahm er mit ihnen eine Survival-Tour nach Schweden, die ziemlich unangenehm ausfiel – fast vier Tage lang Dauerregen, Stechmückenplage, und beinahe hätte die Mannschaft gemeutert (»Die wollten einen Helikopter chartern – nur raus hier«). Doch das Ergebnis des Gemeinschaftserlebnisses war eine neue Geschlossenheit. Klopp bat die Spieler, im Schein des Lagerfeuers einen Brief an sich selbst zu schreiben, über ihre Erfahrungen und Eindrücke bei dieser Reise in die skandinavische Wildnis. Die Briefe wurden in beschriftete Umschläge gesteckt und vom

Trainer eingesammelt. Sollte die Mannschaft in den kommenden Monaten in eine Krise geraten, wollte er sie an die jeweiligen Spieler verschicken. »Jeder soll dann in Ruhe noch einmal durchlesen, was er damals am Feuer, im Kreis der Mannschaft, niedergeschrieben hat, und sich damit auch wieder in diese besonderen und stärkenden Gefühle zurückversetzen.«

Den Mainzer Spielern wurde auch ein Dokumentarfilm über die neuseeländische Rugby-Nationalmannschaft, die »All Blacks«, gezeigt. Klopp fragte sie, was sie davon hielten, wenn sie sich die »All Reds« nennen würden. Würde ihnen das peinlich sein? Oder könnten sie ihr Trikot überstreifen und sich sagen: Sobald ich das Ding anhabe, gehe ich bis ans Limit? Die Mainzer tanzten in der Kabine zwar nie den Haka-Tanz, aber wenn sie vor einem Stadion vorfuhren, liefen in ihrem Bus immer Maori-Gesänge.

Da der Klub es sich nicht erlauben konnte, Spieler zu kaufen, die nicht ins fußballerische und psychologische Profil passten, führten Heidel und Klopp ausführliche Bewerbungsgespräche mit möglichen Kandidaten. Wenn es sich machen ließ, wurde der Spieler mit seiner Frau oder Freundin nach Mainz eingeladen. Zuerst sprach Klopp allein mit dem Spieler drei, vier, fünf Stunden über Fußball, während Heidel der weiblichen Begleitung die schönsten Ecken von Mainz zeigte. Anschließend unterhielt sich Heidel mit dem Spieler, um Näheres über seinen familiären Hintergrund zu erfahren und einen Eindruck von ihm als Mensch zu bekommen. »Ich habe ihm auch viel über Jürgen Klopp erzählt, was ja immer doof ist, wenn er selbst neben dran sitzt«, sagt Heidel. »Zum Beispiel, dass er ihn irgendwann mal lieben wird. Und solche Sachen.«

Es gab zwei entscheidende Fragen: »›Trainierst du gerne?‹ Wenn einer gesagt hat: ›Na ja, geht so, aber am Wochenende bin ich da.‹ Und tschüss. Kein Thema. Und zweitens: ›Läufst du gerne?‹ Wenn einer gesagt hat: ›Ich mache es lieber mit Technik‹, oder ›Ich brauch das nicht‹, und tschüss. Die haben wir nicht genommen. Ich habe dem Spieler gesagt: ›Wenn du einer bist, der keinen Bock auf Trainieren hat, dann wirst du nie hier spielen. Egal, wie du heißt.‹ Und diese Ehrlichkeit haben die Spieler verstanden. Wir hatten viele Spieler hier, die wir nicht genommen haben. Weil wir einfach nicht das Gefühl hatten, dass die das, was bei Kloppo verlangt wird, bringen können. Kloppo hat immer gesagt: ›Ich möchte das Gefühl haben, dass du dir jetzt nur noch einen einzigen Klub vorstellen kannst. Und das ist Mainz. Wenn du das Gefühl nicht hast, wenn du sagst, ich muss nachher noch mit dem oder dem reden, dann lass es. Wenn du jetzt kein Feuer gefangen hast, nachdem wir dir erklärt haben, was Mainz ist, dann darfst du nicht hierherkommen. Dann musst du uns absagen. Und sei ehrlich, weil, sonst passt du nicht hierher.‹ Den Spielern hat das imponiert. Dann haben wir sie nach Hause geschickt, ohne Angebot. Wir haben gesagt: ›Denk drüber nach, ob du dir das überhaupt vorstellen kannst. Und wir zwei machen dasselbe, Kloppo und ich. Wir werden das jetzt sacken lassen. Und dann sag ich dir, ob wir dich haben wollen oder ob wir dich nicht haben wollen. Wenn es am Geld scheitert, dann scheitert es halt.‹ Es ist ganz, ganz selten gescheitert. Die Spieler, die wir am Wickel hatten, die haben wir alle gekriegt. Wir haben sie alle umgehauen. Das war perfekt eingespielt zwischen uns beiden. Kloppo ist ein Menschenfänger.«

Der ägyptische Stürmer Mohamed Zidan war ein gutes Beispiel. Sein Berater verwarf einen Wechsel von Bremen nach Mainz mit der Bemerkung: »Mainz? Was will er denn in Mainz?«, erinnert sich Heidel. »Und dann haben wir im Hilton in Mainz gesessen. Der hat noch im Hotel gesagt:

›Ich will nur hierher. Ich will unbedingt hierher.‹« Abgesehen von einem funktionierenden System, das aus einem Spieler das Beste herausholt und dadurch seinen Marktwert steigert (»Wer jetzt in Mainz Leistung bringt«, prophezeite Klopp, »hat irgendwann die Möglichkeit, auch das zu verdienen, was die anderen kriegen«), bot der Verein auch eine attraktive Life-Work-Balance. Heidel: »Es gibt schlechtere Städte zum Leben. Als Fußballer kannst du hier noch einigermaßen normal leben. In Köln kannst du nicht auf die Straße gehen als Fußballer, hier geht das. Sie werden kaum einen Spieler finden, der sich in dem Klub nicht wohl gefühlt hat. Wir haben nie Strafen ausgerufen, war gar nicht notwendig.«

Das hieß nicht, dass die üblichen Regeln nicht galten. Wer zu spät zum Training kam, musste ein paar hundert Euro berappen. Auch der Trainer wurde bei Zuspätkommen zur Kasse gebeten: fünfhundert Euro. Eines Tages, als Mainz noch in der Zweiten Liga spielte und Klopp im kleinbürgerlichen Frankfurter Gallusviertel wohnte, wollte er den ganz in der Nähe wohnenden Michael Thurk abholen, um dann wie jeden Tag auf der notorisch verstopften A66 zum Training zu fahren. Mehrfaches Klingeln an der Haustür blieb unbeantwortet. Darauf drückte Klopp alle Klingelknöpfe, bis ihn jemand hineinließ. Dann hämmerte er an Thurks Wohnungstür. Nach einer Weile ging die Tür auf: Thurk stand in Unterhosen da und sagte: »Oh, sorry, Trainer …«

»Ich gebe dir genau zwei Minuten, sonst fahre ich ohne dich.«

Und neunzig Sekunden später stand Thurk unten vor dem Wagen, wild durcheinander angezogen. Die Fahrt nach Mainz war »relativ stressig«, wie Quast berichtet, der die Fahrgemeinschaft vervollständigte. »Da war komplett Stau. Kloppo hat geschwitzt, fünfhundert Euro waren zu dem Zeitpunkt viel Geld für ihn. Und auch der Thurk hat geschwitzt, weil der Kloppo gesagt hat: Wenn ich zu spät komme, zahlst du. Irgendwie haben sie es dann doch noch rechtzeitig geschafft.«

Klopp legte Wert darauf, seine Spieler so zu behandeln, wie er als Spieler von Trainern gern behandelt worden wäre. Mittelfeldspieler Fabian Gerber bekam einen Tag trainingsfrei, weil seine Mutter Geburtstag hatte – ein kontrovers diskutierter Vorgang in der von Machogehabe geprägten Bundesliga. »Vor zehn Jahren durfte ich nicht mal zur Einschulung meines Sohnes. Heute frage ich mich, wie ich so bescheuert sein konnte, dass ich mich diesem Verbot des Trainers nicht widersetzte und hingegangen bin«, begründete Klopp seine Großzügigkeit. »Ich will, dass es den Menschen in meinem Umfeld gut geht. Darum geht es doch im Leben. Okay, wir spielen Fußball, und da gibt es harte Worte und mehr. Aber ich muss Menschen nicht auf die Flossen treten. Ich muss ihnen keine Strafen androhen, um Leistung einzufordern. Ich muss die Ziele den Spielern so aufzeigen, dass sie automatisch da hinwollen. Daran glaube ich.«

Die Stürmer Benjamin Auer und Thurk plädierten gelegentlich dafür, es im Spiel lockerer angehen zu lassen, aber ohne Erfolg. Klopp war kompromisslos, was seine Fußballphilosophie anging. »Einer, der hier überhaupt nicht klarkam, war Hanno Balitsch«, betont Heidel. »›Klopp und die Mannschaft, die sind wie eine Sekte‹, hat er immer gesagt. ›Die lachen ständig.‹ Das konnte er nicht ertragen, und er fand es auch komisch, dass Spieler den Trainer duzten. Wenn wir uns heute treffen, lachen wir darüber. Aber sonst gibt es, glaube ich, nicht viele Spieler, die sich hier nicht wohl gefühlt haben. Selbst wenn sie nicht gespielt haben – die würden nie etwas Schlechtes über Mainz 05 sagen. Ich habe immer gesagt: Ruf Spieler an, die nicht mehr hier sind, denn die sagen die Wahrheit.«

Mainz erntete viel Lob für sein couragiertes Auftreten bei der 2:4-Niederlage gegen Felix Magaths Bayern im Olympiastadion Ende November. Doch dann zogen dunkle Wolken auf. Nach sieben weiteren Niederlagen und einem torlosen Unentschieden gegen Rapolders Bielefeld fand man sich auf dem fünfzehnten Tabellenplatz wieder, nur vier Punkte vor der Abstiegszone. Anstelle von aufschlussreichen Interviews des Trainers in seriösen Zeitungen gab es Fragen nach der Sicherheit seines Arbeitsplatzes. Doch der Mainzer Vorstand stellte klar, dass Klopp Trainer bleiben würde, selbst im Fall eines Abstiegs. Die Fragen verstummten wieder. »Klopp stand nie zur Disposition«, sagt Strutz. »Wir waren von ihm als Trainer und als Mensch überzeugt.«

Klopp riet den Fans am Bruchweg ein Schunkelverbot an und forderte stattdessen, jeden gewonnenen Zweikampf zu bejubeln. Er hatte schlaflose Nächte und gab später zu, dass er sich in der langen Misserfolgsphase allein gefühlt habe (»Du kannst keinen anderen Trainer fragen: Was macht man nach fünf, sechs, sieben Niederlagen hintereinander? Das kann dir keiner sagen, weil andere Trainer dann längst entlassen sind.«) Doch in der Kabine blieb er optimistisch und verströmte Ruhe. »Klopp hat es mit seiner positiven Art geschafft, dass sich die Spieler nie grundlegend in Frage gestellt haben. Das war die eigentliche Trainerleistung«, schreiben Rehberg und Karn. Außerdem half der Mannschaft eine taktische Neuausrichtung – sie spielte jetzt ein 4-3-2-1 – in die Erfolgsspur zurück. Siege gegen Freiburg (5:0), Schalke (2:1), Hannover (2:0) und Bochum (6:2) vertrieben die Abstiegsangst. Nach der 2:4-Heimniederlage gegen Meister Bayern München am 32. Spieltag war der Klassenerhalt auch rechnerisch gesichert. Beide Mannschaften feierten vor den Fanblöcken mit Bierduschen. Mainz beendete seine erste Bundesligasaison auf Rang elf.

Die Fähigkeit, sich, seinen Fußball und seinen Klub selbst in schwierigen Zeiten gut zu verkaufen, habe Klopp von Wolfgang Frank unterschieden, sagt Döhling. »Frank hatte diese Gabe nicht. Der hat gesagt: Scheiße, wir spielen nun oben mit, und das Stadion ist nicht voll. Das hat Kloppo ein bisschen geschickter gemacht. Wie sprichst du die Leute an? Sagst du ihnen, dass sie alle Idioten sind, weil sie nicht verstehen, wie geil du Fußball spielst? Oder sagst du ihnen: Das ist hier eine Vollgasveranstaltung, jeder, der sich das entgehen lässt, verpasst was. Das ist positiver. Eine positive Herangehensweise ist eine Gabe. Viele sagen: Menschenfänger. Es gibt in Deutschland nicht viele, die das können. Es geht darum, Menschen zu begeistern und sie hinter einer Idee zu versammeln. Darin unterscheidet sich ein Trainer nicht vom Politiker. Klopp ist der geborene Politiker. Man darf die Menschen nicht ins Feuer jagen. Wenn man sie einmal ins Feuer gejagt hat, ist die Sache erledigt. Man muss sie auch lebend aus der Schlacht wieder herausführen können. Man muss in den Leuten was wecken. Dann folgen sie einem.«

Der Nichtabstieg in der Saison 2004/05 sei ein »Fußballmärchen« gewesen, meint Quast. Das Mainzer Publikum hatte sich schon fast an Wunder gewöhnt, das Außergewöhnliche war Routine geworden. Er erinnert sich, wie Bayern-Fans außerhalb des Stadions standen und staunend sahen, wie Klopp nach dem Schlusspfiff mit Anhängern in der Vereinskneipe »Haasekessel« feierte. »›Wos is jetz des? Is des euer Trainer?‹«, wunderten sich die auswärtigen Fans. »Die sind dann immer hingegangen und wollten Fotos haben. Er trank da zusammen mit den fünfundzwanzig Fans, die ihn damals in Erfurt gesehen hatten. Das war so ein Miteinander in Mainz. Und das ist ja auch kein Marketingplan, der dem allen zugrunde liegt. Sondern einfach der Mensch Klopp, der bei ihm durchbricht.«

Ein paar Wochen nachdem der Verbleib im Oberhaus gesichert war, erfuhr das Mainzer Glück noch eine phantastische Steigerung. Der kleinste Bundesligaklub erlebte einen Traum in einem Traum, wie die Protagonisten in Christopher Nolans *Inception.* Dank dem sympathischen Auftreten von Spielern, Funktionären und Anhängern – sowie einer gehörigen Portion Losglück – zog der FSV als eine von zwei europäischen Mannschaften über den Umweg der Fair-Play-Wertung in den UEFA-Cup ein. (05s Ruf als netter, lebenslustiger Klub stieß allerdings nicht überall auf Beifall. Monate später hielten Ultras von Hannover 96 ein Transparent hoch, auf dem stand: »Eure Freundlichkeit kotzt uns an.«)

Jürgen Klopp gab sich gelassen. »UEFA-Cup-Feeling? Ist das so was wie Sodbrennen?«, antwortete er auf Fragen nach dem völlig unerwarteten Ausflug der Mainzer auf die internationale Bühne. Bedenken wegen der erhöhten Belastung für seine unerfahrene, verschworene Truppe wischte er in ähnlicher Weise beiseite. »Reden wir uns doch kein Problem ein. Das einzig andere ist, dass uns unsere Frauen seltener sehen.«

Aber das war nicht der einzige Unterschied. Abenteuerreisen nach Armenien (4:0 nach Hin- und Rückspiel gegen FK Mika Aschtarak), Island (4:0 in der Addition gegen Keflavik) und Spanien (0:2 gegen Sevilla) sorgten in der Frühphase der Saison 2005/06 für große Begeisterung, zehrten aber auch an den Kräften. Mainz verlor die ersten fünf Bundesligapartien. Aha, das verflixte zweite Bundesliga-Jahr, sagten viele, das Ende der Party war nahe. Die Überflieger waren endgültig auf dem Boden der Tatsachen gelandet. »Es ist fraglich, wie lange die Mainzer Spaßgesellschaft unter dem gestiegenen Druck fortbestehen wird«, unkte die *Neue Zürcher Zeitung*.

Klopp suchte Inspiration in Comicheften, die er als Teenager gelesen hatte. Die Figuren »Clever und Smart« des spanischen Zeichners Francisco Ibáñez sind zwei Geheimagenten, denen ständig fürchterliche Missgeschicke widerfahren. Trotz schwerster Verstümmelungen tragen sie nie bleibende Schäden davon – schon im nächsten Bild sind sie wieder wie neu. »Ich habe diese Comics geliebt«, sagte Klopp. »Die kurze Regenerationszeit der Figuren fand ich klasse, egal, ob man unter die Dampfwalze kommt oder achthundert Meter vom Felsen runterfällt – es geht einfach weiter!«

In »Clever und Smart« waren die Gesetze der Physik und Biologie aufgehoben. Doch die Bundesliga-Realität meinte es weit weniger nachsichtig. Nach dem Ausscheiden aus dem UEFA-Cup Ende September ging die Formkurve der Mainzer wieder nach oben. Doch die Punkteausbeute nicht. Nach zehn Spielen stand der FSV mit sieben Zählern auf einem Abstiegsplatz. Eine 1:3-Niederlage bei Hertha BSC war typisch für ein unerklärliches Missverhältnis zwischen glänzendem Angriffsfußball und deprimierenden Resultaten. Klopp gab die Losung aus, nicht auf die Zahlen zu achten. »Wir werden das Ganze ergebnisunabhängig in der Analyse bearbeiten«, sagte er in der Hauptstadt zu Reportern. Die *taz* zeigte sich nicht davon überrascht, dass die Spieler zuversichtlich blieben: »Mainz will weiter die Gute-Laune-Bande der Liga bleiben, weiterhin mutig agieren, offensiv, schnell und planvoll kicken und vor allem so auftreten, dass selbst die kritischsten Beobachter der Szene nicht übersehen können, dass da Männer Fußball spielen, denen es einfach Spaß macht.«

Auch Klopp selbst hatte noch Spaß am Fußball. Er trat

regelmäßig als Spieler für die Mannschaft von Kemweb an, einer kleinen Medienagentur, die ihre Büros in der Nähe seines Hauses in Gonsenheim hatte. Kemweb spielte in einer Betriebssportrunde gegen Teams anderer Mainzer Unternehmen – Sparkassen, Supermärkte, Baufirmen – und litt unter chronischem Spielermangel. Peter Krawietz, der bei der Firma arbeitete, hatte Klopp eines Tages gefragt, ob er nicht Lust hätte auszuhelfen. Er hatte. Und so kickte er, wenn es der Bundesliga-Kalender erlaubte, alle drei oder vier Wochen irgendwo draußen auf dem Land zwischen Weinbergen und Rübenäckern gegen »Männer mit dicken Bäuchen und andere unfassbar schlechte Fußballer, die alle Weltmeister der dritten Halbzeit waren«, wie sich Martin Quast erinnert. »Da hat sich Kloppo am wohlsten gefühlt. Der stand mitten auf dem Platz und hat sich kaputtgelacht, wenn irgendwelche Jungs aufs Tor schießen wollten und den Ball Richtung Eckfahne droschen. Und hinterher war das Zelt zu klein. Alle natürlich um Kloppo herum. Und der hat immer laut gelacht, dieses bellende Lachen … Wildfremde Menschen, Mitarbeiter der Mainzer Volksbank oder vom Zahnpastaunternehmen Blendax, haben gesagt: ›Herr Klopp, wir haben Sie als Trainer gekannt, aber dass Sie so ein geiler Typ sind … das ist ja Weltklasse. Sie könnten auch C-Klasse spielen, oder?‹ Das war für den Kloppo das größte Lob, denn er hat sich nie verstellt.«

Als die Tage kürzer wurden, begann die starke Offensivabteilung von Mainz 05 – Spielmacher Da Silva und die Stürmer Michael Thurk, Benny Auer, Petr Ruman und Mohamed Zidan –, die zahlreichen Torchancen in Zählbares umzumünzen. Bis Weihnachten hatte Mainz sechzehn Punkte gesammelt. Der Aufwärtstrend war nicht zu übersehen. Klopp erhielt in der Winterpause eine zweijährige Vertragsverlängerung bis 2008 angeboten und nahm an. Christian

Heidel ließ Berichte unwidersprochen, wonach das Gehalt des Trainers auf 1,2 Millionen Euro erhöht worden sei, was den Trainer in die Nähe der Bundesligaspitze gerückt hätte.

»Mainz 05 ist ein phantastischer Verein«, sagte Klopp in einem Interview, das die *Frankfurter Rundschau* im Januar 2006 mit ihm und Heidel führte. »Er ist in den vergangenen Jahren förmlich explodiert in seiner Entwicklung und hat dabei seinen Charakter nicht verändert. Hier zu arbeiten ist für mich immer noch eine große Herausforderung, die einen Riesenspaß macht. Es stand für mich daher nie wirklich zur Debatte, dass ich mir jetzt schon eine andere Herausforderung suche.«

Klopp, der Auslöser der Explosion, bestritt zwar, dass er sich verändere, seit er im Rampenlicht stehe, räumte aber ein, dass sein hoher Bekanntheitsgrad erste negative Auswirkungen hatte. Man gewöhne sich daran, erkannt zu werden, das Privatleben leide aber dennoch, sagte er. »Wenn ich von 2001 nach heute gebeamt worden wäre, wäre ich wahrscheinlich geschockt gewesen. Damals hätte ich noch nackt durch Mainz laufen können, niemand hätte mich gekannt.«

Durch die Straßen des gutsituierten Stadtteils Gonsenheim zu streifen war vielleicht nicht mehr möglich, aber Klopp versteckte sich auch nicht. Sein Name stand an der Türklingel seines Hauses (und steht im November 2016 noch immer da). Man konnte ihn nur wenige Gehminuten entfernt auf der Terrasse des *Café Raab* antreffen, oder bei »Video Toni«, wo er sich abends DVDs auslieh. Eines Tages sagte Toni, der Besitzer, zu Klopp, dass er sein Leben lang kostenlos Videos von ihm bekomme, wenn sein Laden im Fernsehen gemeinsam mit Klopp gezeigt werde. Als Martin Quast davon erfuhr, brachte er Toni in einer Reportage über Klopp für Sport1 unter. Toni hielt sein Wort. »Jetzt hat er lebenslang frei«, sagte er.

Heidel warnte Klopp, er werde vom »bekanntesten Mainzer« zu jemandem mutieren, »den achtzig Millionen Deutsche kennen, auch jeder Opa und jede Oma«, wenn er in fünf Monaten bei der WM fürs ZDF arbeite. Falls die unterschwellige Botschaft des *Rundschau*-Gesprächs – dass Klopp langsam über Mainz 05 hinauswuchs – noch jemandem entgangen war, so sprach der Trainer sie deutlich aus. »Ich werde nicht auf ewig hier arbeiten. Ich kann mir nicht vorstellen, dass ich in zehn Jahren noch hier bin. Dazu bin ich zu neugierig.« Klopps Attraktivität, so Heidel, mochte unerwünschte Aufmerksamkeit erregt haben, doch für den Verein habe sie sich in barer Münze bezahlt gemacht. »Niemand war neidisch. Im Gegenteil, wir haben von seiner Popularität profitiert. Der Kloppo-Effekt hat uns geholfen, Sponsoren zu gewinnen und Eintrittskarten zu verkaufen.« Der Verein begann, großzügiger zu planen und über das nächste Spiel und die unmittelbare Notwendigkeit, ein zweites Mal dem Abstieg zu entgehen, hinauszudenken. Er gab eine Machbarkeitsstudie für den Bau eines neuen Stadions in Auftrag. Und nach fünfzehn Jahren ehrenamtlicher Tätigkeit wurde Heidel endlich hauptberuflicher Manager für den FSV. »Wir haben die Chance, hier eine Infrastruktur zu schaffen, von der wir vor ein paar Jahren nicht einmal geträumt hätten«, sagte Klopp. »Ich möchte bei dieser Herausforderung dabei sein. Wenn ich gehe, möchte ich, dass der Verein etwas von mir gehabt hat. Das war immer mein Plan. Ich möchte Spuren hinterlassen.«

»Verhandlungen haben bei uns zwei Minuten gedauert«, sagt Heidel. »Ich habe ihm einen Zettel gegeben, da hat eine Zahl draufgestanden. Die Jahreszahl durfte er eintragen. Hand drauf, er hat nie mit mir verhandelt. Er hat immer das akzeptiert, was ich ihm angeboten habe. Aber er war, und das muss man auch mal sagen, denn er meckert ja immer über das Gehalt, das er als Spieler bei mir bekommen hat, er war mit Sicherheit der mit Abstand bestbezahlte Trainer der Zweiten Liga. Und später in der Bundesliga war das ja nicht so viel anders. Er war extrem wichtig für uns, daher hat er bei uns so viel verdient wie drei oder vier Spieler. Er sagte immer: ›Ach, das ist viel zu viel.‹ Aber er war das wert. Manchmal haben mich Leute angerufen und wollten ihn abwerben. Da hätte er sich tot drüber gelacht, keiner wusste ja, wie viel wir ihm bezahlen. Das war schon siebenstellig. Selbst in der Bundesliga gab es nicht viele Trainer, die siebenstellige Monatsgehälter bekamen. Der hat uns das Stadion voll gemacht. Der war die Werbeikone für Mainz 05. Das kannst du mit Geld gar nicht messen. Er hat weit mehr getan, als nur das Training geleitet.«

Die deutliche Offensivlastigkeit der Mannschaft erforderte ein taktisches Umdenken. Die besten Mainzer spielten alle im Angriff, deshalb wurde, um deren Qualitäten zum Tragen zu bringen, auf ein neues 4-4-2 mit einer Raute im Mittelfeld – und Thurk hinter zwei Spitzen – umgestellt. Doch beim Spiel in Dortmund im Februar schien das neue System nicht zu funktionieren, das Mittelfeld war zu offen. Zur Pause erwog der Trainerstab, das Experiment direkt wieder zu beenden, Mainz lag 0:1 zurück und fand überhaupt nicht ins Spiel. Klopp entschied sich dennoch dagegen. Und mit einem Mal klappte es. Thurk erzielte den Ausgleich, und am Ende hatten die Gäste Pech, dass sie nicht alle drei Punkte aus Westfalen entführten. »Das war ein sehr schwieriger Moment«, sagte Klopp später, »aber auch eine von vielen wertvollen Lehren für uns.« Mit sieben Punkten aus den folgenden drei Spielen setzte sich Mainz dann von den Abstiegsplätzen ab.

Anerkennung für Klopps Arbeit kam auch in anderer Gestalt: Innenverteidiger Manuel Friedrich, der nach Mainz zurückgekehrt war, wurde von Jürgen Klinsmann in die Nationalmannschaft berufen, als erster Mainzer Spieler überhaupt. »Manu ist ein sehr guter Innenverteidiger und ein Supertyp. Ich freue mich für Jürgen Klinsmann, dass er ihn kennenlernen darf«, scherzte Klopp und strahlte dabei vor Stolz.

Die umgebaute Mainzer Mannschaft verlor von sieben Spielen nur eines. Doch die Ergebnisse auf den anderen Plätzen fielen ungünstig aus, fast so, als hätte sich alles gegen den FSV verschworen. Vor dem Heimspiel gegen Tabellenführer Bayern München am 31. Spieltag fand sich die Mannschaft an einem tristen, freudlosen Ort wieder. Aber das hatte nichts mit dem unerwarteten Abrutsch auf einen Abstiegsrang zu tun. Auf Einladung des rheinland-pfälzischen Justizministers Herbert Mertin besuchte Klopp mit seinem Team die Justizvollzugsanstalt Rohrbach. Ein Insasse erzählte dem Trainer, dass er einmal bei der Fahrt zu einem Zweitligaspiel neben ihm im Fanbus gesessen habe, als Klopp wegen einer Sperre mit den Anhängern gereist sei. Der Mainzer Trainer lauschte aufmerksam der Lebensgeschichte des Häftlings. »Mann, du musst dein Leben in Ordnung bringen, wenn du rauskommst«, riet er ihm laut *Frankfurter Rundschau*. Klopp sagte der Zeitung, dass es für seine Spieler wichtig sei, auch mal »eine komplett andere Welt zu erleben, die alles andere als lustig und luxuriös ist. So etwas hilft, als Mensch und als Spieler zu wachsen, auch wenn es uns nicht unbedingt helfen wird, die Bayern zu schlagen.«

Das Beste an dem ungewöhnlichen Ausflug, so fügte er hinzu, aber sei die Möglichkeit, »die Jungs hier für ein paar zusätzliche Stunden aus ihren Zellen zu holen«. Als er erfuhr, dass in der Vollzugsanstalt kein Livefußball im Fernsehen zu sehen sei, bat er Minister Mertin, einen Pay-TV-Decoder zu kaufen, damit die Insassen sich das Spiel gegen die Bayern anschauen könnten. Der Politiker lächelte nur über den kühnen Vorschlag, fand aber, dass der Besuch der Mannschaft als »Kickstarter« für die Rehabilitation einiger Strafgefangener dienen könnte.

Zurück auf dem Platz, erreichte das Team ein 2:2 gegen Bayern. »Es wäre eine Katastrophe, wenn die Mainzer absteigen würden«, erklärte Bayern-Manager Uli Hoeneß nach den ausgeglichenen neunzig Minuten. Ein nervenaufreibendes 3:0 beim VFL Wolfsburg brachte den Klub dann in eine aussichtsreiche Position. Und am vorletzten Spieltag war am Bruchweg wieder einmal Fastnachtszeit. Mainz schlug Schalke mit 3:1. Und war gerettet. Ein tränenseliger, biergeduschter Klopp erklomm den Stadionzaun und sang mit den Fans Stimmungslieder. »Er ist der Ultra unter den Bundesligatrainern«, schrieb die *Süddeutsche Zeitung*, und »Mainz 05 ist zum Ausdruck seiner Persönlichkeit geworden«, ein Verein, bei dem Spieler wie Anhänger von dem Mann an der Linie »in Begeisterung versetzt« würden und »Zehntausende in die Emotionen einsteigen, die vom Trainer vorgegeben werden«.

Nach einem 0:0 in Duisburg am letzten Spieltag war der ärmste Verein der Liga (das Gehaltsbudget von dreizehn Millionen Euro betrug weniger als die Hälfte des Durchschnittsbudgets der anderen siebzehn Teams von achtundzwanzig Millionen Euro) wieder der elftbeste im Land. Einige Spieler fragten sich, ob sie gemessen an ihren fußballerischen Qualitäten ihr Potential wirklich ausgeschöpft hätten, doch Innenverteidiger Friedrich meinte, dass der Verein genau wisse, was sie geleistet hätten: »Nächstes Jahr wieder in der Bundesliga spielen zu können ist für uns das Größte«, sagte er. »Wir empfinden immer noch jedes Spiel hier als Geschenk, wie ein Kind mit großen, leuchtenden Augen.«

Doch wie eine leicht verstimmte Geige in einem philharmonischen Orchester brachten zwei unerfreuliche Randbegebenheiten leise Misstöne in die Feststimmung. Mainzer Fans hatten beim Spiel gegen Schalke den ehemaligen FSV-Mittelfeldspieler Mimoun Azaouagh wütend verhöhnt; möglicherweise ein Indiz dafür, dass der selbsternannte Party-Verein nicht mehr ganz so besonders war und immer mehr wie ein normaler wurde. »So sind wir nicht«, rügte Klopp die Anhänger. Und zweitens fiel aufmerksamen Beobachtern sehr wohl auf, dass Heidel ein wenig zu heftig protestierte, als ihn jemand darauf ansprach, dass der Verlust von Spielmacher Da Silva (nach Stuttgart) und Schlüsselstürmer Mohamed Zidan (zurück nach Bremen) schwer zu kompensieren sein dürfte. »Das hören wir jetzt seit fünfzehn Jahren«, erwiderte er etwas forsch.

Doch in diesem Sommer öffneten sich die Schleusen. Neben Da Silva und Zidan verließen Stürmer Benny Auer und Verteidiger Mathias Abel den Verein. In mehr als einer Hinsicht am härtesten aber traf die Mainzer der Weggang des fünften Stammspielers Michael Thurk. Die zwölf Tore des Stürmers in der Saison 2005/06 hatten erheblich zum Klassenerhalt beigetragen, wie auch schon seine sechs Treffer in der Rückrunde der vorausgegangenen Spielzeit. Thurk war ein Straßenfußballer, ein liebenswertes Schlitzohr und ständiger Unruheherd in der gegnerischen Verteidigung. Er war im Frankfurter Gallus aufgewachsen, einem zwischen zwei größere Bahnlinien eingekeilten Kleine-Leute-Viertel, das die Einheimischen »Kamerun« nennen.

Thurks Doppelschlag gegen Eintracht Trier am letzten Spieltag der Saison 2003/04 hatte Mainz in die Bundesliga gehievt, doch bei den ausgelassenen Freudenfeiern war er nur ein verzweifeltes Häuflein Elend gewesen. In der Erwartung, dass Energie Cottbus den Sprung ins Oberhaus schaffen würde, hatte Thurk für die kommende Saison bei dem ostdeutschen Verein unterschrieben. Doch statt Energie war nun der FSV aufgestiegen. »Es geht mir beschissen, muss ich jetzt wirklich nach Cottbus?«, stammelte er bei der Feier in der Innenstadt immer wieder und weinte untröstlich.

Heidel versprach dem Stürmer, ihn zurückzuholen, falls es in Cottbus nicht klappen sollte. Als er dort tatsächlich nicht glücklich wurde, zahlte Thurk selbst einen Teil seiner Ablösesumme, um seine Rückkehr im Januar 2005 zu ermöglichen. »In der Geschichte von Mainz haben wir zwei unglaublich gute Personalentscheidungen gefällt«, sagte Strutz später. »Eine ist Klopp. Die andere war, dass wir Thurk aus Cottbus zurückgeholt haben. Was der Junge auf dem Platz geleistet hat, ist unglaublich.«

Im Juli 2006 erfuhr Thurk, dass Eintracht Frankfurt an ihm interessiert war. Ein Wechsel in seine Heimatstadt war für ihn emotional und finanziell ungemein reizvoll. Mainz wollte ihn nicht gehenlassen. Thurk brach einen Streit mit Heidel und Klopp vom Zaun, um seinen Verkauf zu erzwingen. Er gab sich enttäuscht darüber, dass der Mainzer Manager ihn nicht über die Anfrage aus Frankfurt informiert habe, und attackierte Klopp, weil der ihm im Hinblick auf eine mögliche Berufung in die Nationalmannschaft nicht genug Rückendeckung gegeben habe. »Darüber muss ich nachdenken«, hatte der Trainer ehrlich geantwortet, als er nach Thurks Chancen bei Klinsmann gefragt wurde. »Das ist für mich nicht nur eine negative Aussage über einen Spieler«, beklagte sich Thurk. »Ich empfand es so, dass er sich sogar über mich lustig gemacht hat.« Und dann ging der dreißigjährige Stürmer noch weiter, viel weiter. Klopp, so sagte er, sei eine Art »Oberguru«, dessen Führungsfähigkeiten weit überschätzt würden. »Dieses ständige Fröhlichsein, immer einen flotten Spruch auf den Lippen. Oder was er so in Mannschaftssitzungen sagt, die Art, wie er motiviert. Da schalte ich ab, weil ich das alles schon tausendmal gehört habe. Es hat sich abgenutzt. Vieles von dem, was er sagt, kann ich einfach nicht mehr hören.«

Danach gab es kein Zurück mehr. Mainz verkaufte ihn an den Lokalrivalen. Doch der Wechsel wurde für Thurk zum Flop. Er schoss in sechsunddreißig Spielen nur vier Tore und wechselte dann zum FC Augsburg. Was Thurk gesagt habe, urteilt Quast, sei unverzeihlich gewesen: »Der hat in Mainz verbrannte Erde hinterlassen. Kloppo war da ja ein Gott. So etwas macht man nicht. Das geht einfach nicht. Er wurde sehr persönlich. Ausgerechnet er. Der war ja lange Zeit Topf und Arsch mit dem Kloppo. Er hat das aus Kalkül gemacht, um aus seinem Vertrag rauszukommen. Ihr Verhältnis war eine Weile jedenfalls sehr angespannt, und ich habe schon gedacht, dass der Kloppo mit ihm brechen würde. Aber dann spielt Liverpool im Februar 2016 in der Europa League gegen Augsburg. Und wer ist Kloppos Ehrengast? Wer sitzt mit Klopps Frau Ulla oben in der Loge? Michael Thurk! Kloppo hatte ihn zu dem Spiel eingeladen. Weil der ja auch in Augsburg gespielt hatte. Und so war es natürlich auch irgendwie sein Spiel. Überhaupt nicht nachtragend! Das finde ich großartig, dass er die Vergangenheit Vergangenheit sein lassen kann.«

Der Start in die Saison 2006/07 war spektakulär. In einem Freundschaftsspiel am Bruchweg wurde der FC Liverpool (unter Trainer Rafael Benítez) mit 5:0 deklassiert. Den Bundesligaauftakt gegen Bochum gewann Mainz mit 2:1. Aber das sollte bis auf weiteres der letzte Sieg bleiben. Die umgebaute Mannschaft brachte das anspruchsvolle System nicht auf den Platz. Nach acht Unentschieden und acht Niederlagen trug sie zum Abschluss der Hinrunde die rote Laterne.

Thurks Verbalattacke lieferte zugleich eine einfache Erklärung für die katastrophale Bilanz: Klopp könne in der Kabine nicht mehr begeistern. Vielleicht, fragte die Boulevardpresse, war er zu sehr damit beschäftigt, für das ZDF die Spiele der Nationalmannschaft zu analysieren, um so profanen Dingen wie dem Bundesliga-Alltag noch Beachtung zu schenken.

Aber das sei nicht das Problem gewesen, sagt Strutz. »Vor einem Spiel gegen Schalke 04 hat Klopp in der Pressekonferenz eine unglaubliche Ansprache gehalten. Er hat geredet und geredet, und am Ende war ich felsenfest überzeugt, dass wir da hinfahren und gewinnen würden.« Man werde sich »die gewisse Naivität« bewahren, »dass alles möglich ist«, hatte Klopp gesagt. Seine Mannschaft werde auf Schalke nicht geduckt antreten, sich nicht kleiner machen, als sie sei. Sie werde so viel Selbstbewusstsein wie möglich an den Tag legen. Wer nie aufgebe und immer weiterarbeite, der werde am Ende auch belohnt, davon sei er fest überzeugt. »Wir werden kämpfen und dranbleiben, bis jemand sagt: ›Feierabend. Letzter Spieltag. Ihr dürft nicht mehr.‹« Mainz verlor das Spiel mit 0:4.

Und auch das letzte Spiel vor der Winterpause zu Hause gegen den FC Bayern endete mit diesem Ergebnis. Eine La Ola schwappte durchs Stadion am Bruchweg, getragen von einem Teil Trotz und zwei Teilen Galgenhumor. Strutz gefiel das gar nicht: »Ich hätte mir gewünscht, die Zuschauer hätten die Mannschaft ausgepfiffen, statt Humba-humba-tätärä zu machen.« Der Vorstand sprach der Mannschaft, besonders einigen Neuzugängen, die Bundesliga-Tauglichkeit ab und kündigte Veränderungen in der Winterpause an, allerdings nicht auf der Trainerbank. Heidel erklärte Klopp für unkündbar. »Wenn er heute zu mir käme und eine Vertragsverlängerung wollte, würde ich Luftsprünge machen«, sagte er der Presse.

Klopp bestritt, dass seine Mannschaft vor dem Gastspiel der Bayern Angst gehabt habe – »Ich habe eben noch mal nachgeguckt, keiner hatte bei uns die Hosen voll« –, und blieb unerschütterlich optimistisch. Die Pause biete Gelegenheit für die nötigen Veränderungen. Auf jeden Fall, sagte er den Reportern, habe er schon schlimmere Weihnachten erlebt, als das Jahr als Schlusslicht der Bundesliga zu beenden. »Als ich fünf Jahre alt war, habe ich mir ein Bonanza-Rad gewünscht. Ich habe auch eins bekommen, aber unser Nachbar Franz, der den Weihnachtsmann gespielt hat, hat sich aus Spaß draufgesetzt. Hinterher hatte die Felge einen Achter. Ich konnte nicht damit fahren und war untröstlich.«

»Man hatte nicht das Gefühl, dass das jetzt komplett brennt«, sagt Neven Subotić in der *Tasty Pasty Company*, einem Café mit unverputzten Ziegelwänden, das ein sehr gesprächiger Brite in Köln führt. Subotić: »Es herrschte weder pures Chaos noch Anarchie. Es war Alltag. Wir haben hart trainiert und hatten einen klaren Plan. Darauf haben wir uns fokussiert. Da ist keine krasse Unzufriedenheit entstanden. Man hatte nicht das Gefühl, dass gar nichts mehr passen würde. Jeder hat, glaube ich, gewusst, dass die Mannschaft nicht die Qualität der großen Vereine hat, sondern momentan vielleicht auch da unten hingehört. Aber als junger Spieler war ich sowieso sehr mit mir selbst beschäftigt.«

Heidel nahm Geld in die Hand, um eine Wende herbeizuführen. Mohamed Zidan, der »kleine Pharao«, ein unbekümmerter Angreifer, dem es wie Thurk nur unter Klopp gelang, sein Leistungsvermögen auszuschöpfen, wurde im Januar für 2,8 Millionen Euro von Werder Bremen zurückgeholt. Eine Rekordablöse für Mainz. Der Däne Leon Andreasen (ebenfalls von Werder) sollte als Leihgabe bis zum Saisonende das Mittelfeld verstärken. Der kolumbianische Flügelmann Elkin Soto wurde buchstäblich aus dem Nichts verpflichtet (nach einem Engagement bei CD Once Caldas war er ohne Vertrag gewesen). Auch die Anhänger legten sich ins Zeug. Unter dem Motto »Mission Possible 15« starteten sie eine Kampagne mit dem Ziel, den fünfzehnten Tabellenplatz zu erreichen und Mainz 05 vor dem Abstieg zu bewahren. Die Mainzer Ultras – die vor dem Anstoß immer ein schönes »You'll Never Walk Alone« anstimmten – schworen sich, das Stadion am Bruchweg, in dem der FSV fast zum Punktelieferanten geworden war, wieder in einen lärmenden Hexenkessel zu verwandeln.

Klopp, im britischen *Guardian* als ein »junger, unrasierter Mann, der ständig auf einer imaginären Hüpfburg hin und her springt« beschrieben, legte den eindrucksvollsten Start in der Rückrunde hin. Zidan, Andreasen und mit Abstrichen auch Soto, der sich bald verletzen sollte, waren die Schlüsselspieler bei den fünf Siegen in den ersten sechs Spielen der Rückrunde. Mainz war Zehnter. Sogar von einer zweiten UEFA-Cup-Teilnahme wurde schon geträumt. »Meine Teamkollegen kämpfen, als würden die Gegner damit drohen, ihnen ihre Kinder wegzunehmen«, sagte Andreasen bewundernd. Strutz nannte die Mannschaft »die Bravehearts der Bundesliga«. Aber die Ähnlichkeiten mit schottischen Rebellen erwiesen sich als oberflächlich. Unter den Mainzer Kilts war nicht viel los.

Schiedsrichterfehler, Verletzungen, vergebene Torchancen, dumme Gegentreffer – geschenkt. Das immergleiche Lied der Absteiger. All das war natürlich bis zu einem gewissen Grad dafür mitverantwortlich, dass Mainz sieben der folgenden neun Spiele verlor. Entscheidender aber war, dass die katastrophale Hinrunde einer limitierten Mannschaft wie dem FSV zu wenig Spielraum für Fehler ließ. Ein 3:0-Heimsieg am vorletzten Spieltag gegen Gladbach kam zu spät. Mainz hätte bei den Bayern 7:0 gewinnen müssen, um die Klasse vielleicht doch noch zu halten. Ein solches Resultat war nicht einmal auf der Playstation realistisch, geschweige denn in der Münchner Allianz Arena. Das Abenteuer Bundesliga war vorerst vorbei. Mainz 05 stieg nach 102 Spielen im Oberhaus ab.

Für Subotić war es der erste Abstieg in seiner ersten Saison als Profifußballer, aber erstaunlicherweise gar nicht so schmerzlich. »Die Stimmung in der Kabine war bis ganz zum Schluss gut«, sagt er. »Wir sind eine Mannschaft geblieben, wir sind zusammengeblieben. Das war für mich eine sehr wichtige Erfahrung. Es hat mir geholfen, als Spieler zu wachsen. Es wurde zum Schluss nicht nennenswert schlechter oder lauter. Vielleicht ein bisschen, aber nicht sehr.«

Auch der Bruchweg verlor seine Stimme nicht. Standing Ovations begleiteten die Ehrenrunde nach dem Schlusspfiff des Gladbach-Spiels. »Wir wollen die Mannschaft sehen«, skandierten die Fans und zwangen die Spieler, zu einer zweiten Ehrenrunde aus der Kabine zu kommen. Und wieder stimmten sie »You'll Never Walk Alone« an. »Meine Taschentücher sind nass«, gestand DFB-Präsident Theo Zwanziger. »Mehr kann Fußball nicht erreichen als heute hier bei uns«, sagte Strutz über den bewegenden Abschied.

Klopp griff zum Mikrophon. Wieder ließ er sich von einer Comicfigur inspirieren, als er sagte: »Ich zitiere einen rosaroten Philosophen: ›Heute ist nicht alle Tage. Wir kommen wieder, keine Frage.‹« Klopp, so schrieb die *Frankfurter Allgemeine*, »klang fast so, als ob er froh sei über den Abstieg, weil dieser die tiefsten Emotionen aus der Mainzer Fußballseele hervorgelockt hatte.« Der Abstieg wurde nicht als Katastrophe gesehen, sondern als kaum vermeidlicher Rückschlag hingenommen. »Am Samstag ist nun lediglich das passiert, was die Rheinhessen stets erwartet hatten«, schrieb die Zeitung. Und Klopp sagte: »Es ist großartig, wie die Leute mit dem Abstieg umgehen. Darum geht es doch im Leben. Wenn du alles gegeben hast und gescheitert bist, kannst du mit der Situation umgehen. Die Leute und der Verein haben klasse reagiert. Hier werden die Spieler nie Deppen sein, nur weil sie ein Spiel verloren haben.« In München setzten sich Spieler, Funktionäre und Trainer des FSV vor dem Anstoß rote Mützen auf und trugen ein Transparent in die Kurve zu den mitgereisten Fans. Darauf stand: »Wir ziehen den Hut vor euch. Danke.«

Klopp gab zu, dass er einen Moment lang in sich gegangen sei. »Ich habe mich selbst hinterfragt. Wäre ich zu dem Ergebnis gekommen, dass ich zu neunzig Prozent für den Abstieg verantwortlich bin, hätte ich die notwendigen Schlüsse daraus gezogen. Das war aber nicht der Fall.« Und der Trainer gelobte Treue. »Ich habe nicht das Recht dazu, jetzt aufzuhören. Ich möchte sicherstellen, dass ich in Mainz leben kann, wenn ich in Rente gehe oder irgendwo gefeuert werde, ohne dass da noch irgendwas offen ist.« Er akzeptiere, wenn Spieler zu anderen Bundesligaklubs gehen wollten, aber für ihn stelle sich die Situation anders dar. »Ich bin noch keine vierzig, ich kann noch ein paar Jahre in meinem Job arbeiten. Mir läuft nicht die Zeit davon. Spieler haben weniger Zeit, sie müssen diese Dinge tun. Mir geht es darum, mich meiner Verantwortung zu stellen. Und das tue ich gern.«

# 11

# Zum Ersten, zum Zweiten und – beinahe – zum Dritten

*Dortmund 2010–2013*

Nuri Şahin, Mats Hummels, Marcel Schmelzer, Neven Subotić und Sven Bender sahen einander an und begannen ungläubig zu kichern, wie Schuljungen, die dem Lehrer gerade einen besonders gelungenen Streich gespielt hatten. Der Moment dauerte laut Hummels nicht länger als »zwei Sekunden, aber es fühlte sich an, als hätten wir uns stundenlang einfach nur angeschaut«. 80 000 glückstrunkene, tobende Fans auf den Tribünen rüttelten den Signal Iduna Park so heftig durch, dass die Zeit aus den Fugen zu geraten schien.

Stadionsprecher Norbert Dickel hatte das Beben ausgelöst, als er die zwischenzeitliche 2:0-Führung des 1. FC Köln bei Bayer Leverkusen hinausschrie – Dortmunds letztem Rivalen im Kampf um die Meisterschaft. Der BVB führte 2:0 gegen den 1. FC Nürnberg, es fehlten nur noch zwanzig Minuten bis zur Meisterschaft, und das zwei Spieltage vor Schluss. Hummels erinnert sich: »Wir wussten, dass es unfassbar war, was wir gerade geschafft hatten, aber jetzt war es wirklich

Jürgen Klopp:
Stimmungsmacher, Spielbeschleuniger, Meistertrainer

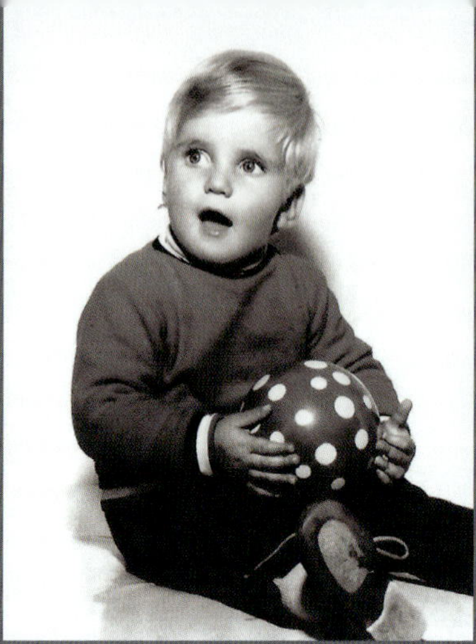

Eine Fußballkindheit im Schwarzwald.

Unter Anleitung von Vater Norbert (links oben) und SV-Glatten-Jugendtrainer Ulrich Rath (links unten) wuchs »Klopple« zum Talent heran.

Klopp bekam als Teenager beim SV Glatten den Spitznamen »Der Lange« – und schoss so viele Tore, dass ihn der TuS Ergenzingen verpflichtete.

Viermal Klopp:
Vater Norbert, Sohn Marc, Jürgen und Opa Karl.

Klopp (links unten) bei den Amateuren von Eintracht Frankfurt

Freundschaftsspiel mit dem FSV Mainz 05 beim SV Glatten.

Markenzeichen des Rechtsverteidigers Klopp: die eingesprungene Grätsche.

FSV-Trainer Wolfgang Frank war Klopps großer Mentor und wichtigstes Vorbild.

Zusammen mit Manager Christian Heidel und Stürmer Michael Thürk gelang Klopp 2004 als Mainzer Trainer der historische Aufstieg in die Bundesliga.

Zwei Meisterschaften (2011 und 2012) und der Gewinn des DFB-Pokals 2012 machten Klopp (mit Sportdirektor Michael Zorc, links, und Geschäftsführer Hans-Joachim Watzke, rechts) in Dortmund zum gefeierten Überflieger.

Nachdem er sich bei der ersten Presskonferenzen in Liverpool als »ganz gewöhnlichen Jungen aus dem Schwarzwald« bezeichnete, hatte Klopp an der Mersey seinen Spitznamen weg.

King Klopp: in Madrid feierte der Liverpool-Coach am 1. Juni 2019 seinen größten Erfolg – den Gewinn der Champions-League.

so weit.« Subotić ergänzt: »Wir waren doch alle noch kleine Hosenscheißer, Durchschnittsalter dreiundzwanzig. Keiner von uns wusste, was uns erwartet. Aber wir hatten es geschafft. Und dann stehst du auf einmal da und weißt nicht, wie du da überhaupt hingekommen bist.« Bender beschreibt das einmalige Gefühl so: »Eine Gänsehaut wie in diesem Moment habe ich nie wieder gespürt. Das war ein ganz brutaler Moment, und das hat, glaube ich, auch jeder gemerkt. Wir haben das dann einfach nur noch genossen, aber gleichzeitig war es auch irgendwie unwirklich. Wir konnten es einfach nicht glauben, Meister zu sein.« Auch Klopp war nicht fähig, das einmalige Erlebnis in vollem Umfang zu würdigen. »Ich dachte, es würde sich anders anfühlen. Es ist tausendmal mehr Erleichterung da als Euphorie«, sagte er fast entschuldigend. »Der Druck war wohl doch etwas größer, als wir uns selbst eingestanden haben.«

Für alle anderen wirken die Minuten, Stunden und Tage danach wie im Nebel. Kevin Großkreutz rannte herum wie von der Tarantel gestochen, mit seinem halb rasierten Haupt – die Batterien des Rasierers hatten auf halber Strecke den Geist aufgegeben. Torwart Roman Weidenfeller bestritt ein Interview mit Al-Jazeera in einem höchst amüsanten Mix aus Deutsch und Englisch – »We have a grandios Saison gespielt.« Die Fans lagen sich weinend vor Glück in den Armen. 500 000 Menschen in den Straßen von Dortmund. Bier, Champagner, »zwei Wochen Ausnahmezustand« (BVB-Präsident Reinhard Rauball). Hummels erzählt: »Es war eine einzige Ekstase, nicht in Worte zu fassen. In so einer fußballbegeisterten Stadt, in so einem fußballbegeisterten Verein, und das mit Kloppo als Trainer, der die Fans extrem mit einbezogen hat. Das alles hat eine Energie freigesetzt. Davon reden die Leute heute noch. Und sie werden nie aufhören, davon zu erzählen.«

Sebastian Kehl, einer der wenigen Spieler jenseits der dreißig, hatte 2002 schon einmal mit Dortmund den Titel gewonnen, ebenso wie Weidenfeller. Borussias finanzielle Nahtoderfahrung in den Jahren dazwischen machte jedoch die Meisterschaft 2011 zu etwas ganz Besonderem, wie er sagt. »Es war ein riesiges Glücksgefühl, die Freude in den Augen der Menschen zu sehen, weil sie einfach sehr, sehr lange Angst um ihren Verein hatten und sehr lange auch gehofft haben, dass der Verein wieder in solch einem Glanz erstrahlt. Wir konnten den Menschen nach all den schweren Jahren wieder etwas zurückgeben. Ich glaube, das werden die Leute nie vergessen.«

Bei Schwarzgelb war nichts und niemand auf diesen Triumph vorbereitet. Für Michael Zorc war es gar – bei allem Respekt für die Mannschaft aus den fünfziger Jahren – der größte Erfolg in der Vereinsgeschichte. Der Sportdirektor hatte als Spieler mit der Borussia 1997 immerhin die Champions League gewonnen, aber er spürte, dass diese Truppe, der jüngste Bundesligameister aller Zeiten, noch mehr erreicht hatte. »Keiner hatte uns den Titel zugetraut, von einer derartigen Dominanz in der Liga ganz zu schweigen. Bei früheren Titeln gehörten wir immer zumindest zu den Mitfavoriten.« Als realistisches Ziel für ein Team ohne teure Stars war es ins Auge gefasst worden, ein weiteres Mal die Europa League zu erreichen. Robert Lewandowski war mit 4,25 Millionen Euro die einzige nennenswerte Investition gewesen, und der Trainer war weder als Spieler noch an der Seitenlinie jemals auch nur in die Nähe eines echten Titels gekommen.

Klopps Führung war laut Watzke der entscheidende Faktor, um die Borussia wieder zu etwas Großem werden zu lassen, aber der Klub profitierte auch von einigen Volltreffern Zorcs auf dem Transfermarkt vor der Saison. »Bei den

Transferentscheidungen – für die Michael Zorc federführend war, aber bei denen wir drei uns immer sehr eng abgestimmt haben – waren sehr viele Glückstreffer dabei«, gibt der Dortmunder Vereinsboss zu. In dieser Hinsicht war der Sommer 2010 wohl der größte aller Glücksfälle. Der Neuzugang Lewandowski, ein muskulöser, gleichwohl äußerst beweglicher Mittelstürmer, verringerte Klopps Abhängigkeit vom technisch weniger versierten Lucas Barrios und erweiterte seine taktischen Optionen. Der unbekannte Pole, ein kommender Mittelstürmer der absoluten Weltklasse, wurde in seiner ersten Bundesligasaison oft als zweiter Angreifer oder als hängende Spitze hinter seinem argentinischen Teamkollegen gebracht. Im offensiven Mittelfeld sorgte Shinji Kagawa, den man vom japanischen Zweitligisten Cereza Osaka für den Spottpreis von 350 000 Euro verpflichtet hatte, für Agilität und Esprit neben einem weiteren, erst achtzehn Jahre alten De-facto-Neuzugang: Mario Götze, Sohn eines IT-Professors, war aus der Jugendabteilung der Borussia hervorgegangen. Er umdribbelte mühelos seine Gegenspieler und brachte noch mehr Geschwindigkeit in Borussias Offensivspiel. Matthias Sammer, damals DFB-Sportdirektor, lobte »Super Mario« (*Bild*) als »eines der größten Talente, die wir je hatten«.

Die Möglichkeiten dieses Trios, unberechenbare Spielzüge zu kreieren, verliehen Dortmund im letzten Drittel der Saison eine ganz neue Dimension, »sie haben unser Spiel geöffnet«, wie Subotić es ausdrückt. Die deutlichste Verbesserung erwuchs jedoch aus den taktischen Fortschritten der Mannschaft. Nach zwei Spielzeiten war der Jagdfußball Klopp'scher Prägung der Mannschaft in Fleisch und Blut übergegangen, ein kollektives Ritual, das nicht nur trainiert, sondern auch ohne Zögern im Spiel umgesetzt wurde.

Subotić weiter: »Der Mannschaftskern ist ja über lange

Zeit zusammengeblieben. Verstärkt haben wir uns mit jungen Spielern, die noch Luft nach oben hatten und da auch unbedingt hinkommen wollten. Und dann war es ja auch so, dass wir alle in unser System vertraut hatten, wir lebten es geradezu.« Die Mannschaft hatte sich der Sache verschrieben. Vor der Saison bat Klopp seine Spieler, ihren Namen unter »ein Versprechen« zu setzen, in dem sieben Regeln vereinbart waren. Die Spieler des BVB verpflichteten sich zu: »bedingungslosem Einsatz, leidenschaftlicher Hingabe, Entschlossenheit (zu siegen) unabhängig vom Spielstand, der Bereitschaft, jeden zu unterstützen, der Bereitschaft, Hilfe anzunehmen, der Bereitschaft, die eigenen Qualitäten voll und ganz in den Dienst der Mannschaft zu stellen, und der Bereitschaft, persönliche Verantwortung zu übernehmen«.

»Es klingt blöd, aber wenn alles zusammenpasst und jedes Rädchen ins andere greift, dann ist es einfach so, dass du auch freiwillig gerne läufst. Dann nimmst du das gar nicht mehr als negativ wahr«, sagt Bender. »Wir waren uns untereinander so einig, wir waren so klar und jeder wollte dem anderen unbedingt helfen, und wir waren so ein verschworener Haufen, dass es dann eigentlich einfach ist.« »Wir haben nichts mehr hinterfragt«, ergänzt Hummels. »Wir wussten, wie wir spielen wollen. Weil es so auch Spaß macht, fast schon süchtig. Klopps klassischer Satz war: ›Laufen, als gäbe es kein Morgen‹. Es fiel uns nicht schwer.«

Das Team konnte sich selbst wachsen sehen, wie Subotić sagt: »Wir hatten alle das Gefühl, dass wir wachsen. Als Mannschaft, und weil viele auf dem Weg nach oben waren. Das machte Laune, weil wir das Gefühl hatten, wir putzen einfach alle weg. Oder wenn's mal nicht geklappt hatte: Okay, jetzt haben wir eben was gelernt, und dann putzen wir die beim nächsten Mal weg. So lief das in den ersten ein oder zwei Jahren. Und im dritten Jahr haben wir dann wirklich alle weggeputzt.«

Der letzte Rest von Zurückhaltung wich, als Dortmund nach einer 0:2-Heimniederlage am ersten Spieltag gegen Bayer 04 Leverkusen eine unwiderstehliche Serie von sieben Siegen in Folge einfuhr. Darunter waren ein 3:1-Derbysieg in Schalke, ein knapper 2:0-Heimsieg gegen den FC Bayern im Oktober – Klopps erster Ligaerfolg gegen die Münchner überhaupt – und ein glückliches 2:1 über den 1. FC Köln, das zeigte, dass die scheinbaren Defizite des BVB sogar zu seinem Vorteil ausschlagen konnten. Klopp hatte in der Saisonvorbereitung daran gearbeitet, das Dortmunder Spiel etwas weniger wild und dafür rationaler zu machen, vor allem bei Ballbesitz. Aber »Vollgasfußball konnten sie am besten, auf Halten Spielen ist nicht ihr Ding«, bemerkte Watzke nach dem Sieg gegen die »Geißböcke«. Anstatt sich im RheinEnergieStadion mit einem respektablen 1:1 zufriedenzugeben, drängte Dortmund in den letzten Minuten unablässig weiter, angetrieben durch einen Siegeswillen, der weit größer war als die Angst vorm Verlieren. »Keiner von uns hatte bis dahin einen bedeutenden Titel geholt, natürlich waren wir hungrig«, sagt Hummels. Nuri Şahin sicherte mit einem Treffer in letzter Sekunde drei Punkte – und damit zum ersten Mal in der Ära Klopp die Tabellenführung. Borussia hatte seit der Meisterschaft 2002 nicht mehr auf Platz 1 gestanden.

In Mainz und in den ersten Monaten in Dortmund war *geil* Klopps Schlüsselwort gewesen. »*Geil* ist das Wort, das meine Begeisterung am besten ausdrückt«, sagte Klopp der *taz* 2004. »Meine Sprache ist wichtig, deshalb habe ich auch so viele deutschsprachige Spieler: Ich muss sie erreichen können. Aber ich benutze ›geil‹ nicht, weil ich jugendlich oder cool erscheinen möchte. Mir fehlt einfach ein besseres

Wort, um auszudrücken, dass ich gerade etwas exorbitant schön finde.«

*Geil* wurde im Klopp-Deutsch der Saison 2010/11 ergänzt durch *Gier.* Das Team musste, so postulierte der Coach, gierig sein, den Ball zu erobern, das Terrain zu beherrschen und Ergebnisse zu erzielen. Biblische Todsünden – Wollust, Gier, Habsucht (nach dem Ball) – wurden so zu fußballerischen Tugenden umdefiniert. In der schwarzgelben Welt gab es keine Unterscheidung zwischen Arbeit und Spiel, Schmerz und Vergnügen: Anstrengung bis zur Selbstaufopferung konnte zum sinnlichen, erhebenden Erlebnis werden. Klopp, der gewonnene Zweikämpfe und erfolgreiche Grätschen an der Seitenlinie frenetisch bejubelte, war die körperliche Manifestation seiner eigenen Lehre. Bender beschreibt das wie folgt: »Er sagte Dinge wie ›Mit jeder Faser meines Körpers habe ich Bock auf dieses Spiel‹, und wenn wir nur halb so viel Bock auf das nächste Spiel hätten wie er, dann würde es eine geile Woche und ein geiles Spiel werden, und das kam absolut glaubwürdig rüber. Kaum waren seine Worte ausgesprochen, haben wir es selbst gespürt. Das waren einfach Momente, in denen du gemerkt hast, der nimmt dich mit. Du hast es dann genauso gelebt wie er.«

Der Gedanke, dass große Ziele deutlich artikuliert werden müssen, um erreicht werden zu können, wurde als kontraproduktiv verworfen. »Wer so etwas sagt, hat einfach keine Ahnung«, meinte Klopp. Er setzte seinen Leuten lieber unmittelbare, erreichbare Ziele. Sie sollten einfach das nächste Spiel gewinnen. Klopp zog gern den Vergleich mit einem Skirennläufer – der würde schließlich auch nicht jubelnd abdrehen, wenn er die ersten Tore passiert hatte.

Klopp verhielt sich selbst entsprechend seinen Überzeugungen, er hat diese, wie Lünschermann sagt, immer selbst vorgelebt. »Seine Art, dieser Wille ... und mit seiner Größe ist er ja nun auch eine eindrucksvolle Gestalt. Da wirkt er dann auch wie eine geballte Ladung Dynamit. Du musst nur ein Streichholz dranhalten, dann geht die Post ab. Oder wie er selbst immer sagte: ›Dann geht die wilde Fahrt ab‹. Meistens lief das dann auch so. Ein Vorteil war natürlich, dass die Mannschaft sehr jung war. Mit den Jungs, die er geholt hatte, Neven und Mats und wie sie alle heißen. Die folgten ihm wie die Jünger dem Jesus. Das festigt natürlich auch. Das schafft Bindung.«

Der außergewöhnliche Zusammenhalt der Spieler beschränkte sich nicht auf den Fußballplatz. »Wir haben uns häufig online zum Zocken (auf der Playstation) verabredet«, erzählt Subotić. »Man startet den Multiplayermodus, und dann wird gemeinsam gespielt, stundenlang. Aber es war auch klar, dass das nicht ewig so weitergeht. Man wird älter und entwickelt andere Interessen. Aber zu dem Zeitpunkt war das ein ganz wichtiges Instrument, das uns auch außerhalb des Platzes enger zusammengeschweißt hat.« Im Rückblick betont Hummels die Einmaligkeit der damaligen Situation beim BVB: »Eine hochtalentierte Truppe mit Weltklassespielern, die sich trotzdem voll darauf einlassen, alles für die Mannschaft zu geben. Das ist eine besondere Konstellation, die das alles überhaupt erst möglich gemacht hat.« Dickel hat eine ähnliche Sicht der Dinge: »Es gibt ja diesen alten Spruch, ›Elf Freunde müsst ihr sein‹. Ganz verkehrt ist das nicht. Und wenn man acht Freunde in einem Team hat, ist das schon mal ziemlich gut.«

Ein vereintes Team, geschaffen nach Klopps Bild, das eine Siegesserie hinlegte. Man brauchte sich erst gar nicht mit taktischen Quertreibern herumzuärgern – es gab keine mehr. Und selbst wenn einer im Stillen Zweifel hegte, war die Schlagzahl im Training so hoch, dass eine Abweichung vom eingeschlagenen Kurs kaum mehr möglich war. Nur die wirklich Starken, Anpassungsfähigen, Hingebungsvollen konnten bei diesem Leben auf der Überholspur mithalten.

»Im ersten Jahr war das noch eher normaler Fußball, mit einem Hauch von Klopp-Taktik«, meint Subotić. »Im zweiten Jahr hat das noch mal an Würze zugenommen. Im dritten Jahr – Boom! Der Anspruch im Training ist, weil alle es verstanden haben, noch mal auf ein ganz neues Niveau gestiegen. Bei allen fünfundzwanzig Spielern war das so. Gefühlt war Training wie Krieg. Wir spielten A-Elf gegen B-Elf. Und es hat sich Mitte der Woche immer schon mehr oder weniger angedeutet, wer wo kicken durfte. Die Intensität war enorm. Früher hattest du Raum, Luft, was du willst. Und auf einmal war das alles weg. Alle gingen drauf, spielten gegen den Ball, alle haben gleich verteidigt, alle spielten Pressing. Das war so schwer wie ein Ligaspiel, wenn nicht noch schwerer.«

Die Trainingswoche verlief nach einem festen Muster. Montag war Ruhetag. Dienstag: Kraftraum, Sprints, 4-gegen-4-Spiele als Turnier, der Gewinner bleibt. (Subotić: »Turnier heißt im Prinzip: fünf Meter Sprint hier, fünf Meter Sprint da, Zweikampf, Zweikampf, Zweikampf. Das ist Fitnesstraining, ohne dass man es merkt.«) Mittwoch dann 11-gegen-11. Zwei Halbzeiten à zehn Minuten. Davor ein Aufwärmprogramm mit Passspiel. Donnerstag: Torschusstraining. Für alle, auch für die Abwehrspieler. »Das war eine spaßige Einheit, vor allem nach den zwei Tagen davor, die extrem anstrengend waren. Zum Teil auch ausgerichtet auf den jeweiligen Gegner. Die haben eine Schnittstelle, eine Lücke, dann gehen wir doch mal da rein, und dann kommt die Flanke. Aber ohne Gegner. Ich glaube, da hätte jeder Hobbykicker gesagt: Bei der Einheit mache ich mit!«

Der Freitag gehörte den ruhenden Bällen, Standards. Freistöße, aber vor allem Eckbälle. Es spielten immer die gleichen zwei Teams gegeneinander, und das war keine Trockenübung, der Ball war sozusagen »live«, wie im Spiel – es gab Konter und Gegenkonter, auf einem ganz kleinen Spielfeld, dreißig Meter lang und mit Bande, damit der Ball im Spiel blieb. Subotić: »Auch kurz und knackig, aber wieder knallhart. Freistöße, und vor allem Ecken. Das war Fußball in Höchstgeschwindigkeit. Man spielt dann nur fünf oder zehn Minuten, nicht sehr lange. Aber es ging wirklich zur Sache. Es wurde gezählt über die ganze Saison. Da gab es eine echt krasse Motivation, weil niemand verlieren will. Da wurden keine Gefangenen gemacht. Und es ist der letzte Eindruck vor dem Spieltag, den man dem Trainer geben kann. Um zu zeigen: Ich bin bereit.« Samstag war Spieltag. Der Sonntag galt der Regeneration, dem Auslaufen und Übungen zum »Herunterfahren«. Zusätzlich zu diesem physischen Programm gab es kurze und knappe Sitzungen mit Videoanalyse. Nach der Einführung von Klopp übernahm Co-Trainer Krawietz und zeigte der Mannschaft Clips des kommenden Gegners, ihre Standards, ihre grundlegenden Abwehr- und Angriffsformationen und -strategien und wo ihre möglichen Schwachstellen oder Lücken waren.

Die ganze Routine war »so knallhart, da konntest du nicht viel überlegen«, erinnert sich Subotić. Das war auch so gewünscht, denn Klopp verlangte von seinen Leuten, nur für den Moment zu leben und nicht über das nächste Spiel hinauszudenken. Meter um Meter, Tackling um Tackling, Tor um Tor enteilte Dortmund so der Liga und sammelte einen Sieg nach dem anderen, derweil der aktuelle Meister aus Bayern schmählich im Mittelfeld festsaß und sich unter der selbstherrlichen Führung von Louis van Gaal langsam, aber sicher selbst zerstörte. Bei Bayer Leverkusen lief es deutlich besser, aber die waren eben nur Leverkusen. Ein Verein, der sich sein Verlierer-Image hart erarbeitet hat. Nach der Hälfte der Hinrunde wurde Klopp klar, dass seine Jungs das ganz große Ziel schaffen könnten.

Um Druck von der Mannschaft fernzuhalten, war jede Erwähnung des Titelgewinns im gesamten Verein strikt verboten. »Wir reden nicht über die Meisterschaft, die Tabelle interessiert mich nicht die Bohne«, insistierte Klopp immer wieder. Ganz ähnlich Michael Zorc: »Ich habe null Komma null Interesse an der Tabelle. Wer hier vom Titelgewinn redet, hat keine Ahnung von Fußball.« Und auch Watzke predigte Stillschweigen. »Von der Meisterschaft zu reden ist total unrealistisch. Wir sind nicht so weit, dass wir unseren sieben oder acht Spielern, die noch nicht mal dreiundzwanzig sind, eine solche Last aufbürden könnten. Es wird garantiert noch Rückschläge geben.«

Ein paar Wochen später sah sich Klopp dann in einem Fernsehinterview tatsächlich mit unbequemen Fragen konfrontiert. »Warum war die Mannschaft gegen Hannover so schwach«?, wollte Arnd Zeigler vom WDR wissen. »Natürlich haben wir Probleme über Probleme«, jammerte Klopp und rieb sich die Augen unter der Brille. »Die Mannschaft hält sich einfach nicht an die Vorgaben, es ist schwierig, da noch durchzudringen. Ich habe keine Ahnung, ob ich noch der Richtige bin, das müssen wir unter der Woche mal kritisch hinterfragen. Ich bin im Moment ehrlich gesagt ein bisschen ratlos.« Der BVB-Coach beklagte auch, keine Alternativen zum neunundzwanzigjährigen Roman Weidenfeller im Tor zu haben. »Heute hat er es ganz ordentlich gemacht, aber wenn man ihn morgens sieht, gibt er ein schreckliches Bild ab. Wir haben aber keine Alternativen, wir müssen ihn uns eben ab und zu schönsaufen.« Das alles war freilich ein ziemlich brillanter Sketch, ein Feature für Zeiglers satirische Fußballshow. Dortmund hatte in Wirklichkeit 4:0 in Hannover gewonnen. Und doch diente auch diese schauspielerische Einlage einem ernsthaften Zweck, wie so viele von Klopps witzigen Sprüchen. Seine komödiantischen Qualitäten trugen dazu bei, die Spannung in der Kabine abzubauen, und sie sorgten auch dafür, dass die Spieler aufmerksam zuhörten. »Seine Pointen sitzen perfekt«, sagt Watzke. »Jürgen ist niemals eintönig oder schablonenhaft. Das hält bei allen die Konzentration hoch.«

Bis Januar hatte sich der BVB ein Polster von zwölf Punkten Vorsprung verschafft. Mario Götze war beim 3:1-Sieg in Leverkusen so überragend, dass Klopp sich gezwungen sah, ihn auszuwechseln, um ihn vor einem noch größeren Medienhype zu schützen, und vor potentiellen Revanchefouls gedemütigter Gegenspieler. Er hatte sich in einen Zustand des Traumfußballs gespielt, jeder Pass, jedes Dribbling saß einfach. Subotić erzählt, das bloße Spielen auf diesem hohen Niveau hätte in der Zeit sogar mehr Spaß gemacht als das Gewinnen an sich. »Unser System verschaffte uns einen extremen Vorteil, das war wie Angeln mit dem besten Köder der Welt – oder mit der Shotgun.« Getreu der Klopp'schen Maxime »gierig bleiben« ließ der physische Aufwand des Teams niemals nach. Dortmund war ein Team der Raumfresser und Balldiebe, das erst satt war, wenn der Gegner mit Krämpfen und blau im Gesicht am Boden lag. Subotić: »Wir haben die anderen in Grund und Boden gelaufen, die waren regelrecht traumatisiert.« Das Pressing Marke Klopp war inzwischen derart verfeinert worden, dass das Team in der Lage war, die Angriffszüge der gegnerischen Mannschaft systematisch in die am dichtesten besetzten Zonen zu dirigieren, und damit in die Sackgasse.

»Das geht natürlich nur dann, wenn wir Druck auf den Ball ausüben. Wenn wenig Druck auf den generischen Spielaufbau ausgeübt wird, muss ich als Innenverteidiger vorsichtig agieren und etwas von meinem Mann entfernt stehen«, erläutert Subotić. »Ansonsten spielen die einen langen Ball, und der Stürmer ist auf und davon. Wenn wir aber früh Druck machen, bleibt dem Ballbesitzenden oft nur eine Wahl. Und die können wir voraussehen, bevor der Pass überhaupt gespielt ist, und dann dementsprechend gut verteidigen.«

»Gegenpressing ist der beste Spielmacher der Welt«, sagte Klopp später über den Antrieb seines Teams, den Ball zu erobern, wenn die Gegner noch vollkommen ungeordnet waren, in Zonen auf dem Feld, von denen aus man nur noch einen oder zwei clevere Züge brauchte, um zum Tor durchzukommen. In Şahin hatten sie den perfekten Mann für die tödlichen Pässe. »Wir hatten ja Nuri Şahin, der machte gefühlt neunzig Prozent der Mannschaft aus«, sagt Subotić. »Gib Nuri den Ball, der macht irgendwas Großes. Aber wenn er das T-Shirt ausgezogen hat, hast du gedacht: Hää, das halbe Hemd? Aber dem konntest du den Ball nicht abnehmen. Der war Lenker und Denker.«

Es war auch Şahin, der das Spiel gegen die Bayern am 24. Spieltag mit einem wundervoll gezirkelten Freistoß entschied, Dortmunds zweitem Tor an diesem Abend. Die Borussia hatte in der bayerischen Hauptstadt neunzehn lange Jahre nicht mehr gewonnen, »damals wurden die meisten meiner Spieler noch gestillt«, witzelte Klopp. Vor der Partie hatte Münchens Manager Uli Hoeneß einen Sieg mit mindestens zwei Toren vorhergesagt und festgestellt, dass die Bayern auf jeder Position besser besetzt seien. Was jedoch die Mannschaftsleistung betraf, gab es keinen Vergleich. »Bayern war Treibholz im schwarzgelben Meer«, schrieb die *Süddeutsche Zeitung* poetisch angesichts der Hilflosigkeit des Gastgebers gegen Dortmunds zielgenaue Aggression. Wohin auch immer Flügelstürmer Arjen Robben auswich, zwei BVB-Spieler waren schon da und standen ihm auf den

Zehen. Der 3:1-Triumph der Gäste war derart emphatisch, definitiv und von solch enormer Symbolkraft, dass die Bayernführung hinterher Schlange stand, um dem BVB zum Gewinn der Meisterschaft zu gratulieren.

Klopp büßte eine Brille und ein paar Tropfen Blut ein, als er seine Spieler nach dem Schlusspfiff ein wenig zu heftig umarmte. Aber das war ein geringer Preis für ein Resultat, das Bayern aus dem Titelrennen bugsierte und sicherstellte, dass Dortmund die Meisterschaft nur noch selbst verspielen konnte. Bei noch zehn ausstehenden Spieltagen hatten sie zehn Punkte Vorsprung. »Wir befinden uns jetzt an einem Punkt, wo wir sagen: Wir können und wollen Meister werden«, ließ Watzke verlauten, ohne Rücksicht auf Klopps Proteste. Der Coach beharrte nämlich weiter auf seiner Linie. Er wollte von der Meisterschaft nichts wissen und sich einfach nur am gelungenen Auftritt seiner Mannschaft erfreuen.

Fast sieben Jahre später erinnert sich Watzke, wie er sich nach der Partie im Mannschaftsbus vor der Allianz Arena fühlte. »Ich saß neben Michael Zorc und habe ihn gefragt: ›War das heute die Entscheidung?‹ Da hat er gesagt, und das werde ich nie vergessen: ›Nein, noch nicht die Entscheidung, aber sie naht.‹ Das vergesse ich niemals. Ich weiß noch genau, an welcher Stelle der Bus stand. Das konnte man sich gar nicht vorstellen. Ein paar Jahre davor waren wir mausetot. Und dann auf einmal wirst du Deutscher Meister. Das war unfassbar.«

Nach einer kleinen Schwächephase mit einer Niederlage in Hoffenheim und einem Remis gegen Mainz begannen Bayerns altbewährte Psychospielchen aufs Neue. »Wenn ich in schwarzgelben Unterhosen schliefe, würde ich langsam unruhig werden«, sagte Hoeneß vor Dortmunds Heimspiel gegen Hannover. Aber Deutschlands Rekordmeister musste feststellen, dass er nicht einmal mehr Klassenbester im Fußball-Trashtalk war. »Ich frage mich, wie die Unterhosen aussehen, in denen Hoeneß heute schläft«, konterte Klopp. Borussia gewann das Spiel 4:1. Mit sieben Punkten vor Leverkusen waren sie fünf Spieltage vor Saisonende so gut wie Meister.

Watzke war vielleicht der letzte verbliebene Pessimist. »Ich bin ja von Natur aus eher skeptisch, was eine gute Symbiose mit Klopp ergab. Skepsis ist ihm nämlich komplett fremd. ›Niederlagen kommen in meinem Denken nicht vor‹, hat er mir mal gesagt. Und das stimmt. Er beschäftigt sich im Vorfeld nicht eine Sekunde damit, was passiert, wenn das Spiel verlorengeht. Während ich das schon drei Tage vorher mache. Und daher konnte ich einfach nicht glauben, dass man mit so einer Mannschaft Meister werden kann. Ich habe das sogar eine Woche vor der Meisterschaft noch nicht geglaubt, da hatten wir 0:1 in Mönchengladbach verloren. Und da habe ich für mich selbst schon wieder alles in Zweifel gezogen.« Aber der Borussia konnte der Titel nicht mehr streitig gemacht werden. Sie war einfach nicht aufzuhalten.

»Mit jedem Spiel wurde Klopps Ansprache an die Mannschaft noch klarer, noch lauter und noch deutlicher«, sagt Bender. »Er sagte uns, es ist machbar, es geht jetzt nur noch um uns. Wir sind die, die das ganze Ding entscheiden. Er musste uns ja eigentlich nicht motivieren, aber natürlich waren seine Ansprachen vor dem Spiel noch mal das i-Tüpfelchen. Dann sind wir raus und sind wieder gerannt und haben wieder Gas gegeben.«

Das Team war so davon durchdrungen, jedes Mal alles zu geben, dass sie sich selbst dafür hassten, eine Woche nach der Meisterfeier bei Werder Bremen kläglich mit 0:2 zu kapitulieren. Vielleicht lag es an den Nachwehen der Party, jedenfalls war Dortmund ein Schatten seiner selbst. »Wir saßen alle bedröppelt und schweigend im Bus, wir schämten uns richtig«, sagt Bender. »Aber eine halbe Stunde später sahen wir uns an und dachten nur: Sag mal, geht's noch? Haben wir eigentlich einen Lattenschuss? Wir sind Meister! Wen interessiert dieses verlorene Spiel? Singen ist angesagt!« Und sie sangen auf der gesamten Rückfahrt bis nach Dortmund.

Bayerns einfallslose Transferpolitik und die Unstetigkeit auf dem Trainerposten hatten auch früher schon Außenseiter vorbeiziehen lassen: Die Titelgewinne des VfB Stuttgart (2007) und des VfL Wolfsburg (2009) waren ebenfalls völlig überraschend gekommen. Das hier war aber ein anderer Fall, wesentlich größer. Borussias Meisterschaft unter Klopp öffnete dem Fachpublikum die Augen für die Kraft des Kollektivs. Raffinierte Taktik, systemgetreu umgesetzt, konnte eine Truppe aus Youngstern, preiswerten Ausländern und einer Handvoll Veteranen so weit nach oben bringen, dass sie nicht bloß die Wettbüros überraschten, sondern ganz neue Maßstäbe setzten. Die aufregende Innovation, die ihrem Erfolg zugrunde lag, war für die Bundesliga ganz besonders relevant, da sie international immer mehr an Boden verlor – was auf die fehlende Finanzkraft, aber auch auf eine Kultur des passiven Coachings zurückzuführen war. Klopps Dortmund zeigte, wie man die Produktivität auch mit völlig natürlichen, erneuerbaren Energien steigern konnte: mit einer Malocher-Arbeitsethik, Bescheidenheit, Cleverness.

Auch außerhalb Deutschlands wurden die Experten aufmerksam. Drei Monate vor dem Titelgewinn kam der technische Stab von Italiens Nationalmannschaft, die von Cesare Prandelli trainiert wurde, nach Dortmund, um das Training der Borussia zu beobachten. Die Verschiebungen des Teams weckten Erinnerungen an Arrigo Sacchis AC Mailand, erzählten sie einem strahlenden Klopp hinterher.

Watzke: »Wir hatten mit dem Fußball, den wir damals

spielten, noch ein Alleinstellungsmerkmal. Man darf auch nicht unterschätzen, Bayern war nicht so stark. Das kann man nicht mehr mit dem Bayern München von heute vergleichen. Auch wirtschaftlich nicht, die haben damals längst nicht so viel Geld ausgegeben wie heute. Es war damals etwas leichter, aber wir hatten auch einfach einen unfassbaren Lauf. Bei uns hatte man das Gefühl, dass diese Mannschaft erst ganz am Anfang ihrer Entwicklung steht.«

Der Erfolg brachte seine ersten typischen Begleiterscheinungen mit sich. Die halbe Mannschaft bekam lukrative Angebote anderer Vereine. Aber von den Stammspielern ging lediglich Şahin. José Mourinhos Real Madrid nutzte eine Ausstiegsklausel über zwölf Millionen Euro, um den Mittelfeldstrategen ins Bernabéu zu holen.

Şahins Nachfolger war der zwanzigjährige İlkay Gündoğan, der vom 1. FC Nürnberg kam. In einem spanischen Restaurant in der City von Manchester erinnert sich der in Gelsenkirchen geborene Sohn türkischer Einwanderer sechs Jahre später, wie er Zorc und Klopp im Frühjahr 2011 in einem Flughafenhotel in Düsseldorf getroffen hatte. »Alles war so ein bisschen geheim, weil die Saison mit Nürnberg noch lief. Der erste Eindruck war schon extrem einschüchternd. Ich hatte einen Riesenrespekt gehabt, und schon von der Statur her macht Klopp eine Menge Eindruck. Wir haben uns eine halbe Stunde unter vier Augen unterhalten. Für mich war eigentlich direkt nach dem Gespräch klar, dass ich es in Dortmund versuchen will. Diese Gabe hat er wie kein anderer, zumindest keiner, den ich kennengelernt habe. Er kann einen Spieler in seinen Bann ziehen, ihn begeistern. Und da die richtigen Worte zu finden, das macht er schon extrem gut. Er hat mich gefragt: ›Was wären denn deine Ziele, wenn du kommst?‹ Da hab ich gesagt: ›So viel und so gut wie möglich spielen.‹ Dann meinte er: ›Ja siehst du, das ist schon der erste Fehler. Es geht nicht darum, so viel wie möglich zu spielen, sondern es geht darum, wenn du spielst, das Beste rauszuholen. Ich kann dir nicht versprechen, dass du viel spielen wirst. Das geht nicht. Aber was ich dir versprechen kann, ist, dass du extrem viel lernen kannst, und wenn wir alle unser Potential abrufen, dass wir extrem erfolgreich sein können.‹ Das war zum ersten Mal für mich, dass jemand im Fußballgeschäft so offen und ehrlich seine Meinung sagt und dir nicht versucht, das Blaue vom Himmel zu versprechen. Er hat direkt und offen gesagt, was Sache ist, das fand ich faszinierend.«

Gündoğan fiel der Schritt vom überschaubaren Niveau in Nürnberg zum Meister Dortmund sehr schwer. Das fing schon mit dem Fitnessprogramm in der Saisonvorbereitung an. Die Spieler mussten die berüchtigten »Chucky«-Läufe absolvieren, die Assistenztrainer Željko Buvač aufgestellt hatte. Elf Sprints vor und zurück, mit und ohne Ball, auf einem Parcours, der sich über die ganze Länge des Platzes erstreckte. Nach dem elften Lauf sollten die Spieler von der Mittellinie aus die Torlatte treffen. Wer sie verfehlte, durfte noch einen zwölften Lauf dranhängen. »Das war extrem fordernd. Es war krass«, seufzt Gündoğan und durchlebt den Horror in Gedanken noch einmal. »Aber ich muss schon sagen, die Momente, wenn man so eine Einheit überstanden hat, haben das Team noch enger zusammengebracht. … Mats (Hummels) war derjenige, der immer gemotzt hat, aber er hat es auch immer durchgezogen.«

Gündoğan hatte während der gesamten Vorrunde Probleme. Er war etwas schüchtern und unreif, wie er selbst sagt, er verbrachte wohl etwas zu viel Zeit mit Familie und Freunden, spielte mit angezogener Handbremse, hatte Angst, Fehler zu machen. »Klopp hat das erkannt«, erzählt er. »Er hat mir auch, ehrlich gesagt, manchmal ein bisschen

Angst gemacht. Ein paarmal habe ich auch nicht verstanden, was er von mir wollte und wie ich das Ganze angehen muss, bis es dann irgendwann Klick gemacht hat.«

Es war nicht einfach, sich an Dortmunds ganz besondere Spielweise zu gewöhnen, sowohl was die Beine als auch was den Kopf betraf. Und dann war da ja auch noch die höhere Qualität seiner Mannschaftskollegen. Gündoğan: »Wir trainierten sehr viel Gegenpressing. Das haben wir ganz viel trainiert, nach Ballverlust direkt umzuschalten und nicht ein, zwei Sekunden abzuschalten und sich zu ärgern, dass der Ball jetzt weg ist, sondern eher sich zu freuen, dass man ihn jetzt so schnell wie möglich zurückgewinnen kann. Klopp hat immer gesagt, die ersten Sekunden sind entscheidend, weil der Gegner sich zu sicher fühlt, dass er den Ball jetzt hat, und erst mal ruhig machen will. Im Gegenteil, in den ersten Sekunden gehen wir drauf und erwischen den Gegner, wenn er es am wenigsten erwartet.«

Die Anpassungsschwierigkeiten des Neuzugangs in der ersten Saisonhälfte fielen mit Dortmunds Scheitern in der Champions League zusammen. Auf internationaler Ebene wiederholte sich die Geschichte. Im Vorjahr war man aus der Gruppenphase der Europa League geflogen – damals hatten sich Paris St. Germain, Sevilla und Karpaty Lviv als zu stark erwiesen, und Dortmund als zu übereifrig. Nun wurde Klopps Team Letzter in einer Gruppe mit Arsenal, Marseille und Olympiakos. »Wir hatten keine Champions-League-Erfahrung«, sagt Watzke. »Der Trainer nicht und die Mannschaft auch nicht. Wir sind in Marseille, in Athen, in London aufgetreten, als würden wir Bundesliga spielen. Aber die beiden Wettbewerbe kann man nicht vergleichen. In der Champions League wird jeder Fehler bestraft. Wir haben gepresst, wir sind lang gegangen. Das funktioniert da nicht. Weil diese Mannschaften deutlich routinierter sind.

Das war immer der gleiche Ablauf. Wir waren immer die klar bessere Mannschaft, hatten gute Chancen, haben aber keine Tore gemacht und dann 0:2 oder 0:3 verloren. Daraufhin haben wir unseren Spielstil ein Jahr später umgestellt. Dann waren wir mit Real Madrid und Manchester City in einer Gruppe und sind weitergekommen.«

Es war ein Lernprozess für die Mannschaft, wie Gündoğan sagt. »Wir waren noch recht naiv. Wir waren ja alle noch sehr jung, und in der Champions League sind Mannschaften vielleicht etwas kaltschnäuziger und abgeklärter als in der Bundesliga. Aber wir haben aus unseren Fehlern gelernt, auch ich selbst für mein Spiel.« Die selbstkritische Einsicht ergab sich durch ein unfreiwilliges Gastspiel auf der Tribüne. »Klopp hat mich zur Seite genommen und gesagt: ›Das wird dir jetzt sicherlich schwerfallen, aber für das Wochenende bist du nicht dabei, ich werde dich draußen lassen.‹ Ohne eine detaillierte Begründung abzuliefern. Für mich als Zwanzig- oder Einundzwanzigjährigen war das natürlich extrem schwierig. Aber irgendwie habe ich es kapiert. Es war wirklich wie ein Rätsel für mich. Wo gehöre ich hin? Wie muss ich mich verhalten? Was mache ich hier eigentlich? Ich hatte damals tausend Fragen im Kopf, aber irgendwann hat sich das alles in Luft aufgelöst. Dann war ich einfach im Flow, und es lief alles.«

Gündoğan wurde schon nach neun Minuten im Spiel gegen Hannover im Februar 2012 eingewechselt, nachdem Sven Bender eine seiner vielen Verletzungen erlitten hatte. Er war eine Offenbarung. »Es war wie so ein Klick. Ich war drin im Spiel, und es hat alles geklappt. Von dem Moment an war es für mich, als hätte mich jemand entfesselt. Ich war befreit. Auf einmal war alles selbstverständlich. Die ganze Art und Weise, Fußball zu spielen, mit den Kollegen, mit Jürgen und mit seiner Art.«

Ein heikler Vorfall im Training besiegelte endgültig ihren Bund. Gündoğan hatte in der wichtigen Mittwochseinheit, in der immer konkret für das anstehende Ligaspiel am Wochenende geübt wurde, in der ersten Mannschaft gegen die Reservespieler antreten sollen. Schon beim Aufstehen am Morgen spürte er ein Ziehen im Oberschenkel. Spieler mit Verletzungssorgen sollten eineinhalb bis zwei Stunden vorher da sein, damit sich der Physiotherapeut die Sache ansehen und dem Trainerstab die Möglichkeit geben konnte, bei Bedarf nach einem Ersatz im Amateurteam oder der U19 Ausschau zu halten. Gündoğan dachte, er könnte trainieren, und beschloss, den Physio erst dreißig Minuten vor Beginn der Trainingseinheit aufzusuchen. »Er hat geschaut und gemerkt, dass der Muskel ziemlich fest ist, und meinte zu mir: ›Ich muss zum Trainer und ihm das sagen. Es besteht die Gefahr, dass du dich verletzt, wenn du jetzt trainierst.‹ Ich meinte: ›Schon gut, ich kann trainieren. Ich bin mir sicher, und ich will auch trainieren. Wenn du zum Trainer gehst, dann sag ihm auch, dass ich trainieren kann.‹ Ein paar Minuten danach ging die Tür auf, und Jürgen kam rein. Er ist ein Riese und guckt mich böse an. Er sagt: ›Was ist denn los?‹ Ich hab gesagt: ›Ja, nichts. Ich fühl mich gut, ich kann trainieren.‹ Dann hat er mich an die Absprache erinnert, wegen der eineinhalb Stunden vor dem Training und so, und dass er die Trainingseinheit planen muss. Er war schon sauer. Dann hab ich gesagt: ›Nee, ich will trainieren, ich kann trainieren und werde auch trainieren.‹ Er hat nur gesagt: ›Mach, was du willst‹, und ich hab bloß gedacht: ›Scheiße, was mache ich jetzt?‹« Gündoğan stand als Erster draußen auf dem Platz. Klopp rief ihn zu sich. »Er ist dann ein paar Schritte mit mir gegangen, etwas weiter weg von den Jungs und hat gesagt: ›Mein Freund, du kannst es bestimmt verstehen, oder?‹ Dann meinte ich: ›Ja klar, ich kann es schon verstehen und so. Aber für mich war klar …‹ Und er meinte: ›Nein, nein. Das nächste Mal, wenn du Probleme hast, selbst wenn es nur ein kleines Zwicken ist oder dir juckt der Arsch oder sonst irgendwas, rufst du den Doc oder den Physio an oder von mir aus auch mich, und dann kannst du mir auf den Sack gehen frühmorgens, und sagst Bescheid.‹ ›Ja, okay Trainer, mach ich.‹ Dann meinte er: ›Du machst dich warm mit uns, aber wenn es dann Elf gegen Elf geht, gehst du raus‹. ›Aber ich will trainieren!‹ Er: ›Nein, du bist jetzt still und gehst raus.‹ Dann hat er wieder gelacht und mich in den Arm genommen. Ich hab dann nur geguckt und gefragt: ›Soll ich nicht doch …?‹ Klopp: ›Nein, du gehst jetzt rein.‹ Er hat mich dann nochmal in den Arm genommen. Da war mir klar, dass er wusste, wie ich ticke, und ich wusste, wie er tickt. Dann wurde er auch mehr für mich als nur ein Trainer. Es war schon eine besondere Verbindung, und auch eine extrem erfolgreiche.«

Dortmunds Probleme auf europäischer Ebene schlugen nicht auf die Form in der Liga durch – ganz im Gegenteil: Vom Oktober 2011 an legte die BVB-Elf eine Serie von achtundzwanzig Spielen ohne Niederlage hin. Ein weiteres Mal entschied ein Sieg über Bayern – der vierte nacheinander gegen die Münchner – den Titelkampf. Das perfekte Positionsspiel der Borussen errichtete eine ›Todeszone‹ in der Nähe der Mittellinie, in der die meisten Angriffszüge der Bayern in der ersten Halbzeit vor die Hunde gingen. Bayern kam nach der Pause etwas besser ins Spiel, als die Schwarzgelben müde wurden, aber Arjen Robben vergab einen Elfmeter, und Lewandowskis Treffer sorgte endgültig dafür, dass die drei Punkte im brodelnden Signal Iduna Park blieben. Dortmund hatte nun sechs Punkte Vorsprung bei noch vier ausstehenden Spielen. »Viel besser können wir nicht spielen«, rief Klopp. Der Vierundvierzigjährige hatte keine Lust, die wirkliche Bedeutung dieses Sieges für den Titelkampf anzuerkennen. »Bis zum Saisonende kann noch viel passieren«, trat er auf die Bremse, aber immerhin hätte man nun drei Tage Zeit, zu feiern und dieses außergewöhnliche Ereignis zu genießen.

Einige Spieler nahmen diese Aussage wohl etwas zu wörtlich. Gündoğan: »An dem Mittwoch nach dem Bayern-Spiel sind wir noch mit fünf Spielern los, Party machen gegangen. Wir haben nichts getrunken, sind aber noch in einen Klub gegangen bis zwei oder drei Uhr. Das Problem war, dass wir am Samstag gegen Schalke ein Spiel hatten. Derby.« Schalke ging 1:0 in Führung, aber Dortmund drehte das Spiel und gewann 2:1. Gündoğan weiter: »Wir gewinnen das Derby am Samstag und gehen natürlich wieder alle feiern. Sonntag früh beim Training gab es eine Ansprache von Klopp: ›Ich habe während der Woche mitbekommen, dass fünf Spieler von uns am Mittwoch nach dem Bayern-Sieg noch feiern waren. Hat mir jemand zugeflüstert. Ich weiß nicht, wer es war, und will es auch nicht wissen. Aber eines kann ich euch sagen: Diese Spieler können froh sein, dass wir gestern gegen Schalke gewonnen haben, denn wenn das nicht passiert wäre, hätte es wahrscheinlich die größte Strafe gegeben, die jemals im Vereinsfußball ausgesprochen wurde.‹ Wir Spieler haben uns dann nur angeguckt und gedacht: ›Gott sei Dank haben wir dieses Spiel noch gedreht!‹ Nach den Spielen sind wir damals öfter noch mit acht bis zehn Spielern abends weggegangen, viele waren ja auch noch Singles. Das hat man im Training am Sonntagmorgen manchmal auch gemerkt, aber wir haben es nicht übertrieben und das hat uns noch enger zusammengeschweißt.«

Klopps Ehrgeiz, jedes Spiel zu gewinnen, ließ auch nicht nach, als die erneute Meisterschaft feststand. Seine Mannschaft stellte dann sogar mit einundachtzig Punkten einen neuen Rekord für die Bundesliga auf. »Generell waren einfach alle Spiele extrem geil in dem Jahr«, erzählt Gündoğan lächelnd. »Wie wir die Gegner teilweise dominiert haben, nicht im Guardiola-Stil, sondern im Klopp-Stil. Der Gegner wusste einfach gar nicht, wie ihm geschieht. Wir haben die quasi überfallen. Das hat uns noch mal so ein geiles Gefühl gegeben. Nicht, dass wir uns die drei Punkte erschlichen hätten, sondern dass wir wussten: Der Gegner hatte heute zu keinem Zeitpunkt irgendeine Chance. Wir hatten damals ein Spiel in Köln, da lagen wir zur Halbzeit 1:0 zurück, und Köln wusste gar nicht, wie oder warum, und wir haben das Spiel noch 6:1 gewonnen. Das sind Spiele, wo du wusstest, du hast komplett alles im Griff, und selbst wenn der Gegner führt, es macht nichts.«

Sebastian Kehl drückt es so aus: »Das war eine neue Art, Fußball zu spielen in Deutschland. In den Jahren, in denen wir richtig erfolgreich waren, haben wir Mannschaften teilweise einfach überrannt oder überrumpelt. Die waren komplett überfordert.«

Und Borussias Appetit war noch nicht gestillt. Vier Wochen nach dem Titelgewinn hatten sie die Chance, zum ersten Mal in der Vereinsgeschichte das Double zu holen. Dafür mussten noch Jupp Heynckes' Bayern im Finale in Berlin geschlagen werden. Es sollte, wie Watzke es ausdrückt, zu einem Spiel werden, »das für die Entwicklung beider Klubs eine elementare Bedeutung hatte«.

Vor jedem Pokalspiel hatte der bisher in dem Wettbewerb nie erfolgreiche Trainer dem Team Highlights aus den vorherigen Siegen gezeigt, unterlegt mit dramatischer Musik. Am Abend vor dem Finale brachte ein Motivationsvideo mit historischen Ereignissen – unter anderem die Mondlandung, Boris Beckers Wimbledon-Triumph 1985 und Muhammad Alis »Rumble in the Jungle« – die Mannschaft emotional auf

Betriebstemperatur. »Wir sagten den Jungs: Unser eigener Film ist noch nicht fertig«, erzählte Klopp in einem Interview mit dem *RedaktionsNetzwerk Deutschland*. »Du musst bei so etwas den richtigen Augenblick erwischen, dann ist es phantastisch.«

Dreiundzwanzig Jahre waren seit dem letzten Pokalsieg des BVB vergangen. Noch keine drei Minuten waren gespielt, da lag Dortmund schon 1:0 in Führung, Torschütze Shinji Kagawa. Robben und Hummels verwandelten jeweils einen Elfmeter, dann traf Lewandowski fast mit dem Halbzeitpfiff zum 3:1 für den BVB. Die Führung erlaubte den Schwarzgelben, nach dem Wechsel auf Konter zu spielen. Sie stellten Fallen auf, in die die Bayern stolperten wie tapsige Bären. »Dortmund spielte defensiver, berechnender, raffinierter«, schrieb die *Süddeutsche Zeitung* voller Bewunderung. »Sie sind inzwischen auch darin Deutscher Meister und Pokalsieger, den Gegner zu Fehlern zu zwingen.«

Die mächtigen Bayern wurden auseinandergenommen, gedemütigt gar, als Klopps Jungs im Olympiastadion unwiderstehlich den Sieg einfuhren. Lewandowski gelang ein Hattrick bei dem 5:2-Triumph. »Das war kein Zufall«, gab Bayern-Präsident Karl-Heinz Rummenigge vor Sponsoren und VIP-Gästen beim Mitternachtsbankett zu. »Das war eine Blamage. Jedes Tor der Dortmunder war wie eine Watsch'n.«

Auf dem Feld hatten Watzke und Zorc still Tränen der Freude vergossen, über den »außergewöhnlichsten Moment in der Geschichte der Borussia«, wie Klopp zugab. »Er tanzte in der Kabine mit Bier in der Hand, als wäre er ein Spieler von uns«, erinnert sich Gündoğan mit einem Lächeln. Der Trainer erzählte den Reportern, dass Norbert Dickel, Torschütze beim Pokalfinale 1989, ihm am Vorabend seinen rechten Schuh als Glücksbringer gegeben hatte. »Der hatte über zwanzig Jahre bei ihm im Keller gelegen und müffelte ein bisschen«, lachte er. Aber es brauchte weder übernatürliche Kräfte noch Glück für die spektakuläre Demonstration der Dortmunder Überlegenheit. Man hatte Bayern das fünfte Mal in Folge geschlagen, das war ein nie da gewesener und hochverdienter Erfolg. Das ausgereiftere System, Engagement und die clevere Transferpolitik hatten das bayerische Ensemble von Starindividualisten entzaubert und den enormen finanziellen Vorteil der Münchner null und nichtig gemacht. Es ist »ein Machtwechsel«, wie *Die Welt* attestierte. »Die Dortmunder haben den FC Bayern an der Spitze der deutschen Fußball-Nahrungskette abgelöst.«

»Das System, das Jürgen, Željko und Piet haben spielen lassen, hat zwei Jahre den deutschen Fußball komplett beherrscht«, sagt Dickel. »Da wusste keiner, was er machen sollte. Die wussten nicht, was sie mit diesem aggressiven Pressing anfangen sollten, und immer doppeln und tripeln … das kannten die nicht. Selbst die Bayern wussten nicht, was los ist. Das war großartig, eine sehr schöne Zeit. Das war noch spektakulärer als die Erfolge Mitte der neunziger Jahre. Wir waren quasi in einem Sog. Wir sind in jedes Spiel gegangen und wussten, die hauen wir weg. Jedes Spiel. Wir waren euphorisiert, wir waren alle im BVB-Wahn. Es war ein Rausch.«

An dem Abend in Berlin war Klopp wirklich Mr. Big, ein Dealer im Trainingsanzug, der Millionen von Borussia-Anhängern auf den größten (legalen) Trip aller Zeiten schickte. Der Name seiner Droge lautete: Liebe. »Diese neunzig Minuten, die sind Adrenalin pur«, sagte er im Interview mit *Die Zeit* ein paar Monate danach. »Ich mag diese totale Zuspitzung, wenn es überall kracht und knallt. Eine Phase von ›Alles oder nichts‹, in der man das Gefühl hat, die Leute atmen nicht.«

Martin Quast hatte das Pokalfinale im Stadion gesehen und dafür ein altes Trikot von Jürgen Kohler übergestreift. Danach sah er Klopp und seine Mannschaft in dem kleinen Zelt feiern, das das ZDF hinter dem Marathontor des Olympiastadions aufgestellt hatte. Am Ende der Liveübertragung, als Klopp den goldenen Pokal und die silberne Meisterschale in den Armen hatte, rief Quast seinem Freund die in Mainz übliche Begrüßung »Gude« zu und wies ihn darauf hin, dass seine Schnürsenkel offen waren. »Er lachte sich kaputt. Dann gibt er mir die Schüssel und den Pokal, meint nur: ›Halt mal 'nen Moment.‹ Und dann bindet er seine Schuhe. Ein kurzes High-Five, dann sagt er: ›Es ist zu schade, aber ich muss gehen‹, und schnappt sich wieder Pokal und Schüssel. Cool, oder nicht? Als wär's eine Flasche Wein und eine Wurst. Er hat keine Sekunde gezögert. Pokal, Meisterschale – na und? So ist er halt. Welcher normale Mensch würde so etwas machen?«

Alex Ferguson war ein weiterer Augenzeuge, der die Show in Berlin genossen hatte. Der Trainer von Manchester United war nach Deutschland gekommen, um ein Auge auf Kagawa und Lewandowski zu werfen. »Er saß vier Plätze links von mir«, erzählt Watzke. »Ich habe ihm gesagt: Den einen kann er haben, den anderen nicht. Da hat er mich ein bisschen doof angeguckt, aber genau so ist es gekommen.« Der Japaner sollte sich am Saisonende tatsächlich in Richtung Premier League verabschieden. Barrios, der inzwischen nur noch eine Nebenrolle spielte, wurde an Guangzhou Evergrande in China verkauft. Alle anderen Stammkräfte blieben, trotz zahlreicher verlockender Angebote.

Watzke machte sich jedoch keine Illusionen über die Größe der Herausforderung, die ihn und Zorc erwartete. Das bajuwarische Imperium würde zurückschlagen. »Das war sicherlich der epochalste Abend. Ich wusste aber gleich, dass das auch der Höhepunkt war. Ich weiß das noch, dass ich nachts um vier oder um fünf ins Hotel gekommen bin und noch zwei Stunden auf dem Bett lag. Ich habe auf das Brandenburger Tor geschaut. Ich wusste, dass es jetzt extrem schwierig wird. Ich wusste, dass es eine Reaktion auslösen würde bei den Bayern. Ich wusste, dass sie ab jetzt an unsere Spieler herantreten würden. Die hatten ja schon vierzig Endspiele gespielt, aber sie haben noch nie in einem Finale mehr als zwei Gegentore bekommen. Und dann kassieren sie fünf. Die Bayern haben sich gedemütigt gefühlt, die mussten Beruhigungstabletten schlucken. Von dem Moment an hat der FC Bayern seine ganze Politik umgestellt. Sie haben viel mehr investiert und alles auf eine Karte gesetzt. Und das hat sich ja auch ausgezahlt.« Dortmunds Trick, so viel größer zu sein als die Summe der Einzelteile – eine fußballerische Alchemie, die dem großen Magier Klopp gelungen war –, hatte zumindest ein Stück weit auch deshalb funktioniert, weil es Deutschlands mächtigstem Klub nicht gelungen war, sein Potenzial auszuschöpfen.

Bayern brach nun seinen eigenen Transferrekord und holte Mittelfeldspieler Javi Martínez von Athletic Bilbao (40 Millionen Euro), dazu Mario Mandžukić (11 Mio., VfL Wolfsburg), Außenstürmer Xherdan Shaqiri (11,8 Mio., FC Basel) und Verteidiger Dante (4,7 Mio., Borussia Mönchengladbach). Der Zugewinn an individueller Qualität, vor allem in der Defensive, hatte einen überaus willkommenen taktischen Dominoeffekt, wie Bayerns damaliger Sportdirektor Matthias Sammer erläutert: »Die größere Stabilität in der Abwehr erlaubte es, in Mittelfeld und Angriff höheres Pressing zu spielen. So wurde Bayerns Spiel flexibler und dynamischer.«

Klopp war nicht der Einzige, dem die Neuausrichtung des Bayern-Systems verdächtig bekannt vorkam. »Im Moment hat das ja ein bisschen was davon, wie das die Chinesen in der Wirtschaft und der Industrie machen«, beklagte er sich. »Gucken, was die anderen machen, und es dann abkupfern. Und mit mehr Geld und anderen Spielern den gleichen Weg einschlagen.«

Auch Ralf Rangnick war nicht entgangen, dass die Bayern Elemente des Dortmunder Spiels übernommen hatten und inzwischen mehr wie Dortmund spielten als Dortmund selbst. Nun mag zwar Imitation die ehrlichste Form der Schmeichelei sein, aber das war ein schwacher Trost für Klopp, dessen sorgfältige, vierjährige Aufbauarbeit von einem glitzernden, sündhaft teuren Wolkenkratzer gleich nebenan in den Schatten gestellt wurde, der zum Teil mit Hilfe von Klopps Blaupausen errichtet wurde.

Bayerns neue Bescheidenheit ohne Ball, die deutlich gesteigerte Intensität und das taktische Erwachen bildeten eine enorm schlagfertige Kombination. Heynckes' Truppe gewann die Meisterschaft mit einem neuen Bundesligarekord (91 Punkte), volle zehn mehr, als Dortmund in der Vorsaison geholt hatte. Anschließend fügten sie auch den DFB-Pokal ihrem Trophäenschrank hinzu.

Nachdem man es zwei Spielzeiten lang geschafft hatte, »Bayern auf unser Niveau herunterzuziehen« (Klopp), hatte Borussias Brillanz ungewollt das Spiel der Roten auf ein neues Niveau gehievt. Die Wirkung auf den Rest der Liga war ganz ähnlich. Inspiriert durch die Double-Gewinner, nahmen immer mehr Mannschaften Pressing und Gegenpressing in ihr taktisches Arsenal auf, man bekämpfte nun Feuer mit Feuer. »Auf einmal haben das alle gemacht. Das haben wir dann auch gemerkt. Es ist extrem schwer, wenn alle so spielen«, sagt Subotić.

Die Konkurrenz nutzte noch eine zweite Gegenstrategie. Da Dortmunds Spiel auf dem schnellen Umschalten nach

Balleroberung aufbaute, überließen die Teams dem BVB nur zu gern Ball und Raum und zwangen ihn so zu einem langsameren, auf Ballbesitz fundierendem Spiel. Klopps Rennwagen steckte auf einmal immer wieder im Stau fest. »Unsere Spielweise hatte allen kleineren Mannschaften Mut gemacht«, sagt Gündoğan. »Die sagten sich: Wir können Mannschaften schlagen, die eigentlich stärker sind als wir, wenn wir diese Taktik vernünftig umsetzen.«

Dortmund holte fünfzehn Punkte weniger als in der Vorsaison, aber der zweite Platz wurde nicht als Misserfolg gesehen. Es galt, als Verein zu wachsen. Die Qualifikation für die Champions League war wichtiger als das Verteidigen der Trophäen.

Der leichte Rückschlag auf nationaler Ebene wurde durch ein aufregendes Abenteuer in Europa mehr als aufgewogen. Klopps Mannschaft, vom Magazin *FourFourTwo* als »das heißeste Team in Europa« geadelt, bezwang eine ganze Reihe von Mannschaften, die unzureichend auf die Wucht der fein austarierten Guerillataktik vorbereitet waren. Die neue Reife der Borussia in Spielen gegen die Elite des Kontinents wurde schon im zweiten Spiel der Gruppenphase deutlich, das auswärts bei Manchester City stattfand.

Die Gäste, angetrieben von fanatischen Anhängern, spielten das teuerste Team der Welt im Etihad-Stadion regelrecht aus den Schuhen. »Sie dominierten den größten Teil des Spiels, fielen über den Gegner her wie die gelbschwarzen Taxis in New York über zahlungskräftige Kundschaft in der Wall Street«, begeisterte sich der *Daily Telegraph*. Dortmund ging durch Marco Reus in Führung und hatte genug Chancen für drei weitere Tore. Das Unentschieden durch einen Elfmeter in letzter Minute, den der eingewechselte Mario Balotelli für Man City verwandelte, war angesichts der Dortmunder Dominanz blanker Hohn – »sie waren eine Klasse für sich heute Abend, angefangen bei ihren Fans«, gab City-Torwart Joe Hart zu. Die Art und Weise aber, wie das 1:1 gelaufen war, ließ Klopp »sehr zufrieden, tendenziell stolz« auf den Abend schauen. Der BVB-Coach war von den Fragen nach der Elfmeterentscheidung mehr genervt als von den zwei verlorenen Punkten. »So ein phantastisches Spiel, und dann geht die erste Frage gleich um den Elfmeter«, murrte er. Seine schwachen Ergebnisse in vergangenen Jahren auf internationalem Parkett hatten ihm zugesetzt, doch nun war »ein wichtiger Schritt getan, um Borussia Dortmund in der Champions League anders darzustellen«, sagte er. »Das war eines der besten Spiele, die ich je gesehen habe, und ich habe eine ganze Menge gesehen«, erzählte Klopp dem Magazin *FourFourTwo* ein paar Wochen später, »wir sind fast selbst erschrocken, wie perfekt unser Plan aufging.« »Vielleicht wird man sich dereinst an diesen Abend von Manchester noch erinnern als eine europäische Geburtsstunde«, sinnierte *Die Welt*. Klopps Fußball hatte endlich auch außerhalb der deutschen Grenzen seine Feuertaufe bestanden.

»Manchester City war in diesem einen Jahr aber ehrlich gesagt nicht sonderlich stark«, meint Watzke achselzuckend. »Die Mannschaft war langsam, übergewichtig und was weiß ich alles.« Aber Dortmund holte auch vier Punkte aus den zwei Spielen gegen Real Madrid und qualifizierte sich als Gruppensieger für das Achtelfinale. Sie waren wirklich angekommen. »Wir waren etwas überrascht, dass alle so überrascht waren«, meinte Zorc leicht indigniert.

Subotić schreibt die Verbesserung in der Champions-League-Saison 2012/13 einer größeren kollektiven Intuition zu. »Man kann so trainieren, dass man fürs Gegenpressing und die Balleroberung bereit ist, mental bereit ist. Aber man kann das nicht konkret trainieren, weil im Spiel ja immer alles in Bewegung ist. Jeder hat die Möglichkeit und die Verantwortung, eine Aktion auszulösen, der alle folgen mussten. Das Gefühl dafür musste ein paar Jahre wachsen. Dann ging es quasi reflexhaft in den Körper über.«

Dortmund hatte wenig Mühe mit einem müde wirkenden Shachtar Donezk in der Runde der letzten sechzehn – »Wenn du im Achtelfinale die Russen oder Ukrainer kriegst, ist es immer gut, da sind die noch in der Winterpause«, stellt Watzke fest –, aber Málaga im Viertelfinale war eine ganz andere Geschichte. Borussia lag im Rückspiel zu Hause in der Gesamtabrechnung nach neunzig Minuten 2:1 hinten. Was dann geschah, sollte als »Wunder von Dortmund« (Klopp) in die Vereinsgeschichte eingehen. Die Schwarzgelben schafften noch zwei Tore in der Nachspielzeit, das zweite davon aus Abseitsposition, und warfen die Spanier mit 3:2 aus dem Wettbewerb. Der Signal Iduna Park explodierte, spie Glücksgefühle aus wie flüssige Lava. »Ich bin auf den Platz gerannt, habe Marco (Reus) umarmt und wollte nie wieder loslassen«, erinnert sich Gündoğan. »Das war für mich ganz klar der verrückteste Moment meiner Karriere«, so Subotić. »Das war Hollywood pur. Wir wussten, ein Tor können wir aufholen, und dann eben Druck machen und auf Dusel hoffen. Das Glück war an dem Tag auf unserer Seite.« »Verrückt, einfach nur verrückt, was hier heute passiert ist«, schüttelte Klopp den Kopf und staunte ungläubig ob der Wendung des Geschehens, bevor er Marcel Schmelzer in der Mixed Zone in die Arme nahm. »Selten hat man eine Mannschaft gesehen, die derart einig und von sich selbst mitgerissen war«, schrieb die *Süddeutsche Zeitung.* Dortmund stand im Halbfinale der Champions League. »Das war so großartig, die Leute freuen sich ein zweites Loch in den Allerwertesten«, so die verwegene Klopp'sche Diagnose.

Der Wahnsinn von Málaga, ein unvergesslicher Moment, wie nicht von dieser Welt, sei eine dieser Geschichten, über die man noch in zwanzig Jahren reden würde, erzählte Klopp dem Autor Christoph Biermann ein paar Monate später. »Das ist mein Antrieb (als Trainer). Solches Zeug zu sammeln, damit man es erzählen kann, das macht diesen Verein aus. Die wichtigste Säule besteht aus den Geschichten, die er im Laufe seines Bestehens geschrieben hat. Deshalb finde ich die Zeit, die wir gerade haben, auch so geil. Weil wir die Möglichkeit haben, diese Geschichten zu schreiben.« Fußball, so fügte er hinzu, war doch gerade das: eine Sammlung gemeinsam erlebter Geschichten, gemeinsame Geschichte, eine Identität. »Man kann gewinnen oder verlieren, aber man ist mit Leuten zusammen, die man mag. Man ist wie zu Hause. Das ist das, was wir alle haben wollen. Wir wollen wissen, wohin wir gehören. Und knapp zehn Millionen Leute wollen hierhingehören.«

Im Halbfinale bekamen es die Schwarzgelben mit José Mourinhos Real Madrid zu tun. Zwei Nächte vor dem Hinspiel, Schlag Mitternacht, sah Gündoğan auf seinem Smartphone eine Headline, die für ihn keinen Sinn zu ergeben schien. »Da stand ganz fett: Götze wechselt zu Bayern!« Ich schickte Marco Reus eine SMS. Er und Mario hatten den gleichen Berater und waren beste Freunde. ›Weißt du davon was? Stimmt das?‹ ›Ja, es stimmt, ich weiß es auch erst seit gestern, aber es stimmt.‹ Ich konnte es kaum glauben, um ehrlich zu sein.«

Götze, 20, war seit seinem achten Lebensjahr beim BVB gewesen, ein Symbol der Dortmunder Wiedergeburt unter Klopp und das Versprechen auf eine noch größere Zukunft. Dortmund hatte sich damit abgefunden, Jahr für Jahr den einen oder anderen Spieler abgeben zu müssen. Aber keinen Ur-Dortmunder. Nicht Mario. Alle standen unter Schock. »Einige Spieler konnten nicht schlafen«, erzählte Klopp dem *Guardian*. »Mich traf es fast wie ein Herzinfarkt. Ich konnte nichts sagen. Ich konnte an dem Abend nicht mit meiner Frau ausgehen.«

Bayern hatte für siebenunddreißig Millionen Euro die Ausstiegsklausel in Götzes Vertrag genutzt, berichtete *Bild*, und ihn damit zur ersten großen, namhaften Verpflichtung für die Ära von Pep Guardiola gemacht, der nach der Sommerpause das Zepter bei Bayern übernehmen würde. Aber wer hatte die Story an die Presse lanciert, zu einem derart heiklen Zeitpunkt, achtundvierzig Stunden vor dem Match gegen das spanische Superstar-Ensemble?

Der Verdacht fiel schnell auf die Bayern-Führung. Die Verpflichtung von Götze war die klassische Bayern-Machtdemonstration. Was focht es sie an, wenn die Nachricht über den Transfer die Unruhe bei Dortmund vor einem enorm wichtigen Spiel noch steigerte? »Die Bayern wollten uns zerstören«, behauptete Watzke später.

Ob die Münchner tatsächlich die Übeltäter waren und das Boulevardblatt gezielt informierten, ist allerdings selbst unter BVB-Vereinsinsidern umstritten. Dortmunds Vorstandsetage hatte von Götzes Entscheidung bereits zwölf Tage zuvor erfahren, und es ist gut möglich, dass die Information von dritter Seite weitergegeben wurde – etwa einem Spielerberater, der mit den Bayern wegen eines Wechsels für die folgende Saison in Verhandlungen stand, oder von einem Klub, der ebenfalls an Götze interessiert gewesen war. Die Bayern hatten ihr eigenes Halbfinale gegen Barcelona vor sich und konnten auf eine derartige Kontroverse gut verzichten. Fest stand nur, dass Götzes Wechsel unmöglich bis zum Saisonende geheim bleiben konnte: Die Ausstiegsklausel des Offensivspielers musste bis zum 30. April gezogen werden.

Wie auch immer: Klopp war wegen des nach Süden abwandernden jungen Genies »emotional mitgenommen«, wie Watzke sagt. »Er konnte nur schwer damit leben, dass Mario Götze unbedingt zu Guardiola wollte. Und es hat sich ja auch als Missverständnis des Jahrhunderts herausgestellt. Da war Klopp sehr vorausschauend. Er war sich hundertprozentig sicher, dass das eine komplette Fehlentscheidung von Mario war. Ihn hat es sehr geschmerzt, den Jungen, den er aus dem Jugendbereich in den Profibereich geholt hatte, zu verlieren. Wir haben uns noch einmal mit Mario und seinem Berater getroffen. Da hat Klopp ihm noch einmal klipp und klar gesagt, dass er einen Fehler mache. Aber die Entscheidung war gefallen. Das hat ihn schon sehr beschäftigt, aber mehr aus der Sicht des Jungen als für das Team.«

Gündoğan erinnert sich, dass ein paar Ultras am Trainingsgelände auftauchten, um ihrem Unmut Luft zu machen. Klopp ging sehr cool damit um. »Er hat kurz was dazu gesagt, dass er es schade findet, aber dass es natürlich vollkommen normal und in Ordnung ist, und dass es weitergeht. Dass Mario nach wie vor bis zum Ende der Saison unser Spieler ist und er sich sicher ist, dass er sein Bestes geben wird. Das war's.«

»Ich habe Mario vor dem Spiel erklärt, dass die Leute seinen Wechsel zu Bayern sicher nicht vergessen werden«, sagte Klopp nach dem Schlusspfiff der Partie gegen Real Madrid. »Aber sie werden heute Abend andere Dinge im Kopf haben, schließlich ist der Verein das Wichtigste. Zum Glück kam es dann auch so. Die Atmosphäre hat alles in den Schatten gestellt, was ich bisher erlebt habe.«

Vier Jahre lang hatte Klopp die Leidenschaft im Signal Iduna Park angefacht, und an dem Abend fegte ein Feuersturm aus Lärm und Angriffswucht über die Spanier. »Die Königlichen« kamen bei der epischen 1:4-Schlappe nur um Haaresbreite mit dem fußballerischen Leben davon. Weder Götze noch seine Mannschaft zeigten sich durch die *Bild*-Story negativ beeinflusst; Dortmund komplettierte ein höchst eindrucksvolles Bundesliga-Double über *La Liga*: Bayern hatte Barcelona in deren Hinspiel mit 4:0 geschlagen. Ein deutscher Showdown im Finale in Wembley zeichnete sich ab.

Und es gab noch mehr böses Blut. Robert Lewandowski, der alle vier Tore gegen Real erzielt hatte, hatte sich angeblich mit Bayern darauf geeinigt, Götze bei seinem Wechsel in die Allianz Arena zu begleiten. Das hatte *Der Spiegel* unmittelbar vor dem Anstoß in die Welt gesetzt. Der polnische Mittelstürmer und sein Anhang taten nichts, um die Spekulationen zum Schweigen zu bringen. Lewandowskis Vertrag in Dortmund lief im Sommer 2014 aus, und sein Berater Maik Barthel ließ wissen, dass man einen Vereinswechsel im Sommer 2013 anstrebte.

Klopp entschärfte die Situation selbstironisch, indem er die Reporter im Signal Iduna Park daran erinnerte, dass auch er schon mal vier Tore in einem Spiel erzielt hatte: »In Erfurt.« Aber tief in seinem Innern war er viel besorgter, als er es nach außen hin erkennen ließ, erzählt Watzke. »Was ihn extrem beschäftigt hat, war das Thema Robert Lewandowski. Das hat man auch gemerkt. Wir waren uns sogar ein bisschen uneinig, ob wir ihn 2013 verkaufen oder 2014 ablösefrei gehen lassen sollen. Jürgen hätte ihn tendenziell sogar eher verkauft. Robert ist ein Profi, wie es sonst kaum welche gibt. Er ist jetzt kein emotionaler Typ, und er wird auch nie das Vereinswappen küssen, aber es ist ein Geschenk, Robert als Profi bei sich zu haben. Er ist wie eine Maschine. Klopp war nicht erfreut, wie das alles lief. Das hat uns ja alle mehr geärgert und gewurmt, als wir zugegeben haben. Denn wenn du das zugibst, heißt es ja sofort, du bist am Jammern und am Weinen.«

Aber Zeit zum Jammern blieb nicht im Mai 2013. Geschichte wollte geschrieben werden. Dortmund gegen

Bayern, ein Bundesligaduell auf dem heiligen Rasen von Wembley. »Der deutsche Fußball hat aus der Vergangenheit gelernt und ist in der Gegenwart angekommen«, jubelte die *Süddeutsche Zeitung* und beschrieb, wie die taktische Meisterschaft beide Teams, inspiriert durch große Mannschaften der Geschichte (Ajax, Mailand, Barcelona), sie ins erste rein deutsche Finale der Champions League geführt hatte. Klopps Energieschub begründete, wie die *Frankfurter Rundschau* beschrieb, »eine neue deutsche Fußballschule. Er hat das alte, physisch betonte Spiel deutscher Teams, von den anderen gleichermaßen gefürchtet und verachtet, neu erfunden und mit strategischer Finesse und technischer Reife gepaart.«

Und es gab noch einen anderen Strang der Dramaturgie. Im Finale, so erläuterte Klopp einem weltweiten Publikum in seinem Interview im *Guardian*, nehme es »das interessanteste Fußballprojekt der Welt, die neue Story, die besondere Story« mit einem Gegner aus Bayern auf, der sich aufführe »wie der Schurke in einem James-Bond-Film«. Dortmund sei der klare Außenseiter, was die Finanzen anging, eine Mannschaft der Fußballromantiker im Kampf gegen aristokratische Geldsäcke, die den Gegner nicht nur besiegen, sondern komplett in seine Einzelteile auflösen wollten. Klopp, ein großer Fan von Sportfilmen – »Ich bin mit Filmen wie *Die Indianer von Cleveland* groß geworden« –, glaubte fest daran, der Underdog könnte das packen. »Wir sind nicht die beste Mannschaft der Welt, aber wir können die beste schlagen«, so seine Ansage.

Dortmund war sehr nahe dran in Wembley. Die Borussia scheuchte Bayern mit ihrem typischen Vollgasfußball über den Platz, übernahm früh die Kontrolle und kreierte einige gute Torchancen. »Ich kann mich dran erinnern, dass wir nach der ersten halben Stunde 2:0 oder 3:0 hätten führen müssen«, sagt Gündoğan. Als Bayern den ersten Ansturm überstanden hatte, glitt Dortmund das Spiel jedoch langsam, aber sicher aus der Hand. »Das Tempo, das wir in der ersten Halbzeit angeschlagen haben, war so unfassbar hoch, das war fast unmöglich über neunzig Minuten durchzuziehen«, sagt Bender. Ein Tor von Mario Mandžukić brachte Jupp Heynckes' Team nach einer Stunde mit 1:0 in Führung.

Acht Minuten später glich Gündoğan per Elfmeter aus. Dortmund war wieder im Spiel, aber fühlte sich auch benachteiligt. Bayerns Verteidiger Dante, bereits mit einer gelben Karte belastet, wurde nach seinem Foul an Marco Reus im Strafraum nicht mit Gelb-Rot vom Platz geschickt. Gündoğan: »Schiedsrichter Rizzoli hat zu unseren Spielern gesagt: ›Was wollt ihr denn, ihr habt doch einen Elfmeter bekommen?‹« Bayern spielte am Ende der packenden Partie seine größere Energie und Klasse aus. Arjen Robben erzielte eine Minute vor Schluss den entscheidenden Treffer.

Klopp und seine Spieler wurden von den Dortmunder Fans mit Applaus verabschiedet. Sie waren gute Verlierer. »Wir müssen den Sieg von Bayern anerkennen«, sagte der Trainer ganz ruhig. »Man darf nicht vergessen, dass viele Teams ins Finale wollten und dass Bayern auf dem Weg dorthin halb Europa auseinandergenommen hat.« »Bayern war einen Tick besser«, gibt Watzke zu. Aber Rizzolis Nachsicht wurmt ihn dennoch. »Das war eine katastrophale Fehlentscheidung. Wahrscheinlich hätten 99 von 100 Schiedsrichtern Dante vom Platz gestellt. Wie sich das Spiel dann entwickelt, das hätte ich gerne mal gesehen.«

Unmittelbar nach der Partie machte Klopp seinem Ärger in den Katakomben Luft, schrie Pierluigi Collina an, den UEFA-Schiedsrichterchef. »Ein oder zwei Dinge hätte man sicher auch anders entscheiden können« war dann alles, was er in der Pressekonferenz dazu sagte, und er fügte hinzu, dass sein Stolz auf die Mannschaft schon bald wieder das vorherrschende Gefühl sein würde. In der Kabine tröstete er seine in Tränen aufgelösten Spieler mit dem Hinweis auf das große Ganze: »Ihr wisst, dass ihr sie an einem anderen Tag, und mit einem anderen Schiri, schlagen könnt.« Aber Klopp, sagt Subotić, habe die Sache nicht überdramatisiert. Er verwies darauf, wo man zu Beginn der Saison gestanden hatte, welche Entwicklung man hinter sich habe und was es in Anbetracht dessen bedeute, schon in diesem Jahr das Champions-League-Finale erreicht zu haben. »Hat irgendeiner von euch gedacht, dass wir so weit kommen? Keiner. Alles gut, Jungs. Macht euch einen schönen Abend.« Es ging Klopp gerade in diesem schwierigen Moment darum, die Situation richtig einzuordnen, aus der Sicht des Vereins, der Mannschaft und des ganzen Umfelds. Klopps philosophische Note bahnte den Weg zu einer Riesenfeier nach dem Spiel im Natural History Museum, erzählt Schneck. »Irgendwann hat keiner mehr daran gedacht, dass wir verloren hatten. Feiern konnten wir eigentlich immer ganz gut.«

Im Rückblick fragt sich Kehl, ob ein Sieg Dortmunds in Wembley vielleicht des Märchenhaften zu viel gewesen wäre. »Keiner hätte einen solchen Film sehen wollen, viel zu unrealistisch«, sagte auch Klopp zu Biermann. Etwas später, in einem Interview für UEFA.com, war er sich allerdings nicht mehr so sicher. »Es wäre Wahnsinn gewesen, wenn wir letzte Saison die Champions League gewonnen hätten«, meinte er da. »Wahrscheinlich wären wir glatt ausgetickt, das wäre eine unfassbare Geschichte gewesen – mir hätte das als Film jedenfalls sehr gefallen. Eine Geschichte wie in *Die Indianer von Cleveland*, nur eben die Indianer von Dortmund. Aber es wäre echt total verrückt gewesen. Deshalb ist es auch so völlig okay, und immer noch was ganz Besonderes. Und wir haben ja noch eine Menge Zeit, um noch mehr Titel zu gewinnen.«

# 12
# Chaos und Theorie

*Liverpool 2016–2017*

Die Saisonvorbereitung in den USA bot den Reds die überfällige Gelegenheit, sich mit der Grundlagenarbeit zu beschäftigen. Mindestens eine der zwei täglichen Trainingseinheiten war der Taktik gewidmet. Die Mitglieder des LFC-Pressekorps waren so beeindruckt von der Komplexität der dargebotenen Übungen auf dem Trainingsplatz der Stanford University, dass sie sich die Frage stellten, ob das Training wirklich öffentlich sein sollte. Die Journalisten waren es gewohnt, dass die Trainer der englischen Premier League ihre handwerklichen Geheimnisse durch hohe Wände vor gegnerischen Spionen abschirmten.

Jürgen Klopp machte sich diesbezüglich keine Sorgen. Als er von den Bedenken der Reporter erfuhr, setzte er sein bestes Stummfilm-»Ich-weiß-nicht-wovon-ihr-redet«-Gesicht auf. »Das ist doch Kinderkram«, beschied er einen Klubmitarbeiter und verscheuchte eine imaginäre Fliege. »Ich glaube keine Sekunde, dass Arsène Wenger durch irgendetwas überrascht werden wird.« Das Team des Franzosen, Arsenal, war der Gegner beim Eröffnungsspiel der neuen Saison. Die Reds gewannen die Partie mit 4:3.

In einer kritischen Analyse der ersten acht Monate von Klopp an der Mersey waren drei Punkte herausgearbeitet worden, in denen Verbesserungen nötig waren. Der erste

Bereich – die offensichtliche Notwendigkeit, die wichtigsten Spielideen des Trainers und seines Stabs gründlicher und systematischer umzusetzen – wurde unter der kalifornischen Sonne endlich angegangen. Da in der Saison keine Spiele auf der europäischen Bühne anstanden, würde darüber hinaus mehr Zeit für die Vorbereitung der Spiele bleiben.

Die Mannschaft, eine Mischung aus echten Talenten, loyalen Stammspielern und spekulativen Investments, die sich nicht so recht ausgezahlt hatten, wurde mit den Innenverteidigern Joel Matip und Ragnar Klavan, dem Torhüter Loris Karius von Klopps Ex-Verein Mainz 05, dem umtriebigen Mittelfeldspieler Georginio Wijnaldum von Newcastle United und mit Sadio Mané aus Southampton verstärkt. Der senegalesische Stürmer war dem FC Liverpool vor drei Jahren für ein Drittel der siebenunddreißig Millionen Pfund angeboten worden, die er jetzt für ihn zahlte. Das Scouting-Computerprogramm der technischen Abteilung des Klubs hatte ihn ursprünglich nicht als gut genug befunden.

Drittens waren Klopp und sein Stab überzeugt, dass die körperlichen Anforderungen der Premier League eine Verbesserung der Kondition erforderlich machten. Andreas Kornmayer, ein stoppelbärtiger, Brille tragender Mini-Klopp (»Erstaunlich, wie sehr sich die beiden ähneln«, bemerkt Adam Lallana lachend), wurde zum Leiter der Fitness-Abteilung bestellt und Mona Nemmer als Spezialistin für Ernährung engagiert. Nach Ansicht von Lallana hatte die Arbeit dieser beiden ehemaligen Mitarbeiter von Bayern München einen deutlich positiven Effekt in der Saison 2016/17: »Die Anstellung von Mona war ein Glücksfall. Sie hat dafür gesorgt, dass sich die Qualität unseres Essens stark verbessert hat. Und Andreas hat maßgeblich dazu beigetragen, dass wir eine gute Saisonvorbereitung hatten. Er hat uns fit gemacht für die Spielweise, die der Trainer von uns verlangt. Die ist sehr anspruchsvoll.«

Ein Trip ins Wembley-Stadion Anfang August bot einen ersten Vorgeschmack darauf, was in der Zukunft zu erwarten sein würde. Der europäische Fußballriese Barcelona, der dem englischen Gegner in Sachen Saison-Vorbereitung noch ein wenig hinterherhinkte, wurde im Sommerpausen-Turnier des International Champions Cup von den Reds mit 4:0 geschlagen. Mané stellte die Hauptattraktion dar. Einen Tag später verlor Klopps stark veränderte Mannschaft allerdings in einem Testspiel in Mainz mit 0:4. Die Zuschauer in der Opel Arena, von denen Tausende vor allem gekommen waren, um ihren ehemaligen Helden mit stehendem Beifall zu empfangen, verabschiedeten Klopp nach dem Schlusspfiff mit großem Applaus. Der Trainer des FC Liverpool zeigte sich dankbar dafür, dass seine Spieler ihn auf der etwas unangenehmen Ehrenrunde begleiteten. »Nett von meinen Jungs, wenn sie schon nicht gut kicken konnten. Es wäre mir unangenehm gewesen, die Runde alleine zu laufen«, sagte er. »Sie haben gezeigt, dass sie diese außergewöhnliche Atmosphäre zu schätzen wissen.«

Die beiden gegensätzlichen 4:0-Ergebnisse gaben im Verbund mit dem knappen 4:3-Sieg gegen Arsenal und einer peinlichen 0:2-Niederlage gegen den Aufsteiger Burnley den Takt für die gesamte Saison vor. Sie wurde zu einer fesselnden, anstrengenden Tour, die am Schluss, wie jede übermäßig lange Achterbahnfahrt, nicht in Euphorie, sondern in Erleichterung endete. Liverpool war in diesem Jahr zu herausragenden Leistungen gegen einige der besten Mannschaften der Welt imstande, erlitt andererseits aber auch beschämende Niederlagen gegen eindeutig schwächere Gegner. Dieses zermürbende Muster schlug sich schließlich im vierten Tabellenplatz nieder, doch bis in die Vorweihnachtszeit leuchtete an der Mersey die Hoffnung noch hell, dass das unrühmliche Vierteljahrhundert ohne einen Ligatitel ein Ende finden könne. Nach dem Ausrutscher gegen Burnley gewannen die Reds gegen Meister Leicester (4:1), den künftigen Meister Chelsea (2:1) und gegen zehn andere Mannschaften in einer Serie von fünfzehn ungeschlagenen Spielen. Dadurch stieß der Klub kurzfristig an die Tabellenspitze vor, und »die Fans von Liverpool konnten wieder stolz darauf sein, Fans von Liverpool zu sein«, wie die Zeitung *Liverpool Echo* schrieb. »Den Fans macht es Spaß, ihr Team spielen zu sehen. Sie kommen wieder gern nach Anfield, und die umgebaute Haupttribüne ermöglicht die Wiederentdeckung einer einheitlichen Geräuschkulisse, wie man sie hier seit vierzig Jahren nicht mehr erlebt hat.« Überwunden war die resignative, apathische Stille, die nach dem verlorenen Titelkampf 2014 so lange über dem Platz gelegen war. »Wir haben die anderen Teams weggefegt«, erzählt Lallana. Wie versprochen, war der Heavy-Metal-Fußball nach Liverpool gekommen.

»Klopp ist für die Zuschauer der beste Trainer der Welt, er schafft Teams, die Druck auf die Abwehr ausüben«, erklärte Pep Guardiola, Trainer von Manchester City. Weder der Katalane noch seine prominenten Kollegen José Mourinho (Manchester United), Arsène Wenger (Arsenal), Antonio Conte (Chelsea) und Mauricio Pochettino (Tottenham Hotspur) konnten Liverpool in dieser Saison eine Niederlage beibringen.

Mané verlieh dem Angriff der Reds noch mehr Tempo und Flexibilität. Der frühere Außenstürmer von Red Bull Salzburg und seine beiden brasilianischen Teamkollegen Philippe Coutinho und Roberto Firmino wechselten ständig ihre Positionen in choreographierten Angriffszügen, um einen Weg zum Tor zu finden; auch gegen »Mannschaften, die so tief verteidigen, dass hinter der letzten Linie schon die Tribüne steht«, wie Klopps Chefscout Peter Krawietz erklärt.

In einem vielbeachteten Auftritt in der Sendung *Monday Night Football* bei Sky Sport im September wiederholte der Liverpooler Trainer seine Überzeugung, dass Gegenpressing »der beste Spielmacher« sei. Doch in Melwood, dem Trainingsgelände des FC Liverpool, hatte sich der Schwerpunkt klammheimlich von der Arbeit gegen den Ball zur Arbeit mit dem Ball verlagert. Liverpool, so erkannten die Trainer, müsse bessere Lösungen finden für jene Spiele, in denen die Mannschaft dominierte. »Nachdem man sich in der ersten Saison aneinander gewöhnt hatte, konzentrierte man sich im zweiten Jahr verstärkt auf das Positionsspiel«, erklärt Krawietz. »Die Idee bestand darin, das Tempo des Spiels mit dem Ball zu bestimmen und die Zeit zwischen den Spielen zu nutzen, um eine Spielidee zu entwickeln, die im Idealfall auf flexible Art in Drucksituationen reproduziert werden kann.« Zu diesem Zweck verbrachte der Trainerstab viele Stunden mit der Mannschaft, um bestimmte Bewegungsmuster einzuüben. Dazu gehörten keine festgelegten Laufwege, aber »vereinbarte Abläufe«, um in jenen Bereichen Raum zu schaffen, in denen die gegnerische Mannschaft am verwundbarsten erscheint. Einer dieser Abläufe besteht zum Beispiel darin, dass zwei Spieler ihre Gegner durch Täuschungsläufe aus der Mitte weglocken und dadurch eine Schneise öffnen, durch die ein dritter Spieler ungehindert auf das gegnerische Tor zulaufen kann. Eine einfache Aktion, die jedoch sehr effektiv ist, wenn sie in vollendeter Synchronizität durchgeführt wird.

Krawietz erklärt: »Das System ist eigentlich nicht wichtig im Fußball. Vielmehr geht es darum, den Fußball, ein Spiel, das auf vielen zufälligen Ereignissen beruht, weniger zufallsabhängig zu machen, also in gewisser Weise bestimmte Umstände zu erzwingen. Mein Lieblingszitat stammt vom Kollegen Podolski: ›Fußball ist wie Schach, nur ohne Würfel.‹ Ich würde es leicht abwandeln und sagen: ›Fußball ist wie Schach, aber mit Würfeln.‹ Was ich damit sagen will: Man macht sich als Trainer unheimlich viele Gedanken über die unterschiedlichsten Faktoren, den Gegner, das Wetter, die Einflüsse, die eigene Spielweise und so weiter, aber man weiß, dass absolute Ballkontrolle schlicht und ergreifend nicht möglich ist. Daher kann man nur versuchen, eine Grundordnung zu finden, ein Orientierungssystem für die eigenen Spieler, das die Stärken des Kaders am besten zur Geltung bringt. Im Fußball ist man für ein erfolgreiches Zusammenspiel immer darauf angewiesen, dass zur selben Zeit zwei Spieler aus der gleichen Mannschaft dieselbe Idee haben. Einer hat den Ball, einer bietet sich an. Der Job eines Trainers besteht darin, diese Abläufe zu praktizieren, um die Spieler mit der Idee vertraut zu machen, mit der Wiederholbarkeit, den Situationen, und dadurch die Wahrscheinlichkeit zu erhöhen, dass sie in der Wettkampfsituation, unter Druck, unter Gegnereinfluss auch tatsächlich funktionieren. Der andere Weg führt über die totale individuelle Qualität – ich bin allen anderen überlegen –, aber das ist nicht unbedingt der Ansatz, den wir verfolgen. Diese Spieler können wir uns nicht leisten. Die konnten wir uns auch nie leisten, in den Klubs, in denen wir gearbeitet haben. Deswegen geht es immer um die Idee.«

In diesen goldenen Herbstmonaten schien es, als könne das kompakte und prägnante Spielkonzept von Klopp über Konkurrenten triumphieren, von denen die meisten Mühe hatten, das volle Potential ihrer Spieler abzurufen. Während der letzte Titelangriff Liverpools unter Brendan Rodgers 2013/14 viel von seinem Elan einem einzelnen Superstürmer (Luis Suárez) verdankte, war es diesmal ein echtes Team, das sich bewegte und spielte, als wären die Spieler durch unsichtbare Nervenstränge miteinander verbunden.

Im Windschatten dieser starken Auftritte glänzten plötzlich auch wieder Spieler, die eigentlich schon seit langem abgeschrieben waren. James Milner, einer der Wortführer im Umkleideraum, wurde als linker Außenverteidiger wiederentdeckt. »Obwohl sie schon Hunderte von Premier-League-Spielen auf dem Tacho hatten, haben sie sich nochmals geöffnet und waren bereit, einen anderen Weg einzuschlagen, sich darauf einzulassen«, erläutert Krawietz anerkennend.

Der Innenverteidiger Dejan Lovren war ein weiterer Spieler, der seine Kritiker verblüffte. »Als wir nach Liverpool gekommen sind, haben uns alle erzählt, welche Probleme er hat, was er alles nicht kann. Aber wir waren entschlossen, ihn und auch alle anderen unvoreingenommen zu betrachten«, fährt Krawietz fort. »Wir hatten von Anfang an das Gefühl, das ist ein Spieler für uns, und er hat dann eine tolle Entwicklung genommen. Ich glaube, ein neuer Trainer, der neue Dinge und andere Spieler ausprobiert und die Verantwortung für alle Fehlschläge übernimmt, wurde von vielen als eine Chance betrachtet, ihre Situation zu verbessern. Und viele haben sie genutzt.« Adam Lallana und Roberto Firmino, denen es nicht schwerfiel, sich an die neue Spielweise zu gewöhnen, weil sie vorher schon bei Pressing-Bastionen wie Southampton und der TSG Hoffenheim gespielt hatten, entwickelten sich zu tragenden Säulen des Kaders, ebenso der Mittelfeld-Veteran Lucas Leiva. Aufgrund seiner Erfahrung, seiner fußballerischen Intelligenz, seiner kommunikativen Fähigkeiten und seiner Lernbereitschaft wurde der Brasilianer zu einem Eckpfeiler des neuen Konzepts.

Klopp hatte von seinem ersten Tag in Anfield an darauf beharrt, dass Liverpool bei weitem nicht so schlecht war, wie es in den Medien dargestellt wurde und wie viele der eigenen Anhänger fürchteten. Die Mannschaft hatte womöglich selbst eine geringe Selbsteinschätzung entwickelt. »Es war für ihn manchmal frustrierend, uns immer wieder zu sagen, dass wir gar nicht wissen, wie gut wir sind«, erzählt Lallana. Der Coach und sein Team hatten auch den Eindruck, dass die englische Öffentlichkeit allzu schnell ein Urteil über Spieler fällte und ihre Einschätzung auch bei gegenteiligen Beweisen nur sehr langsam revidierte. »Wenn die einmal beschlossen haben, dass der Torwart scheiße ist, dann ist er für alle Ewigkeiten scheiße«, erklärt Krawietz. »Dann wird so lange gewartet, bis er sich wirklich mal wieder einen eingefangen hat, und dann heißt es: ›Siehst du, wir haben es gleich gesagt.‹ Diese ›self fullfilling prophecy‹ im negativen Sinne ist hier sehr stark ausgeprägt.«

Ein grober Schnitzer von Keeper Loris Karius bei der 4:3-Niederlage in Bournemouth Anfang Dezember setzte der Erfolgsserie von Liverpool ein Ende und hatte zur Folge, dass der junge Deutsche für den Rest der Saison Simon Mignolet weichen musste. Das Timing dieser Niederlage – die Reds hatten eine Viertelstunde vor Schluss noch mit 3:1 geführt – hätte unglücklicher nicht sein können, denn anschließend sollte die Mannschaft zur Weihnachtsfeier nach Spanien fliegen. Doch Klopp ließ sich nicht beirren. »Als wir in Barcelona gelandet waren«, erinnert sich Lallana grinsend, »meldete sich der Trainer über den Lautsprecher. Er sagte: ›Hört zu, Leute, wenn wir feiern können, wenn wir gewinnen, dann können wir auch fucking feiern, wenn wir mal verlieren.‹ Da dachten alle im Flieger: ›Er hat recht. Es ist Zeit zu feiern. Lasst uns feiern. Lasst uns was trinken.‹ Und das zeigt: Es gibt im Leben mehr als Fußball. Ja, wir haben unser Bestes gegeben, wir haben verloren. Es ist kein schönes Gefühl, zu verlieren. Es ist ein beschissenes Gefühl, aber es gibt noch mehr als das. Je älter man wird, denke ich, desto mehr tut es weh. Umso schneller geht es aber auch wieder vorbei.«

Klopp, der unmittelbar gegenüber von Lallanas früherem Haus in dem vornehmen Küstenort Formby wohnt, sei »einfach ein cooler Typ«, fügt Lallana hinzu. »Man sieht ihn öfter, wie er eine raucht ...« Bevor der englische Mittelfeldspieler nach Cheshire zog, winkte sein kleiner Sohn Arthur häufig dem großgewachsenen, blonden Nachbarn auf der anderen Straßenseite zu, rief: »Klopp! Klopp!«, und imitierte sein charakteristisches Ballen der Faust an der Seitenlinie. Und Klopp winkte zuverlässig zurück und lächelte, worüber sich Lallana junior sehr freute.

Doch nach dem Jahreswechsel wurde es mit dem Lächeln und der Siegerfaust seltener. Eine Negativ-Serie mit nur zwei Siegen in zwölf Spielen in den Monaten Januar und Februar führte zum Ausscheiden des Teams aus beiden nationalen Pokalwettbewerben. Die Fans erwachten aus ihren Titelträumen und hatten große Angst, dass auch die Qualifikation für die Champions League verpasst werden könnte.

Nicht mit der besten Elf im Liga-Cup und dem FA-Cup anzutreten war »schlicht und ergreifend die einzige Möglichkeit, in so eine Phase zu gehen. Um nicht nur diese Phase zu überstehen, sondern auch die, die danach kommt«, erklärt Krawietz. Sich an den englischen Saisonrhythmus ohne Winterpause zu gewöhnen war eine der größten Herausforderungen für das deutsche Trainerteam. »Es ist natürlich ein Riesenunterschied. Wer es noch nicht erlebt hat, soll da mal durch. Es ist wirklich nicht lustig. Psychisch, physisch und mental ist das echt anstrengend.«

So peinlich und enttäuschend das Ausscheiden gegen Southampton und den Zweitligisten Wolverhampton Wanderers war, bot es immerhin die Gelegenheit, Mitte Februar ein warmes Wintertrainingsquartier in La Manga zu beziehen. Nach der ersten Saison ohne Winterpause im Vorjahr hatte das Trainerteam verstanden, wie absurd hoch die physische und mentale Belastung dieses Nonstop-Fußballs waren. Die Eigentümer des FC Liverpool verständigten sich mit Klopp darauf, dass er mit der Mannschaft jedes Jahr bei der erstbesten Gelegenheit eine Woche in der Sonne verbringen konnte, um die Batterien wieder aufzuladen. Die Spanienreise hatte jedoch nicht die gewünschte Wirkung, jedenfalls nicht kurzfristig. Liverpool verlor nach der Rückkehr sein Auswärtsspiel bei Leicester mit 1:3 und bot dabei eine seiner schlechtesten Saisonleistungen.

Lallana: »Das Spiel in Leicester, das wir 1:3 verloren haben, an einem Montagabend, das war ein ganz schlimmer Moment. Ich hatte es nicht erwartet. Nach diesem Spiel hatten wir das Gefühl, dass wir Jürgen hängengelassen haben. Du weißt, du hast dein Bestes gegeben, aber dein Bestes war nicht gut genug an diesem Abend. Ja, Sevilla im Europapokalfinale war eine Enttäuschung für uns … aber die Spanier waren phantastisch, sie haben dreimal in Folge gewonnen. Ich werde das nie verwinden, aber ich verstehe, warum sie uns geschlagen haben. In Leicester waren wir wirklich schlecht.«

Klopp, ein erfahrener Krisenmanager, warb in diesen schwierigen Wochen dafür, den Blick in die Zukunft zu richten. »Wir müssen an das langfristige Projekt glauben. Niemand hört es gern, aber Verlieren gehört zum Fußball«, sagte er. »Ich gebe nichts auf dieses ganze Gerede, dass wir einen Tiefpunkt erreicht hätten. Ich fahre noch immer gern am Morgen zum Training und freue mich auf die Arbeit mit den Jungs, auch wenn es momentan schwierig ist. Man darf nicht gleich aufgeben, wenn man mal verliert. Man muss es im nächsten Spiel wieder versuchen.« Er und die Mannschaft waren in gewissem Sinn Opfer ihrer Erfolge im Herbst geworden. Liverpools Siegesserie hatte die Erwartung genährt, dass es immer so weitergehen würde, doch aufgrund des Fehlens von Coutinho und Mané, der für sein Land beim Afrika-Cup der Nationen spielte, wurde der Mangel an Tiefe im Kader auf erschreckende Weise offenbart.

Der Sache des Teams war die fatalistische Stimmung nicht dienlich, die sich an der Mersey ausbreitete wie dichter Nebel, der vom Meer hereinzieht. Liverpool müsse sich von der Vorstellung befreien, dass solche Niederlagen irgendwie zur »DNA« des Klubs gehörten, erklärte Klopp nach Ende der Saison im vereinseigenen Fernsehkanal lfc.tv. Er sieht die Überwindung dieser selbstzerstörerischen Haltung durch die Entwicklung einer optimistischen Einstellung als eines der wichtigsten Ziele der kommenden Jahre. Klopp will, dass ein schlechtes Ergebnis mit einem Schulterzucken abgetan wird, anstatt sofort als Vorbote kommenden Unheils gesehen zu werden. »Dieser Klub und vielleicht auch die Stadt müssen lernen, solche Augenblicke als das zu nehmen, was sie sind. Und sie nicht größer zu machen. Im Leben kann man die negativen Dinge nicht ignorieren, die geschehen sind. Wenn man sie ändern kann, soll man das tun; wenn man sie nicht ändern kann, sollte man sie ignorieren. Ganz einfach. Es geht darum, wie man auf solche Dinge reagiert. Wenn du am Morgen aufstehst, und gleich in der ersten Stunde geht etwas schief, heißt das, dass du dich dann wieder hinlegst? Nein, es bedeutet, dass du es noch mal versuchst.«

Nach dem Tiefpunkt im King Power Stadion von Leicester fasste Liverpool wieder Tritt und erreichte am Ende den vierten Platz, nachdem eine nervöse erste Hälfte gegen Middlesborough in Anfield am letzten Spieltag der Saison doch noch in einen Torreigen mündete.

FSG-Präsident Mike Gordon bezeichnet diesen 3:0-Sieg als »einen der glücklichsten Momente« seiner Amtszeit.

»Unter den besten vier zu landen mit dieser Gruppe, die so hart dafür gekämpft hatte, und das Spiel mit meinen Partnern John (W. Henry) und Tom (Werner) zu verfolgen, und mit Jürgen und seinem Team feiern zu können: Das war überwältigend. Wirklich großartig!«

Muss man im Nachhinein aber nicht einer verpassten Chance nachtrauern? Mit Ausnahme von Chelsea und Tottenham waren alle großen Teams auf die eine oder andere Art hinter den Erwartungen zurückgeblieben. Hätte Liverpool mit ein, zwei sinnvollen Verstärkungen im Januar-Transferfenster die Meisterschaft gewinnen können?

»Ich würde es bedauern, wenn wir nicht versucht hätten, zusätzliche Spieler zu holen«, antwortet Gordon, nachdem er lange über die Frage nachgedacht hat. »Aber wir haben es versucht. Im Januar stehen auf dem Transfermarkt immer weniger Spieler zur Verfügung, es ist jetzt schon die Ausnahme, dass man da etwas machen kann. Ich weiß nicht, was es für den Rest der Saison bedeutet hätte, wenn wir doch noch die richtige Lösung gefunden hätten. Wären wir stärker geworden? Keiner weiß es. Es ist wichtig, (auf dem Transfermarkt) die Disziplin zu bewahren und an den eigenen Prinzipien festzuhalten. Das ist auch einer der Gründe, warum wir den Kader nicht erweitert haben. Wir haben es versucht. Und das gilt für alle Transferfenster. Wir halten stets Ausschau nach Gelegenheiten und Chancen, um uns zu verbessern.«

Krawietz beteuert, dass das Trainerteam auch nicht im Zorn zurückblicke. »Nein, ärgern müssen wir uns nicht. Fußball ist ein lernendes System, ein System, das sich ständig weiterentwickelt. Wir wollten einfach den vielen guten jungen Spielern, die wir jetzt haben, eine Perspektive geben. Finanziell weiß ich gar nicht, ob es überhaupt möglich gewesen wäre, im Januar den Kader zu verstärken. Da jetzt noch mehr reinzuhauen und Geld auszugeben, das ist nicht so spannend. Wir haben tatsächlich wunderbare junge Leute hinten dran: Trent Alexander-Arnold, Ben Woodburn, Ovie Ejaria. Ihnen wollten wir die Chance geben, hier mit uns zu trainieren, um dann zu schauen, wie groß ihr Potential tatsächlich ist. Wir wussten, dass wir keine internationalen Spiele haben. Wir haben eine hervorragende Vorrunde gespielt, viele tolle Spiele gemacht. Im Januar sind wir ein bisschen in ein Loch gefallen. Ich würde sagen, wir haben auch nicht das größte Glück mit den Schiedsrichterentscheidungen gehabt, und wir hatten bedauerlicherweise auch einige Verletzungen. Damit muss man immer rechnen, und wir versuchen das logischerweise auch zu vermeiden. Wir sind auch auf einem hervorragenden Weg, was die athletische Entwicklung der Spieler betrifft. Was man an Verletzungsprophylaxe machen kann, versuchen wir auszuschöpfen und weiter zu optimieren. Da ist immer auch ein bisschen Glück oder Pech mit dabei, das muss man einfach sagen. Klar wären wir am liebsten Meister geworden. Das ist logisch. Dafür kämpfen wir ja. Aber wir grübeln jetzt nicht über vergangene Entscheidungen oder trauern verpassten Chancen nach. Nein, wir nehmen das in unseren Erfahrungsrucksack. Und dann beziehen wir es in unsere zukünftigen Überlegungen mit ein.«

Für die Saison 2017/18, wenn Liverpool wieder zweimal in der Woche spielt und der Premier League und der Champions League gerecht werden muss, sind sich die Spieler, der Trainerstab und die Klubführung einig, dass ein erweiterter und verbesserter Kader unabdingbar ist. »Uns ist bewusst, dass wir mehr Tiefe brauchen«, sagt Gordon. »Es geht nicht um die beste Elf. Wir haben es mit einer sehr langen Saison in einem sehr anspruchsvollen Sport zu tun, und die besten Spieler sind zusätzlich auch in ihren jeweiligen Nationalmannschaften im Einsatz. Wir brauchen Verstärkungen. Diese Erkenntnis hat sich im Lauf der letzten eineinhalb Jahre immer deutlicher herauskristallisiert.«

Lallana bewertet die Situation ähnlich: »Ich glaube, wir brauchen drei bis vier zusätzliche Topspieler. Das ist keine Geringschätzung unserer jüngeren Leute. Aber wenn man sich die Bank in den letzten drei Monaten anschaut, hat man gesehen, dass dort sehr viele junge Spieler sitzen. Schaut man sich die Bank von Chelsea an, sieht man Cesc Fàbregas, Willian. Allein schon dadurch, dass solche Spieler auf der Bank sitzen, wird die Startelf angespornt, ihr Bestes zu geben. Drei, vier Topspieler mehr, das bringt alle auf Trab und erhöht auch die Qualität. Und das kann uns nur nützen. In den europäischen Wettbewerben nächstes Jahr wird man mehr Leute brauchen. Wir hatten in diesem Jahr auch viele Verletzungen. Es führt kein Weg daran vorbei, dass wir vier bis fünf zusätzliche Spitzenspieler brauchen, und das ist dem Trainer auch völlig bewusst. Er ist nicht dumm. Er hat in Dortmund die Spieler stark rotieren lassen in den wichtigen Spielen. Wenn er den Kader hat und Vertrauen in die Spieler, dann wird er rotieren. Daran habe ich überhaupt keine Zweifel.«

Das sieht Krawietz genauso: »Es geht nur mit Rotation und breiterer Kaderstärke. Wir müssen uns von der Kaderbreite so aufstellen, dass wir die Möglichkeit haben, in allen Wettbewerben tatsächlich konkurrenzfähig zu sein und auf hohem Niveau rotieren zu können.« In einigen englischen Zeitungen wurde die Theorie geäußert, dass Liverpool in den trüben Januar- und Februartagen mit einem orthodoxen Mittelstürmer als Leuchtturm besser gefahren wäre. Mit einem Brecher, der keine Kombination braucht; dem man den Ball zuspielen kann, wenn die eigenen Beine und der eigene Kopf nicht mehr können.

Krawietz ist skeptisch: »Das wäre eine Möglichkeit, das will ich auf keinen Fall abstreiten. Aber, und das soll nicht naiv klingen, es geht auch darum, dass man seinen eigenen Ideen treu bleibt. Dass man seine Ideen an die Situation anpasst und trotzdem versucht, sich durchzusetzen. Man kann nicht sagen: ›So, Freunde, bis Dezember haben wir jetzt das und das gespielt, jetzt ist aber Januar, wir haben ein Scheißwetter und der Wind kommt von hinten, deswegen vergesst mal alles, was wir bis jetzt gesagt haben. Es wird anstrengend …‹ Nein! Es geht immer auch um die Frage: Wie gewinnt man ein Fußballspiel? Es gibt viele Wege, ein Spiel zu gewinnen. Mit zehn Mann verteidigen und einen vorne stehen lassen – und nach einem Konter gewinnst du 1:0. Das ist allerdings nicht die Art und Weise, wie wir spielen wollen. Es kann mal passieren, dass ein Spiel so läuft. Dann musst du logischerweise verteidigen. Aber wir wollen das nicht von vornherein als Plan ausrufen oder auf andere Weise die Regeln dehnen. Wir haben feste Prinzipien, von denen wir nicht abweichen. Wir halten uns an den Plan.«

Doch warum funktioniert dieser Plan wesentlich besser in Spielen gegen die besten Mannschaften der ersten englischen Liga als gegen Teams im mittleren oder unteren Tabellenbereich? Liverpool wäre Meister geworden in einer Mini-Liga aus den sechs Top-Teams (fünf Siege, fünf Unentschieden), verlor aber gegen Burnley, Bournemouth, Hull City, Swansea und Crystal Palace und spielte unentschieden gegen Sunderland und Bournemouth. Wäre Klopps Fußball besser, wenn man bei Spielen gegen weniger renommierte Gegner den Fuß ein wenig vom Gas nehmen und mit niedrigerer Drehzahl agieren könnte?

Interessanterweise hält Lallana eher das Gegenteil für zutreffend. Er führt die schlechte Leistung seiner Mannschaft in vermeintlich leichteren Spielen auf die unterschwellige

Überzeugung zurück, dass achtzig oder neunzig Prozent der Leistung reichen würden. »Es ist eine Mentalitätsfrage. Mit der richtigen mentalen Einstellung spielt man auch taktisch besser. Der Trainer weiß das, aber das ist eine Sache, die man nicht über Nacht verändern kann. Aber er hat klargestellt, dass wir uns darum kümmern müssen. Sobald wir das hinbekommen, können wir uns weiterentwickeln und etwas Besonderes erreichen.«

»Wenn Adam das sagt, sind wir der Erlösung einen Schritt näher«, bemerkt Krawietz, als er auf die Überlegungen des Mittelfeldspielers angesprochen wird. »Es geht ja jedem so. Auch Journalisten, vermute ich. Wenn ein Journalist zum Beispiel zu Aston Villa gegen Burnley fährt, sagt er: ›Mal gucken.‹ Doch wenn Chelsea gegen Tottenham spielt, dann ist der Stift gespitzt. Aber für Spieler muss es verboten sein, so zu denken. Wir kämpfen auch dagegen an. Es geht immer um die gleiche Anzahl von Punkten, egal, wie der Gegner heißt. Man strebt eigentlich eine gleichbleibend hohe Energie an. Tatsächlich Ballkontrolle zu haben und den Spielrhythmus selbst zu bestimmen, das läuft dann auch mit einer gewissen Intensität ab. Das ist einfach so. Neunzig Minuten Fußball sind a) ungesund und b) anstrengend. Das wird sich so schnell nicht ändern.«

Der frühere Verteidiger von Liverpool und Fußballexperte von Sky, Jamie Carragher, sieht andere Defizite. »Ich glaube nicht, dass Liverpool ein Problem mit der Einstellung hat. Man kann ein Team von Klopp nicht wegen seiner Einstellung kritisieren. Jede Mannschaft kann natürlich mal einen schlechten Tag haben, aber ich meine, es hat mit der Taktik zu tun. Die Spielweise Liverpools funktioniert gut gegen Teams, die von hinten aufbauen, die ihre Außenverteidiger nach vorn werfen und Platz lassen für Konter. Und wenn der Ballbesitz ausgeglichen ist, bedeutet das, dass

Liverpool ein geringeres Risiko läuft, sich einen Konter einzufangen. Aber genau das geschieht häufig in Spielen gegen eigentlich schwächere Mannschaften. Unterlegene Mannschaften kommen vor allem durch Standardsituationen und Konterangriffe zum Erfolg. Und beides verteidigt Liverpool nicht gut genug. Liverpool sollte ein paar größere Spieler kaufen, auch um in der Offensive variabel zu sein. Man könnte auch die Außenverteidiger in manchen Spielen ein bisschen weiter hinten lassen, um weniger anfällig durch Konter zu werden. Vielleicht ist es auch manchmal sinnvoll, schwächeren Mannschaften den Ball zu überlassen. Weil sie darauf nicht eingestellt sind.«

Klopps Trainerstab ist sich durchaus bewusst, dass Standardsituationen die Achillesferse darstellen. Krawietz bewundert die Spezialisierung auf Standardsituationen, die er in England in neuem Maße kennengelernt hat. »Das hat hier Tradition«, sagt er. »Das geht hinunter bis in die vierte Liga. Standardsituationen sind in England eine echte Choreographie. Die haben eine echte Idee. Jede Mannschaft hat zumindest einen, der den Ball gefährlich in den Strafraum spielen kann. Und sie haben fünf oder sechs Leute mit Gardemaß. Die können mit Aktion, Körpereinsatz, Tempo und ohne Angst in den Ball gehen. Die Premier League ist voll mit solchen Spielern. Sie sind vielleicht keine großen Stars, haben aber eine enorme individuelle Qualität. Dazu kommt, dass der Torwart nicht so geschützt ist wie in Deutschland. Dort ist es ein Foul, wenn du das Trikot des Torwarts berührst. In England machen die sich so warm. Und dann geht es rund. Das ist uns bewusst. Wir wissen, wie wichtig es ist, Standardsituationen zu verteidigen. Darüber hinaus müssen wir uns auch Gedanken machen darüber, wie wir Standardsituationen gar nicht erst entstehen lassen können.«

Dass die kleineren oder schwächeren Teams imstande

sind, mit einfachen, aber sehr effektiven Methoden Elemente des Chaos in ein Spiel zu bringen, erklärt vielleicht, warum sich Klopps Liverpooler Mannschaft paradoxerweise mit den besseren Mannschaften leichter tat. Deren Spielweise folgt erkennbaren Mustern, einem Code, den der Trainerstab entschlüsseln und hacken kann. Ihre Programme lassen sich stören, weil es Programme sind. Das wesentlich stärker vom Zufall bestimmte Spiel der Teams unterhalb der Champions-League-Ränge erfordert dagegen eine spontanere und stärker körperbetonte Reaktion, die Liverpool nicht immer zu leisten vermochte.

»Wie ich schon sagte: Es ist ein lernendes System. Ein Prozess«, betont Krawietz. »Du kannst alles unter Kontrolle haben, aber dann pfeift der Schiedsrichter in der letzten Minute einen Freistoß. Der wird reingehauen, und dann brennt es im Stadion und der Rasen wird zur Sauna. Es ist eine große Herausforderung für uns, aber wir sind bereit, uns damit auseinanderzusetzen, uns darauf einzustellen und daran anzupassen. Sonst fallen wir auf die Nase. Das ist uns klar.«

Dank einer späten Erfolgsserie im Mai 2017 wird der FC Liverpool in der Saison 2017/18 wieder in der Champions League spielen, erst zum zweiten Mal seit 2010. Aufgrund der gigantischen Einnahmen aus den Fernsehrechten der englischen Premier League – 2,76 Milliarden Pfund pro Saison – ist die Teilnahme am wichtigsten UEFA-Wettbewerb für einen Klub von der Größe Liverpools heute nicht mehr von ganz entscheidender Bedeutung. Doch FSG-Chef Mike Gordon betont, dass es sowohl finanziell als auch in symbolischer Hinsicht immer noch wichtig sei, dass in Anfield unter der Woche wieder die Flutlichter angehen. »Es schlägt sich natürlich auf die Einnahmen nieder. Und es hebt den Klub in Bezug auf sein Standing in eine andere Kategorie. Bevor Jürgen kam, wurde des Öfteren die Frage aufgeworfen, ob der Klub nicht etwas von seinem Glanz eingebüßt habe. Durch unsere Rückkehr auf die große europäische Bühne wird diesen Zweifeln ein Ende bereitet. Wir haben jetzt einen Trainer, der nach meinem Dafürhalten der beste der Welt ist, und wir haben einen Kader aus Weltklassespielern. Natürlich wollen die in der Champions League spielen. Es ist ein Signal an die Welt, dass wieder mit uns zu rechnen ist. Es wird uns helfen, die besten Leute zu uns zu holen.«

Keiner der angestammten Spieler hat einen so guten Draht zur Fangemeinde gefunden wie Klopp seit seinem Amtsantritt im Oktober 2015, meint Carragher. »Ehrlich gesagt, ist er der Star des Teams«, erklärt der frühere Verteidiger. »Wenn es möglich wäre, würden sich viele Anhänger seinen Namen auf die Rückseite des Trikots pflocken lassen. Er ist das Gesicht, der Name des Teams. Wenn man an Liverpool denkt, denkt man an Klopp. Seine Persönlichkeit ist mitreißend. Er ist in der Realität genau der Typ, den man auf dem Bildschirm sieht. Er lacht, er macht Witze, er steckt voller Energie. Ich war bei einigen Mannschaftsfeiern dabei. Eine davon fand nach der Niederlage gegen Crystal Palace am Ende der Saison statt, als es mit dem vierten Platz schlecht aussah. Aber er hat den Spielern Mut gemacht, und sie haben sich alle umarmt. Die Beziehung, die er zu seinen Spielern hat, ist ein wichtiger Bestandteil seines Erfolgs als Fußballtrainer. Ich hatte nie eine solche Beziehung zu einem meiner Trainer. Er ist einfach ein riesiger Mann voller Energie, für den man gerne spielt.«

Der 41-jährige Ex-Verteidiger kam im Mai 2017 selbst in diesen Genuss. Er lief bei einem Freundschaftsspiel beim FC Sydney in Australien für die Roten unter Klopp auf. »Wir führten zur Halbzeit 2:0 und hätten eigentlich einen Elfmeter bekommen sollen. Es war ein sehr langer Flug gewesen, und ich dachte mir, das ist ein Freundschaftsspiel, lasst uns einfach nur spielen, und dann geht's wieder nach Hause. Nach dem Halbzeitpfiff hat Jürgen den Schiedsrichter rundgemacht, weil der uns den Elfer nicht gegeben hat. Ich dachte immer, ich sei sehr ehrgeizig, aber bei Jürgen war das alles noch mal eine Stufe härter. Aber genau diese Einstellung braucht man.«

Manche Fans befürchteten, dass Klopps Siegermentalität allein nicht reichen würde, um Liverpool wieder zur dominanten Kraft auf der Insel zu machen, dass es einer massiven Finanzspritze durch neue Investoren bedürfen würde, die über tiefere Taschen als die relativ zurückhaltend agierende Fenway Sports Group verfügten, um den Vorsprung von Manchester United, Arsenal und (den von Petrodollars finanzierten Teams von) Chelsea und Manchester City aufzuholen.

Dementsprechend sorgte im März 2016 und abermals im August ein Angebot von Sinofortone an der Mersey für Begeisterung. Der chinesische Mischkonzern bot Hunderte Millionen Pfund für eine Beteiligung. Doch FSG verkaufte nicht. Klopps skeptische Haltung gegenüber einem Eigentümerwechsel trug zu der Entscheidung bei. Als das mögliche Engagement der Chinesen bekannt wurde, erklärte Klopp den Amerikanern unumwunden, dass er seinen Vertrag mit ihnen abgeschlossen habe und dass sie es seien, die sein Vertrauen genossen.

»Wir haben Jürgen als Trainer geholt, aber uns ist bewusst, dass dies eine wechselseitige Entscheidung war. Er hat sich auch für uns entschieden«, erklärt Gordon. »Ich möchte nicht den Ausdruck ›Legitimation‹ verwenden, aber seine Entscheidung ist eine Bestätigung dafür, dass jene von uns, die sich um die fußballerische Seite des Klubs kümmern, auf dem richtigen Weg sind. Er hat die Atmosphäre hier und im Umfeld des Klubs und auch die allgemeine Einstellung auf außerordentlich positive Weise verändert. Das hat unseren Anhängern neue Hoffnung gegeben. Ich möchte nicht übertreiben, aber es stimmt wirklich. Die Fans sehen, was wir alle zusammen als Klub erreichen wollen. Ich war schon vor seiner Ankunft überzeugt, dass wir es schaffen können. Doch jetzt, da er hier ist, besteht kein Zweifel mehr, dass unsere Ziele auch erreichbar sind. Diese Hoffnung beflügelt unsere Anhänger, sie prägt die Atmosphäre bei den Spielen, sie bestimmt nahezu alle Aspekte der fußballerischen Entwicklung. Sie merken schon: Ich mag ihn.« Gordon fügt hinzu, dass es eine schier unaufhaltsame Tendenz gebe, »ihn für Dinge einzuspannen, die über den Kernbereich seiner Zuständigkeit als Trainer der Mannschaft hinausgehen«, und dass Liverpool »dieser Versuchung widerstehen muss«, um ihn nicht zu überlasten.

In Deutschland sind Freunde und ehemalige Kollegen keineswegs überrascht, dass der Klopp-Effekt auch auf der anderen Seite des Ärmelkanals seine Wirkung entfaltet. Er habe Klopp nach seinem Weggang aus Dortmund gesagt, dass Liverpool der einzige englische Klub sei, der zu ihm passe, was die Geschichte und die Emotionen anginge, erklärt Fritz Lünschermann, der Teammanager von Borussia Dortmund. »Wie Dortmund ist Liverpool ursprünglich ein Arbeiterverein, der früher sehr erfolgreich war, in jüngerer Zeit aber weniger. Jürgen wird den Klub wieder an die Spitze führen, davon bin ich überzeugt. Die Liverpooler sind genauso fußballverrückt wie wir. Er wird die Leidenschaft wieder wecken.« Auch Ansgar Brinkmann, der mit Klopp gemeinsam bei Mainz 05 spielte, erwartet, dass es an der Mersey künftig heißer zugehen wird. »Jürgen kann eine Stadt anzünden.«

Vielleicht auch ein ganzes Land? Klopp erzählte Martin Quast, dass er sich vorstellen könne, in seiner Laufbahn am

Ende nur drei Vereinsmannschaften trainiert zu haben – Mainz, Dortmund und Liverpool. Daher kommt als nächste und wahrscheinlich letzte Station eigentlich nur noch die deutsche Nationalmannschaft in Frage – was seine Trainerkarriere angeht. »Er ist der geborene Entertainer«, erzählt Quast. »Spätestens nach Donald Trump bin ich überzeugt, wenn Kloppo sagen würde, er möchte Bundespräsident werden, dann würde er auch Bundespräsident werden. Er ist ein Mensch, der verbindet, einer, der mitnimmt, der vorangeht, der Freude bereitet, einer, der den Blick weit über den Tellerrand hinaus richtet. Er ist zwar kein Staatsmann, aber die »happy people« und die jungen Leute, die würden ihn alle nehmen. Okay, vielleicht nicht die Schalke-Fans.«

Viele Einwohner der stolzen Arbeiterstadt Liverpool freut es, dass der Schwabe viele ihrer Überzeugungen teilt. »Ich halte mich nicht für sehr politisch«, erklärte er 2009 in dem *taz*-Interview, »aber selbstverständlich bin ich links. Eindeutig. Linker als Mitte. Ich glaube an den Sozialstaat und habe kein Problem damit, Krankenversicherung zu zahlen. Ich bin nicht privat versichert, ich würde nie eine Partei wählen, weil die verspricht, den Spitzensteuersatz zu senken. Mein politisches Verständnis ist: Wenn es mir gutgeht, soll es den anderen auch gutgehen. Und wenn ich etwas in meinem Leben niemals tun werde, dann rechts wählen.«

Als gläubiger Mensch betrachtet Klopp die Zeit, die dem Menschen gegeben ist, als eine Chance und auch als Verpflichtung, anderen zu helfen. Unser Auftrag bestehe darin, unser kleines Fleckchen Erde schöner zu machen, erklärte er 2007 in einem Interview mit den *Westfälischen Nachrichten*. Im *Stern* betonte er ein Jahr später, dass es im Leben darum gehe, eine bessere Welt zu hinterlassen, sich selbst nicht allzu ernst zu nehmen und andere zu lieben und geliebt zu werden.

Auf dem Kop sehnte man sich allerdings nach den vielen Jahren der Entbehrung zu sehr nach schönen, glitzernden Trophäen, um sich mit romantischer Schwärmerei zufriedenzugeben. Eine tiefe, dauerhafte Liebe konnte sich im Anfield-Stadion erst einstellen, wenn Jürgen Klopp materialistische Bedürfnisse erfüllen würde. »Es ist sehr schwer, in der englischen Liga Meister zu werden. Heute ist der Wettbewerb viel intensiver als zu meiner Zeit. Aber dafür ist er hier, dafür wird er bezahlt«, erklärt Jamie Carragher. »Ich würde ihn nie als Versager bezeichnen, falls er es nicht schaffen sollte – Rafael Benítez und Gérard Houllier waren keineswegs Versager. Sie haben Pokale gewonnen. Aber mit dem Meistertitel würde er sie in den Schatten stellen. Er würde hier der absolute Gott werden, der absolute Gott. Sie würden ihm Denkmäler errichten.«

Ein Held sei Klopp noch nicht, fährt Carragher fort, aber die Liverpooler hätten ihm bereits als einen der Ihren akzeptiert. »Sie sehen ihn, wenn er in Formby mit seinem Hund spazieren geht oder wenn er im Pub um die Ecke etwas isst; er erinnert sie an sich selbst. Liverpool ist sehr bodenständig. Man weiß, wer man ist, man weiß, woher man kommt. Klopp macht keinen großen Wirbel um sich selbst, er macht seinen Job, er hat Leidenschaft für den Fußball«, meint Carragher und fügt hinzu: »I know he's from the Black Forest. But to me, he's a typical scouser. – Ich weiß, dass er aus dem Schwarzwald stammt, für mich aber ist er ein echter Liverpooler.«

# 13
# Kleine Triumphe auf dem Bildschirm

Nach dem Gewinn des Weltmeistertitels 1990 begann sich das Privatfernsehen verstärkt für den Lieblingssport der Deutschen zu interessieren. Der Fernsehsender SAT.1 revolutionierte die Berichterstattung über die Bundesligaspiele am Samstagabend, indem er den Showelementen im Umfeld des Sports – den Spielerfrauen, den wütenden Klubpräsidenten, den durchgeschwitzten Hemden der Trainer – ebenso viel Platz einräumte wie den Spielen selbst.

Die Fußballsendung *ran* deckte im Stil einer Seifenoper die gesamte Bandbreite menschlicher Emotionen ab und lieferte Geschichten und Unterhaltung, die nicht notwendigerweise davon abhängig waren, dass die Fußballspiele besonders fesselnd waren. Die Betonung der Show hatte zwangsläufig Auswirkungen auf die Protagonisten wie auch auf die Art, wie in Deutschland über Fußball gesprochen und gedacht wurde. Sieger gewannen, weil sie einen stärkeren Siegeswillen hatten, und Verlierer verloren, weil sie ... nun ja, weil sie eben Verlierer waren. Spieler und Trainer, die nach dem Schlusspfiff vor den SAT.1-Mikrophonen keine markigen, adrenalingetränkten Sprüche von sich gaben, wurden als schwach und ratlos betrachtet. Ihnen fehlte es offenkundig an Selbstbewusstsein und dem Feuer, das erforderlich war, um sich in der Welt der Alphatiere zu behaupten.

Im Zuge der Bourgeouisierung des Fußballs, weg vom etwas anrüchigen Freizeitvergnügen des kleinen Mannes und hin zur massenkompatiblen Unterhaltungsware, wurden Millionen in einen Sport gepumpt, der bis dahin nie profitabel gewesen war. Die bewusst betriebene Beschränkung auf den kleinsten gemeinsamen Nenner in der Präsentation hatte jedoch einen hohen Preis: Die *ran*-Version der Bundesliga war in ihrem inneren Kern hohl. Es war Fußball ohne Fußball.

Der gewollte Verzicht auf jeden Versuch einer seriösen Beschäftigung trug seinen Teil dazu bei, dass die Vereine und die Nationalmannschaft im folgenden Jahrzehnt hoffnungslos ins Hintertreffen gerieten. Das Vokabular und der technische Rahmen für eine angemessene Selbstreflexion fehlten.

Er frage sich, sagte Klopp im November 2004 dem *Spiegel* in einem Interview, ob in Deutschland wirklich jemand an fundierten Informationen über Fußball interessiert sei. Ob jemand hören wolle, »die Spieler hätten nicht so viel laufen, sondern besser und klüger laufen sollen«. Solche Sätze würde man bestenfalls in einem »Exoten«-Programm hören, auf einem Nischenkanal. Aber die Zeit war allmählich reif für Veränderungen. Im Laufe von eineinhalb Jahren avancierte Klopp zum wichtigsten Nutznießer der analytischen Leere der Fußballberichterstattung und zugleich zum Katalysator des Wandels. Er gewann Auszeichnungen für seine klugen Kommentare und die Anerkennung von Franz Beckenbauer. Doch nur die wenigsten wussten, dass dieser plötzliche Erfolg eine sehr lange Vorgeschichte hatte.

SAT.1, der erste private Fernsehsender in Deutschland, hatte 1985 seinen Betrieb aufgenommen. Sein Regionalbüro für das Bundesland Rheinland-Pfalz war in der Hauptstadt Mainz angesiedelt, und SAT.1-Geschäftsführer Jürgen

Doetz saß im Vorstand des FSV Mainz 05. Als der Klub vor der Saison 1990/91 wieder einmal in finanziellen Schwierigkeiten steckte, kam ihm der Fernsehboss zu Hilfe. SAT.1 wurde Trikotsponsor.

Kurze Zeit später begann ein Spieler namens Jürgen Klopp ein Praktikum in der regionalen Sportredaktion des Senders. »Kloppo war damals schon immer der Lauteste und konnte quatschen wie ein Weltmeister«, erzählt Martin Quast. »Doetz hat zu ihm gesagt: ›Kloppo, wenn das mit dem Kicken nix wird bei dir, kommst du zu uns, und ich mache dich sofort zum Kommunikationschef.‹« Doetz meinte es ernst. SAT.1 war damals noch ein kleiner Privatsender. Nur eine relativ kleine Gruppe von Zuschauern mit Kabelanschluss konnte das Programm empfangen. Die kleine rheinland-pfälzische Sportredaktion war in Metallcontainern untergebracht, die an ein Bürogebäude angebaut waren. Darin arbeiteten ein paar freiberufliche Mitarbeiter mit festen Verträgen sowie eine wechselnde Zahl von Studenten und Praktikanten, die das Journalistengeschäft lernen wollten. Klopp, den stets die Befürchtung umtrieb, dass seine schlechtbezahlte Fußballerkarriere ihr Ende finden könnte, wenn Mainz in die Regionalliga würde absteigen müssen, nutzte die Chance, sich nach dem Training und zwischen seinen Sportwissenschaftsvorlesungen an der Hochschule in dem neuen Medium zu erproben.

Eines Tages kündigte der Moderator von *Wir im Südwesten*, so hieß die Sportsendung am Donnerstagabend, den Zuschauern einen Beitrag über die Röschinger-Schwestern aus Bad Vilbel an, die beiden erfolgreichsten Snowboarderinnen in Hessen – »von Jürgen Klopp«. Klopp hatte die Sportlerinnen interviewt, einen Begleitkommentar gesprochen und den Schnitt erstellt. Quast erinnert sich, dass das Stück sehr gut gewesen sei, vollgepackt mit interessanten Einzelheiten und Nebensächlichkeiten. »Kloppo hatte Talent. Und er hatte auch Spaß dabei. Er hat auch irgendwann gesagt: Wenn das mit dem Fußball nicht geklappt hätte damals, dann wäre er wahrscheinlich als Sportreporter geendet.«

Am 15. Mai 1992 gelang Klopp dank seiner Fähigkeit, sich mit seinem Mundwerk auch in kniffligen Situationen durchzusetzen, ein echter Coup. In einem der engsten Titelrennen der Bundesligageschichte waren Eintracht Frankfurt, der VfB Stuttgart und Borussia Dortmund vor dem letzten Spieltag der Saison 1991/92 punktgleich an der Tabellenspitze. Frankfurts vielbewundertes »Fußball 2000«-Team mit Andy Möller, Uwe Bein and Anthony Yeboah hatte das beste Torverhältnis der drei Titelanwärter. Durch einen Sieg beim Absteiger Hansa Rostock konnten die Frankfurter ihren ersten Meistertitel seit 1959 perfekt machen.

Eintracht-Trainer Dragoslav »Stepi« Stepanović hatte vor dem Abflug nach Rostock die Presse ausgesperrt. Alle Journalisten wollten vor dem dramatischen Saisonfinale mit dem Serben sprechen, der stets für schöne Schlagzeilen gut war, doch Stepanović verweigerte jedes Interview. SAT.1 setzte seinen Praktikanten Klopp als Geheimwaffe ein, den Mann, der es immer irgendwie schaffte. Klopp hatte vor einigen Jahren unter Stepanović bei Rot-Weiß Frankfurt gespielt, doch als sein wichtigster Kontakt erwies sich sein damaliger Mannschaftskamerad Hendrick Weiß, dessen Mutter Pressechefin am Frankfurter Flughafen war. Sie ließ Klopp durch die Sicherheitsabsperrungen und bis nach vorne an die Maschine, wo er Stepanović abfing und als einziger Reporter in Deutschland mit ihm ein Interview vor dem Spiel führte. »Das war seine herausragende journalistische Geschichte«, erinnert sich Quast. Für Eintracht Frankfurt dagegen war das Ergebnis weniger erfreulich. Die Frankfurter verloren am nächsten Tag kontrovers mit

1:2 in Rostock. Der VfB Stuttgart wurde so unerwartet zum Meister.

Das Alltagsleben im SAT.1-Container war weniger aufregend. Als jüngstes Mitglied des Redaktionsteams bestand Klopps Aufgabe hauptsächlich darin, regelmäßig Colafläschchen im nahe gelegenen Supermarkt zu besorgen. »Er sagte: ›Ja, ich mache das, aber dann wird gezockt‹«, erzählt Quast, der als Sportredakteur bei SAT.1 arbeitete. »Wir saßen nebeneinander, und aus drei oder vier Metern, manchmal bis zu zehn Metern Entfernung wurden dann die Colafläschchen geworfen. Wir mussten sie mit dem Mund fangen. Und wer am Ende verloren hatte, musste ein Bier zahlen. Diese Bilder kommen mir immer in den Kopf, wenn ich ihn heute als Trainer von Liverpool sehe.«

Auch als sein Praktikum nach drei Monaten beendet war, kehrte Klopp immer wieder in die Container zurück, um sich mit seinen ehemaligen Kollegen zu unterhalten, die zu guten Freunden geworden waren. Einer von ihnen war Martin Schwalb, ein junger Handballer, der 2013 als Trainer des HSV Hamburg die Champions League im Handball gewinnen sollte.

Durch seine schlagfertigen oder witzigen Bemerkungen in den »Blitzinterviews« unmittelbar nach dem Schlusspfiff als Spieler und als Trainer von Mainz 05 wurde Klopp später zu einem beliebten Interviewpartner der Reporter des DSF, des kommerziellen Fernsehsenders, der die Spiele der Zweiten Bundesliga übertrug. Im September 2001 wurden Klopp und Ralf Rangnick – die als Trainer von Mainz beziehungsweise Hannover 96 die ersten beiden Tabellenplätze belegten – zu der Talkshow *Viererkette* des Senders eingeladen, in der sie mit Paul Breitner über die Krise des deutschen Fußballs diskutieren sollten. Nach dem miserablen Auftritt bei der Europameisterschaft 2000 drohte die deutsche Nationalmannschaft nach einem 0:0 in der ersten Play-off-Runde gegen die Ukraine die Qualifikation für die Weltmeisterschaft 2002 zu verpassen.

Breitner wollte zunächst nicht zusammen mit Klopp und Rangnick auf einem Podium sitzen, erinnert sich Jörg Krause, der Produzent der *Viererkette.* Die beiden waren Zweitligatrainer. Was wussten sie über die Probleme der Nationalmannschaft? Schließlich aber fand sich der frühere Mittelfeldspieler von Bayern München und Real Madrid doch widerstrebend bereit, mit diesen beiden relativ unbekannten Trainern die Bühne zu teilen. Von Moderator Rudi Brückner befragt, brachte Breitner mehrere teilweise widersprüchliche Gründe für den Niedergang des deutschen Fußballs vor und beklagte unter anderem den zu starken Druck seitens des Deutschen Fußballbundes, das Fehlen einer langfristigen Planung durch die Verantwortlichen und das schwach ausgeprägte Engagement für die Nationalmannschaft. Rangnick, der nach seinem vielkritisierten Auftritt im ZDF-*Sportstudio* drei Jahre zuvor vorsichtig geworden war – er hatte dort über die Vorzüge der Raumdeckung doziert und den Zorn der Bundesliga-Kollegen und der Boulevardblätter auf sich gezogen –, war darauf bedacht, der großen Fußballautorität nicht zu widersprechen und Breitner nicht offen zu provozieren. Klopp, damals vierunddreißig Jahre alt und im Studenten-Outfit (braunes Polohemd, Khakihose, Turnschuhe), konnte seine schlaksige Gestalt nur mühsam im Ledersessel unterbringen. Auch er wirkte zunächst zurückhaltend, sogar ein wenig nervös. Seine Stimme, in der noch ein schwäbischer Zungenschlag zu vernehmen war, geriet während der ersten Sätze ein paarmal ins Stocken.

Rangnick (in einem gelben Hemd über einem schwarzen T-Shirt, wie ein Art Designer im Freizeit-Look) und Klopp gewannen jedoch im Laufe der Diskussion an Sicherheit.

Beide stellten präzise die zwei größten Probleme des deutschen Fußballs heraus: die Unzulänglichkeiten der Jugendarbeit und die Unfähigkeit, Fußball als ein Mannschaftsspiel zu begreifen. »Junge Spieler können nur zehn Stunden die Woche trainieren, und es sind die Hausmeister, die entscheiden, ob ein Platz während der Ferien bespielt werden darf«, sagte Rangnick. »Eigentlich müssten sie dreißig bis vierzig Stunden trainieren.« Er führte weiter aus, dass auch junge Profispieler erwarteten, sich in ihrem Beruf weiterzubilden, angeleitet durch Trainer, »die sinnvolle Trainingseinheiten gestalten, die sie respektvoll behandeln, die ihre Fehler herausarbeiten und daran arbeiten, sie voranzubringen«.

Breitner widersprach und betonte, dass Bundesligaspieler schon zwangsläufig so gut seien, dass sie nicht mehr in den Besonderheiten des Spiels unterwiesen werden mussten – schon gar nicht von selbsternannten Modernisierern und Emporkömmlingen, die selbst nie in der höchsten Klasse gespielt hätten. »Ich will hier niemandem zu nahe treten«, sagte er gespielt diplomatisch, »aber die individuelle Klasse der Spitzenspieler ist so hoch, dass da viele Trainer gar nicht mehr mitkommen. Du lernst das meiste von deinen Mitspielern, vom Zuschauen. Ich habe im Training von Franz Beckenbauer und Gerd Müller gelernt. Du brauchst keinen Trainer, der dir erklärt, warum du den Ball aus zwanzig Metern an den Außenpfosten und nicht an den Innenpfosten geschossen hast oder der einen kleinen technischen Fehler bemängelt.«

Klopp wollte eigentlich energisch protestieren, doch Breitner wurde durch die anstehende Werbepause davor bewahrt, sich in einer Livesendung vom Nobody-Coach von Mainz 05 Widerspruch anhören zu müssen.

Als die Sendung weiterging, lächelte Klopp entspannt und bemerkte, dass die Schusstechnik in der Zweiten Bundesliga »gar nicht so schlecht« sei. »Davon abgesehen«, fuhr er fort, »geht es um etwas anderes, nämlich eine Mannschaft als Ganzes zu verbessern, jeden einzelnen Spieler dahin zu bringen, sich bestmöglich in das Team einzubringen.« Klopp räumte bereitwillig ein, dass er selbst nicht zu den besten Spielern gehört habe und in der Zweiten Liga eher zur Gattung Schlachtross gezählt habe. Aber weshalb sollte ihn das als Trainer disqualifizieren? Ja, er bringe seinen Spielern mehr bei, als er selbst je konnte, bestätigte er gegenüber Brückner fröhlich.

Dass Mainz in die Bundesliga aufstieg und sich in den mittleren Tabellenrängen etablierte ohne große Investitionen in die Mannschaft und auch ohne Spieler mit Erstligaerfahrung, sollte Klopp einige Jahre später recht geben. Als Lehrer über seine Ideen und Methoden öffentlich zu reden schien ihn fast ebenso zu beglücken wie die Arbeit mit den Spielern. Doch anders als bei einigen seiner jungen, umstürzlerischen Kollegen trugen seine Grundsatzerklärungen stets Züge von selbstironischem Humor. Er spielte seine eigene Bedeutung immerfort herunter und betonte die Rolle seiner Weggefährten, die ebenfalls daran arbeiteten, das Spiel schneller und mannschaftsbetonter auszurichten. Klopps Begeisterung für die Verbreitung der neuen Lehre überschritt nie die Grenze zur Selbstverherrlichung oder zur offenen Respektlosigkeit gegenüber den Etablierten.

Dieter Gruschwitz, der Leiter der Sportredaktion des ZDF, unterhielt sich mit Klopp gern bei einem Bier über Fußball – in der gemeinsamen Stammkneipe unweit des Wohnhauses des FSV-Trainers im Mainzer Stadtteil Gonsenheim. »Wir haben uns immer wieder gesehen und im Lauf der Zeit auch schätzen gelernt«, erzählt Gruschwitz. »Klopp hat schon damals eine faszinierende Art gehabt, mit Menschen zu reden, auf Menschen zu wirken, ganz abgesehen von seiner fachlichen Kompetenz. Da haben wir vereinbart, wir machen mal etwas zusammen, sozusagen als Test.«

Das ZDF besaß die Rechte für die Übertragung des Confederations Cup 2005, der als Probelauf für das Weltmeisterschaftsturnier 2006 diente. Die Kollegen von der ARD boten wieder das preisgekrönte Moderatorenduo Gerhard Delling und Günter Netzer auf, deren beißender Witz und schonungslose Ehrlichkeit während der eher dürftigen Darbietungen des Nationalteams zu Beginn des neuen Jahrhunderts für willkommene Zerstreuung gesorgt hatten. Netzer, der vom jugendlichen Rebell zum *elder statesman* gereift war – in England wäre er wohl längst zum Ritter geschlagen worden –, fungierte als sichtbare Erinnerung an bessere, ruhmreichere Zeiten und wirkte von den plumpen fußballerischen Bemühungen, die sein ausgeprägtes Gefühl für Ästhetik verletzten, persönlich beleidigt.

Der große Experte des ZDF für die beiden Turniere war Franz Beckenbauer. Doch als Leiter des Organisationsteams konnte er nur für wenige Übertragungen zur Verfügung stehen. Gruschwitz erklärt: »Da wir niemanden auf der Ebene von Netzer hatten, war mein Gedanke: Wir müssen etwas vollkommen anderes anbieten. Mit einem Schiedsrichter als Experten: Urs Meier. Und mit Jürgen Klopp als Analysten, mit einem neuen Werkzeug, einem Touchscreen für Videobilder, in die man auch hineinzeichnen kann. Und all dies vor einem Live-Publikum in Berlin.« Klopp musste nicht lange über das Angebot nachdenken. »Gruschwitz ist zu uns ins Wohnzimmer gekommen und hat mich gefragt, ob ich mir vorstellen könnte, als Analyst mitzumachen. Ich dachte nur: ›Da kann ich WM-Spiele sehen.‹ Dann habe ich gefragt, ob meine zwei Söhne Freikarten kriegen können. Er sagte ja. Da war die Entscheidung nicht mehr schwierig.«

Den ZDF-Sportchef trieb jedoch eine Sorge um: »Nehmen die Zuschauer es einem Zweitligatrainer ab, wenn er über den großen internationalen Fußball redet? Dass er Spielszenen analysieren kann, das stand außer Frage, aber würde er akzeptiert werden? War die Entfernung zwischen Mainz und Brasilien nicht zu groß?«

Beckenbauer dachte anscheinend ähnlich. Der »Kaiser« verfolgte Klopps Ausführungen im Studio zunächst ein wenig verwundert und skeptisch. »Aber beim zweiten und dritten Mal sagte er: ›Mensch, das ist toll, wie er das erklärt‹«, erzählt Gruschwitz. »Spätestens nach dem dritten Spiel war Beckenbauer begeistert von Jürgen.« Und Jan Döhling, der als Redakteur an der Sendung mitwirkte, meinte: »Beckenbauers Zustimmung war sozusagen der Ritterschlag für Klopp. Wenn der Kaiser glaubte, dass er sein Handwerk beherrschte, dann tat er das wirklich.«

Es hatte keinen Probelauf gegeben. »Jürgen ist ein Naturtalent«, erklärt Gruschwitz. »Er hat sich hingestellt und hat es gekonnt. Jürgen Klopp kann Fußball erklären – nicht mit erhobenem Zeigefinger und ohne andere zu verletzen oder zu persönlich zu werden oder zu wissenschaftlich. Er hat diese Fähigkeit, der Oma zu Hause den Fußball zu erklären. Und gerade bei einer Fußballweltmeisterschaft, einem solch großen Ereignis, bei dem auch Familien vor dem Fernsehen sitzen oder Menschen, die sich sonst vielleicht nicht so stark für Fußball interessieren, ist diese kommunikative Bindung sehr wichtig. Auch diesen Menschen den Fußball auf eine informative, aber zugleich sehr unterhaltsame Art nahezubringen, das hat Jürgen in Perfektion beherrscht. Das ist sein Naturell. Das ist ein Geschenk, das er hat, seine große Gabe.«

Klopps legere Kleidung passte zu seinen lockeren Worten. Interessante kleine Beobachtungen – ein linker Außenverteidiger stand zu tief, ein Mittelfeldspieler hatte zu früh abgeschaltet – wurden in eine schnörkellose, unfernsehgemäße Sprache verpackt, die weder aufgesetzt noch herablassend wirkte, sondern wie die Ausführungen eines klugen Kerls, der sich in der Kneipe mit seinen Freunden unterhält. Insgesamt schauten fünfundzwanzig Millionen Menschen zu, doch Klopps Auftreten merkte man das nicht an. Gruschwitz erklärt: »Auch Pelé, der häufig als Gast im Studio war, war begeistert von der Art, wie er Fußball präsentiert hat, wie er sich gegeben hat auf dieser Bühne, mit einer Selbstverständlichkeit und Leichtigkeit ohne Lampenfieber oder Scheu vor der Kamera.«

Was am meisten Eindruck gemacht habe, fährt Gruschwitz fort, war die Leidenschaft des jungen Trainers für das Spiel. Sein emotionales Verhalten an der Seitenlinie in Mainz verbunden mit der Begeisterung, mit der er über die Mannschaftsaufstellung von Costa Rica sprechen konnte, zeigte den Zuschauern, dass hier jemand war, der wirklich für den Fußball lebte.

Klopps unbekümmerte, aber dennoch substantielle Art der Wissensvermittlung habe beim ZDF die Einstellung zum Fußball verändert, erinnert sich der ehemalige Sportchef. Döhling pflichtet ihm bei: »Er hat uns das Analysieren beigebracht. Bei ihm habe ich gelernt, dass es nicht die absolute Wahrheit gibt. Also, es ist nicht so, dass ich auf die eine Szene schaue, und dann nur eine Sache sehe. Jeder kann interpretieren. Er hat gesagt, ich muss mir ein Spiel zwei- oder dreimal anschauen. Ich sehe es nicht beim ersten Mal. Ich sehe, dass irgendwas nicht stimmt. Aber ich weiß noch nicht genau, was es ist. Das hat mir geholfen, meine Angst zu überwinden. Du kannst dich herantasten, du kannst Routine kriegen, du kannst das entwickeln. Das ist ein Prozess, ein Handwerk. Es ist nicht die Frage: Entweder du kannst es oder du kannst es nicht. Und heute sage ich den Kollegen:

Videoanalyse ist keine Zauberei. Es ist nicht so, dass man das sofort kann. Aber es ist etwas, das man lernen kann.«

Die beeindruckende Leistung des ZDF – die perfekte Ergänzung zum unerwarteten Einzug Deutschlands ins Halbfinale, zum schönen Wetter und die Partystimmung überall im Land – vermittelte den Zuschauern dieselbe Erkenntnis. Das vage Spekulieren über die Nervosität des einen Teams und die mentale Stärke des anderen, diese Küchenpsychologie, mit der ehemalige Top-Fußballer die Spiele jahrzehntelang fast ausschließlich erklärten, das alles wurde von Klopp beiseitegeschoben und durch die Darstellung kleiner, greifbarer und identifizierbarer Dinge, auf die es letztlich ankommen konnte, ersetzt. Klopp habe etwas getan, was es vor seinem Debüt beim Confederation Cup noch nicht gab, schrieb Christoph Biermann, einer der ersten deutschen Sportjournalisten, der sich ausführlich mit Taktik beschäftigte, in der *Süddeutschen Zeitung:* Er redete einfach sachlich darüber, was auf dem Platz geschah. Dass sich Klopp auf die taktischen Aspekte eines Spiels konzentrierte, war seiner fußballerische Sozialisation unter Wolfgang Frank geschuldet. »Als alle noch mit Manndeckung spielten, lautete die wichtigste Frage: ›Wäre dieser Schuss ins Tor gegangen, wenn dieser eine Spieler nicht diesen Zweikampf verloren hätte?‹«, sagte Kloppo. »Heute spielt man mit Raumdeckung, aber viele Fragen, die wir stellen, beruhen noch immer auf der Art zu spielen von damals. Das sollten wir ändern: Wir sollten weniger über die Spieler reden und mehr über das Spiel.«

Die Zuschauer fühlten sich emanzipiert. Ihnen wurde ein Werkzeug an die Hand gegeben, das es ihnen ermöglichte, auf wesentlich weniger abstrakte Weise über Fußball nachzudenken. Indem das ZDF in der Person von Klopp Wissen und Arbeit größere Bedeutung beimaß als dem Status und der Erfahrung, wurde der öffentliche Diskurs über das Fußballspiel in gewisser Weise demokratisiert. Wenn ein Zweitligatrainer Franz Beckenbauer dazu bringen konnte, aufzuhorchen, dann konnten es vielleicht auch andere.

Doch das war längst nicht alles. Klopps Bildschirm-Erfolg veränderte auch die überkommenen Vorstellungen von der grundlegenden Qualifikation, die ein Fußballtrainer zu erfüllen hatte, glaubt Döhling: »Früher hieß es ja: Wie viele Spiele in der Bundesliga? Alles klar, Bundesligatrainer. Wie viele Spiele in der Zweiten Liga? Alles klar, Zweitligatrainer. Das hat sich ein bisschen geändert. Klopp hat gezeigt, vor Millionen Zuschauern, dass man sich das Handwerkszeug eines Fußballlehrers aneignen kann, dass man dieses Handwerk erlernen kann, indem man eine Ausbildung absolviert, einen Abschluss macht, eine Prüfung ablegt. Eine weitere Ausbildung macht, wieder eine Prüfung ablegt. Und sich so, peu à peu, weiterentwickelt und schließlich zum Trainer wird – durch das, was man an der Seitenlinie tut, und nicht durch die früheren Leistungen auf dem Platz. Eine ganze Generation junger Trainer, die früher keine Topspieler waren, hat sich davon inspirieren lassen.«

Klopps Leistungen in Mainz und sein triumphales Auftreten als »Fernseh-Bundestrainer« (Gruschwitz) ebneten auch weniger bekannten Trainern den Weg zum Erfolg in der Bundesliga. Männer wie Thomas Tuchel und Julian Nagelsmann erkannten, dass ihre begrenzten praktischen Fähigkeiten einer Trainer-Karriere nicht zwingend im Weg stehen mussten. Auch die Vereine fühlten sich ermutigt, bei Trainerkandidaten nicht mehr nur nach ihrer früheren Erfahrung als Spieler zu fragen.

Insgesamt riss das WM-Turnier den deutschen Fußball aus seiner Behäbigkeit und stärkte die Reformer. Im Lauf weniger Wochen setzten sich viele von Jürgen Klinsmanns umstrittenen Ideen – proaktive Torhüter, die hinter einer hohen Abwehrreihe agieren, Stabilisierungsübungen mit amerikanischen Fitnesstrainern, Persönlichkeitsentwicklung und Unterstützung durch Sportpsychologen – in den Spitzenteams durch.

Klopp bot die Arbeit beim ZDF eine Möglichkeit, die Spielweise ausländischer Mannschaften zu studieren, die man sonst nur selten auf deutschen Bildschirmen sah. Die Zeit beim Fernsehen verschaffte ihm auch andere wertvolle Erkenntnisse. Zum einen erkannte er das Potential der neuen visuellen Hilfsmittel und setzte die Touchscreen-Technik sofort auch in seiner Arbeit in Mainz ein. »Das war seine zweite Frage, als er 2005 bei uns anfing: Kann ich so ein System auch auf meinem Laptop haben?«, berichtet Döhling. »Die erste Frage war: Wo ist das Klo? Klopp ist einfach clever. Er denkt halt. Er gehört nicht zu den Trainern, denen es nur darum geht, möglichst viel Geld zu raffen in der Zeit, in der sie im Amt sind. Er wollte einfach nur das Maximale herausholen und dabei Spaß haben. Er hatte immer eine Idee, wie man das Ganze weiter vorantreiben kann. Wir wussten ja alle nicht, was mit diesem Videosystem möglich ist, niemand hat in der Bundesliga mit so etwas gearbeitet. Wir haben es ihm ermöglicht, und es kam uns zugute, dass er während der Saison damit angefangen hat. Wir haben gesagt, wenn du das in der Kabine immer machst, dann lernst du es, dann kannst du es auch bei uns machen. Und es war die Aufgabe von Peter Krawietz, die Sachen zusammenzuschneiden, damit sie in Mainz in der Halbzeitbesprechung oder in der Mannschaftssitzung vor dem Spiel eingesetzt werden konnten.«

Die zweite Erkenntnis seiner Zeit beim Fernsehen hatte mit der Bedeutung der Zuschauer zu tun. Während der WM in Deutschland merkte er, dass begeisterte Zuschauer eine Mannschaft an ihre Grenzen und über sie hinaus treiben konnten. Wie viele andere Experten hatte auch Klopp die

Chancen der deutschen Nationalmannschaft in den beiden Wettbewerben skeptisch beurteilt, erzählt Döhling: »Keiner konnte die Arbeit von (Assistenztrainer) Jogi Löw einschätzen, aber alle wussten, dass Klinsmann das (Taktische) fehlte. Deutschlands Erfolg war eine Überraschung. Ich vermute, Klopp hat damals gelernt, wie weit dich Motivation tragen kann. Dass dich Motivation vielleicht auch mal über eine taktische Schwäche oder eine fehlende handwerkliche Fähigkeit hinwegtragen kann. Klopp hat schon immer mit dem Publikum gespielt, aber ich glaube, gerade bei dieser Weltmeisterschaft hat er gemerkt, wie ein Publikum mitspielen kann. Das war gegen Polen der Fall, als David Odonkor, getragen von der Welle der Euphorie, plötzlich die Flanke seines Lebens schlägt und damit das Spiel entscheidet. Das war einfach der Spirit. Oder als Klopp das Publikum in Liverpool heißgemacht hat im Spiel gegen Dortmund. Das Publikum hat an diesem Abend die taktisch unterlegene Mannschaft getragen. Und es hat sogar das entscheidende Tor geschossen.«

Gruschwitz' Stimme klingt, als würde er gleich von den Erinnerungen an den Sommer 2006 mit Klopp übermannt werden. »Er war ein unglaublicher Teamplayer«, sagt er. »Er ist nicht nur auf der Bühne gestanden und war anschließend wieder weg. Nein, er hat sich wirklich intensiv eingebracht, hat sich Gedanken gemacht. Es ist lange diskutiert worden, welche Szenen noch einmal aufgearbeitet werden sollten, und so weiter. An freien Tagen sind wir zusammen essen gegangen. Er wollte ein Teil des Teams sein, ein Teamplayer. Er war wirklich einer von uns. Anders kann man es nicht sagen.«

Das soll nicht heißen, dass alles reibungslos abgelaufen wäre. Am Tag vor dem Finale trat Klopp wütend ein Loch in die Papierwand an der Studiorezeption und schrie

Leute an, weil das System ausgefallen war. »Aber das war okay, kein Problem«, sagt Döhling. »Du merkst, dass er das einmal macht, weil er will, dass es gut funktioniert. Er hat gesagt: ›Wir wollen morgen etwas Überragendes an den Start bringen.‹ Überragend. Nicht gut, sondern überragend. Ihn hat der Job interessiert, es ging ihm nicht in erster Linie darum, gut auszusehen im Fernsehen. Und dann ist er halt kurz mal ein bisschen ausgerastet. Alle sind dann ein bisschen schneller gelaufen. Und dann hat das Ding auch wieder funktioniert. Klopp hat auch (live) die Leute namentlich genannt, die hinter den Kulissen gearbeitet haben und die sich so als Teil des Ganzen gefühlt haben. Er sagte: ›Mike, kannst du das mal abfahren?‹ Da hieß es dann immer: ›Wir nennen nicht die Namen der Leute auf dem Sender.‹ Aber Klopp hat sich nicht daran gehalten.«

In diesen Tagen wurde Klopp beinahe so populär wie die Nationalmannschaft und ihre beiden Trainer. Vor dem Stadion in Berlin blieben die Leute stehen, um ihn zu fotografieren oder um ein Autogramm zu bitten. DFB-Präsident Theo Zwanziger erzählte, dass seine Tante ihm empfohlen habe, Klopp zum nächsten Bundestrainer zu machen.

In Mainz stellte der Stadionsprecher Klopp beim ersten Freundschaftsspiel nach der Weltmeisterschaft als den »berühmten Mann aus dem Fernsehen« vor und fragte ihn, ob er weiter dem Fußball treu bleiben werde. Der Mainzer Trainer verstand, dass die Menschen ein »Gesicht« brauchten, das den Klub repräsentierte und symbolisierte, aber er war nicht damit einverstanden, dass sich das Interesse ausschließlich auf seine Person konzentrierte. Augenzeugen nach wollten bei diesem Spiel viele Fans ein Autogramm von Klopp, aber keiner wollte eines von den Mainzer Spielern.

Die ZDF-Berichterstattung über die Weltmeisterschaft wurde im November 2006 als die beste deutsche Sportsendung des Jahres ausgezeichnet. Klopps Vertrag mit dem Sender wurde bis zur Europameisterschaft 2008 verlängert. Zwei Jahre später erhielt er diesen deutschen Fernsehpreis abermals, diesmal als Experte von RTL für die Weltmeisterschaft 2010. Bedeutsamere Trophäen sollten bald folgen.

# 14

# 60 000 Tränen

*Mainz 2007–2008*

Ein paar Wochen nach seinem ersten Abstieg als Spieler und Trainer leitete Jürgen Klopp im ländlichen Thüringen, mitten im ehemaligen Todesstreifen der innerdeutschen Grenze, eine Herberge. Vorübergehend. Vier Jahre zuvor hatte er in der Vorbereitung auf die Aufstiegssaison 2003/04 mit der Mannschaft von Mainz 05 ein ähnlich spartanisches Quartier bezogen, um den Teamgeist zu fördern. Der Trip zurück zur Natur mit den Spielern von 2007/08 sollte denselben positiven Effekt bewirken.

Dreißig Mann schliefen in Stockbetten in einem Raum. Die Tage begannen morgens um sechs, wenn Klopp mit einem Ghettoblaster kam, aus dem der Schlager »Guten Morgen, Sonnenschein« dröhnte. »Das werde ich in meinem Leben nicht vergessen«, sagt Neven Subotić, obgleich er sich nicht mehr erinnern kann, ob es sich bei dem Ohrenschmaus um die akustische Originalversion der griechischen Sängerin Nana Mouskouri oder um Ireen Sheers Coverversion von 1989 handelte. »Wir alle waren total k. o. Doch dann ging's los. Frühstück mussten wir selber machen. Mittagessen und Abendessen auch. Möhren schälen und solche Sachen. Milorad Peković war unsere Mutter. Der war nämlich verletzt und ist nicht mit rausgegangen in den Wald. Stattdessen hat er drei Stunden lang die Suppe gerührt, bis wir zurück waren.«

Ein Steinwurf von der bescheidenen Unterkunft entfernt erinnerten ein Stück Grenzzaun, ein Wachturm und ein Museum die Besucher an die deutsche Teilung. »Die Spieler, sofern sie offen sind für solche Assoziationen, hätten die Wahl des Quartiers durchaus als symbolische Anspielung verstehen können: Schließlich würde Mainz 05 in dieser Saison gern eine Grenze wieder nach oben überschreiten, die der Klub nach dem Abstieg aus der Bundesliga soeben in umgekehrter Richtung passieren musste«, schrieb *Die Welt.* Körperlich, so Klopp, seien sie im Trainingslager »schon über die Grenze gegangen«.

Der Vierzigjährige sah in der Rückkehr in die Zweite Liga eine Gelegenheit, seine Coachingfähigkeiten zu schärfen. »In dieser Spielklasse«, sagte er, »entscheidet die Spielanlage und somit die Arbeit des Trainerstabes viel mehr über Erfolg und Misserfolg als in der Bundesliga, wo individuelle Qualität ein Spiel gegen uns entscheiden kann, auch wenn wir vielleicht den besseren Plan haben.« Eine Erfolgsserie, so spekulierte *Die Welt*, und Klopp sei womöglich bereit, »eine Grenze in der persönlichen Karriere zu überschreiten« – und zu einem neuen Verein zu wechseln.

Die Stadt Mainz blieb zuversichtlich. Alle 15 000 Dauerkarten wurden verkauft, und der lokale Finanzdienstleister Coface sicherte sich die Namensrechte an dem modernen, erstklassigen Fußballstadion (Baukosten sechzig Millionen Euro, Fassungsvermögen 35 000 Zuschauer), das die Stadt auf einer Industriebrache fünf Autominuten außerhalb der Stadt und unweit von Klopps Haus in Gonsenheim bauen wollte.

Drei Leistungsträger der letzten Saison – Manuel Friedrich, Leon Andreason und Mohamed Zidan – hatten Mainz nicht ins Unterhaus begleitet. Das Mittelfeld war mit Miroslav Karhan, dem slowakischen Nationalspieler und Ex-

Rekordbundesligaspieler des VfL Wolfsburg, Tim Hoogland (Schalke) und Daniel Gunkel (Energie Cottbus) fast komplett neu besetzt worden, und ein junger, mit der Abgeklärtheit eines Routiniers spielender Innenverteidiger war aus der Mannschaft bald nicht mehr wegzudenken: Neven Subotić. Nachdem er im letzten Bundesligaspiel der vergangenen Saison bei den Bayern Erstligaluft hatte schnuppern dürfen, machte der Serbe rasche Fortschritte und bestritt dreiunddreißig der vierunddreißig Zweitligaspiele, wobei ihm nur sehr wenige Fehler unterliefen. Er führt seine guten Leistungen auf Klopps umsichtige, aber durchaus nicht immer schonende Behandlung zurück.

»Klopp hat ein superbreites Spektrum«, sagt er. »Einerseits dieses Krasse, bei dem ich mir dachte: ›Boah, der schreit mich gerade an. Der soll mal chillen.‹ Aber wahrscheinlich habe ich das auch gebraucht. Das kann er ja viel besser einschätzen als ich. Diese krasse Seite, das war alte Schule. Harte Schule. Aber gleichzeitig gab es auch Momente, wo er zu mir gekommen ist und gefragt hat: ›Alles in Ordnung? Wenn irgendwas ist, sag Bescheid. Wir helfen dir gerne. Wir sind da. Nur wenn du gut spielst, haben wir was von dir.‹ Zu seinem breiten Spektrum gehört eben auch dieses Kollegiale. Er vermittelt einem das Gefühl, dass man jederzeit zu ihm gehen kann. Das hat mir viele Unsicherheiten genommen. Ich war siebzehn Jahre alt. Ein anderer Kontinent, ich wohne allein da, hab auf einmal eine Wohnung und bekomme ein Gehalt. Das ist schon eine besondere Situation. Mir wurde vom Trainer nicht eingeredet: ›Du musst jetzt Leistung bringen, sonst bist du in einem Jahr weg.‹ Mir wurde Zeit gegeben.«

Auf dem Trainingsgelände mag es von Zeit zu Zeit laut geworden sein, aber Klopps Kritik, so Subotić, habe immer dem Spieler, nie der Person gegolten. Angeschrien zu werden sei für ihn immer wie ein »Weckruf« gewesen, wenn er einen Fehler gemacht habe: »Dann denkt man sich: Eigentlich kann ich das besser. Das war auch immer respektvoll, es waren keine üblen Beleidigungen, wie es sie in der Zweiten Liga bei manchen Trainern gibt.«

Fernsehredakteur Döhling, der viele Trainingseinheiten von der Seitenlinie beobachtete, vermochte in Klopps Spieleransprache nichts Ungewöhnliches zu entdecken. »Aber wenn du siehst, wie sie im Spiel darauf reagierten, muss in der Kabine meistens die richtige Form der Vermittlung stattgefunden haben. Du kannst nicht alle gleich behandeln. Vielleicht ist das auch eine soziale Intelligenz. Dass du einschätzen kannst, wie du mit wem reden musst. Sicher war das auch mal daneben. Aber meistens war es eben richtig.« Geschichten, wie man sie von anderen Spitzentrainern hörte – dass sie mit Spielern wochenlang nicht sprachen oder sie vor versammelter Mannschaft fertigmachten –, so etwas habe es bei Klopp nicht gegeben.

»Das war alles sehr menschlich«, bestätigt Subotić. »Es war klar, dass es zwar laut werden konnte, aber es ging um die Sache. Mir war bewusst, dass es der Motivation diente. Das Gute war ja dieses Zusammenspiel zwischen den beiden verschiedenen Seiten …«

Auch sein Mainzer Team hatte in jenem Jahr zwei Gesichter. Der FSV startete mit 4:1 gegen Koblenz gut in die Saison. Doch drei Niederlagen in den folgenden sieben Spielen gegen bessere Teams der Liga – Angstgegner Greuther Fürth (0:3), die von Klopps Mentor Wolfgang Frank trainierten Kickers Offenbach (0:2) und die TSG Hoffenheim (0:1), ein teures Ensemble unter der Leitung von Ralf Rangnick – deuteten auf mögliche Defizite hin. Mainz ging als Zweiter mit 31 Punkten in die Winterpause, knapp vor Köln, Freiburg (beide 30), Fürth (29) und 1860 München (28).

Am 9. Januar 2008 klingelte im Trainingslager Klopps Handy. Unbekannte Nummer. Heidel, der im Hotel im spanischen Costa Ballena neben ihm saß, merkte sofort, dass es wichtig war: »Kloppo hat dann dagesessen und ganz brav immer ›ja‹ … ›ja‹ … gesagt.« Am anderen Ende der Leitung war Bayern-Manager Uli Hoeneß. Der mächtigste Mann im deutschen Fußball rief Klopp an. Der Rekordmeister suchte für die nächste Saison einen Nachfolger für Trainerlegende Ottmar Hitzfeld. Hoeneß: »Wir haben eine große, internationale Lösung und eine kleine, nationale Lösung. Sie sind die nationale Lösung. Könnten Sie sich vorstellen, hierherzukommen, falls wir uns für die nationale Lösung entscheiden?« »Ja«, antwortete Klopp schüchtern, »kann man drüber reden.«

»Ich habe gesagt«, berichtet Heidel, »du musst das machen, wenn Bayern München anruft. Bist du bescheuert? Du musst das machen.« Ihre Beziehung sei so eng gewesen, fügt er hinzu, dass Klopp ihm stets anvertraute, wenn andere Klubs bei ihm anriefen. Das Angebot der Bayern war sehr verlockend. Klopp wusste, dass er nur zweite Wahl für den Job in der Allianz Arena war, ein Reservekandidat für den Fall, dass die komplizierten, höchst geheimen Verhandlungen der Bayern mit dem unbekannten internationalen Schwergewicht scheitern sollten. Deshalb war er aber nicht weniger enttäuscht, als Hoeneß zwei Tage später wieder anrief, mit einer schlechten Nachricht. »Wir haben uns für den anderen Jürgen entschieden«, sagte der Bayern-Patriarch. »Was für einen anderen Jürgen?«, fragte Klopp verdutzt. Er hatte angenommen, der größte deutsche Klub hätte einen ausländischen Startrainer an der Angel. Doch »die große, internationale Lösung« war, wie kurz darauf klar wurde, der in Kalifornien lebende Ex-Bundestrainer Jürgen Klinsmann. Heidel: »Hoeneß hat noch gesagt: ›Der ist so ähnlich wie Sie,

Herr Klopp.‹ Jürgen hat es nicht zugegeben, aber ich habe gemerkt, dass ihm das einen kleinen Stich versetzt hat.« Der Mainzer Journalist Reinhard Rehberg erinnerte sich später, dass Klopp beim Training an diesem Tag schlecht gelaunt gewesen sei. »Das hat ihn ein bisschen getroffen«, sagt Heidel, »aber er ist einer, der so was sehr, sehr schnell verarbeiten kann.«

Sosehr es den Mainzer Trainer ärgerte, gegenüber seinem Namensvetter und schwäbischen Landsmann den Kürzeren gezogen zu haben, so war es doch eine Niederlage, die sich schon bald als Sieg entpuppte. Hoeneß' öffentliche Bestätigung, dass Klopp, ein Zweitligatrainer, der sieben Monate zuvor mit seiner Mannschaft abgestiegen war, ein sehr ernster Kandidat für den glamourösesten Job im deutschen Vereinsfußball gewesen war, sei »so etwas wie eine Heiligsprechung in der Branche« gewesen, schrieb die *Frankfurter Rundschau*. »Dort wurde Klopp bislang von einigen immer noch fälschlicherweise als ein Motivationsguru abgetan, mit einem als Fernsehexperte hinlänglich bewiesenen Talent zum Öffentlichkeitsarbeiter. Allein die Kür zum Kandidaten für die Hitzfeld-Nachfolge lenkte den Blick nun auf andere Qualitäten.« Klopp selbst sagte: »Es ist eine Ehre, wenn der FC Bayern über mich nachdenkt.«

In Heidels Augen hatten die Bayern nicht »die Eier« gehabt, einen Trainer zu holen, der kein ehemaliger Spitzenfußballer war, und verkannt, dass Klopp zu der Zeit als Trainer viel mehr Erfahrung hatte als Klinsmann. »Ich ließ mich davon überzeugen, dass wir das Abenteuer Klinsmann probieren sollten«, räumte Hoeneß später ein. »Dass das ein großer Fehler war, wissen wir nicht erst seit heute.« Trotz eines Reformprogramms, das Hoeneß »auf dem Papier überzeugte«, konnte Klinsmann weder die Mannschaft noch den Verein für sich gewinnen. Seinen Anweisungen fehlte taktisches Detail. Der ehemalige Stürmer des VfB Stuttgart wurde schon nach zehn Monaten gefeuert, da die Bayern Gefahr liefen, die Champions-League-Teilnahme zu verspielen.

In der zweiten Saisonhälfte erzielte Mainz weiterhin ordentliche Resultate, ohne aber jemals wirklich in Schwung zu kommen. Klopps Mannschaft war nach Borussia Mönchengladbach und Hoffenheim spielerisch das mit Abstand beste Team, geduldig am Ball und technisch weitaus beschlagener als das Gros der Konkurrenz. Doch leider erwuchs aus dieser Überlegenheit eine gewisse Selbstgefälligkeit. Spiele, die eigentlich hätten gewonnen werden müssen, endeten unentschieden. Spiele, die eigentlich unentschieden hätten enden müssen, gingen verloren.

Doch Mainz hielt immer Tuchfühlung zu den Aufstiegsplätzen. Und Klopps Marktwert taten die wenig überzeugenden Leistungen seines Teams keinen Abbruch. Im Gegenteil: Ermuntert durch die Anfrage der Bayern, rechneten sich mehrere Bundesligaklubs angesichts der unsicheren Aussichten des FSV gute Chancen aus, Klopp aus seinem natürlichen Habitat am Bruchweg loseisen zu können. So nahm der 1. FC Köln, damals vom eigenwilligen Christoph Daum trainiert, Kontakt zu ihm auf. Heidel erinnert sich: »Der Kloppo sagt: ›Du, ich treff mich mit dem Meier [Kölns Sportdirektor]. Nur dass du Bescheid weißt. Es interessiert mich einfach, ich will da gar nicht hin. Aber es interessiert mich halt.‹ Ich hab gesagt: ›Geh hin, hör es dir an, dann weißt du, wie schön es in Mainz ist. Aber sieh zu, dass es nicht rauskommt.‹« Wie von Heidel vorausgesagt, führte das Treffen im Haus eines Verwandten von Meier in Frankfurt zu nichts. Das Gespräch ließ Klopp völlig unbeeindruckt. (Köln, ein Aufstiegskonkurrent, beschwerte sich später in dreister Weise darüber, dass Mainz mit der falschen Behauptung, Meier habe Klopp kontaktiert, Unruhe habe stiften wollen, was Heidel veranlasste, den gescheiterten Abwerbungsversuch publik zu machen.)

Im Februar besuchte eine hochrangige Delegation des Hamburger SV – Sportdirektor Dietmar »Didi« Beiersdorfer, Vorstandsvorsitzender Bernd Hoffmann und Marketing- und Kommunikationschefin Katja Kraus – die Klopps in ihrem Haus in Gonsenheim. Bei Pizza, Kuchen und Kaffee fühlten ihm die Nordlichter auf den Zahn: War er bereit und geeignet, in der kommenden Saison einen der traditionsreichsten Vereine der Liga zu trainieren? Hoffmann und Kraus waren überzeugt, in Klopp einen jungen, dynamischen Trainer gefunden zu haben, der die mit ziemlich viel Geld zusammengestellte Mannschaft wieder zu einem Meisterschaftsanwärter machen würde. Beiersdorfer war sich nicht so sicher. Konnte ein Klub mit dem Renommee des HSV einen Coach mit dem Spitznamen »Kloppo« verpflichten, fragte sich der ehemalige Verteidiger in Klopps Beisein. »Haben Sie nicht einen Sportdirektor namens Didi?«, konterte der Mainzer Trainer lächelnd.

Scouts wurden beauftragt, Klopp (und andere Kandidaten für den Posten wie Bruno Labbadia und die Niederländer Fred Rutten und Martin Jol) diskret bei der Arbeit zu beobachten. Die Ergebnisse wurden in einem Dossier zusammengestellt und bei einer Vorstandssitzung präsentiert. Klopps Training und Fußball wurden hoch gelobt, doch die Spione der Rothosen vermerkten auch, dass er schlecht rasiert sei, zu spät zum Training komme, Löcher in den Jeans habe und mit den lokalen Sportreportern einen rauen Umgangston pflege.

»Das war typisch Hamburg«, sagt Heidel kopfschüttelnd. »Die Hosen kaputt! Dann kam dieses Gerücht in die Welt, er käme zu spät zum Training. Er kam nie zu spät zum Training. Nicht ein einziges Mal. Und dann wurde ihm nachgesagt, dass er so schnoddrig mit den Journalisten umgeht. Ja, das tut er. Die kennt er seit fünfzehn Jahren. Mit denen allen ist er per Du. Die haben ihn als Spieler schon beschimpft, die Journalisten. Die waren wie Freunde. Einmal hat er in einer Pressekonferenz, die nicht aufgenommen wurde, zu einem gesagt: ›Sag mal, hast du noch alle Tassen im Schrank, du Idiot?‹ Da hat der Journalist genau gewusst, wie er das zu nehmen hatte. Aber Hamburg hat dann gesagt: Um Gottes willen, der in Hamburg? Unmöglich!«

Klopp war angefressen, als er von der Sache erfuhr. »Wer in diesem Geschäft arbeitet, der muss wissen, wie ich arbeite. Da muss ich keinen Scout an die Linie beim Training stellen. Das ist dilettantisch«, sagte er 2011 der *Bild am Sonntag.* Und zum Vorwurf der Unpünktlichkeit: »Das hat mich damals sehr getroffen. Denn es gibt wahrscheinlich keinen pünktlicheren Menschen als mich … Also, diese Beurteilung war echt daneben. Wobei, halt! Das mit dem ›schlecht rasiert‹, das stimmte natürlich. Ich hab dann bei Herrn Beiersdorfer angerufen und gesagt: ›Falls ihr noch Interesse habt – ich sage hiermit ab!‹ Nein, das ging ja gar nicht.«

Der gescheiterte Versuch des HSV, den vielversprechendsten deutschen Trainer seiner Generation an Land zu ziehen, ist heute Bundesliga-Folklore, in etwa so peinlich wie einst die Ablehnung der Beatles durch den Decca-Records-Chef Dick Rowe. Ob tatsächlich Klopps zwangloses Auftreten den Ausschlag gab, darf allerdings bezweifelt werden. Ein ehemaliger HSV-Funktionär, der an der Trainersuche direkt beteiligt war und nicht namentlich genannt werden will, beharrt darauf, dass Martin Jol, der Tottenham Hotspur in der Saison 2006/07 auf den fünften Platz in der Premier League geführt hatte und zu der Zeit frei war, von einer Mehrheit im Vorstand als der bessere Kandidat angesehen wurde, ungeachtet Klopps mangelhafter Garderobe. Nach anfänglichen Erfolgen unter Jol, der mit der Mannschaft 2008/09 ins Halbfinale von Uefa-Cup und DFB-Pokal vorstieß, sollte der HSV seine Entscheidung jedenfalls bald bereuen. »Hätten wir Jürgen Klopp damals verpflichtet, wären wir vielleicht nicht ins Champions-League-Finale eingezogen, aber der Verein würde heute wahrscheinlich anders dastehen«, sagte ein trauriger Hoffmann 2014 der *Sport-Bild.*

Auch Beiersdorfer gibt zu, dass ihm die Nichtverpflichtung Klopps »ein, zwei schlaflose Nächte« bereitet habe. Als Klopp 2015 Dortmund verließ, hatte der Hamburger SV in der Zwischenzeit zwölf verschiedene Trainer verschlissen (darunter zweimal Labbadia). Statt auf der europäischen Bühne spielte er regelmäßig gegen den Abstieg und war zum Inbegriff dauerhafter Inkompetenz geworden.

Im April 2008 erreichten die Spekulationen über Klopps ungewisse Zukunft – im Juni lief sein Vertrag aus – ihren Höhepunkt. Aus Sorge, der Trainer könnte gehen, verstießen Mainzer Ultras gegen die vor der Saison getroffene Vereinbarung, den Trainer nach dem Schlusspfiff nicht an den Zaun zu rufen, um das traditionelle »Humba« anzustimmen. Klopp wollte, dass ausschließlich die Spieler bejubelt wurden. Doch nach dem 3:0-Sieg im Derby gegen den SV Wehen-Wiesbaden am 27. Spieltag forderte die Südkurve so lautstark »Jürgen an den Zaun«, dass der Trainer schließlich weich wurde. Die Liebesbekundungen von den Rängen waren ein offenkundiger Versuch, Klopp bei seiner Entscheidung zu beeinflussen. »Als die mich alle riefen, habe ich es jetzt eben doch gemacht, weil ich ihr Anliegen sehr gut verstehe«, sagte er und fügte hinzu, dass er sich der Zuneigung im Stadion durchaus bewusst sei.

Ein paar Tage später eröffnete Klopp den Journalisten, dass er sich entschieden habe: Er werde seinen auslaufenden Vertrag verlängern – wenn der Verein den Wiederaufstieg in die Bundesliga schaffe. Man habe viele emotionale Gespräche geführt und sei darin übereingekommen, dass ein weiteres Jahr Zweite Liga ein geeigneter Zeitpunkt für eine Zäsur wäre. Die Presse wertete Klopps Erklärung als »ein klares Jein« zu seinem Verein. Die unmittelbaren Aussichten blieben für Mainz zunächst jedoch rosig. Bei noch drei ausstehenden Spielen war Mainz Zweiter mit zwei Punkten Vorsprung auf Hoffenheim.

Vor dem Heimspiel gegen Alemannia Aachen verlangte Klopp vom Publikum am Bruchweg mehr Lautstärke. Der Mainzer »Einpeitscher« (*Süddeutsche Zeitung*) bekam den geforderten Lärm. Im Stadion herrschte eine prickelnde Flutlicht-Atmosphäre, es war so laut »wie lange nicht mehr am Bruchweg«, schrieben Rehberg und Karn. Aber es wurde eines dieser verflixten Spiele. Die Mainzer kreierten zahlreiche Chancen und verwerteten keine. Bei einem Aachener Konter eine Viertelstunde vor Schluss landete die Kugel im Netz. Mainz fiel auf den vierten Platz zurück. Drei Tage später, nachdem das verletzungsgebeutelte Team beim 1. FC Köln 0:2 verloren hatte, rangierte es noch immer dort. Noch gab es Hoffnung, noch bestand eine Chance. Der Drittplatzierte Hoffenheim musste gegen Greuther Fürth verlieren oder unentschieden spielen, Mainz zeitgleich gegen St. Pauli gewinnen.

Klopps letztes Spiel als FSV-Trainer endete mit einem 5:1 über die selbsternannten Punk-Kicker vom Hamburger Millerntor. Aber Hoffenheim hatte Fürth 5:0 geschlagen. Hoffenheim stieg auf, Mainz blieb unten. Jürgen Klopps achtzehn Jahre am Bruchweg – knapp elf als Spieler, etwas mehr als sieben als Trainer – endeten in stiller Verzweiflung, in totaler Ohnmacht, dem schlimmsten Gefühl im Fußball. Nichts, was er oder seine Mannschaft an diesem Tag hätten tun können, hätte genügt, um Mainz in die Bundesliga zu hieven und die Ehe zwischen Verein und Trainer zu verlängern.

20 000 Fans im Stadion erhoben sich und sangen dem schluchzenden Trainer ein Ständchen: »You'll never walk alone«. Klopp schaffte nur zwei Drittel der Ehrenrunde, dann bekam er einen Weinkrampf und sprintete quer über den Platz in die Kabine, um der Trauer zu entfliehen. »Jetzt beginnt für Mainz 05 eine neue Welt, die wir uns so nicht gewünscht haben«, sagte Heidel. »Von mir aus hätten wir noch zehn Jahre zusammenarbeiten können.«

30 000 Menschen fanden sich am darauffolgenden Freitagabend auf dem Gutenbergplatz ein, um Klopp einen zweiten, fröhlicheren Abschied zu bereiten. Am selben Tag war bekanntgegeben worden, dass er der neue Trainer bei Borussia Dortmund werden würde. Zurück in seiner Fußball-Heimatstadt, stammelte Klopp auf der Bühne mit tränenerstickter Stimme: »Alles, was ich bin, was ich kann, habt ihr mich werden lassen.«

»Die Leute haben geweint«, sagt Subotić. »Erwachsene, Frauen, Kinder. Auch Kleinkinder, die das vielleicht gar nicht verstanden haben, haben geweint, weil alle weinten. Das hat nochmals gezeigt, wie emotionalisierend und verbindend er ist.« Er habe Klopp jubeln sehen, er habe ihn als »grübelnden Typ« kennengelernt, aber an diesem Abend habe er sich von einer komplett anderen Seite gezeigt, nicht mehr im »fröhlichen Jubelmodus«, auch nicht im »absoluten Trauermodus«, sondern in einem »sehr wertschätzenden Modus«. Sein Lebenswerk habe Anerkennung erfahren. Er sei der Star der Mannschaft gewesen, der Hauptakteur bei dieser außergewöhnlichen Geschichte. Und an diesem Abend habe man sehen können, wie viel er der ganzen Stadt bedeute. »Das war schon sehr einprägsam. Das werde ich nie vergessen.«

Was das Abschiednehmen angehe, sagt Heidel, sei Kloppo

»sicherlich die Nummer eins« gewesen. »Ich kenne keinen ähnlichen Fall, wo ein Trainer in der Art verabschiedet wurde. Dass eine Bühne aufgebaut wird in der Stadt und 30 000 Menschen kommen, und es geht nur um eine einzige Person. Normalerweise werden Trainer am Ende immer entlassen. Oder sie gehen mit einem Blumenstrauß. Hier hat sich eine ganze Stadt verabschiedet, hoch dramatisch, mit einem Riesenbanner vorm Theater, ›Danke Kloppo!‹. Das war die emotionalste Verabschiedung, die man sich überhaupt vorstellen kann.«

Klopp versprach den vielen Anhängern, sie nie zu vergessen und im nächsten Jahr – aus einer anderen Warte – mit ihnen auf dem Gutenbergplatz den Mainzer Wiederaufstieg zu feiern. Er dankte Christian Heidel und Harald Strutz dafür, dass sie ihm die Chance gegeben hätten, seinen »Traumberuf zu ergreifen«. Dann rügte er eine namentlich nicht genannte Lokalzeitung, weil sie kritische Äußerungen »von irgendwelchen Schwachköpfen« über seinen Nachfolger, den Norweger Jörn Andersen, gedruckt hatte, und drohte damit, ihr kein Interview mehr zu geben. Für Uneingeweihte mochte das kleinlich und deplatziert klingen, doch der Vierzigjährige wiederholte nur, was er in der Vergangenheit Journalisten gegenüber immer wieder betont hatte. Ein Verein von der Größe und der finanziellen Ausstattung des FSV Mainz, so dozierte er von der Bühne herab, könne nur Erfolg haben, »wenn sich alle einig sind, wenn dieses riesengroße Herz, das diese Stadt hat, wenn das jeder in seine beiden Hände nimmt, hochgeht ins Stadion und wirklich mitfiebert, Vollgas gibt, mitjubelt, mit diesem Verein mitlebt. Wenn wir das hier nicht gelernt haben, dann weiß ich wirklich nicht mehr.«

Subotić hat diesen Abend aus einem zweiten, persönlicheren Grund noch gut in Erinnerung. Mitten in den sentimentalen Feierlichkeiten zog ihn Klopp in eine Ecke und legte den Grundstein für den Wechsel des Verteidigers nach Dortmund. »Ich dachte, der hat jetzt zehn Millionen Sorgen, da brauche ich nicht noch fragen: ›Wie ist es, wie fühlst du dich?‹ Da kam er zu mir und hat gesagt: ›Falls du auch mal irgendwo hingehen möchtest, ruf mich vorher an.‹ Da waren 30 000 Leute, seine Familie, Freunde, alle Spieler, die er quasi jemals trainiert hat, und gefühlt auch noch die Oma von allen, und trotzdem nahm er sich ein paar Minuten, um mit mir zu sprechen. Das war für mich ein Erlebnis, das werde ich in vierzig Jahren nicht vergessen. Ich glaube, er hatte auch schon einen getrunken. Das kann man ja sagen. Es sei ihm auch gegönnt, denn das war ja eine Feier, keine Trauerfeier. Das hat mein Leben komplett verändert.«

# 15
# In Zeiten des abnehmenden Lichts

*Dortmund 2013–2015*

Borussia Dortmund hatte die beste Mannschaft in Europa im Finale der Champions League 2013 im Wembley-Stadion an den Rande einer Niederlage gebracht. Und doch warf der Rückstand von fünfundzwanzig Punkten auf Bayern München am Ende der Bundesligasaison unbequeme Fragen auf. Warum hatte Dortmund auf nationaler Ebene so viel Boden verloren? Zwei 1:1-Unentschieden gegen den Triple-Gewinner in der Liga legten den Schluss nahe, dass es vor allem an dem Unvermögen gelegen hatte, die kleineren Teams zu schlagen. Nach Meinung Klopps und seines Trainerstabs war keine veränderte Spielweise die Lösung, sondern mehr vom selben – nur besser und schneller. »Wir bauen eine neue Mannschaft, eine neue Pressing-Maschine«, kündigte er an, bevor er in den Sommerurlaub entschwand.

Mario Götze ging zu Pep Guardiola nach München, Robert Lewandowski noch nicht. Die Unlust der Bayern, ein angemessenes Angebot für den polnischen Stürmer vorzulegen, bevor dessen Vertrag in Dortmund 2014 auslief, ließ die Beziehungen zwischen den Vereinen weiter unter den Gefrierpunkt abkühlen. Matthias Sammer, von der ehemaligen Borussia-Ikone zum Sportdirektor der Bayern mutiert, war besonderes Ziel der Anfeindungen. »Ich an seiner Stelle würde jeden Morgen, bevor ich das Bayern-Trainingsgelände betrete, Gott danken, dass irgendjemand auf die Idee gekommen ist, mich dazuzunehmen«, sagte Klopp. »Ich glaube nicht, dass Bayern München einen Punkt weniger hätte, wenn Sammer nicht da wäre.«

»Jürgen hat so eine Art, etwas auf den Punkt zu bringen«, sagt Watzke. »Ich kann mich noch an diese Aussage über Matthias Sammer erinnern. Da haben an einem Tag zweihundert Leute zu mir gesagt: ›Endlich hat mal einer ausgesprochen, was Sache ist.‹ Ohne Rücksicht auf Verluste. Aber das ist ihm in dem Moment auch egal, er hat keine Angst. Ihm ist auch nicht so wichtig, was die Leute dann darüber sagen. Manchmal schießt er über das Ziel hinaus, was ich aber auch ganz cool finde.«

Die ungeklärte Zukunft Lewandowskis habe den Verein aber »sicherlich ein wenig Energie gekostet«, gibt Watzke zu, auch wenn der Spieler selbst von dem unschönen Tauziehen ziemlich unbeeindruckt blieb. Er sollte in der Saison zwanzig Treffer erzielen und seine erste Torjägerkanone gewinnen.

Ein überzeugender, mit brillant aufgezogenem Konterspiel errungener 4:2-Sieg über den neuen Bayern-Trainer Pep Guardiola im Supercup schürte die Hoffnung auf eine spannende Saison. Klopps Pressing-Maschine 2.0 mit den glänzenden Neuzugängen Pierre-Emerick Aubameyang und Henrikh Mkhitaryan fuhr bald auch in der Bundesliga Siege ein. Nach elf Spieltagen lag Dortmund nur einen Zähler hinter dem Tabellenführer aus München.

Dann trübte sich die Stimmung. Eine Niederlage gegen Wolfsburg lenkte die Aufmerksamkeit auf eine verdächtig lange Verletztenliste. Ob die hochintensive, superathletische Spielweise von Klopps Team schuld an der Misere sein könnte, wollte ein Journalist bei der Pressekonferenz vor dem Gastspiel der Bayern im Signal Iduna Park wissen. »Das ist so liederlich«, höhnte der Trainer auf dem Podium über die Frage, nur mühsam die Contenance bewahrend. »Wir sind eine Mannschaft, die sich extrem viel abverlangt. Und das habt ihr (die Presse) zigtausend Mal gelobt.« Grund für die körperlichen Beschwerden seien vielmehr der dichtere Spielplan – ein halbes Dutzend Borussen waren mittlerweile deutsche Nationalspieler – und der gewachsene Druck. »Die Bayern haben nicht weniger Verletzte, die können es nur besser auffangen.« Der harsche Ton seiner Antwort ließ keinen Zweifel daran, dass er sich persönlich angegriffen fühlte. Zudem, so betonte er, sei eine solche Unterstellung gefährlich, sie drohe die Moral der Mannschaft zu untergraben: »In dem Moment, wo eure Berichterstattung es schafft, den Spielern die Lust zur Bewegung zu nehmen, bedeutet das automatisch richtig schwierige Zeiten.«

Und die schwierigen Zeiten kamen. Die 0:3-Pleite gegen die Bayern im Signal Iduna Park, ein Spiel, dem ausgerechnet der Führungstreffer des eingewechselten Götze die entscheidende Richtung gab, leitete eine Serie schlechter Resultate ein. Dortmund beendete ein »beschissenes letztes Jahresdrittel« (Klopp) auf einem enttäuschenden vierten Platz, zwölf Punkte hinter Tabellenführer Bayern, der obendrein noch ein Spiel weniger absolviert hatte.

Die Dortmunder hatten gegen sehr tief stehende Mannschaften Probleme und ließen dazu noch zu viele Chancen aus. Als taktische Vorreiter hatten sie sich die Suppe zum Teil selbst eingebrockt. Selbst Aufsteiger, die ihnen in puncto individueller Klasse bei weitem nicht das Wasser reichen konnten, hatten sich ein Beispiel am Dortmunder Jagdfußball genommen und wirksame Gegenmaßnahmen entwickelt. »Du spielst den gleichen Ball, den du vor einem Jahr gespielt hast, aber der Gegner ist da. Du spielst den Ball wieder, und er ist wieder da«, erinnert sich Subotić. Und Hummels meint: »Mit Ballbesitz Gegner auszuspielen ist immer schwieriger, als zu verteidigen und dann schnelle Angriffe zu starten. Da haben wir uns dann auch schwerer getan.«

Ein zunehmend schroffer und gereizter Klopp bestritt, dass »das Fehlen eines Plan B« das Problem sei, wie zahllose Medienvertreter behaupteten. Nicht an der Strategie hapere es, beharrte er, sondern an der Umsetzung. Und die Verletzten? Pech. Oder doch nicht? Manch einer fragte sich, ob die Misere nicht auf den Weggang von Fitnesstrainer Oliver Bartlett zurückzuführen sei. Doch dieser Erklärungsversuch wird von keinem der Spieler oder BVB-Offiziellen, die zu diesem Buch beigetragen haben, gestützt.

Kein Wunder, dass es im Training »ein bisschen unruhig« wurde, sagt Hermann Hummels. »Das ist nicht immer schön. Aber das ist ganz normal.« Wenn man so lange mit einem Trainer zusammenarbeite, komme es zu Spannungen wie in jeder Beziehung. Da laufe es »nicht immer reibungslos«.

Es kam auch zu Differenzen in Sachen Taktik. Einige erfahrenere Spieler waren für das Mantra »laufen, laufen, laufen« nicht mehr ganz so empfänglich wie früher. Subotić: »Wenn man das Gefühl hat, man hat etwas erreicht, dann möchte man sich plötzlich nicht mehr alles sagen lassen.« Das liege wohl in der menschlichen Natur. »Wenn es nötig war, ist Klopp dann auch lauter geworden. Wenn es nötig war, hat er uns wachgerüttelt. Aber nicht dadurch, dass er gesagt hat: ›Jungs, wir müssen neu spielen, es wird verdammt schwer.‹ Nein, er ist zu einem Spieler hingegangen, und hat ihm eine Ohrfeige gegeben. Zuerst dachte ich, der klatscht jetzt eine zurück. Das war schon eine harte Geste. Und auch die Sprache wurde erst mal härter. Aber er hat das nicht gemacht, um Frust rauszulassen und um Leute zu ohrfeigen. Sondern um die Intensität ein bisschen hochzufahren. Wir haben das verstanden. Denn es war immer kontrolliert, denn unkontrolliert hätte es nicht funktioniert.«

Es sei zu Auseinandersetzungen gekommen, sagt auch Gündoğan. »Manchmal waren sie unsachlich, aber das ist ja auch okay. Mit Klopp hat man es immer geschafft, wieder auf einen Nenner zu kommen und nichts mehr im Raum stehenzulassen. Alles wurde geklärt. Klopp hat das immer so gemacht.«

Der Trainer als bester Freund der Spieler – das sei zu der Zeit ein weitverbreiteter Irrtum gewesen, erklärt Watzke. »Der Jürgen war für alle etwas mehr als ein Trainer. Kein Bruder. Auch nicht der liebe, fürsorgliche Vater der Kompanie. Er hatte schon eine große Autorität. Man darf sich von dieser etwas kumpeligen Art mit den Spielern nicht blenden lassen. Der konnte auch anders. Vor allem war er unberechenbar. Er kann aus dem Nichts heraus explodieren. Und zwar so, dass kein Stein mehr auf dem anderen bleibt. Nur kriegt er es immer so hin, dass auch nichts nach außen dringt.«

Wie in jeder guten Familie wurden die Streitigkeiten bei der Borussia nicht nach draußen getragen. Reibereien blieben in der Kabine, zu öffentlichen Zerwürfnissen kam es nicht. Die heftige Teenagerromanze zwischen Klopp und seinen Spielern aus den vorangegangenen Jahren war zu einer normalen Beziehung mit den üblichen Höhen und Tiefen gereift, aber die gegenseitige Anerkennung war nach wie vor vorhanden. Klopp behandelte seine Schützlinge wie ein strenger Vater und machte ihnen das Leben schwer, um das Beste aus ihnen herauszuholen, ohne aber Schuld auf sie abzuwälzen oder sich an ihnen abzureagieren. Er äußerte vor Journalisten nie etwas Negatives über sie und trieb keine

Spielchen mit ihnen. »Im Endeffekt ging es immer um Fußball«, sagt Subotić. Jeder habe genau gewusst, woran er mit Klopp sei.

Auch die tiefe, persönliche Verbundenheit des Trainers mit den Anhängern blieb intakt. Als BVB-Ultra Jan-Henrik Gruszecki mit der Bitte an Klopp herantrat, ihm eine seiner Pöhler-Mützen zum Versteigern zu geben – der Erlös sollte in einen per Crowdfunding finanzierten Film über den BVB-Gründer Franz Jacobi fließen –, lehnte der Trainer sofort ab. »Er meinte, ›Vergiss die Kappe. Du kriegst einen kompletten Tag mit mir, den kannst du verkaufen‹«, berichtete Gruszecki. »Wir haben ihn dann an Dortmunds größten Arbeitgeber für eine Autogrammstunde ›verkauft‹ und damit 20 000 Euro gemacht. Das hat ein Zehntel des Budgets gedeckt.«

Watzke: »Wir haben aus unseren Spielern auch deshalb so viel herausgeholt, weil es mehr als eine Beziehung zwischen Verein und Spieler war. Und auch mehr als zwischen Trainer und Spieler. Wir waren eine, und das hört sich vielleicht abgedroschen an, extrem verschworene Einheit. Und die kommen ja auch alle wieder. Diese Mischung aus Freude und Vertrautheit, aber auch Rückhalt und sauberem Umgang, das haben sie woanders so nicht erlebt.« Şahin und Kagawa waren nach erfolglosen Auslandsabstechern zum BVB zurückgekehrt, und sogar Götze unterschrieb 2016 wieder bei der Borussia, nachdem er Klopp beinahe nach Liverpool gefolgt wäre. »Er bekam zwar ab und zu einen Wutanfall, aber er ging auch sehr sensibel und verständnisvoll mit den Spielern um. Jeder wusste das zu schätzen.«

Auch Željko Buvač, zuständig für die taktischen Feinheiten, hatte weiterhin die Mannschaft hinter sich. Klopps rechte Hand musste das Team in zwei Champions-League-Spielen coachen, weil die UEFA seinen Vorgesetzten von der Seitenlinie verbannt hatte. Ein wutentbrannter Klopp hatte beim 1:2 in Neapel einem vierten Offiziellen direkt ins Gesicht gebrüllt und sich dabei fast den Unterkiefer ausgerenkt. »Ich wollte nur fragen, wie viele Fehlentscheidungen eigentlich erlaubt sind«, erinnerte er sich später. »Weil, wenn's fünfzehn sind, hast du noch eine frei.« Nach dem Platzverweis sah er sich die restliche Partie beim Stadion-Hausmeister im Fernsehen an. »Manchmal erkenne ich mich an der Linie selbst nicht wieder«, hatte er ein paar Jahre zuvor reumütig erklärt. »Mein Gesicht hätte eine Fünf-Spiele-Sperre verdient.«

»Wir haben uns alle für Chucky gefreut«, sagt Subotić. »Er ist alles andere als egoistisch. Oder extrovertiert. Chucky sitzt da und macht eine Ansage. Alle haben den lieben gelernt.« Trotz Klopps zeitweiliger Abwesenheit setzte sich Dortmund in der schweren Champions-League-Gruppe (Arsenal, Neapel, Marseille) als Erster durch.

In der Winterpause gelang dem Verein beinahe ein noch erstaunlicherer Coup. Um einen Wechsel Lewandowskis zu den Bayern zu verhindern, nutzte Watzke seine Freundschaft zu Florentino Pérez, dem Präsidenten von Real Madrid, und ermunterte die Königlichen, dem Polen ein Angebot zu machen. Lewandowski geriet ins Wanken, beschloss am Ende jedoch, sich an seinen Vorvertrag mit den Bayern zu halten. Sein Wechsel nach München zu Beginn der Spielzeit 2014/15 wurde am 4. Januar 2014 bestätigt.

Hummels' Rückkehr nach längerer Verletzungspause verlieh der Abwehr in der Rückrunde sofort mehr Stabilität. Da das Dortmunder Spiel darauf ausgerichtet war, den Gegner mit Kontern zu überrumpeln, war es wichtig, nicht in Rückstand zu geraten. Wenn die andere Mannschaft in Führung ging und sich hinten reinstellen konnte, tat sich der BVB jedes Mal schwer, den nötigen Raum für sein explosives Umschaltspiel zu finden. Eine stetige Verbesserung der Heimresultate und der Einzug ins Viertelfinale der Champions League bestärkten Klopp in der Überzeugung, dass es vor Weihnachten nur an Kleinigkeiten gehapert hatte. Die Mannschaft hatte genug individuelle und kollektive Klasse, um Zweiter hinter den Bayern zu werden, ins DFB-Pokalfinale einzuziehen und Real Madrid in der Champions League das Leben schwerzumachen. Die Spanier setzten sich in der Addition knapp mit 3:2 durch, nachdem sie das Hinspiel in Madrid mit 3:0 gewonnen hatten. »Die Sache ist durch, oder, Jürgen Klopp?«, hatte ZDF-Moderator Jochen Breyer den BVB-Trainer nach dem Schlusspfiff im Bernabéu gefragt. »Wie könnte man mir Geld überweisen für meinen Job, wenn ich heute hier stehen würde und sage: ›Ja, es ist durch!‹?«, erwiderte Klopp, ungläubig den Kopf schüttelnd.

»Mein Freund Florentino Pérez kriegt heute noch schweißnasse Hände, wenn er an die erste Halbzeit in Dortmund denkt«, sagt Watzke lächelnd. »Es war ein denkwürdiges Viertelfinale. Alles in allem waren wir nicht schlechter geworden, Bayern war einfach besser geworden. Wir hatten vielleicht drei Prozent weniger. Oder fünf. Das war alles in Ordnung.« Das Pokalfinale hätten sie natürlich gewinnen müssen. »Wenn das Tor von Mats Hummels gegeben worden wäre.«

Guardiolas erschöpfte Bayern waren in Berlin mit fünf Abwehrspielern aufgelaufen, um die Borussen auszubremsen. Klopps Mannschaft hatte Guardiolas Truppe einen Monat zuvor in der Allianz Arena mit 3:0 aus dem Stadion geschossen; sie waren in Form und hatten einen Lauf. Es war ein aufreibendes Finale, in dem sich beide Mannschaften gegenseitig neutralisierten, bis Dante in der 65. Minute einen Kopfball von Hummels erst hinter der Linie klärte. Doch der Schiedsrichter ließ weiterspielen. In der Verlängerung schossen die Bayern zwei Tore und holten sich den Pokal.

Watzke: »Das war eine katastrophale Fehlentscheidung. Das müssen wir einfach festhalten. Der Ball war fünfunddreißig Zentimeter hinter der Linie. Tragisch. Ich kenne kaum einen großen Trainer, der so viel Pech in großen Endspielen mit Schiedsrichterentscheidungen hatte.«

Spieler, Funktionäre und Gäste waren beim Bankett nach dem Spiel so deprimiert, dass Klopp eine seiner »Reden zur Lage der Nation« hielt und die Anwesenden aufforderte, eine Mannschaft zu feiern, die in den letzten zehn Monaten alles gegeben und »in vorbildlicher Weise« alle Probleme – einschließlich der »schlimmsten Verletzungsmisere in der Fußballgeschichte« – gemeistert habe. »Wie blöd wäre es, wegen eines Spiels nun alles in Frage zu stellen«, fügte er mit Blick auf die Kritik der Medien an seiner Arbeit hinzu. Die Konstanz des BVB dürfe nicht als selbstverständlich angesehen werden. »Möglicherweise feiern andere nicht mal, wenn sie was gewonnen haben. Aber Borussia Dortmund muss anders bleiben. Und wenn heute noch einer zu mir sagt, ›schade‹, dann haue ich ihm das Glas aus der Hand. Bitte einfach nur den Abend genießen. Wir kommen definitiv wieder. Diese Mannschaft ist so charakterstark – egal, wer uns weggenommen wird: Wir holen neue Jungs dazu! Alles wird gut.«

Doch es wurde nicht alles gut. Nicht wirklich. Zwei Monate nach Beginn der neuen Saison verlor der BVB in der Liga ein Spiel nach dem anderen. Nach fünf Niederlagen in Folge zwischen Ende September und Anfang November rutschte er auf den 17. Tabellenplatz ab – achtzehn Monate nachdem das Team um die höchste Trophäe im europäischen Vereinsfußball gespielt hatte, taumelte es in Richtung Zweite Liga. Noch nie war Dortmund so schlecht in die Saison gestartet, nicht einmal die Mannschaft, die 1971/72 abgestiegen war. »Es ist hart, brutal hart – eine verrückte Situation«, sagte ein entnervter Klopp nach der 1:2-Niederlage in München. Dortmund hatte sieben Punkte auf dem Konto, siebzehn weniger als Bayern. Jedes halbwegs passable Resultat zu Hause und jeder Sieg in der Champions League nährte die Hoffnung auf ein baldiges Ende des Alptraums. Doch er nahm einfach kein Ende. Nach der Vorrunde stand die Borussia mit fünfzehn Punkten immer noch auf Platz 17. Nur die Tordifferenz trennte sie von der schlechtesten Mannschaft der Liga, dem SC Freiburg. Bayern hatte fünfundvierzig Punkte. »Dass wir dastehen wie die Vollidioten, geschieht uns recht«, befand Klopp.

Als jugendlich frischer, bisweilen sogar rasierter Trainer des Zweitligisten Mainz hatte Klopp seinen Spielern und der deutschen Öffentlichkeit gepredigt, dass Erfolg auf dem Platz »erklärbar« sein müsse, mit anderen Worten: das Ergebnis von objektiv einträglichen, wiederholbaren Bemühungen. Die katastrophale Erfolglosigkeit in seinem siebten Jahr beim BVB war viel schwerer zu begründen. Da Fußball ein torarmes Spiel ist, fällt die Unterscheidung zwischen Symptomen und Krankheit, zwischen bloßem Pech und grundsätzlichen Defiziten nicht immer leicht. Ließ die Mannschaft deshalb so viele Chancen aus, weil sie mit ihrer kraftraubenden Spielweise »in einer ewigen Adoleszenz« steckengeblieben schien?, wie die *Süddeutsche Zeitung* fragte. Der Kontrast zu Guardiolas Bayern, die ihren eigenen Pressing-Stil so perfektioniert hatten, dass sie weniger liefen als jede andere deutsche Mannschaft, schmerzte besonders. Selbst Watzke konstatierte, dass Dortmunds Spielweise »weniger ökonomisch« und »anstrengender« sei.

Gut zwei Jahre später finden Funktionäre, Spieler und die Vertrauten um Klopp jede Menge, teilweise widersprüchliche Erklärungen für den Absturz. Allerdings haben sie nach wie vor große Mühe, die ganze Tragweite des Leistungseinbruchs zu verstehen. »Ich rätsle da bis heute noch«, sagt Watzke.

Robert Lewandowskis Weggang mochte nicht der einzige wichtige Faktor gewesen sein, aber er war so etwas wie der Auslöser der Krise. Mehr als jeder andere BVB-Spieler konnte er harte Arbeit mit Effizienz vor dem Tor verbinden.

»Dass er weggeht, war jedem in Dortmund klar«, sagt Dickel. »Jürgen wusste über die finanziellen Möglichkeiten des Vereins Bescheid. Und dass wir nicht bereit sind, einem Spieler ein Gehalt von fünfzehn Millionen zu geben. Ich hatte gehofft, dass Robert nicht zu Bayern geht. Aber den konntest du nicht länger hier halten, es sei denn, du verkaufst das Rathaus.«

Dortmund hatte bei der Suche nach Ersatz für prominente Abgänge zuvor ein glückliches Händchen bewiesen, doch der polnische Angreifer erwies sich als unersetzlich. Der italienische Stürmer Ciro Immobile, der für achtzehn Millionen Euro aus Turin kam, hatte Probleme, sich dem Leben im Ruhrgebiet und Klopps System anzupassen. »Er konnte das in seiner Komplexität nicht komplett umsetzen«, sagt Krawietz. »Gewisse Automatismen sind weggebrochen.«

Warum übernahm Aubameyang nicht die Rolle des Mittelstürmers? Der schnelle Gabuner Nationalspieler war zwar ein anderer Stürmertyp, spielte längst nicht so körperbetont wie Lewandowski, doch auch er konnte Tore schießen, wie er in den beiden folgenden Spielzeiten unter Klopps Nachfolger Thomas Tuchel eindeutig bewies: Ihm gelangen neunundsiebzig Treffer als zentrale Sturmspitze.

»Das war unsere erste kapitale Fehleinschätzung«, sagt Watzke. »Wir hatten im Sommer 2014 die Überzeugung, dass Aubameyang kein Neuner ist. Hätten wir diese Überzeugung nicht gehabt, hätten wir uns das Thema Immobile schenken können. Und und und. Da wäre wahrscheinlich einiges einfacher geworden. Und darum war die Saison 2014/2015 einfach scheiße.«

»Aubameyang macht das mittlerweile richtig gut«, stimmt Krawietz zu. »Es war damals schon erkennbar, dass er einer ist, der Tore schießen kann und unter Umständen als Mittelstürmer besser aufgehoben ist als auf dem Flügel, weil ihm die defensiven Abläufe schwergefallen sind. Wir haben ihn aber auf dieser Position gebraucht.« Der Verlust Lewandowskis sei bezeichnend gewesen für ein größeres Dilemma, vor dem der Verein gestanden habe. »Wir hatten sportlich eine schnellere Entwicklung genommen, als es uns finanziell möglich war. Wir hatten junge Spieler für vergleichsweise kleines Geld geholt. Die haben in der Bundesliga und in Europa so gut gespielt, dass sie schnell finanziell in einer komplett anderen Liga angesiedelt wurden. Dementsprechend waren sie für den Verein nicht mehr zu halten und wurden verkauft. Gleichzeitig war aber auch klar, dass man adäquaten Ersatz, qualitativ gleichwertigen Ersatz, nicht wird verpflichten können mit den Möglichkeiten von Borussia Dortmund. Dadurch ist eine Situation entstanden, in der man immer versucht hat, das Niveau zu halten. Es ging gar nicht mehr darum, sich weiter zu verbessern. Gleichzeitig hat sich Bayern München weiterentwickelt und richtig investiert. Und in Dortmund sind die Erwartungen so gestiegen, dass sie nicht mehr zu erfüllen waren.«

Watzke stimmt dieser Makroanalyse zu. »Die Mannschaft, die wir 2012 und 2013 hatten«, glaubt er, »wäre wahrscheinlich noch einen Schritt weitergekommen, wenn uns die Bayern nicht so ins Visier genommen hätten. Wir hatten so ein bisschen eine Sisyphus-Aufgabe. Wir mussten jedes Jahr einen Felsen den Berg hinaufrollen. Da darf man sich nicht darüber beklagen, damit muss man als Borussia Dortmund leben. Ich hätte auch gern mal so eine komfortable Situation wie die Bayern. Leider Gottes konnten wir uns in der Kürze der Zeit wirtschaftlich nicht so entwickeln, wie es nötig gewesen wäre, um diese Mannschaft zusammenzuhalten.«

Watzke und Krawietz sind sich darin einig, dass auch der deutsche WM-Sieg in Brasilien der Borussia schadete. Der späte Trainingseinstieg der fünf Nationalspieler – Mats Hummels, Roman Weidenfeller, Matthias Ginter, Kevin Großkreutz und Erik Durm – beeinträchtigte nach Meinung des Trainerstabs die Vorbereitung. Krawietz: »Die kamen aus einem dreiwöchigen Urlaub zurück, der im Grunde zu kurz war. Zugleich hatten sie aber den Anspruch, möglichst schnell wieder in den Spielbetrieb involviert zu werden, ohne jedoch eine körperliche Grundlage dafür zu haben. Das hat letztlich dazu geführt, dass wir nicht die gewohnte Systemsicherheit hatten. Dazu haben sich systematische Fehler im Defensivverhalten eingeschlichen. Wir waren wahnsinnig anfällig bei Kontern. Wir haben viele Spiele mit hohem Ballbesitzanteil gestaltet, aber durch ein oder zwei Konter-Aktionen 0:1 oder 0:2 verloren. Während der Saison ist man darauf angewiesen, dass die Grundlagen, die man in der Vorbereitung gelegt hat, in irgendeiner Form funktionieren. Und jetzt haben wir festgestellt, dass wir bestimmte Dinge verändern müssen. Mehr über den Flügel spielen, zum Beispiel. Wir müssten mal Flanken trainieren, über zwei oder drei Wochen. Die Laufwege in der Mitte, damit endlich mal einer den verdammten ersten Pfosten besetzt. Aber dazu war keine Zeit. Wir konnten das nur in Videositzungen ansprechen. Aber beim trainierten Impuls, dem Gegenpressing, konnten wir das nicht nachhaltig umsetzen.«

Dortmunds Nationalspieler wirkten psychisch ausgelaugt. »Nimmt man Hummels aus«, erinnert sich Krawietz, »hatten die vier anderen in Brasilien keine Minute gespielt, waren aber komplett in diesem Hype drin.« Und Watzke: »Die Weltmeisterschaft hat für uns sicherlich eine sehr unproduktive Rolle gespielt, um es einmal vorsichtig zu formulieren. Eigentlich hatten Spieler von uns ja kaum gespielt, trotzdem fühlte sich jeder als Weltmeister.«

Hummels hatte dagegen eher banale Probleme, wie er selbst offen zugibt: »Ich bin angeschlagen aus der WM raus und die gesamte Hinrunde nicht mehr richtig zum Laufen gekommen. Es war eine schwierige Situation, Kapitän zu sein, aber seine eigene Leistung nicht zu bringen und mit sich selber zu kämpfen. Weil es mir dann natürlich auch schwerfiel, anderen gegenüber wie ein Chef aufzutreten, wenn ich der Meinung war, dass ich selber gerade Grütze spiele.«

Die gewohnte Ruhe des meinungsstarken Innenverteidigers am Ball und sein positiver Einfluss auf die Mitspieler wurden schmerzlich vermisst. Eine Verletzungswelle und ein Spielplan, der weder ausgiebiges Rotieren noch größere taktische Korrekturen zuließ, verschärfte die Krise. Dortmunds Probleme summierten sich nicht, sie potenzierten sich.

»Wir haben ein Bundesligaspiel nach dem anderen auf dieselbe Art und Weise verloren«, sagt Krawietz. »Dann kamen gute Spiele in der Champions League. Aha, in der Champions League geht es, in der Bundesliga nicht, also war es auch noch ein Einstellungsproblem. Und irgendwann waren wir in einer Spirale, aus der wir in der Vorrunde nicht mehr herausgekommen sind.«

»Wir sind alle wahnsinnig geworden«, sagt Dickel. »Das kann doch nicht wahr sein! 74 Prozent Ballbesitz, 15:2 Torschüsse, 0:1 verloren. Woche für Woche. Grauenhaft.« Hummels: »Wir waren lange Zeit der Meinung, dass wir gut spielen. Aber wir haben einfach nie gewonnen. Und gegen Ende der Hinrunde war klar: Wir können jetzt nicht mehr auf Platz drei schielen. Uns steht das Wasser bis zum Hals. Jetzt geht es einfach darum, da unten rauszukommen.«

Klopp war von der katastrophalen Serie sichtlich mitgenommen. Sein Job war nicht in Gefahr – Watzke hatte ihm eine hundertprozentige Garantie gegeben –, aber er fühlte sich persönlich verantwortlich. »Das hat ihn enorm viel Kraft gekostet«, sagt Subotić. »Man ist der Fahrer, man steuert das Ding. Aber selbst wenn man überzeugt ist, wird es schwer, wenn der Erfolg nicht kommt. Irgendwann habe ich mal jemanden drauf angesprochen: ›Hast du Kloppo gesehen? Der sieht echt müde aus. Gestresst.‹«

»Für jemanden, der so emotional dabei ist, war es besonders schwer«, sagt Hummels. Ein Trainer muss, wie jede Führungsfigur, Überzeugung ausstrahlen, um anderen Selbstvertrauen einzuflößen. Aber wie kann man an seinen Prinzipien festhalten, wenn die positiven Resultate ausbleiben?

»Da macht man sich als Trainer Gedanken«, sagt Krawietz. »Woran liegt das jetzt? Liegt es an uns? Liegt es an der Mannschaft? Wie gehen wir damit um? Diese extreme Scheiße, die wir erlebt haben, war eigentlich mehr, als man ertragen kann. Das war eine Phase, die wünscht man seinem ärgsten Feind nicht. Es war unfassbar anstrengend. Unfassbar deprimierend. Und gleichzeitig sollten die Trainer die Ersten sein, die am nächsten Morgen in der Kabine stehen und sagen: ›Ab jetzt packen wir es wieder an, Männer. Es geht von vorne los. Zwei, drei Kleinigkeiten, dann sind wir wieder in der Spur.‹«

Watzke hält es für möglich, dass Teile der Mannschaft nicht mehr bereit waren, Klopps Ideen so umzusetzen wie zuvor. »Es war nicht mehr diese komplette und totale Euphorie, Hingabe und Leidenschaft. Die Spieler sind auch erwachsener geworden. Und reicher und erfolgreicher. Vielleicht haben sie auch mal damit kokettiert, es ein bisschen langsamer angehen zu lassen. Und das ist bei Jürgen grundsätzlich überhaupt nicht drin.«

Krawietz sieht es ein wenig anders: »Man würde den Spielern und ihren Charakteren nicht gerecht werden, wenn man sagt, dass wir Gegenpressing gepredigt haben und sie das nicht mehr umsetzen konnten und wollten. Dafür ist das Ganze zu komplex. Bitte nicht missverstehen: Mit Sicherheit haben wir nicht alles richtig gemacht, und nicht jede Entscheidung, die wir zu verantworten hatten oder die Jürgen zu verantworten hatte, hat funktioniert. Aber es so einfach zu machen, das geht nicht.«

Gleichwohl sorgten die schlechten Ergebnisse für Unstimmigkeiten. Einige ältere Spieler hielten mit ihrer Meinung nicht hinterm Berg, es wurde manchmal hitzig. Doch das Vertrauensverhältnis zwischen Klopp und seinen Spielern war noch stark genug, um ein totales Auseinanderbrechen zu verhindern. »Wenn er mal sauer war und über das Ziel hinausgeschossen ist, dann hat er auch die Fähigkeit gehabt, das einzusehen und sich bei einzelnen Spielern oder bei der Mannschaft zu entschuldigen«, sagt Hummels. »Man hat gemerkt, dass er das ernst und von Herzen meint. Damit hat er bei der Mannschaft ein Riesenansehen gewonnen. Er sagt das nicht nur, sondern er fühlt es auch so. Er konnte sich gut in Spieler hineinversetzen. Und wenn man emotional ein bisschen übers Ziel hinausgeschossen ist, dann hat er gesagt: ›Mats, ich kenne das, ich war genauso als Spieler. Wie soll ich dir da jetzt einen Strick draus drehen?‹«

Dagegen akzeptierte es der zunehmend unter Druck geratene Trainer nicht, wenn Außenstehende Zweifel an seiner Taktik äußerten. Er rügte einen Reporter, der spekulierte, dass andere Teams möglicherweise die Spielweise seiner Mannschaft »entschlüsselt« und ein Mittel gegen das aggressive Pressing der Borussia gefunden hätten. »Ich bin noch immer nicht auf Krawall gebürstet, auch bei blöden Fragen«, gab er säuerlich zurück, bevor er behauptete, dass die Dortmunder Misere ausschließlich auf eigene Mängel zurückzuführen sei. »Was heißt, unsere Spielweise ist entschlüsselt?«, fragte er. »Dass alle Mannschaften, die wir in den letzten Jahren besiegt haben, den Schlag nicht gehört haben? Dass die gesagt haben: Dortmund gucken wir nicht, da lassen wir uns mal überraschen? Wir werden seit Jahren analysiert, alle gucken sich jede einzelne Szene an.« Tempo lasse sich nicht entschlüsseln. Um Spiele zu gewinnen, müsse Dortmund nur wieder eine stabile Form auf den Platz bringen. Es sei unproduktiv, die Fortschritte der Gegner in der Liga zu loben und zu behaupten, sie hätten seine ursprüngliche Spielidee übernommen und dadurch zu einer stumpfen Waffe gemacht. Erfolg sei immer eine Frage der Besinnung auf die eigenen Stärken. Die richtige Antwort sei schon da. Sie müsse nur richtig umgesetzt werden. »Nicht das Problem ist unser Problem, sondern die Lösung«, beharrte er. Dem Chor der Kritiker gegenüber Ruhe zu bewahren fiel ihm schwer, da er die meisten negativen Äußerungen in der Sache für unberechtigt hielt.

»Jürgen hat sich einfach ungerecht behandelt gefühlt«, sagt Schneck. »Das war das Problem. Er hat sich ungerecht behandelt gefühlt, daher sein Urteil über Journalisten: ›Ach, die haben sowieso keine Ahnung, die müssen nur ihre Zeitungen voll kriegen.‹ Ich erinnere mich an ein verlorenes Auswärtsspiel, ich glaube, es war in Wolfsburg. Da hatte er in der Pressekonferenz mal wieder abgeledert. Hinterher habe ich zu ihm gesagt: ›Junge, das fand ich absolut scheiße. Das war nicht angemessen jetzt, der Ton.‹ Darauf sagt er:

›Ach hör doch auf, du bist doch auch so ein Scheißjournalist gewesen.‹ Dieses Aufbrausende, das gar nicht mehr Diplomatische. Natürlich hat er hinterher gesagt: ›Tut mir leid, dass ich das vorhin gesagt habe.‹ Ich habe ihm das auch nie übelgenommen, weil ich ihn kannte. Aber das hat zunehmend zu diesem angespannten Verhältnis zu den Medien geführt.«

Klopp hatte sich verändert, wie Journalisten von Presse und Fernsehen bemerkten. Leichtigkeit und selbstironischer Humor, die seine mitunter harten Töne entschärft hatten, waren einer unterschwelligen Aggressivität gewichen, der natürlichen Befindlichkeit unter Druck geratener Fußballtrainer auf der ganzen Welt. Gegenüber Freunden und Kollegen jedoch, Menschen, deren Loyalität er sich gewiss war, blieb er die Verlässlichkeit in Person. So hätte er angesichts der Dortmunder Talfahrt problemlos seine Teilnahme an einer Talkrunde über Motivation absagen können, die sein alter Kumpel Sven Müller im Dezember 2014 in Frankfurt organisierte. Aber er hatte sein Wort gegeben und erschien.

Ob es nicht motivierend sei, fragte er das Publikum der Veranstaltung, jemanden, der so schlecht dran sei, dasitzen und lachen zu sehen? Er habe jedenfalls nicht die Absicht, in der Bundesliga das Handtuch zu werfen. »Ich mache etwas ganz oder gar nicht. Und solange der BVB das auch möchte, stehe ich komplett zur Verfügung. Das ist wie in einer Ehe – in guten wie in schlechten Zeiten. Ich habe nie gedacht, dass mir mein Leben lang die Sonne aus dem Arsch scheint.« Aber, so fügte er hinzu, »ich bin heute ein besserer Trainer als 2012, als wir Meister wurden. Das Problem ist nur, dass man es an der Tabelle leider nicht ablesen kann.«

»Immer wenn ich höre«, sagt Quast, »der Klopp hätte sich verändert, der wäre abgehoben und würde in einer anderen Welt leben, dann glaube ich kein einziges Wort davon. Nicht eins.« Wer ihn näher kenne, wisse, dass das Unsinn sei. Quast erinnert sich, wie er Klopp einmal bei der Vorstellung eines neuen Opel-Modells in Rüsselsheim getroffen hatte. Kurz zuvor hatte Quast erfahren, dass seine Mutter einen Hirntumor hatte. (Sie war bei demselben Arzt in Behandlung wie Wolfgang Frank, der an einem bösartigen Tumor gestorben war.) »Bei meiner Mutter war es ein gutartiger Tumor, der aber auch nicht mehr zu stoppen war. Klopp sagt zu mir: ›Wie siehst du denn aus? Was ist denn mit dir los?‹ Und da habe ich ihm die ganze Geschichte erzählt. Und er hat mich einfach nur in den Arm genommen.« Quast hält inne und entschuldigt sich, weil ihm Tränen in die Augen steigen. »Da waren Hunderte von Opel-Mitarbeitern. Die standen da, auf fünf Stockwerke verteilt, und haben alle zu ihm runtergeguckt. Ein Bundesligatrainer. Tausend Kameras, alles voller Menschen, jeder will irgendetwas. Wir haben uns dann ein bisschen separiert. Aber trotzdem habe ich gemerkt, die gucken alle her. Man hat die Kameras klicken gehört. Und er drückt mich einfach nur und sagt kein Wort. Es war nicht notwendig, dass er etwas sagt.«

Rückblickend wurde Dortmund von den Weihnachtsglocken gerettet, die eine sechswöchige Pause einläuteten. »Ich glaube nicht, dass wir jemals das Gefühl hatten, jetzt geht gar nichts mehr«, sagt Subotić, aber es sei gut gewesen, in die Winterpause zu gehen. Klopp bestand darauf, dass die Weihnachtsfeier wie geplant stattfand. Mal sei Arbeit angesagt, mal das Vergnügen, das eine gehe nicht ohne das andere, erklärte er Lünschermann. »Der konnte das alles gut trennen«, sagt der BVB-Teammanager.

Krawietz erinnert sich, dass er nach der Niederlage gegen Bremen im letzten Spiel des Jahres 2014 sehr erleichtert war: »Weil wir alle wussten, schlechter kann es nicht werden. Wir hatten eine sechswöchige Winterpause und damit die

Möglichkeit vor uns, uns kurz zu regenerieren, um dann bestimmte Dinge ohne Wettkampfdruck einzustudieren. Wir hatten mittlerweile sehr genau analysiert, was uns fehlte in unserem Spiel. Ein paar systematische Abläufe, die wir nicht hatten trainieren können. Uns war klar: Mit etwas Regeneration, mit frischer Birne kann diese Mannschaft sofort wieder funktionieren. Das hat sich dann auch bewahrheitet.«

Nicht ganz. Oder jedenfalls nicht sofort. Dortmund erzielte im ersten Spiel im Januar ein 1:1 in Leverkusen, verlor dann aber zu Hause 0:1 gegen zehn Augsburger. Die Mannschaft spielte bei ihrer elften Saisonniederlage so schlecht, dass die treuesten Anhänger, die aus der Gelben Wand, empört die Spieler anbrüllten. Der BVB stand jetzt auf dem 18. Tabellenplatz. Hummels und Weidenfeller bemühten sich nach Kräften, die aufgebrachten Anhänger zu beschwichtigen, und redeten minutenlang mit ihnen durch den Zaun. »Wenn man nach neunzehn Spielen ganz unten steht, und die Fans pfeifen einen aus, wäre es eine Frechheit, wenn ein Spieler wegen dieser Reaktion sauer wäre«, sagte Hummels. Der berühmte Zusammenhalt im Verein begann unter dem Druck der Abstiegsangst zu bröckeln.

»Die schwierigste Phase war der 19. Spieltag«, sagt Watzke. »Da ist mir das erste Mal ein bisschen angst und bange geworden. Du hattest das Gefühl, im falschen Film zu sein.« In der Stadt kamen Gerüchte auf, der Verein habe bei Ottmar Hitzfeld und Lucien Favre angefragt, ob sie als »Feuerwehrmann« einspringen wollten, doch der BVB-Geschäftsführer betont, dass eine Trennung von Klopp nie ein Thema gewesen sei. »Da hat keiner von uns auch nur eine Sekunde darüber nachgedacht.«

Wie von Krawietz prophezeit, kam die Mannschaft zurück. Sie gewann die nächsten fünf Spiele und schoss wie eine verspätete Silvesterrakete in der Tabelle nach oben.

»Das ist Dortmund: Spiel, Spaß, Spannung«, sagte Klopp nach dem 3:0-Sieg im Revier-Derby. Der Spruch war der Werbung für Kinder-Überraschungseier entlehnt und bezog sich auf das dynamische schwarzgelbe Duo Aubameyang und Reus, die als Batman und Robin verkleidet auf dem Platz das erste Tor gefeiert hatten. Plötzlich schien die Qualifikation für die Champions League wieder machbar.

Das offizielle Motto für die Rückrunde lautete »Aufholjagd«. Solche Schlagworte, sagt Subotić, habe Klopp immer wieder verwendet. Das seien keine »leeren Begriffe« gewesen: »Die wurden als Anker festgelegt. Wir haben uns daran orientiert. Wir haben sie mit Leben gefüllt. Das hat er wunderbar gemacht.« Lünschermann, der bis dahin schon Hunderte Mannschaftsansprachen von Klopp gehört hatte, erzählt, der Trainer habe immer wieder »Worte der Motivation gefunden, die unter die Haut gingen. Das war immer wieder erfrischend, ihn zu hören. Auch nach sieben Jahren hatte er das immer toll hingekriegt.« Er habe alles aus der Truppe »herausgekitzelt«.

»Aus so einem Tal rauszukommen und so eine Rückrunde hinzulegen, das ist nicht selbstverständlich«, sagt Sven Bender. »Das geht nur gemeinsam. Der Trainer ist durch das Tal gegangen, die Mannschaft ist durch das Tal gegangen. Der Verein hat groß gehandelt und am Trainer festgehalten, und das, finde ich, ist im heutigen Fußballgeschäft auch ein bisschen schwieriger geworden. Sobald ein Tal kommt, wird der Trainer ja meist entlassen.«

Ungeachtet seiner Gereiztheit außerhalb der Kabine, verstand es Klopp immer noch, die Stimmung mit einem guten Spruch aufzulockern. »Wir hatten diesen Osteopathen, Heiko«, grinst Gündoğan. »Ein netter Kerl, nur etwas tollpatschig. Normalerweise war er nie auf dem Platz oder nur ganz selten, aber einmal ging er mit der Mannschaft raus, und Kloppo stand da schon. Heiko war kurz zuvor beim Friseur gewesen, und Klopp hat ihn angeguckt und meinte nur: ›Schneidet dein Friseur dir die Haare morgen noch zu Ende, oder?‹ Alle Spieler haben sich kaputtgelacht. Das war im letzten Jahr, als die Stimmung eigentlich nicht mehr die beste war.«

Der schlimmste Tiefschlag sollte jedoch noch kommen. Dortmund war mit einer 1:2-Niederlage vom Champions-League-Hinspiel bei Juventus Turin zurückgekehrt. »Ein fast perfektes Ergebnis«, sagte Klopp. Eine riesige Fan-Choreographie vor dem Anstoß des Rückspiels im Signal Iduna Park beschwor den Geist der Vergangenheit – Dortmund hatte 1997 das Champions-League-Finale gegen die »Alte Dame« aus Turin gewonnen – und den Zusammenhalt. Doch als Carlos Tévez schon nach drei Minuten für die Gäste traf, hatte Dortmund nichts entgegenzusetzen und starb einen langsamen, siebenundachtzig Minuten dauernden Tod auf dem Platz. Die Mannschaft brachte so gut wie nichts zustande und ließ zwei weitere Gegentreffer zu. »Gegen Juventus ist der Fußball der Borussia fast unsichtbar geworden«, kommentierte die *Süddeutsche Zeitung* nach dem deprimierenden Ausscheiden. Die Art der Kapitulation ließ keinen Zweifel. Klopps Team war nicht nur aus Europa hinausgeflogen. Es war am Ende.

»Beim BVB werden sie Abschied nehmen müssen von alten Gewohnheiten, von nostalgischer Verklärung – und von Denkverboten«, fuhr das Blatt aus München fort. »Der Trainer wird einen neuen Fußball sichtbar machen müssen.« *Der* Trainer oder *ein* Trainer?

Kurz nach Ostern kamen Watzke, Zorc und Klopp im Büro des Geschäftsführers zusammen. »Wir verspürten so eine Beklemmung«, erzählt Watzke, »und haben im Prinzip alle das Gleiche gefühlt, nämlich dass es besser ist, wenn wir es zu Ende bringen. Aber Michael und ich konnten es nicht aussprechen. Und dann hat Jürgen gesagt: ›Passt mal auf, wir denken ja sowieso alle das Gleiche. Ich sage es jetzt klipp und klar: Ich höre auf.‹ Wir hatten ja schon miteinander darüber gesprochen, dass es irgendwann zu Ende ist. Es gab keine Abnutzung im klassischen Sinne, aber sieben Jahre sind einfach extrem lang. Wir hatten schon vorher so ein Gefühl gehabt. Aber keiner wollte es wirklich wahrhaben. Als wir es dann gemeinsam beschlossen haben, hatten wir trotzdem ein unfassbares Scheißgefühl.«

»Hätte es weitergehen können in Dortmund?«, fragt Krawietz rhetorisch. »Ja. Aber am Ende wurde die Entscheidung getroffen: Nein. Es ist gut, wenn dieser Weg jetzt genau an diesem Punkt endet. Wenn er hätte weitergehen sollen, hätten viele tiefgreifende Entscheidungen rund um diese Mannschaft getroffen werden müssen. Es gibt immer zwei Möglichkeiten, sich weiterzuentwickeln oder neue Reize zu setzen. Entweder der Trainer geht, oder man tauscht die Mannschaft aus. Zumindest entscheidende Stützen davon.« Das BVB-Triumvirat erwog die zweite Möglichkeit, verwarf sie aber als finanziell nicht realisierbar. Zwei Niederlagen in der Liga gegen Bayern und Borussia Mönchengladbach machten eine Qualifikation für die nächste Champions-League-Saison so gut wie unmöglich. Der Verein hatte nicht das Geld, um die Mannschaft entscheidend zu verstärken oder zu erneuern. Nach Krawietz hätte man eine Revolution gebraucht, eine neue Mannschaft mit einer neuen Spielweise: »War es da nicht schlicht und ergreifend am einfachsten, das Gesicht vorne auszutauschen? Das war für alle Seiten die richtige Entscheidung. Für den Verein und auch für uns.«

Die Mannschaft war geschockt. »Auf meinem Handy erschien die Eilmeldung: ›Klopp verlässt BVB‹«, erinnert sich Subotić. »Man konnte sich gar nicht vorstellen, dass da ein anderer hinkommt und seine Position so füllt, wie er sie füllt. Erst mal wollte man sich auch gar nicht mit dem Gedanken auseinandersetzen, der geht jetzt. Denn er hatte den Verein in den letzten Jahren ja ganz oben etabliert, mit seiner Strategie, mit seiner Philosophie. Und jetzt auf einmal soll das vorbei sein. Das war schon krass. Das war für ganz Dortmund ein Schock. Selbst für Leute, die keine Fans waren.« Die Nachricht sei für die Menschen im Verein ein »schwerer Schlag« gewesen, sagt auch Lünschermann, eine »bittere Pille«.

Bei der Ad-hoc-Pressekonferenz am 15. April, bei der Klopps Weggang im Sommer bekanntgegeben wurde, kämpfte Watzke mit den Tränen. »Diese Gespräche waren für uns sehr schwierig, weil wir eine ganz besondere Beziehung zueinander haben, die von Vertrauen und Freundschaft geprägt ist«, sagte er, bevor er Klopp mit den Worten umarmte: »Jürgen, du kannst dir sicher sein, dass dir der ewige Dank aller Borussen zuteilwird.« Klopp erklärte, dass er sich nicht mehr sicher sei, »der perfekte Trainer für diesen außergewöhnlichen Verein zu sein«, und dass er es als seine Pflicht empfunden habe, die Vereinsführung über seine Zweifel zu informieren. »Deshalb muss ein Kopf weg – und das ist diesem Fall meiner«, sagte er. Das hatte alles einen leicht melodramatischen Touch, traf aber den richtigen Ton im fußballverrückten Ruhrgebiet. Ein geschäftsmäßigerer Abgang wäre den starken Gefühlen, die der Rücktritt des Fahnenträgers ausgelöst hatte, nicht gerecht geworden.

Im Januar 2017 ist Watzke immer noch stolz auf »die stilvollste Trennung, die es jemals im Fußball gab. Weil es nicht geheuchelt war, sondern allen Beteiligten sehr, sehr schwergefallen ist.« Eine Fußball-Scheidung erfolge, genau wie eine richtige, selten in beiderseitigem Einvernehmen. Doch bei dieser sei es so gewesen, betont er. »Es hat ja zwischen uns in den sieben Jahren immer unterschiedliche Meinungen gegeben. Wenn du mit jemandem befreundet bist, und du hast immer die gleiche Meinung, dann ist das eine komische Freundschaft. Unsere Stärke war, dass wir oft unterschiedlicher Meinung waren, aber niemals etwas nach außen gedrungen ist. Und wir hatten nie ein persönliches Problem. Es gab keine Verbitterung. Wir sind nie auseinandermarschiert, so dass der eine sauer auf den anderen gewesen wäre oder die Türen geknallt hätte. Oder ›du Arschloch‹ geschrien hätte oder so was. Das hat es nicht gegeben. Wir haben auch im letzten Jahr regelmäßig zusammen Skat gespielt. Ich glaube nicht, dass wir jemals wieder so einen Trainer bekommen werden.« Trotzdem ließ die Negativserie niemanden unbeschadet. »Das war so eine innige Freundschaft«, sagt Dickel, »dass es auch ziemlich weh getan hat, als es auseinandergegangen ist.«

Klopp und Dortmund hätten zusammen so viele schöne Erinnerungen gesammelt, sagt Schneck, dass der Schmerz bald einem Gefühl der Zufriedenheit gewichen sei. »Das ist vielleicht so ähnlich, wie wenn du dich nach einer langen Beziehung trennst und sagst, es kann keine andere Entscheidung geben, trotzdem hast du dieses Gefühl von ›es war doch schön in all den Jahren‹. Und mittlerweile ist das Verhältnis zwischen ihm und dem Verein ja auch wieder charmanter geworden.«

In der Kabine verwandelte sich die Bestürzung in Entschlossenheit, dem Guru einen gebührenden Abschied zu bescheren. »Wir wollten das zuerst gar nicht glauben«, sagt Subotić. »Wir wollten ihm einen guten Abschied bereiten, weil jeder ihn respektiert hat. Es war für uns nur logisch, noch einmal alles rauszuholen. Alle waren ihm von Herzen dankbar für die Jahre, die sie mit ihm verbringen durften.

Vielleicht hat er nicht alle, aber doch fast alle Spieler deutlich besser gemacht. Den Verein besser gemacht. Und das wollten wir ihm zurückzahlen.«

Dortmund holte aus den letzten sechs Ligaspielen dreizehn Punkte und schob sich noch auf den siebten Tabellenplatz, der zur Teilnahme an der Europa League berechtigte. Eine Platzierung zwischen enttäuschend und einigermaßen achtbar, die drohende Katastrophe war jedenfalls ausgeblieben.

Aus Angst, die Stimme könnte ihm versagen, sah Klopp davon ab, beim letzten Heimspiel gegen Werder Bremen den Anhängern live eine Abschiedsrede zu halten. In einer Videobotschaft drückte er seine tiefe Dankbarkeit dafür aus, dass er die Mannschaft sieben Jahre lang führen durfte, und für »einen Sack voll positivster Erinnerungen«. Tränen stiegen ihm in die Augen, als er sich selbst im Stadion sprechen sah. Die bewegende Choreographie der Gelben Wand brachte den tiefen Dank zum Ausdruck, den das Publikum gegenüber seinem scheidenden Helden im Trainingsanzug empfand. »Danke Jürgen« prangte auf einem großen Transparent, und auf einem kleineren darunter: »Wir brauchen viele Jahre, bis wir verstehen, wie kostbar Augenblicke sein können.«

»Ich glaube, dass Jürgen genauso viel Angst vor dem Moment hatte, als endgültig Schluss war, wie die Fans«, sagt Dickel. »Als er da stand, da haben im Stadion 75 000 Leute geheult. Da war ja eine Woche lang kollektive Trauer in ganz Dortmund. Man durfte nicht laut sagen: ›Jürgen Klopp verlässt den Verein.‹ Das wollte keiner wahrhaben.«

Ein Durchmarsch im DFB-Pokal eröffnete eine letzte Chance auf ein märchenhaftes Happy End. Die Borussia brachte Pep Guardiolas Bayern die erste Pokal-Niederlage seit drei Jahren bei und erzwang sich im Elfmeterschießen den Einzug ins Finale in Berlin. »Dieses Halbfinale in München hat ihm und uns noch mal extrem gutgetan«, sagte Gündoğan und greift zu seinem Handy. Auf einem verwackelten Video aus der Allianz-Arena-Kabine sieht man Klopp, eine Bierflasche in der Hand, zu Hip-Hop-Musik die Hüften schwingen. Ein »supercooles Spiel« werde folgen, versprach er.

Doch was ein großes Finale werden sollte, eine rauschende Berliner Nacht, lieferte nur die Bestätigung, dass diese besondere Liebesbeziehung am Ende war, allen Bemühungen einer großen Armee von Unterstützern zum Trotz. Dortmund versäumte es, aus einer frühen 1:0-Führung gegen den VfL Wolfsburg Kapital zu schlagen, und ging mit einer 1:3-Niederlage vom Platz, nur noch ein Schatten der einst so kampfstarken Powertruppe. »Gegen Wolfsburg, also bitte!« Gündoğan schüttelt leicht angewidert den Kopf. »Das war schon fast eine Schande. Als Abschluss hätte ich ihm etwas Besseres gegönnt. Es hat aber nicht sollen sein.«

»Der Abschiedsschmerz kommt, das tut extrem weh«, sagte Klopp nach dem Spiel. »Jedes Mal, wenn ich einen meiner Spieler im Arm habe und weiß, dass ich ihn möglicherweise zum letzten Mal im Arm habe, dann sind sofort die Tränen da. Ich muss Dinge nacheinander verarbeiten. Und das werde ich verarbeiten, wenn ich keine Kamera mehr im Gesicht habe.« Bei der gedämpften Party nach dem Spiel gab er sich tapfer: »Wenn wir heute auch noch Pokalsieger geworden wären, wäre das zu kitschig gewesen, zu sehr *american* irgendwas«, erklärte er auf der Bühne und erntete Jubel und Standing Ovations für einen selbstbewussten Satz über sein Vermächtnis beim BVB: »Es ist nicht wichtig, was über einen gedacht wird, wenn man kommt, es ist extrem wichtig, was über einen gedacht wird, wenn man geht.«

Als alles getan und gesagt war, schaute Klopp ein letztes

Mal bei den Ultras der Borussia vorbei. Ein paar Tage nach seiner Rückkehr aus Berlin saß er vier Stunden lang mit Mitgliedern der Gruppe »The Unity« in einer Kneipe, dankte ihnen für die Unterstützung in all den Jahren und redete über Gott und die Welt. »Es war ein wunderbarer Abend«, sagt Jan-Henrik Gruszecki. »Ich erinnere mich noch lebhaft, wie einer von den, sagen mir mal, stämmigeren Fans ihn fragte: ›Warum lässt du eigentlich immer den Subotić spielen. Der ist doch dünn wie ein Hering.‹ Klopp sah ihn, hob die Augenbrauen und sagte: ›Der ist nicht dünn, der ist austrainiert.‹ Alle lagen lachend am Boden.«

Christian Heidel glaubt, dass der Abschluss des Dortmunder Kapitels Klopp tiefer getroffen hat, als er sich anmerken ließ. Nicht weil es vorbei war – »Ich glaube, dass der Zeitpunkt zu gehen der richtige war. Darüber waren sich alle einig. Du kannst mit dieser Power keine zehn Jahre in Dortmund sein« –, sondern weil der Verein seine Leistung nicht in vollem Umfang anerkannt habe. »Er geht nach Dortmund und wird Meister, zweimal, Pokalsieg, Champions-League-Finale, und sie drücken ihm am Ende vor der Südtribüne einen Blumenstrauß in die Hand. Ich glaube, da hat er gedacht: Wie war das damals in Mainz? Ich glaube, es hat ihn getroffen, dass man es ihn nicht hat spüren lassen, dass eigentlich er den Verein gerettet hat, dass er ihn vom Insolvenzfall zu einem reichen Klub hat mutieren lassen, mit seinen Ideen, mit seiner Art. Allein hätten die das nicht mal im Ansatz hinbekommen. Er hat diesen Verein auf den Kopf gestellt. Das darf man nicht vergessen. Ich glaube nicht, dass er heute noch ein großes, emotionales Verhältnis zu Dortmund hat. Zu den Leuten ja, zu den Menschen ja, zum Zeugwart ja, zu den Zuschauern ja, aber nicht mehr zu diesem Klub. Das glaube ich. Ich weiß noch, wie er mir die Daumen gedrückt hat, als wir mit Schalke gegen Dortmund gespielt haben. Da ging es nicht um Schalke oder Dortmund, er hat einfach mir die Daumen gedrückt.«

Achtzehn Monate nach Klopps Weggang ist jedoch offensichtlich, dass man ihn bei den Schwarzgelben vermisst und seine Taten voll und ganz zu würdigen weiß. »Jürgen war für den Verein mehr als ein Trainer«, sagt Watzke etwas wehmütig. »Er war einer der strahlendsten Botschafter, die ein Verein haben kann.«

Dickel pflichtet dem bei. Ganz davon abgesehen, wie der BVB unter ihm Fußball gespielt habe, habe Klopp enorm dazu beigetragen, das Image des Vereins zu verbessern. »Er hat uns geholfen, weltweit bekannter zu werden. Egal, wo wir hinkommen, hören wir: ›*I remember, you had that crazy manager.*‹ Einfach überall, aber nie mit einem negativen Unterton. Kloppo und der BVB werden immer miteinander verbunden bleiben, egal, wo er arbeitet.«

Der Journalist Freddie Röckenhaus von der *Süddeutschen Zeitung*, dessen berufliches Verhältnis zu Klopp gegen Ende von dessen Amtszeit etwas angespannt war, ist überzeugt, dass die Borussia ihn sofort zurücknehmen würde. »Frag irgendeinen bei Borussia Dortmund, selbst den Platzwart, den Kloppo vielleicht verärgert hat. Alle würden sofort sagen: Jo, morgen. Der ist als Mensch einfach bezaubernd, auf seine Art. Er kann nerven, aber du magst mit dem im Bus sitzen und zu irgendeinem Scheißspiel fahren. Oder nach einer Niederlage hinterher mit ihm zusammensitzen. Und feiern sowieso.

Sie würden ihn alle liebend gern wiederhaben.«

# 16
# Boom!

*Liverpool 2017–2019*

Nicht weit vom Strand genießt Peter Krawietz in aller Ruhe die andalusische Sonne. Auf dem Tisch steht ein Cappuccino, die Bossa-Nova-Version von Rihannas »Work« wabert sachte durch die Palmen. Hinter ihm entspannen sich ein paar Spieler am Pool. Niemand käme auf die Idee, dass das Finale der Champions League in Madrid, die zweite Verabredung des Teams mit dem Schicksal innerhalb von zwölf Monaten, nur noch zehn Tage entfernt ist. Aber genau darum geht's ja.

»Luft und Licht, ein wenig Wärme und Sonne. Das ist wichtig«, sagt Krawietz über den einwöchigen Arbeitsurlaub an der Costa del Sol. »Du willst raus aus dem Alltag, willst nicht immer im Mittelpunkt stehen. Ständig dieses ›Ich brauche Tickets, ich brauche ein Zimmer, ich kriege keinen Flug mehr.‹ Hier hat das Team die Chance, so etwas wie Gemeinschaft zu leben, sich als Gruppe gemeinsam auf etwas ganz Großes vorzubereiten. Letztes Jahr, vor dem Finale in Kiew, haben wir es genauso gemacht. Wir haben zwar nicht gewonnen, aber erkannt, dass wir auf dem richtigen Weg waren. Es hat uns gutgetan – Zeit zusammen verbringen, zusammenleben, auf ein gemeinsames Ziel hinarbeiten. Wir haben gesehen, wie sich die Spieler in den letzten Wochen noch stärker als Gruppe zusammengefunden haben. Die Stimmung ist genau, wie sie sein soll: entspannt, aber im richtigen Moment fokussiert, mit Spielern, die bereit sind, hart zu arbeiten. Darum geht es. Das wollen wir nutzen.«

Den Blick hinaus aufs glitzernde Mittelmeer gerichtet, fällt es ihm leichter, ein Jahr zurückzuschauen, zurück zum finstersten, trostlosesten Ort, an dem er und Klopp je gelandet waren, seit sie den Job übernommen hatten. In Liverpools Umkleidekabine im Olympiastadion von Kiew sah es aus wie »im Lazarett« nach der Finalniederlage gegen Real Madrid, erzählt er. Mohamed Salah, zurück vom Röntgen seiner Schulter in einem nahe gelegenen Krankenhaus, saß da und weinte; für alle anderen war der Schmerz rein psychologischer Natur, aber nicht minder stechend. »Du bist dermaßen enttäuscht, du kannst einfach nur heulen.« Nebenan hörten sie die Siegesgesänge der Gegner. Und noch schlimmer: Auch das Schiedsrichtergespann war lautstark am Feiern. »Wir haben gesehen, wie eine Kiste Bier in die Schiri-Kabine getragen wurde, und sie feierten. Ich kann Ihnen nicht sagen, was sie zu feiern hatten. Aber gefeiert haben sie.« Krawietz behauptet nicht, dass Milorad Mažić und seine Assistenten schuld an der 3:1-Niederlage in der ukrainischen Hauptstadt gewesen wären. Aber die private Feier der Offiziellen nach dem Spiel trug nicht wesentlich dazu bei, die Laune in einem Raum voller Verwundeter zu heben, die nicht begreifen konnten, wieso sich an jenem albtraumhaften Abend alles gegen sie verschworen hatte. Salah war durch ein hinterhältiges Foul von Madrids Kapitän Sergio Ramos verletzt worden (»Das war rücksichtslos und brutal«, sagte Klopp später). Und Ramos hatte offenbar auch Loris Karius mit dem Ellbogen einen mitgegeben, kurz bevor dem Torhüter zwei bizarre Fehler unterliefen, die jeweils zu Gegentoren führten. Karius hatte, wie eine

Untersuchung in Boston letztendlich ergab, bei dem Spiel eine Gehirnerschütterung erlitten.

»Das sind wahnsinnige Momente der Enttäuschung«, sagt Krawietz. »Das ist nicht so ohne. Wichtig ist es dann eben, eine gewisse Ehrlichkeit zu wahren. Aua, das tut jetzt weh. Aber dann gilt es, den Kopf auf den Schultern zu bewahren, trotzdem Stärke zu zeigen, dem Gegner Respekt zollen, die Fehler und das, was schief gelaufen ist, nicht bei anderen suchen. Sondern bei sich selbst. Das ist schwer. Aber das ist eine Situation, in der man Größe zeigen muss, aber eben auch Größe zeigen kann. Es ist unser Beruf, aber es ist Sport. Genau darin liegt eben auch die Lösung. Sport heißt, erfolgreich sein und anschließend musst du einfach weitermachen. Wenn du nicht erfolgreich bist, geht es weiter. Nächste Chance. Das sind prägende Momente. Das finde ich immer ganz wichtig: Schmerz und Enttäuschung zuzulassen. Mit dem klaren Hinweis darauf, das Geleistete, das nicht zum totalen Erfolg geführt hat, nicht in Schutt und Asche zerlegen zu lassen.«

Genau dies sagte Klopp seinen Spielern abermals, wie nach dem verlorenen Finale in der Europa League 2016. Er lobte sie dafür, so weit gekommen zu sein, und er versicherte ihnen, dass das nicht das Ende der Geschichte war. Es gab noch so viel, was diese Truppe zuwege bringen sollte.

Als Mannschaftskapitän Jordan Henderson in Kiew vor die Medien trat, hätte der standhafte Optimismus glatt aus dem Mund seines Trainers kommen können. »Ich denke, wir sind auf dem richtigen Weg«, sagte der Mittelfeldspieler. »Es ist wahnsinnig schwer, sich jetzt hinzustellen und so etwas zu sagen – aber es ist eben die Wahrheit. So empfinde ich das. Wir müssen es einfach hinbekommen. Ich glaube daran, dass wir wieder ins Finale der Champions League einziehen werden. Ich glaube, dass wir in allen Wettbewerben in England vorne dabei sein werden. Ich habe mich im Fußball noch nie so schlimm gefühlt wie hier und jetzt, aber ich glaube an dieses Team, und ich glaube an diesen Trainer.« Die Reaktion Hendersons und der anderen Spieler blieb bei Klopp und seinem Mitarbeiterstab nicht unbemerkt. »Das war der Startschuss für die Entwicklung des Teams, hundertprozentig«, sagte der Trainer. Krawietz: »Sie haben uns sehr, sehr stolz gemacht.«

Trotz der niederschmetternden Art dieser Niederlage war sich Klopp absolut sicher, dass seine Spieler in den zurückliegenden zehn Monaten große Fortschritte gemacht hatten. Immerhin waren sie viel weitergekommen, als es ihnen die meisten vor der Saison 2017/18 zugetraut hatten. Jene Vorsaison war von der überwältigenden Notwendigkeit für Liverpool geprägt gewesen, schon früh in Topform zu kommen, um gegen die TSG Hoffenheim im August die Qualifikation zu überstehen und erstmals seit 2014 wieder die Gruppenphase der Champions League zu erreichen.

Monsunartige Regengüsse während einer Reise nach Hongkong im Juli hatten eine vernünftige Vorbereitung deutlich erschwert. Und es braute sich noch ein weiteres, weniger sichtbares Unwetter zusammen: Liverpool bekam von Barcelona ein sehr lukratives Angebot für Philippe Coutinho. Der Brasilianer war entschlossen, im Transferfenster des Sommers von Anfield nach Camp Nou zu wechseln, aber die Klubbesitzer der FSG, die in der Vergangenheit Stars wie Luis Suárez (nach Barcelona) und Raheem Sterling (an Manchester City) verkauft hatte, wollten seinen Abgang nicht zulassen. »Jürgen, ich und Sportdirektor Michael Edwards waren absolut auf einer Linie«, erinnert sich Mike Gordon. »Nein – er steht nicht zum Verkauf. Wir trafen uns mit Philippe und erklärten ihm, dass wir große Ambitionen hatten und dass er ein wichtiger Teil dieser Ambitionen war und sein Transfer eine große Lücke reißen würde. Wir hatten eine Verpflichtung gegenüber seinen Teamkollegen, gegenüber den Fans und gegenüber jedem Einzelnen im Verein, Titel und Trophäen zu gewinnen. Der Verkauf von Philippe wäre in dieser Hinsicht ein Rückschritt gewesen. Also lautete die Antwort Nein.«

»Für Philippe werden keine Angebote in Betracht gezogen« hieß es in einer offiziellen Mitteilung des Klubs. Klopp und sein Trainerstab waren von der Prinzipienfestigkeit des Besitzers sehr angetan, machten sich aber auch ihre Gedanken über den psychologischen Preis, der dafür zu zahlen war. Die Erfahrung hatte sie gelehrt, dass solch ein »großes Thema in der Kabine«, wie Krawietz es ausdrückt, das Potenzial hatte, sich negativ auf den Team-Spirit auszuwirken.

Es gab aber auch ermutigendere Entwicklungen. Mohamed Salah brauchte nicht lange, um nach seinem Wechsel aus Rom wirklich alle zu begeistern. »Wir wussten, dass er ein guter Spieler ist. Aber als wir ihn das erste Mal im Training erlebten, dachten wir nur: ›Hui, was ist *das* denn?‹« Die Schnelligkeit und Spielintelligenz des Ägypters verlieh dem Angriffsspiel des LFC eine ganz neue Dimension. Das wurde deutlich, als die Engländer Carlo Ancelottis Bayern in einem Testspiel in der Allianz Arena mit 3:0 zerlegten, eine frühe Demonstration der besonderen Effektivität des Teams auf internationaler Ebene.

»Wir haben erkannt, wie unfassbar schnell dieser Kerl war, und überlegten, wie wir es schaffen, seine Stärken effizient auf den Platz zu bringen«, erläutert Krawietz. »Um das Optimum aus seiner Fähigkeit herauszuholen, das Spiel in die Tiefe, durften wir nicht nur auf klassische, eher zufällige Kontersituationen bauen. Wir mussten Situationen systematisch für ihn kreieren, seine Stärken gezielt in unser

System einbauen.« Eine Menge Arbeit beim Trainingslager am Tegernsee floss in das Schaffen von Raum für Salahs Tempoläufe, mit und ohne Ballbesitz, um das Maximum aus den unglaublichen Dribbelkünsten des Angreifers herauszuholen.

Hoffenheim, der Exklub von Roberto Firmino, wurde in der Summe zweier aufregender Spiele mit 6:3 geschlagen. Als Liverpools Platz im Konzert der Großen endlich wieder feststand, erfasste die Merseyside eine große Vorfreude. Der Verein musste sich Ende August bei den Anhängern entschuldigen, weil die Fantrikots in der ganzen Stadt vorübergehend ausverkauft waren.

Angesichts der Anstrengungen, die für das frühe Anheben des Leistungsniveaus unternommen wurden, war ein kleiner Energieeinbruch vielleicht unvermeidlich. Aber die Dinge wandten sich dann doch ziemlich schnell zum Schlechteren. Eine 5:0-Schlappe gegen Manchester City – Sadio Mané hatte nach 37 Minuten die rote Karte gesehen – war der Auftakt zu Klopps schlimmster Negativserie an der Anfield Road. Nach einem müden 0:0 zu Hause gegen Manchester United, wettbewerbsübergreifend das siebte sieglose Spiel in acht Matches, fand sich der Klub auf Platz 8 in der Tabelle wieder, ohne Chance auf den Titel; exakt in der gleichen Situation hatte der Deutsche die Mannschaft übernommen. Da das Spiel mit dem zweijährigen Jubiläum des Deutschen im Amt zusammenfiel, geriet es unweigerlich zur Standortbestimmung. »Wie weit ist Klopp gekommen?«, grübelte stellvertretend für viele Fans und Experten der Guardian und verglich seine zwischen begeisterndem Angriffsspiel und defensiven Fehlleistungen schwankende Elf mit der stets unglücklichen Comicfigur Wile E. Coyote aus den ›Road Runner‹-Zeichentrickfilmen: »Sie hängen im rasenden Stillstand über dem Canyon in der Luft und wissen noch nicht, ob sie weiterlaufen oder abstürzen.« In Radioshows mit Hörerbeteiligung und Fan-Foren forderten einige besonders ungeduldige LFC-Fans sogar Klopps Entlassung. Kritisiert wurde vor allem die Tatsache, dass die Abwehr nicht stabilisiert worden war, nachdem der Klub auf die Verpflichtung eines neuen Torwarts verzichtet hatte und der Versuch gescheitert war, Virgil van Dijk aus Southampton zu holen. »Es ist sehr schwierig, fünf Innenverteidiger zu finden, die uns wirklich verstärken würden«, behauptete Klopp. Manche Zweifler interpretierten diese Aussage als fehlgeleitete Loyalität zu seinem vorhandenen Stammpersonal oder gar als blinde Naivität; andere konnten sich die augenscheinliche Aversion, Geld in die Hand zu nehmen, überhaupt nicht erklären. Eine Reihe von Abwehrfehlern in Heim- und Auswärtsspielen stellte das Urteilsvermögen des Trainers stärker in Frage als je zuvor.

»Es wird immer Leute geben, die denken, der Trainer ist irgendwie blöd«, meint Krawietz. »Wenn das dein Gefühl ist – bitteschön. Aber wir dürfen uns von dergleichen nicht beeinflussen lassen. Wir haben die Entscheidung getroffen, dass wir hinter unseren Spielern stehen. Sie müssen um ihren Platz im Team kämpfen, aber du wirst nicht erleben, dass Jürgen jemals einen Spieler öffentlich runtermacht. Wir glauben auch an die Fähigkeit unserer Spieler, sich bis zu einem bestimmten Punkt positiv zu entwickeln, dank Training und systematischer Arbeit.« Die Entscheidung, auf van Dijk zu warten und in jenem Sommer keinen Torwart zu verpflichten, war sorgfältig überlegt, ergänzt er. »Das hier ist kein Spiel an der Playstation. Wir können uns die Spieler nicht zusammenbauen oder sie mit Punkten kaufen, nur mit richtigem Geld. Es kommt aufs Budget an und auf die verfügbaren Optionen. Wer ist auf dem Markt, und was kostet er? Und dann musst du neue Spieler auch mit der Qualität vergleichen, die bereits im Kader vorhanden ist. Wenn du für 40 Millionen keine substanzielle Verstärkung bekommst, wenn wir nicht sehen, dass die Neuverpflichtung die Mannschaft spürbar verbessert, dann wird Jürgen so einen Spieler niemals holen. Er tätigt keine Investition nur um der Investition willen. Wir hatten beschlossen, dass es van Dijk sein musste oder keiner, und nach meiner Erinnerung gab es keinen Torwart auf dem Markt, der für uns wirklich den Unterschied ausgemacht hätte. Wir würden es heute wieder so machen.«

Ein 7:0-Kantersieg in Maribor in der Champions League brachte die Kritiker vorübergehend zum Schweigen, aber sie standen schnell wieder auf der Matte, nachdem sich Liverpool eine weitere üble Niederlage eingehandelt hatte: bei Tottenham Hotspur hatte es ein 4:1 in Wembley gesetzt.

Georginio Wijnaldum hatte nach einem späten, verletzungsbedingten Ausfall die beschämende Kapitulation von der Tribüne aus verfolgt. »Das war wirklich schwer mitanzusehen. Ich bin jemand, der normalerweise nicht zuschaut, wenn meine Mannschaft spielt, das macht mich nervös. An dem Tag war es wirklich schwer. Als ich in die Kabine kam, waren alle ganz still. Der Trainer war richtig wütend wegen der Art und Weise, wie wir gespielt haben, wie wir die Tore gefangen und das Spiel abgegeben haben. Da war er *richtig* stinkig. Ernsthaft, der kann auch richtig stinkig werden.«

Krawietz: »Auf dem Rückweg von Slowenien hatten wir es nicht geschafft, absolut fit und bereit für Tottenham zu werden – und mental erst recht nicht. Wir hätten nach 20 Minuten 3:0 oder 4:0 hinten liegen können.« Klopp, der einen völlig neben sich stehenden Dejan Lovren nach 31 Minuten ausgewechselt hatte, warf den Spielern hinterher vor, nicht wirklich »spot on« gewesen zu sein. Es mache keinen Sinn, zu einem Spiel anzutreten - geschweige denn zu einem

Spiel gegen einen erstklassigen Gegner -, wenn man nicht zu 100 Prozent fokussiert sei, ermahnte er die Mannschaft mit sehr deutlichen Worten.

Inzwischen waren sie auf Platz 8 abgerutscht und damit Inhaber einer wenig ruhmreichen Bilanz: Liverpool war seit 53 Jahren in der Defensive nicht so schwach in die ersten neun Spiele einer Saison gestartet. Selbst die treuesten Anhänger wurden allmählich unruhig. »Wenn Liverpool immer wieder die gleichen Fehler macht und Woche für Woche die gleichen Leute die gleichen Fehler machen, wann zeigt dann mal ein Finger auf den Trainer, der diese Leute immerhin Woche für Woche aufstellt?«, fragte Andy Heaton von *The Anfield Wrap*. »Liverpool hatte den ganzen Sommer Zeit, um die Defizite in der Abwehr und auf der Torwartposition abzustellen, es zeugt von Fahrlässigkeit, diese Problemzonen zu ignorieren.«

Fragte man sich auch bei FSG inzwischen, ob Klopp tatsächlich der richtige Mann sei, um für nachhaltige Fortschritte zu sorgen? Mike Gordon klingt fast beleidigt, als er auf eventuelle Bedenken angesprochen wird. »Ob ich je das Gefühl hatte, es könnte mit Jürgen schiefgehen? Niemals. Keine Sekunde. Ganz ehrlich. Das ist nicht nur so dahingesagt: Seit ich mit ihm das erste Mal gesprochen habe, hatte ich nie die leisesten Zweifel daran, dass er der perfekte Trainer und der perfekte Mensch auf diesem Posten ist.« Im Bemühen, ihre Unterstützung öffentlich zu demonstrieren, waren die Manager von FSG sogar bereit, Klopps bis 2022 datierten Vertrag vorzeitig zu verlängern. Der Trainer war dankbar für diese Geste, meinte aber, diese PR-Aktion würde es nicht brauchen. Er war sich auch so gewiss, dass die Eigentümer hinter ihm standen. »Das ist schon immer unser großes Glück gewesen. Das große Glück von Jürgen. Er hatte bei Mainz und in Dortmund Verantwortliche hinter sich, die ihm vertrauten, und in Liverpool ist es jetzt wieder so«, sagt Krawietz. »Warum vertrauen sie ihm? Weil erkannt wird, dass etwas passiert. Es wird ergebnisunabhängig und systematisch daran gearbeitet, mit allem, was zur Verfügung steht. Das erzeugt eine gewisse Geduld und eine gewisse Zuversicht. So kann man schwierige Situationen meistern.« Entwicklung ist nur dann möglich, wenn sie auch möglich gemacht wird. Wenn Zeit eingeräumt wird und Vertrauen investiert wird, um Schwierigkeiten zu überwinden.«

In den Tagen nach dem Debakel bei den Spurs legte Klopp in einer Reihe von sehr deutlichen Ansprachen in Teamsitzungen größten Wert darauf, dass der »Weckruf« wirklich bei der Mannschaft ankommt. Sein Team durfte nie wieder so auf den Platz gehen, als wären sie noch im Halbschlaf. Krawietz: »In jeder Saison und in jedem Team gibt es Schlüsselmomente. Das war mit Sicherheit einer.« Er und sein Trainerstab hatten bemerkt, dass der LFC bei dieser 4:1-Niederlage schon in der zweiten Halbzeit viel besser gespielt hatte – »das weiß wahrscheinlich keiner mehr« –, aber das durfte nur der Anfang eines viel tiefer greifenden Wandels sein, der sich da vollzog. »Man kann Sitzungen abhalten und auf die Leute zugehen, ihnen sagen, wie Situationen taktisch anders zu lösen sind. Dann sind die Spieler gefragt. Sie müssen im selben Moment für sich feststellen, was nicht richtig war und bereit sein, diese Hinweise für sich zu nutzen und dann wirklich etwas zu verändern. Die große Qualität dieses Teams über die Jahre liegt darin, dass sie genau das taten und tun.« Eine weitgehend unveränderte Abwehrreihe riss sich zügig zusammen, war wachsam und startete eine schwindelerregende Serie von 14 Premier-League-Spielen ohne Niederlage, nach denen man wieder zu den ersten vier Plätzen aufgeschlossen hatte.

Das Problem mit Coutinho harrte allerdings noch immer

einer Lösung. Gordon, Klopp und Edwards hatten versucht, den Spieler davon zu überzeugen, dass sein Wechsel nach Katalonien weder für ihn noch für den Verein gut war. »Bisweilen sah es so aus, als ob er schwanken würde«, sagt Gordon. »Aber letztendlich konnten wir ihn nicht mehr umstimmen.« Als Barcelona zur Weihnachtszeit ein neues, verbessertes Angebot auf den Tisch legte, stand Liverpool vor einer komplizierten Entscheidung.

Klopp neigte dazu, den Spielmacher gehen zu lassen, er sah, dass Coutinho nicht glücklich war und sein Engagement unter dem Missmut litt. »Du musst auch an die soziale Dynamik der Situation denken. Du willst ja keinen zwingen, an diesem Ort sein zu müssen«, erklärt Krawietz. Der Trainer ging davon aus, dass es wenig bringen würde, den zunehmend unzufriedenen Mittelfeldspieler gegen seinen Willen weitere sechs Monate zu halten. Das wäre weder für seine Leistungen noch für die Stimmung in der Mannschaft und im Verein gut gewesen. Du kannst nicht mit halbem Herzen Fußball spielen, schon gar nicht Klopp-Fußball. Im besten Fall würde Coutinhos anhaltendes Fernweh nur ihn selbst beeinträchtigen, aber die Gefahr einer zersetzenden Wirkung war groß. Die Frage war nur: Konnte es sich Liverpool leisten, ohne ihn weiterzumachen? »Das war wirklich kompliziert. Phil hatte unfassbar viel Verantwortung im Ballbesitz«, sagt Krawietz. »In Situationen, die wir kontrollierten, war er der Mann mit den entscheidenden Ideen. Er hat uns die Freistöße reingeschossen und so weiter. Uns allen war bewusst, wie schwer es sein würde, ihn zu ersetzen. So einen Weltklassespieler willst du nicht gerne verlieren.«

Ein langer, prüfender Blick auf den Kader offenbarte dann aber, dass man den Verlust kompensieren konnte. »Wir waren mittlerweile gut genug, um trotz des Fehlens seiner speziellen Fähigkeiten eben doch sehr stabil und fußballerisch trotzdem sehr erfolgreich sein konnten«, so Krawietz. Gordon, Klopp und Edwards waren sich einig, das Maximale aus Barca herauszuholen, die Spanier waren am Ende bereit, eine Transfersumme von fast 142 Millionen Pfund für ihn auf den Tisch zu legen – inklusive Sonderzahlungen. Das Geld würde in die Aufrüstung der Abwehr fließen – Virgil van Dijk hatte endlich für die Innenverteidiger-Rekordsumme von 75 Millionen Pfund unterschrieben, und Torwart Alisson Becker (AS Rom) würde im Sommer für 65 Millionen dazustoßen – ein neuer Coutinho stand allerdings nicht auf dem Einkaufszettel. Sadio Mané sollte die Lücke auf der linken Seite füllen, abgesichert durch einen dritten zentralen Mittelfeldspieler. Wie sich schon bald zeigte, stand Liverpool nach diesen personellen Veränderungen und taktischen Umstellungen sogar noch besser da als vor Coutinhos Abgang. Das Team war hinten gefestigter und vorne sogar noch explosiver, es war nun in der Lage, den Spielaufbau über die Außenverteidiger zu betreiben oder die gegnerischen Reihen im Umschaltspiel hinter sich zu lassen, ohne selbst größere Lücken anzubieten.

»All das geht auf das Konto von Jürgen«, sagt Gordon. »Als der Verkauf von Philippe über die Bühne ging, zeigte seine Einstellung, in welch vielfältiger Weise er für diesen Fußballverein ein einzigartiger und außergewöhnlicher Trainer ist. Erstens: Er hat das Team umgeformt. Wir hatten kaum Defizite im Offensivspiel, in mancherlei Hinsicht wurden wir sogar noch besser, obwohl wir einen der besten Angreifer der Welt abgegeben hatten. Zweitens: Er trug die Entscheidung des Klubs mit, er fand sich nicht nur damit ab, er stand voll dahinter, er machte sie auch zu seiner Entscheidung. Hätte er, wie viele Trainer es gemacht hätten, Zweifel angemeldet, Enttäuschung oder versteckte Kritik geäußert, dann hätten wir nicht die Saison erlebt, die wir dann erlebt haben.«

Klopp drängte nicht auf einen sofortigen Ersatz. Er akzeptierte die Einschätzung der Scouting-Abteilung, dass aktuell niemand auf dem Markt war, der für das Geld, das Liverpool zur Verfügung hatte, den großen Unterschied ausmachen konnte. Für van Dijk hatte man ja schon tief in die Tasche gegriffen. Den Verantwortlichen war gleichzeitig klar, dass es wegen dieser möglicherweise als Inaktivität verstandenen Politik auch Kritik von außen geben würde – »die Leute glauben, das Glück liegt auf dem Transfermarkt«, sagt Krawietz. Klopp jedoch nahm die Chance wahr, seinen Lieblingstrick auszuspielen. Wiederum nahm er eine offensichtlich negative Entwicklung – Coutinhos Abgang – und drehte die Sache in seiner Darstellung so zurecht, dass sich seine Mannschaft danach irgendwie besser fühlte als vorher. Er sagte ihnen ganz trocken, es wäre alles in Ordnung, kein großes Ding, wir machen weiter, spielen unser Spiel, spielen gut und gewinnen. Ende der Geschichte. »Wir sagten uns: ›Das war eine Entscheidung: Aua, tut weh. Aber lass uns das Beste daraus machen und mehr Vertrauen und Verantwortung auf die Schultern der Spieler legen, die hier sind‹«, erzählt Krawietz. »Wir konnten uns gut vorstellen, dass sie positiv reagieren würden.«

Und das taten sie. In der Champions League machte Liverpool mit Porto kurzen Prozess – damals waren zum ersten Mal die »Allez, Allez, Allez«-Gesänge zu hören, die zum Soundtrack der tollen Reise durch das Festland werden sollten. Anschließend schoss die Mannschaft den kommenden Meister Manchester City mit atemberaubender Durchschlagskraft in der Offensive aus der Champions League. Ganz Europa horchte auf. Ein nicht minder atemberaubendes 5:2 über AS Rom in Anfield öffnete die Tür zur ersten Finalteilnahme in der Champions League seit 2007 sperrangelweit. Doch plötzlich machte die Nachricht eines weiteren Abgangs die Runde: Klopps langjähriger Co-Trainer Zeljko Buvač hatte den Klub drei Tage vor der Reise zum Rückspiel in Italiens Hauptstadt »aus persönlichen Gründen« verlassen, wie der Verein auffallend knapp mitteilte.

Das abrupte Ende der siebzehnjährigen Partnerschaft auf der Trainerbank zog jede Menge wilde Spekulationen über die mutmaßlich »wahren« Gründe dieses plötzlichen Zerwürfnisses nach sich. Die LFC-Insider waren jedoch nicht überrascht. Sie hatten bemerkt, dass der notorisch wortkarge Bosnier in den letzten Monaten von Einsilbigkeit auf Nullsilbigkeit umgeschaltet hatte. Buvač machte den Eindruck, als ob er mit dem zunehmenden Einfluss des vierten Assistenzcoachs Pepijn Lijnders nicht glücklich gewesen wäre. Der lockere, aufgeweckte Holländer war bei den Spielern sehr beliebt gewesen; Klopp hatte sichtlich verstärkt auf ihn gehört, bevor er im Januar 2018 der Klub verlassen hatte und als Cheftrainer zu Nijmegen in die Eredivisie gewechselt war. Lijnders Rückkehr in die Heimat konnte allerdings Buvačs trübe Stimmung auch nicht mehr aufhellen. Das Verhältnis zwischen Buvač und Klopp hatte sich überlebt, beiden konnten einfach nicht mehr gemeinsam arbeiten. Lijnders war sehr schnell bereit, zur kommenden Saison nach Liverpool zurückzukehren, als Klopp ein paar Wochen nach Buvačs Abgang bei ihm anrief.

In der ersten Partie ohne seinen alten Weggefährten überstand der LFC derweil einige haarige Momente und eine 4:2-Niederlage in Rom, nach der man den Einzug ins Finale zusammen mit den Fans feiern durfte. Der gesamte Kader lief zum Liverpool-Block im Stadio Olimpico und hielt ein Banner für Sean Cox hoch. Der Fan war vor dem Hinspiel in Anfield eine Woche zuvor von einem Italiener übel zusammengeschlagen worden und hatte lebensgefährliche Verletzungen erlitten.

Real Madrid, der Europacupsieger der beiden Vorjahre, galt als Favorit in Kiew. »Wir können gar nicht erst versuchen, auf ihrem Niveau dagegenzuhalten«, räumte Klopp ein und nahm damit ein Thema aus Dortmunder Tagen wieder auf, »aber Taktik ist dazu da, einen besseren Gegner auf dein eigenes Niveau herunterzuziehen. Und wenn sie dann auf deinem Level sind, versuchst du, sie zu besiegen. Das ist schwer, aber einen Versuch ist es wert.« Er spürte, dass sein Team vielleicht nervös sein könnte, dass es seine Aufgabe war, ihnen zu helfen, die Sache »mit kühlem Kopf und kühlem Herzen« anzugehen. Als Rezept gegen Herzrasen und Gedankenschwere verschrieb der Mann, der als Schüler gerne Arzt geworden wäre, eine hohe Dosis Perspektive. Es gab nichts, worüber man sich sorgen müsste – diese Botschaft wurde den Spielern beim Trainingslager in Marbella geradezu eingehämmert. Wir haben nichts zu verlieren, wir können nur gewinnen. Der Liverpool-Boss erinnerte seine Männer auch an den Pakt, den er kurz nach Antritt seines Jobs im Oktober 2015 mit ihnen geschlossen hatte. »Wenn ihr gewinnt, ist es euer Sieg, wenn ihr verliert, ist es meine Niederlage«, hatte er ihnen versichert, als es darum ging, unausgesprochene Bedenken gegenüber seinem neuen, sehr anspruchsvollen Spielstil auszuräumen.

Im Fußball, einem Mannschaftssport, der oft kein »Ich« kennt, wenn es darum geht, Fehler einzugestehen, ist ein Trainer, der schon vorab die Schuld auf sich nimmt, nach wie vor eine Rarität. Klopp schirmt seine Leute dabei aber nicht aus reiner Herzensgüte vor den potenziellen negativen Folgen ab. Er glaubt einfach daran, es sei die pragmatische Herangehensweise. Man muss Druck von den Spielern nehmen, ihn nicht verstärken. Es bringt nichts, zur Furcht vor der Niederlage auf dem Platz auch noch die Furcht vor Tadel und Zurechtweisung hinzuzufügen. Besser, man fokussiert sich auf die eigenen Stärken. »Wir haben es bis hierher geschafft, weil wir Fußball mit großen Eiern in der Hose gezeigt haben«, sagte Klopp wenige Minuten vor dem Anstoß in einem Interview mit BT Sport. »Es wäre sinnlos, heute Abend anders zu spielen.«

Der Trainer bemühte auch seinen Humor, um die Anspannung abzubauen, wie Wijnaldum erzählt. »Vor Beginn der Mannschaftssitzung in Kiew hob er sein Top hoch, und wir sahen, dass er Boxershorts der Marke Cristiano Ronaldo trug. Bei der ganzen Sitzung hatte er sein Hemd in diese »CR7«-Boxershorts gestopft. Die ganze Umkleidekabine lag am Boden vor Lachen. Das hat wirklich das Eis gebrochen. Normalerweise ist in solchen Situationen jeder ernst und konzentriert. Aber er war völlig entspannt und machte sich diesen Spaß. Solche Dinger hat er schon hundert Mal gebracht. Wenn du siehst, dass dein Trainer so selbstbewusst und relaxed ist, dann hat das eine Wirkung auf die Spieler. Er ist in solchen Situationen die Vaterfigur für die Spieler. Mit seinen Witzen und seiner Körpersprache nimmt er ihnen die Last.«

Cristiano Ronaldo schaute in dem Finale zunächst tatsächlich recht dumm aus seiner Wäsche, während Liverpool »in den ersten 20 bis 30 Minuten sehr gut im Spiel war«, wie sich Krawietz erinnert. »Wir konnten tatsächlich viel von dem umsetzen, was wir vorbereitet hatten. Aber nach Salahs Verletzung gab es einen Bruch in unserem Spiel.« Liverpool, schon im Vorfeld durch Verletzungen dezimiert, hatte keinen adäquaten Ersatz für den Ägypter. Der eingewechselte Adam Lallana hatte die ganze Saison über kaum gespielt. Sie hatten die Fähigkeit verloren, Madrids Spielaufbau zu stören, und damit auch den Mut, aggressiv zu verteidigen, möglichst weit vor dem eigenen Tor. Liverpools Verlust an Überzeugung führte dazu, dass sie nun ungewollt tiefer standen. Klopps energische Versuche, sie wieder weiter nach vorne zu treiben, verhallten wirkungslos. Liverpool schaffte es nur mit Mühe in die Halbzeitpause. »Klopp sagte uns, es bringt nichts, sich über die Sache mit Mo aufzuregen«, erzählt Wijnaldum von der niedergeschlagenen Stimmung während der Halbzeit. »Wir können es nicht ändern. Wir müssen das abhaken, und dann gehen wir raus und spielen wieder unser Spiel. Um das Ding für ihn zu gewinnen.«

Aber das war erst der Anfang des Unglücks für die Reds an diesem Abend. Ein Hattrick völlig surrealer Tore – zwei unfassbare Aussetzer von Karius und ein absolut überirdischer Fallrückzieher von Gareth Bale – sorgten dafür, dass »Sweet Dreams« von den Eurythmics niemals herzzerreißender klang als im Stadion nach dem Schlusspfiff, als der untröstliche, in Tränen aufgelöste Keeper über den Platz lief und die Fans mit erhobener Hand um Vergebung bat wie ein mittelalterlicher Ketzer auf dem Weg zum Scheiterhaufen. Brauchten Klopp und die Mannschaftskameraden vielleicht ein wenig zu lange, bis sie ihn mit Worten und Umarmungen trösteten? Krawietz schüttelt den Kopf. »Man muss jedem Einzelnen einen Moment für sich selbst zugestehen, wenn die Sache so abläuft, wie sie abgelaufen ist. Wenn ich einem anderen helfen möchte, muss ich als Helfer auch selbst dafür bereit sein. Darum geht es – nicht um eine maskenhafte Geste für die Öffentlichkeit. So sind wir nicht. Ich kann mich an meine eigene Reaktion auch nicht erinnern. In dem Moment waren wir alle meilenweit weg. Wir konnten einfach nicht glauben, was uns da alles widerfahren war, es gab keine Erklärung. Die fanden wir erst später heraus…«

Liverpool flog noch in der gleichen Nacht zurück auf die Insel. Keiner konnte Schlaf finden. Familie, Freunde und das eine oder andere Getränk halfen, die Leere zu füllen. Bis zum Sonnenaufgang hatte sich die Stimmung des Trainers in seiner Küche in Formby schon wieder in trotzigen Optimismus verwandelt. Klopp, seine Frau Ulla, Krawietz, TV-Moderator Johannes B. Kerner und Campino, der Frontmann der Toten Hosen, drehten ein Selfie-Video, auf dem sie gemeinsam sangen, Klopp hielt dazu ein Foto des verletzten Alex Oxlade-Chamberlain in die Kamera: *Wir haben den Henkelpott gesehen, er war so wunder-, wunderschön, er musste leider nach Madrid, wir holen ihn nächstes Jahr zurück.*

Wie nach den beiden in tragischer Weise verpassten Aufstiegen mit Mainz und den sechs verlorenen Endspielen in Folge schaltete Klopp auch jetzt wieder zügig in den »Weitermachen«-Modus um. »Wir müssen akzeptieren, dass manchmal der andere besser ist, dass manchmal jemand mehr Glück hat als wir. Ich habe das schon vor langer Zeit akzeptiert«, sagte er. Seine Haltung zu Sergio Ramos und dessen zynischer »Der Gewinner hat immer Recht«-Einstellung war da schon weniger konziliant. »Ramos hat nach dem Spiel eine Menge Dinge gesagt, die mir nicht gefielen«, sagte Klopp während der Saisonvorbereitung auf der USA-Tour. »Menschlich gesehen fand ich seine Reaktionen falsch. Bei ihm hieß es: ›Was soll's, was wollen die denn? Ist doch völlig normal‹. Nein, das ist nicht normal. Wenn du dir diese Situationen von Ramos anschaust, dann siehst du, dass da einiges zusammengekommen ist ... Das ist so, als ob das Publikum, der Rest der Welt, eben akzeptieren würde, dass du absolut jede Waffe einsetzt, um das Spiel zu gewinnen. Die Leute erwarten wahrscheinlich, dass ich genauso drauf bin. Das bin ich aber nicht.«

Ja, gewinnen sei »alles im Sport«, räumte er ein paar Monate später in einem Interview mit Roger Bennett von *Men in Blazers* ein. Aber anders als Bill Shankly hat Klopp noch nie daran geglaubt, dass Sport das Wichtigste auf der Welt sei. Das kann er gar nicht sein. »Wenn am Ende über dein Leben geurteilt würde, und du würdest vor dieser Tür stehen, und jemand würde dich fragen ›Hast du etwas gewonnen oder nicht?‹ – Das wäre doch echt seltsam. Aber: ›Hast du alles versucht, um den Ort zu verbessern, an dem du warst, das Haus, in dem du gelebt hast, die Stimmung, die Liebe?‹ ›Ja, das habe ich versucht, jeden Tag.‹ ›Dann komm rein.‹ Und die ganzen anderen Typen, die gewonnen haben und dabei alle Regeln missachteten, alle Gesetze – ich glaube, die müssen eine andere Tür nehmen. Ich habe nicht so wahnsinnig viel erreicht in meinem Leben. Aber wenn wir gewonnen haben, dann fühlte es sich unglaublich an – weil wir es auf anständige Art und Weise gewonnen haben. Du musst Geduld haben. Du musst härter arbeiten als andere. Du musst es über lange Zeit immer wieder versuchen. Dann hast du eine Chance.«

Ein Fußballer hat da eine engere Perspektive; seine Zeit, sein Potenzial voll auszuschöpfen, ist viel kürzer. Die Sorge, dass manche der besten Spieler des Teams nach der Enttäuschung von Kiew vielleicht über einen Wechsel nachdenken könnten, war jedoch rasch beseitigt, erzählt Krawietz. »Es ist lächerlich einfach, das Leben zu genießen und zu sagen ›Ach, was für ein tolles Team‹, wenn du gewinnst und den Erfolg auskostest. Erfolg ist immer die beste Teambuilding-Maßnahme. Aber der Moment, in dem du mit so einer schweren Niederlage konfrontiert bist, das ist die wahre Herausforderung, die wahre Prüfung. Und die haben wir bestanden. Wir haben gesehen, dass das Team bereit war, einen neuen Anlauf zu nehmen. Das hat uns auf dem Weg in die neue Saison sehr geholfen.«

Vom ersten Spiel an, einem 4:0-Sieg über West Ham, spielte Liverpool mit einer neuen Gelassenheit und Klarheit, die sich zur ohnehin vorhandenen Schärfe des Spiels gesellte. Alisson Beckers beeindruckende Präsenz im Tor wurde sofort spürbar, und van Dijk, der später von seinen Profikollegen zum Fußballer des Jahres gekürt wurde, beging in der gesamten Saison praktisch keinen einzigen Fehler. »Er hat natürliche Qualitäten auf einem unfassbaren Level, was Innenverteidiger angeht«, so Krawietz über den Niederländer. »Seine Statur in Verbindung mit den technischen Fähigkeiten am Ball, Spielverständnis und Tempo – das ist eine Kombination, die man nur ganz selten findet. Und dann auch sein Charakter: Er ist ein Gewinnertyp, ein echter Führungsspieler. Er macht seine Nebenleute zu besseren Spielern. Er organisiert, baut auf, gibt Ruhe und Sicherheit. An seiner Seite können andere Spieler wachsen. Das hatten wir uns erhofft, und diese Hoffnungen wurden erfüllt.«

Die Neuverpflichtungen Fabinho, Xherdan Shaqiri und – mit Abstrichen – Naby Keïta brachten mehr Optionen ins Mittelfeld. Damit stieg das allgemeine Energieniveau, was wiederum die Fähigkeit des Teams erhöhte, wirklich in jedem Spiel bis zum absolut letzten Moment dranzubleiben. »Wir sind in der Lage, über 95 Minuten zu gehen, ohne unsere taktische Linie zu verlieren«, sagt Krawietz. »Deshalb spielen wir mit mehr Ruhe und Zuversicht.« Liverpool blieb in der gesamten Hinrunde der Premier League Saison ohne Niederlage und führte die Tabelle zu Weihnachten mit vier Punkten Vorsprung vor Manchester City an.

Klopp musste nicht mehr so viel an der Seitenlinie herumspringen oder unsichtbare Handgranaten auf den Platz schleudern. Es knallte auch so. Viele Matches verbrachte er für seine Verhältnisse nahezu regungslos. Er lugte, fast stoisch und etwas finster dreinblickend, unter seiner Baseballkappe hervor und schaute sich das Spiel in der Gewissheit an, dass seine Mannschaft schon einen Weg finden würde, um die drei Punkte zu holen. Seine Gelassenheit war gleichermaßen Ergebnis und Ursache der Wandlung vom Klub zu einer »Siegesmaschine« (Klopp), sagt Krawietz. »Wir wissen, dass wir jederzeit zuschlagen können, dass es am Ende zielführend und erfolgreich sein wird. Man muss diese Erkenntnis auch ausstrahlen.«

Diese Ruhe nach außen hin täuschte jedoch über Klopps unvermindert hohen Anspruch auf totales Engagement seiner Spieler hinweg. »Innerlich ist er genau derselbe wie zuvor«, sagt Wijnaldum. »Er ist immer ehrlich und achtet darauf, dass wir nicht abheben. Er sorgt dafür, dass wir mit den Füßen auf dem Boden bleiben. Zu Beginn der Saison, als wir unsere Spiele gewannen, war er manchmal verärgert und wütend, weil wir nicht hundertprozentig konzentriert waren. Dann hörte sich das ungefähr so an: ›Macht alles, was ihr macht, konsequent. Arbeitet sauber, gebt 100 Prozent. Damit sind wir bis hierher gekommen. Nicht nachlassen – sonst kann es schnell in die andere Richtung gehen.‹ Das ist Jürgen. Es tat uns gut, das zu erleben. Er veränderte sich nicht nach den guten Ergebnissen, die wir holten. Als Spieler bist du manchmal so voller Selbstvertrauen, dass du dir sagst: ›Wir schaffen das schon irgendwie‹. Er sagt immer: ›Du kannst als Trainer nicht beeinflussen, was auf dem Platz passiert, aber du kannst die Mannschaft optimal vorbereiten.‹ Wenn wir nur ein bisschen weniger machen und denken, das läuft auch mit 95 Prozent Einsatz oder so, dann ist er da, um uns eine mitzugeben. ›100 Prozent – sonst stehst du am Ende mit leeren Händen da. Wir müssen es so machen, denn nur so sind wir dahin gekommen, wo wir stehen. Und genau so muss es weitergehen.‹ Das ist einer der Gründe, warum wir dieses Jahr eine so gute Saison spielen und so viele Punkte gesammelt haben. Jeder bleibt fokussiert, auch im Training.«

Wijnaldum räumt ein, dass Klopps »Alles oder Nichts«-Attitüde für die Spieler sehr nervenzehrend sein kann. »Manchmal ist das sehr viel verlangt. Du hängst dich im Spiel rein, und manchmal läuft es nicht so gut. Dann siehst du ihn an der Seitenlinie, wie er dich anschreit. Geht es nach ihm, darfst du dich nicht einen einzigen Moment ausruhen oder zeigen, dass du müde bist. Er will, dass du aufstehst und (dem Gegner) signalisierst, dass du eben nicht müde bist. Das ist sehr anstrengend. Aber er will dir immer helfen, dass du als Spieler weiterkommst.«

Der Holländer bekam persönlich einen großen Teil von Klopps Ärger nach der 2:0-Niederlage bei Roter Stern Belgrad in der Gruppenphase der Champions League ab. »Ich hatte wirklich ein schlechtes Spiel gemacht. Er sagt oft, wenn ich in einem Spiel schwach beginne, kriege ich im weiteren Verlauf nicht mehr die Kurve. Und er sagte vor versammelter Mannschaft: ›Ich konnte es vorher in deinen Augen und an deiner Körpersprache sehen – das wird heute so ein Spiel werden.‹ Und ich dachte nur: Oh Mann, das kann ich im Moment wirklich nicht gebrauchen. Aber am Ende, wenn du die Sache analysierst, hatte er einfach Recht. Er hat das nicht gesagt, um mich fertigzumachen, sondern um mir zu helfen. Manchmal ist es schwer für mich, damit klarzukommen, wenn er heftig reagiert oder schreit. Aber wenn du mich fragst, ob es mir lieber wäre, wenn er sich ändert, dann sage ich: absolut nicht. Er ist der Typ Trainer, der über irgendwelche Dinge im Spiel sauer ist, oder der während des Spiels Emotionen zeigt – aber in der Halbzeit redet er wieder ruhig mit dir und gibt dir Selbstvertrauen. ›Du kannst das besser. Du musst einfach dies machen, du musst jenes machen …‹ Er ist so ziemlich der erste Trainer in meiner Karriere, der nicht sauer wird, wenn man Dinge versucht, die man gut kann. Er wird niemals wütend, wenn du versuchst, dein Talent und deine Qualität auf den Platz zu bringen. Selbst wenn es schiefgeht. Seit ich bei Liverpool bin, hilft er mir wirklich eine Menge. Nicht nur im Fußball, sondern auch als Mensch, wie er das Denken über bestimmte Dinge vermittelt. Deshalb genieße ich jeden Tag, den ich mit ihm arbeite. Ich kann an einem Tag wirklich stinksauer auf ihn sein, aber am nächsten Tag ist der Ärger verflogen, und wir haben uns wieder lieb. Gerade wenn ich Probleme habe, hat der Trainer immer ein offenes Ohr für mich. Ich kann ihm ein paar Tage vorher eine Nachricht schicken und fragen, ob er ein bisschen Zeit für mich hat. Er will dann immer wissen, was los ist. ›Ist es was Schlimmes, was Gutes, worum geht's?‹ Er versucht immer, mitzufühlen, was der andere gerade durchmacht. Für mich ist er wirklich ein ganz besonderer Mensch. Viel mehr als ein Trainer – ein wirklich guter Freund.«

Auch Wijnaldums Großmutter Francina, die ihn großzog und in der Kindheit auf dem 45-minütigen Fußweg zum Training bei seinem Heimatverein Sparta Rotterdam begleitete, ist ganz verliebt in ihn. »Wenn ich sie in Holland besuche, redet sie immer von ihm. ›Er ist wirklich glücklich nach den Spielen, und ich sehe, wie er die Spieler umarmt, um ihnen seine Anerkennung und Wertschätzung zu bezeugen.‹ Ich fragte sie: ›Willst du ihn auch mal umarmen?‹ Einmal war sie dann in Anfield dabei, und ich fragte den Trainer, ob meine Oma ihn treffen kann. Und er hat sie in die Arme genommen. ›Ich will nicht nach Hause‹, meinte sie danach. Sie redet auch jetzt noch ständig davon.«

Wijnaldum kam zu Beginn von Klopps erster kompletter Saison von Newcastle United nach Liverpool, im Sommer 2016. Wie bei allen potenziellen Neuzugängen traf sich der Trainer mit ihm für ein langes persönliches Gespräch in seinem Haus in Formby, bevor er der Verpflichtung zustimmte. Das Ungewöhnliche daran war, dass Wijnaldum zuvor sozusagen selbst bei Klopp angeklopft hatte, beim Auswärtsspiel von Liverpool an der Tyneside sechs Monate zuvor. »In der ersten Halbzeit, als er auf den Platz ging, tippte ich ihm von hinten auf die Schulter, stand aber auf der anderen Seite. Er schaute natürlich in die falsche Richtung. Das war unser erster Kontakt.« Der gute alte Schülerstreich kam gut an. Wijnaldum wurde für 25 Millionen Pfund verpflichtet.

Vier Tage nach Silvester verlor Liverpool sein erstes Ligaspiel in der Saison – 2:1 bei Manchester City. Die Merseysider hatten Pech, nach einem pulsierenden Gefecht als Verlierer vom Platz zu gehen, aber tief in ihnen drinnen war ihnen klar, dass sie eine große Chance verpasst hatten. Mit einem Sieg hätten sie sich zehn Punkte von City abgesetzt; jetzt war die Führung auf vier Punkte zusammengeschmolzen.

Nachdem sie 29 Jahre lang vergeblich auf den Titel gewartet hatten, waren einige Fans schnell mit der Befürchtung bei der Hand, die Geschichte würde sich wiederholen. »Aber Zurückschauen bringt nichts«, beharrte Trainer Klopp, den der Verdacht, seiner Truppe fehle die psychologische Robustheit, um im Titelrennen zu bestehen, sehr ärgerte. »Ich habe so viel Vertrauen in meine Spieler, das könnt ihr euch überhaupt nicht vorstellen. Hätte mir jemand gesagt, dass wir nach den zwei Spielen gegen Manchester City vier Punkte Vorsprung haben, hätte ich einen Haufen Geld dafür bezahlt. Es stimmt, dass wir schon lange nicht mehr Meister waren, der Klub nicht und wir als Team auch nicht. So ist das eben. Morgen früh wachen wir auf, es fühlt sich immer noch bescheiden an, und dann haben wir die Chance, daran zu arbeiten und uns auf das nächste Spiel vorzubereiten. Und genau das werden wir auch tun, hundertprozentig. Das ist alles.«

Aber in den folgenden Wochen entglitt ihnen das Momentum wie ein flüchtiger Traum. Nach einem drögen 0:0

bei Everton, dem viertem Remis der Reds in sechs Ligaspielen Anfang März, zog City in der Tabelle an Liverpool vorbei. Man gewann danach zwar alle verbleibenden Spiele und holte 97 Punkte, das Rekordergebnis für den Verein, die drittbeste Ligabilanz aller Zeiten; aber City gab leider ebenfalls keinen einzigen Punkt mehr ab und wurde Meister mit 98 Punkten. »Ich war am Boden, wenn ich ehrlich sein soll«, erzählt Wijnaldum. »Wir hatten eine Riesenchance auf den Meistertitel, und es hat nicht geklappt. Klopp hielt eine Ansprache nach dem letzten Spiel (gegen Wolverhampton). Er sagte, er wäre unfassbar stolz, und dass auch wir stolz auf das sein sollten, was wir in dieser Saison geleistet hatten.« Der Deutsche ließ jeden einzelnen Spieler für sich selbst entscheiden, ob er zum Saisonabschlusstreffen am gleichen Abend kommen wollte oder nicht. Alle kamen. »Geht schlafen und bereitet euch auf das nächste Spiel vor«, riet ihnen Klopp am Ende des Abends. Denn es gab noch eine Chance, etwas Großes zu gewinnen. Für Niedergeschlagenheit war keine Zeit.

Nach dem Gefühl des Trainerteams hätte die Mannschaft nicht mehr tun können, um die lange Durststrecke in der Meisterschaft zu beenden. »Wir sind nicht gescheitert«, sagt Krawietz, mittlerweile bei seinem zweiten Cappuccino. »Wir sind nicht gescheitert. Es hat sich schlicht und ergreifend herausgestellt, dass eine Mannschaft einen Punkt mehr gesammelt hat. Wir hatten uns am Ende aber gar nichts vorzuwerfen. Es war nie ein Moment der Niederlage oder des Scheiterns da. Im Gegenteil. Wir haben viele enge Spiele am Ende noch mit großer Mentalität für uns entschieden. Von daher war es kein Scheitern. Wir sind zweiter Sieger geworden. Aber Sieger, nicht Verlierer. Das ist für uns und für mich ein großer Unterschied in der Betrachtungsweise.« Die Tatsache, dass Liverpool auf wundersame Weise zum zweiten Mal nacheinander ins Finale der Champions League eingezogen war, hatte zweifellos auch mit dieser positiven Sicht der Dinge zu tun.

Kaum einer hatte ihnen eine realistische Chance gegeben, die 3:0-Niederlage beim Halbfinalhinspiel in Barcelona, der großen Messi-Gala, noch umzubiegen. Zu Klopps Verwunderung meldeten sich einige Bekannte und meinten, sie brauchen für das Rückspiel in Liverpool nun doch keine Tickets mehr. Ihnen war urplötzlich eingefallen, dass an dem Abend die Schwiegermutter Geburtstag feierte oder irgendein wichtiges Geschäftsessen im Terminplan stand, das sie unmöglich absagen konnten. (Die Anfragen der selben Leute nach Tickets fürs Finale wurden später selbstredend abgewiesen.)

Das bemerkenswert positive Fazit des Trainers nach dem Spiel (»für mich war es unser bestes Auswärtsspiel in der Champions League«) hatte ihm jede Menge Spott eingetragen. Aber er meinte das wirklich so, und genau das hatte er auch seinen Spielern unmittelbar nach dem Schlusspfiff gesagt. »Das war wirklich ein ganz besonderer Moment, fast noch mehr als das Rückspiel in Anfield«, erinnert sich Wijnaldum, und seine Augen beginnen zu leuchten. »Er hat gesagt, er war stolz, weil wir so viele Torchancen herausgespielt hatten und einfach Pech hatten. Er blieb so zuversichtlich. Er versuchte, uns das Selbstvertrauen zu vermitteln, dass wir das Heimspiel gewinnen konnten.«

Das Resultat war schlecht, und es hätte noch schlimmer kommen können, wenn Barca am Ende konsequenter gewesen wäre, wie Krawietz zugibt. »Aber die Art und Weise, wie wir da gespielt haben, gab uns eine Menge Zuversicht. Wir haben das Spiel dort dominiert. Barcelona musste ein vollkommen anderes Spiel spielen, als sie eigentlich wollten. Deshalb war das Ding eben nicht durch. Ich kann nicht behaupten, wir wären felsenfest überzeugt gewesen, dass es funktioniert. Aber wir wussten, wenn wir genauso spielen wie beim Hinspiel, genauso viele oder noch mehr Torchancen kreieren, kombiniert mit besserer Chancenverwertung, dann könnten wir uns unter Umständen einen verdammt lustigen Abend bescheren.« Klopp erzählte seinen Jungs, wie er es 2014 mit Dortmund fast geschafft hatte, eine 3:0-Niederlage gegen Real Madrid noch umzubiegen; der BVB gewann damals 2:0 im Signal Iduna Park, hätte aber noch viel mehr Tore machen können. Es tat auch nichts zur Sache, dass zwei von Liverpools wichtigsten Angreifern, Roberto Firmino und Mohamed Salah, fehlten, ergänzte er. Sie hatten so oder so nichts mehr zu verlieren. »Wenn wir es schaffen, wunderbar. Und wenn nicht, lasst uns auf die schönstmögliche Weise scheitern.«

Aber Liverpools Spiel hat nichts Schönes an einem beißend kalten, stockfinsteren Abend, der über Barcelona kommt wie ein Nebel aus purer Angst. Ein urzeitlicher Schlachtruf – ein Hunger nach Zerstörung, ein regelrechter Blutdurst – tost durchs Stadion und reißt Schneisen in den gepflegten Rasen. Nach sieben Minuten liegt Barcelona 1:0 hinten und fällt weiter, immer weiter. Es versinkt tiefer und tiefer in einer auf den Kopf gestellten Welt, die kein Mensch versteht.

Endlich kommen sie dazu, Luft zu holen, und es fällt ihnen ein, dass sie ja auch selbst einen Verrückten in ihren Reihen haben, einen Magier, der Gegner und Schwierigkeiten einfach wegzaubern kann. Messi fängt an, seine Zauberkräfte spielen zu lassen. Aber er sieht sich einer Armee gegenüber, die von den Toten auferstanden ist, und das Einzige, was diese Ungeheuer aufhalten kann, ist die Wunderwaffe des Auswärtstores. Messi, Coutinho (ja, genau der) und Jordi Alba schießen – und verfehlen das Ziel.

Jordan Henderson hat einen üblen Schlag aufs Knie bekommen. Die medizinische Abteilung des LFC setzt ihn in der Halbzeitpause auf einen Ergometer. Er muss sich bewegen, damit das Gelenk nicht dick wird und blockiert. Als Henderson vom Hometrainer springt, um zur zweiten Hälfte aufzulaufen, geht ein jüngerer Spieler an ihm vorbei, schaut ihn von oben bis unten an und meint, es wäre vielleicht besser, sich auswechseln zu lassen. Der Kapitän schüttelt den Kopf. »Es sind bloß Schmerzen«, sagt er. »In dem Moment wusste ich, dass wir es schaffen können«, erzählt Klopp später.

Trent Alexander-Arnold nimmt Jordi Alba im Mittelfeld den Ball ab. Im Lauf der Jahre haben die Trainerteams ihren Mannschaften zahllose Clips vorgespielt, wie der Schmetterlingseffekt im Fußball funktioniert – durch ein einziges Tackling, den richtigen Laufweg, den richtigen Pass kann eine komplette Partie kippen –, um ihre Leute auf die Bedeutung des Augenblicks einzustimmen, darauf, dass jede Kleinigkeit zählt. Das ist eine solche Situation, eine Sekunde des Mutes, die ein Erdbeben auslöst. Barcelona wird auf dem falschen Fuß erwischt, sie schaffen es nicht, sich rechtzeitig zu sortieren, während die flache Hereingabe des 20-Jährigen durch den Strafraum zischt. Wijnaldum, der für den verletzten Andy Robertson eingewechselt wurde, haut den Ball an Marc-André ter Stegen vorbei ins Tor. Zwei Minuten später steigt der Niederländer hoch und wuchtet einen Kopfball ins Netz. Es steht 3:0. Das Ziel ist ganz nah.

»Viele glauben, Klopp spielt an der Seitenlinie Theater, wenn sie ihn dort herumlaufen sehen«, sagt Wijnaldum. »Aber genau so ist er. Er ist wirklich glücklich, wenn diese kleinen Dinge klappen. Die Grätschen. Oder wenn ein Spieler hingeht, aushilft, einen Schuss abblockt. Er sorgt dafür, dass du das auch mitbekommst. Das sind die Momente, die ich am meisten genieße.«

Geht noch mehr? Heute ja. Trent Alexander-Arnold, ein Liverpooler Junge und LFC-Fan, der seinen Traum lebt, sieht, wie die Abwehr von Barca zu lange braucht, um sich für den Eckball aufzustellen. Eigentlich ist er von der Eckfahne schon wieder weggegangen, um einen Teamkollegen die Ecke treten zu lassen, doch er erkennt die Chance und spielt den Ball blitzschnell zu Origi, der den Ball direkt im Netz versenkt. Es dauert ein paar Momente, bis alle begriffen haben, was passiert ist. Liverpool, ganz Liverpool, hat es geschafft. Das ist Anfield. Hier taumelt der Gegner ungläubig vom Platz, während sich die Jungs in Rot Arm in Arm vor den Treuesten der Treuen versammeln und mit ihnen zusammen die Hymne von der Hoffnung anstimmen, die niemals stirbt, laut und mit Tränen in den Augen.

»Wenn ich diesen Klub beschreiben müsste, würde ich sagen: Er ist ein großes Herz«, sagte Klopp. »Heute Abend schlug es wie verrückt. Das hast du wahrscheinlich überall auf der Welt gehört und vielleicht auch gespürt. Ich bin so froh, dass wir den Leuten dieses Erlebnis geben konnten, und ich bin sehr glücklich, eine weitere Chance bekommen zu haben, die Sache zu unseren Gunsten zu regeln.«

Aber dafür galt es, ein weiteres Spiel zu gewinnen, den ersten Pokal. Klopp wusste, dass das Gesprächsthema schon bald nicht mehr das Wunder des größten Comebacks sein würde, das es je in einem Champions-League-Halbfinale gegeben hatte – »das beste Spiel, das ich jemals gesehen habe, ein Spiel für die Ewigkeit,« wie er sagte. Die Leute würden wieder von seiner schmachvollen Serie von Finalniederlagen reden. Aber sein alter Kumpel Martin Quast sah bei einem Treffen im Stadionbüro des Trainers nach dem Spiel, dass Klopp »glücklicher als je zuvor in Liverpool« wirkte. Trophäe hin oder her, seine Mission war eigentlich schon erledigt. Liverpool – das Team, der Klub, die Fans, alle waren wieder eine Einheit –, ein gefürchtetes Gesamtkunstwerk, das gleichwertige und vielleicht sogar stärkere Gegner in ihre Einzelteile zerlegte, wenn das rote Feuer im Stadion brannte. Der Mythos war wieder zur Wirklichkeit geworden. So etwas passiert nur hier, in der Heimat der »fucking mentality giants« [Originalton Klopp nach dem Spiel bei einem TV-Interview – nach einem Blick auf die Uhr, »vielleicht hören ja nicht mehr so viele Kinder zu …«]. »Wir wissen, dass dieser Klub eine Mischung ist aus Atmosphäre, Emotion, Verlangen und fußballerischer Qualität«, ergänzte er bei der Pressekonferenz. »Nimm eines dieser Elemente weg, und es funktioniert nicht mehr – das ist uns klar.«

Also ging es wieder ab nach Marbella, ein bisschen Sonne, ein bisschen Freizeit, und jede Menge detaillierte Planung. Benficas B-Mannschaft wurde heimlich eingeflogen, um das Pressing-Verhalten des Finalgegners, Tottenham Hotspur, zu simulieren. Derweil stand ein Mitarbeiter des Security-Stabs auf einer Plattform, das Fernglas vor dem Gesicht, und achtete darauf, dass keiner bei der Vorbereitung des Teams aus der Ferne mit dem Fernglas spionierte – ein fleischgewordener *Spion & Spion* Comic-Strip aus dem *Mad*-Magazin.

Furcht vor einer Niederlage in Madrid war schwerer auszumachen als einer der Kellner am Swimmingpool. Krawietz: »Keiner von uns ist richtig doof. Wir kennen unsere Geschichte. Irgendwo habe ich den Begriff ›Finalphobie‹ gelesen. Hätten wir eine echte Phobie vor Finalspielen, dann würden wir ja alles tun, um die Situation zu vermeiden. Jahr für Jahr gelingt uns das, obwohl wir es gar nicht wollen oder es besser wäre, wir würden es vermeiden? Totaler Humbug. Das alles überragende Motiv war jedes Mal und wird jedes Mal aufs Neue sein: Die riesige Lust darauf, am Ende erfolgreich zu sein. Die Lust darauf, das zu schaffen, worauf man ein Jahr lang Tag für Tag hingearbeitet hat ... Dieses Verlangen ist stärker als alles andere. Stärker als jede Erinnerung, jede Angst, dass es aus irgendeinem Grund wieder nicht funktionieren könnte. Ganz egal, was von außen kommt, was über uns oder über Jürgen gesagt wird. Das Verlangen ist stärker. Das ist die Voraussetzung, ein Gewinner zu sein.«

Am Finalabend witzelte Klopp, er könnte eigentlich ein Buch über das Gewinnen von Halbfinals schreiben – »aber das würde vermutlich kein Mensch kaufen.« Das tiefe Vertrauen des 51-Jährigen basierte nicht auf dem Trugschluss des Glücksspielers, die Kugel müsse nach sechs Mal Schwarz diesmal ganz sicher auf Rot landen. Nach seinem Dafürhalten hatten sich die Chancen vielmehr deutlich zu seinen Gunsten verschoben. Die Aussicht, diesmal wirklich der Glücklichere zu sein – oder eben das zu schaffen, was seine Jungs verdient hatten –, war niemals größer, weil er »nie ein besseres Team in ein Finale gebracht« hatte. Seine Liverpooler konnten in Bestbesetzung antreten, verströmten grenzenloses Selbstbewusstsein und waren taktisch absolut auf der Höhe.

Und trotzdem hatte er Sorge. Weniger um sich selbst, mehr um die Leute aus seinem engsten Kreis. »Ich bin mit mir im Reinen«, vertraute er einem guten Freund in den Tagen vor der sportlichen Unsterblichkeit an. »Aber ich mache mir Gedanken wegen meiner Frau. Wenn wir wieder verlieren, muss sie wieder von all den Dingen lesen, die ich nicht kann, dass ich ein Verlierer bin oder ein Fluch auf mir lastet ... Damit würde sie nicht klarkommen.« Ulla und die Söhne hatten nach der Niederlage in Kiew geweint. »Sie waren deshalb so traurig und enttäuscht, weil sie geglaubt haben, dass ich es wäre. Natürlich war ich traurig und enttäuscht, aber für mich war es nicht das Ende von irgendetwas. Es ist nur ein weiterer Schritt. So ist das Leben eben.« Dennoch hatte er Angst vor einem weiteren Tag der gebrochenen Herzen in der Familie, ebenso wie vor dem medialen Reflex, ihn oder seine Art des Coachings für das Scheitern an der letzten Hürde verantwortlich zu machen.

»Wo Klopp ist, ist das dramatische Moment nicht weit«, schrieb Christoph Biermann angesichts der Angewohnheit des Trainers, epische Geschichten zu produzieren. Ironischerweise stellte sich sein größter Triumph aber nur mit minimaler Aufregung ein. Liverpool gewann seinen sechsten Europapokal im Wanda Metropolitano auf die gleiche Weise, wie sie die meisten Spiele in der zurückliegenden Saison gewonnen hatten: kontrolliert, pragmatisch, souverän. Natürlich hatte es enorm geholfen, nach zwei Minuten in Führung zu gehen (Mohamed Salah, Elfmeter). Die Tatsache, dass beide Teams an jenem Abend weit von ihrer Bestleistung entfernt waren, kam ebenfalls den Roten entgegen. Tottenham hätte ein wenig über seine Verhältnisse spielen müssen, um das reifere und solide verteidigende Team von Liverpool ernsthaft in Schwierigkeiten zu bringen. Divock Origis 2:0 drei Minuten vor Schluss beseitigte die allerletzten Zweifel.

Klopp wirkte fast ein wenig verloren inmitten all des Jubels, überwältigt vom Ausbruch der Freude in den eigenen Reihen. Er und Henderson vergossen ein paar Tränen, bevor sie ihn hochleben ließen, er das Angebot des Kapitäns ablehnte, den Pott zusammen mit ihm in die Höhe zu stemmen, den Sieg seiner Ulla widmete und dann »Let's talk about six, baby« zur Melodie des Salt-N-Pepa-Songs über körperliche Liebe anstimmte. Der Frage nach seiner persönlichen Genugtuung wich er aus. »Jordan Henderson, Kapitän des Siegerteams der Champions League 2019 – das ist Genugtuung« antwortete er mit einem Lächeln.

Inmitten all der Jubelgesänge und Tanzeinlagen im Stadion, und später im Eurostars-Teamhotel, fiel auf, wie sehr sich jeder für jeden freute – der Trainer für seine Spieler, die Spieler für ihn, und alle zusammen für die Fans. Klopps Betonung des kollektiven Auftrags seiner Elf hatte sich verinnerlicht. In der Stunde des Triumphes kam einem Liverpool nicht wie ein Ensemble extrem hoch bezahlter Athleten vor, eher wie eine Gesellschaft auf Gegenseitigkeit, in der sich jeder Einzelne zum Nutzen der Allgemeinheit ins Zeug legt.

»Es fühlte sich so gut an, zu sehen, was das für unsere Anhänger bedeutet hat«, sagt Mike Gordon, der eine Woche danach noch hörbar auf Wolken schwebte. »Von all den wunderbaren Dingen, die in Betracht kommen, wenn man die Möglichkeit eines Gewinns dieses Pokals ins Auge fasst, stand eine Sache ganz oben auf der Liste: Das ist die Belohnung für die Leute im Klub, mit denen ich zusammenarbeite. Sie haben ihre Zukunft und ihre Karrieren aufs Spiel gesetzt, als sie in einer Zeit zu uns kamen, in der wir ganz woanders standen. Zu sehen, dass sich ihre Entscheidung als richtig herausgestellt hat, bedeutet mir unglaublich viel.«

Van Dijk, einer der Giganten des Abends, betonte ebenfalls den Erfolg Liverpools als Kollektiv. »Ein solches Gefühl der Zusammengehörigkeit habe ich noch nie erlebt. Das kommt vom Trainer. Er sagt uns immer: Ihr spielt nicht bloß für euch selber, ihr spielt für die, die immer hier sind, für eure Teamkollegen, für die Fans, für die Leute in Melwood und im Stadion, die Tag für Tag alles tun, damit ihr euer Bestes geben könnt. Das bewegt uns wirklich sehr. Wir tun alles, um sie stolz zu machen.«

Nur für den Fall, dass es immer noch Menschen im Metropolitano gab, die nicht gemerkt hatten, wie und warum Liverpool so weit gekommen war, fasste Henderson, der letzte Mann in der Mixed Zone, das Ganze noch ein letztes Mal zusammen. Die Rückkehr und der Aufstieg des Klubs aus dem Niemandsland der Tabelle an die absolute Spitze des europäischen Fußballs »wäre nicht möglich gewesen ohne den Trainer und die unglaubliche Atmosphäre, die er hier geschaffen hat«, sagte er. »Wir lieben ihn alle sehr, das konnte man heute sehen.«

Es wird niemanden überraschen, dass Gordon und seine Kollegen bei FSG alles dafür tun wollen, diese glückliche Beziehung weiter am Laufen zu halten. »Sie wissen ja, was ich von Jürgen halte«, meinte er. »Ich habe es Ihnen schon erzählt, aber ich sage es hier gerne noch einmal: Die unglaubliche öffentliche Wahrnehmung des Trainers Jürgen Klopp wird von dem Menschen Jürgen Klopp noch weit übertroffen. Ich fände es großartig, noch sehr lange mit ihm zusammenarbeiten zu dürfen. Und ich bin sicher, dass jeder in Liverpool dasselbe sagen würde.«

# 17

# Ein Titel für die Ewigkeit

*Liverpool 2019–2020*

Vor der neuen Saison entschied Jürgen Klopp, man würde den Champions-League-Pokal kein weiteres Mal an der Anfield Road in einer öffentlichen Parade präsentieren. Es war nicht die Zeit, um in die Vergangenheit zu blicken; wozu die Süße eines zurückliegenden Triumphs ein weiteres Mal auskosten? »Besser, wir haben Hunger auf mehr« – dieses Credo impfte der Trainer seinem Team beim Trainingslager vor der Saison im französischen Evian ein.

Und diese Botschaft war gar nicht schwer zu vermitteln. Die Chance, in den kommenden Wochen zwei ganz spezielle Trophäen in die Höhe zu stemmen – den UEFA Super Cup und die FIFA-Klub-Weltmeisterschaft –, versprach weitere Höhepunkte. Und dann war da natürlich noch die winzige Kleinigkeit, dreißig zutiefst leidvolle Jahre hinter sich zu lassen, nachdem ein nahezu perfektes Manchester City unter Pep Guardiola Liverpools erster Ligameisterschaft seit 1990 noch im Weg gestanden hatte.

Die Größe dieser vielfältigen Herausforderungen verlangte nach einer Verstärkung des Kaders – meinten jedenfalls viele Experten und Fans. Zur allgemeinen Verwunderung sahen Klopp und seine Leute die Sache anders. Liverpool holte zwei Teenager, den 16-jährigen Harvey Elliott (aus Fulham) und Sepp van den Berg (17, von PEC Zwolle), aber die erste Mannschaft blieb unverändert. Kein Geld in Transfers zu investieren, nachdem man zwei Jahre nacheinander satte Gewinne eingefahren hatte (106 Millionen Pfund in der Saison 2017/18, 42 Millionen 2018/19), das war Klopps Art, seiner Truppe zu sagen, dass sie nicht bloß gut genug waren, sondern sogar ständig besser wurden. Nach seiner Einschätzung war die Mannschaft vollkommen im Reinen mit sich selbst und mit ihrer Mission; perfekt aufgestellt, um alles zu gewinnen.

»Wir waren zu hundert Prozent überzeugt«, erzählt Peter Krawietz am Telefon in seinem Haus in den ländlichen Außenbezirken im Norden der Stadt. »Und es war eine totale Überzeugung. Klar wissen wir, dass es keine Garantien gibt. Aber wir waren überzeugt, dass die Kaderzusammenstellung für die Konstellation der letzten Saison optimal war. Gleichzeitig gab es keinen Anlass, da Grundlegendes zu ändern. Wenn man nicht absolut davon überzeugt ist, dass ein neuer, anderer Spieler dich voranbringt, sollte man die Finger davon lassen. Da tut man der Mannschaft und dem neuen Spieler keinen Gefallen. Diese Einstellung hat sich nicht geändert. Wir wussten, dass wir sehr, sehr, sehr gut aufgestellt sind. Wir haben sehr gut gespielt, waren auch erfolgreich. Dennoch haben wir Potenzial gesehen, uns in dieser Gruppe weiterzuentwickeln. Das ist jeweils die Basis, aufgrund der man Entscheidungen trifft, ob man den Kader verstärkt oder nicht. Andere Aspekte sind finanzielle Dinge und so weiter. Die sportliche Entscheidung, nichts zu ändern, basierte aber auf diesen Erkenntnissen.«

So mancher Beobachter mutmaßte, dass ein zusätzlicher Stürmer oder ein Spielmacher Liverpool vielleicht jene zwei zusätzlichen Punkte hätte einbringen können, die am Ende gefehlt hatten, um Manchester City zu überflügeln. Klopp und Krawietz wollten davon nichts wissen. Die Lösung lag wie immer darin, die Dinge nicht um der bloßen Veränderung willen anders zu machen, sondern sie schlicht so gut wie möglich zu tun.

Mike Gordon hatte das ähnlich wahrgenommen. In seinem zehnten Jahr als Führungskraft bei Liverpool kannte er die jeden Sommer neu aufkommenden Rufe der Öffentlichkeit nach Verstärkungen nur zu gut. Wie er betont, zählte für ihn jedoch allein, wie das Trainerteam und Sportdirektor Michael Edwards die Lage beurteilten. »Wir hatten Vertrauen, und wir glaubten an uns. Jürgen hatte absolut dieses Vertrauen, Michael hatte es ebenso, und ich hatte es auch – weil sie es hatten. Als Gruppe konzentrieren wir uns intensiv auf uns selbst, darauf, alles zu geben, was wir haben, mit den Werten des Vereins und unseren eigenen menschlichen Werten im Einklang zu sein. Alle diese Dinge hängen miteinander zusammen. Es wäre komisch gewesen, auf eine Saison in der Premier League zurückzublicken, in der du 97 Punkte geholt hast, um dann zu sagen: ›Du lieber Himmel, so kann es aber nicht weitergehen, da müssen wir etwas tun‹«, lacht er. »Die Tatsache, dass wir am Ende Zweiter wurden, sagt genauso viel über die Qualität von Manchester City aus wie über uns. Wenn wir es fertigbringen würden, die nächsten zwanzig Jahre jede Saison 97 Punkte einzufahren, hätten wir vermutlich nichts dagegen.«

Liverpool hatte statistisch gesehen tatsächlich eine absolut meisterliche Saison gespielt. Mit einem ähnlichen Resultat lagen die Chancen auf einen Titelerfolg sehr hoch. Es gab keinen Grund, aktionistisch Geld zu investieren, um ein von Außenstehenden empfundenes Problem zu beheben, das in Wirklichkeit gar nicht existierte. »Da sind wir wieder bei Vertrauen und Glauben. Manchmal sind die Dinge, die du wirklich unter Kontrolle hast, absolut so, wie du sie haben willst, so wie du geplant und gehofft hast. Aber manchmal können äußere Einflüsse trotz allem zu einem anderen als dem erwarteten oder jedenfalls ersehnten Ergebnis führen. Und genau so dachten wir im Rückblick über die Saison 2018/19 in der Premier League. Es war buchstäblich eine Millimeterentscheidung gewesen. Es war schwer, auf diese 97 Punkte und diese berühmten 11 Millimeter zu schauen, und daraus den Schluss zu ziehen, dass unbedingt etwas geändert werden musste ... oder dass wir überhaupt irgendwelche Verstärkungen auf dem Transfermarkt brauchten, um besser zu werden.«

Der Gedanke, Liverpool könnte aus sich selbst heraus den nächsten Schritt tun, bildete die Kernaussage einer Präsentation des deutschen Weltklasse-Surfers Sebastian Steudtner vor dem Team in Evian. »Wenn du dir Videos von ihm auf YouTube ansiehst, bist du bereits derart beeindruckt, du denkst bloß ›Wow, er ist die ganze Zeit über in einer lebensgefährlichen Situation, und er stürzt sich da rein‹«, erzählte Klopp der BBC. »Er surft auf der höchsten Welle, die er je gesehen hat, und dann hält er schon wieder Ausschau nach einer noch höheren, und auf die wartet er das ganze Jahr, vielleicht zwei Jahre oder sogar drei. Er wartet auf genau diese Welle, und auf der will er reiten.« Es war gar nicht nötig, den Vergleich zwischen Steudtners Jagd nach dem nächsten Nervenkitzel und der Aufgabe auszusprechen, vor der seine Männer standen, fügte er hinzu.

Steudtner brachte den Spielern auch mentale Techniken bei, wie man unter Wasser den Atem länger anhalten konnte. Klopp: »Er erläuterte, wie man sein Denken zur Ruhe bringt, wie man sich an einen anderen, vielleicht glücklicheren Ort denkt, um das, was man gerade tut, länger tun zu können.« Spieler, die anfangs nach 40 oder 50 Sekunden wieder aufgetaucht waren, konnten nach Steudtners Anleitung bis zu drei Minuten unter Wasser bleiben und belegten damit Klopps Ansage, dass sie »viel mehr leisten könnten, als sie sich jemals hätten vorstellen können«. Die Übung sollte auch die psychologische Widerstandsfähigkeit seines Teams stärken. Klopp war nicht entgangen, dass sich in der einzigen kleinen Schwächephase der zurückliegenden Saison ein wenig Nervosität in Liverpools Spiel eingeschlichen hatte. Im Januar / Februar 2019 hatte Liverpool eine Negativserie mit einer Niederlage und zwei Unentschieden hingelegt. Dieser winzige Aussetzer hatte letztendlich gereicht, um Manchester City den Vortritt lassen zu müssen.

City besiegte Liverpool hauchdünn im Elfmeterschießen beim Community Shield, der traditionellen Saisoneröffnung zwischen Meister und FA-Cupsieger im Wembley-Stadion. Aber die Holztafel, auf der die Trophäenausbeute der Reds auf dem Trainingsgelände in Melwood verewigt ist, bedurfte schon bald neuer Eintragungen. Liverpool gewann den Super Cup gegen Chelsea, den Gewinner der Europa League, in einer rein englischen Angelegenheit in Istanbul, ebenfalls nach Elfmeterschießen.

Klopp war sich vorher nicht ganz sicher gewesen, wie er die Bedeutung dieser Trophäe einschätzen sollte (»Ich habe Hendo und Milly gefragt, wie sehen die Jungs das?«), aber es tat zweifellos gut, den Cup vor einem größtenteils aus LFC-Anhängern bestehenden Publikum in die Höhe zu recken. »Es ist eine große Sache. Ich wusste vorher nicht, wie wunderbar sich das anfühlen würde, aber jetzt weiß ich es, und es ist großartig«, meinte der Trainer. »Es ist wirklich schön, und dabei geht es nicht um mich. Das meine ich ganz im Ernst. Es geht um die Leute, um unsere Fans. Aus vier Chancen in den letzten drei Monaten haben wir zwei Titel geholt. Das kann sich sehen lassen.«

Weniger schön war, dass schon drei Tage danach das schwierige Auswärtsspiel in Southampton anstand. Unter dem österreichischen Trainer Ralph Hasenhüttl, den manche englischen Medien als »Alpen-Klopp« titulierten, spielte die Truppe ein unerbittliches Pressing. Spezielle Maßnahmen wie von der amerikanischen Raumfahrtbehörde NASA entwickelte Eiswickel sowie einige Extraportionen Kohlenhydrate nach dem Rezept der fest beim Verein angestellten Ernährungsexpertin Mona Nemmer brachten das Team wieder in die richtige physische Verfassung für diesen harten Kampf. Aber vielleicht war noch wichtiger, dass Klopp von seinem Team verlangte, die richtige Einstellung an den Tag zu legen. »Jeder wartet darauf, dass wir uns dort einen Ausrutscher leisten, die Schlagzeilen sind schon längst geschrieben«, sagte er. »Mir wäre aber eine andere Schlagzeile lieber: ›Die Mentalitätsmonster sind wieder da.‹« Es gab keinen Ausrutscher. Liverpool erzielte zwei Tore nach Einwürfen, inzwischen fast schon eine Art Spezialität des Hauses. In der Vorsaison hatte Klopp einen speziellen Einwurfcoach angeheuert, Thomas Grønnemark. Er wollte damit mehr aus einer der am wenigsten genutzten Standardsituationen des Fußballs herausholen und seinem Team einen kleinen zusätzlichen Vorteil verschaffen.

Erfahrene, traditionsbewusste Ex-Spieler sowie andere Medienexperten hatten anfangs ihre Zweifel, aber die Zahlen sprachen eine eindeutige Sprache. Vor der Verpflichtung des Dänen im Sommer 2018 war Liverpool das drittschlechteste Team in der Premier League gewesen, wenn es darum ging, nach einem Einwurf in Ballbesitz zu bleiben. Ein Jahr später führte Liverpool diese Tabelle an und blieb in mehr als zwei Dritteln der Fälle nach einem Einwurf im Ballbesitz. Es war ein weiteres Mosaiksteinchen im Gesamtkunstwerk Klopp-Fußball; ein Detail, an das manche seiner Rivalen kaum einen Gedanken verschwendet hatten.

Das Erfolgserlebnis in Southampton bedeutete den elften

Sieg nacheinander in der Liga und einen perfekten Saisonstart mit sechs von sechs möglichen Punkten. Und es wurde immer besser. Das nächste Match erwies sich als frühes Highlight der Saison: ein 3:1 über Arsenal, das Klopp ins Schwärmen brachte. »Das war ein brillantes Spiel meiner Mannschaft in dieser frühen Saisonphase«, sprudelte es aus ihm heraus. »Es war herausragend. Das war ein Auftritt voller Power, Energie, Gier und Leidenschaft, und genau das, denke ich, brauchst du auch gegen ein Team wie Arsenal. Unsere Identität ist die Intensität, und die haben wir heute gezeigt.«

Sie gewannen auch die nächsten fünf Spiele und hatten Man City Anfang Oktober schon um acht Punkte distanziert. »Ich schickte Jürgen eine WhatsApp mit einem Foto der Tabelle und wies auf unsere wunderbare Position hin«, erzählt Gordon von jenem Moment. »Und als Antwort schickte er mir einen Kalender.« Er lacht. »Ich wollte damit ja nicht sagen: ›Super, wir haben schon die Meisterschaft gewonnen …‹ Es war nur eine Momentaufnahme. Ich rede mit Jürgen oft darüber, dass man schöne Momente schätzen sollte, so schwierig die Premier League und Fußball ganz allgemein auch ist. Man muss den Erfolg wahrnehmen, die Chance, die sich daraus für dich ergibt. Das war auch vor dem Spiel gegen Barcelona so gewesen. Ich sagte ihm: ›Hey, wir sind im Halbfinale der Champions League gegen Barcelona. Oh Mann, ich hoffe, … wir gewinnen. Aber genießen wir doch einfach mal einen Moment, das ist doch unglaublich.‹ Genau darum ging es mir hier auch. Ich habe ihm einfach ein Bild der Tabelle geschickt und damit gesagt: ›Halten wir das doch bitte fest, seien wir stolz darauf.‹

Ich weiß aber, für Jürgen ist es immer Schritt für Schritt, Woche für Woche, Spiel für Spiel, und ich habe gelernt, auch so zu denken. Der sicherste Weg, die Konzentration zu verlieren und sich in Schwierigkeiten zu bringen – und das in einer ansonsten tollen Saison oder in einer tollen Phase –, ist es, selbstgefällig zu werden und zu glauben, man hätte einen fast schon uneinholbaren Vorsprung.«

Liverpool ließ irgendwann doch die ersten Punkte in der Saison, ein etwas unglückliches 1:1 auswärts beim Erzrivalen Manchester United. Aber weder Nervosität noch Selbstzufriedenheit erwiesen sich als Problem. Weiter ging's mit den zwei nächsten Siegen in der Liga (2:1 gegen Tottenham Hotspur, 2:1 bei Aston Villa).

Laut Krawietz war das Auswärtsspiel bei Aston Villa extrem umkämpft und wurde erst durch zwei ganz späte LFC-Treffer in den letzten vier Minuten entschieden, einer der Schlüsselmomente, auch wenn man das zu dem Zeitpunkt noch nicht wirklich wissen konnte. »Wir probierten es 88 Minuten lang immer und immer wieder, und am Ende räumten wir alle Hindernisse aus dem Weg und erzielten zwei Tore auf genau die Weise, die wir vor dem Spiel einstudiert hatten.« Beide Tore entstanden aus Spielzügen, an denen wir im Training gefeilt hatten. Sadio Mané schlug eine weite Flanke auf den aufgerückten Außenverteidiger Robertson, der den Kopfball zum Ausgleich versenkte (1:1), danach fand Trent Alexander-Arnolds präziser Eckball Manés Kopf kurz vor Ende der Nachspielzeit. Das vierte Mal in der Saison hatte Liverpool nun schon einen Rückstand gedreht. Inzwischen waren sie fast schon so weit, dass die Gegner quasi damit rechneten, sich noch ein Tor einzufangen. Die gleiche Aura, die auch Seriensieger wie Manchester United in ihren Glanzzeiten zahllose Male über die Ziellinie gerettet hatte, begann nun auch das Team aus Liverpool zu umgeben.

»Du nennst es Aura. Aber das zu erreichen ist knüppelharte Arbeit«, sagt Krawietz. »Das ist nicht selbstverständlich.

Wir hatten auch in der Saison davor eine ähnliche Phase. Sich das zu erarbeiten, erfordert ständige Präsenz. Was wir geschafft haben, war, ein Bewusstsein zu entwickeln, dass wir immer eine Lösung haben. Ein 0:1-Rückstand bis zur 85. Minute hat uns nicht panisch werden lassen. Da gab es Spiele, in denen wir dennoch systematisch kontrolliert und aktiv agiert haben, nicht kopflos, sondern cool. Wir haben unser Ding durchgezogen. Das ist dann mit Sicherheit auch das notwendige Quäntchen Glück, das wir uns erarbeitet haben. Das ist die Belohnung dafür, dass du deinen Kurs beibehältst, dass du nicht deine Prinzipien über Bord wirfst, wenn es einmal ungünstig läuft. Es gibt dazu ein hübsches Zitat von Thomas Müller: ›Immer Glück heißt Qualität. Letztendlich trifft es das ganz gut. Wir haben eine Spielweise entwickelt, haben daran geglaubt, es durchgezogen, und in der letzten Saison konnten wir uns immer wieder die Belohnung dafür abholen. Das ist ein Kreislauf, den man immer wieder bei Mannschaften beobachten kann, die am Ende ganz oben stehen.‹«

Eine Woche nach dem Sieg auf den letzten Drücker bei Villa stand Liverpools nahezu makelloser Saisonstart vor dem absoluten Härtetest. Schwerer konnte es nicht werden: Manchester City kam nach Anfield. Ein Sieg gegen Guardiolas Truppe, die die letzten beiden Meistertitel geholt hatte, würde Liverpool einen Vorsprung von neun Punkten verschaffen, eine Niederlage würde dagegen City wieder zurück ins Rennen bringen und alte Wunden aus der letzten Saison neu aufreißen. Klopp beschwor die Unterstützung der Kulisse. »Jeder Einzelne im Stadion muss in absoluter Topform sein – selbst der Typ am Hot-Dog-Stand«, verlangte er. »Alles ist bereitet für ein richtig gutes Fußballspiel. Und ein gutes Spiel wird es werden, ich weiß bloß nicht genau, für wen.«

Hinterher wussten es alle genau. Es war Liverpools Tag gewesen. Die Heimmannschaft überwältigte City in einer wilden ersten Viertelstunde mit zwei grandiosen Toren, ein Distanzschuss von Fabinho und ein von Mo Salah abgeschlossener Konter. »Sie wirkten unaufhaltsam«, war das Urteil der BBC nach dem überzeugenden 3:1-Sieg. Ob Liverpool wohl die ganze Saison ungeschlagen bleiben würde, wurde Klopp gefragt. »Daran denken wir keine Sekunde, hundertprozentig nicht«, sagte er und fügte hinzu, er und seine Spieler achteten auch nicht auf das Gerede, dass Liverpool den Titel nun eigentlich nur noch verlieren könnte.

Die Erfahrung hatte ihn gelehrt, dass es nichts brachte, sich auf halbem Weg durch die Saison von der Begeisterung fortreißen zu lassen. Zweifellos würden sich noch viele weitere Dramen abspielen, bei ihm war das ja schon immer so gewesen. »Die letzte Saison hat uns ein weiteres Mal gezeigt, dass wir bis zum letzten Spieltag Kurs halten müssen«, sagte Klopp einige Wochen später. »Wenn Sie sich meine Karriere anschauen, werden Sie sehen, dass es eigentlich immer bis zum letzten Spieltag eng zuging. Es geht immer bis zum bitteren Ende. Ulla mag das nicht besonders, aber das ist einfach ein Teil meiner Karriere. Ich sollte mich so langsam daran gewöhnen. Wir nehmen immer alles mit, was geht.«

Aber die unvermeidlichen Höhen und Tiefen, auf die er sich eingerichtet hatte, sollten sich nicht einstellen. Die Ergebnisse gingen alle nur in eine Richtung. Die drei Angreifer waren nicht zu bremsen, das Mittelfeld unermüdlich, die Abwehr unüberwindlich. Perfekt choreografierte Standardsituationen, einstudierte Spielzüge und der spezielle Fokus auf die körperliche Regeneration trugen das Team immer weiter in einen Bereich, der von der Unbesiegbarkeit nicht mehr weit entfernt schien.

»Dominanz und Kontrolle, darum geht es«, sagt Krawietz

mit Blick auf sein Team. Es hatte sich die Kunst angeeignet, Spiele mit einer gewissen Ruhe und einem hohen Maß von Zwangsläufigkeit zu gewinnen. »Es ist seit jeher unser Ansatz, Fußballspiele in dominanter Weise zu kontrollieren. Unter Umständen unterscheidet uns das von den anderen Mannschaften. Wir versuchen, Dominanz auszuüben, selbst dann, wenn wir nicht im Ballbesitz sind. Gegenpressing ist keine wilde Jagd, sondern lebt von einem Impuls, der darauf ausgerichtet ist, die Ballbesitzzeiten des Gegners im Idealfall zu minimieren. Wenn du mehr den Ball hast, dann führt das unter Umständen ... es soll nicht zum Ausruhen führen, aber es sieht dann kontrollierter aus. Man kann sich den Gegner zurechtlegen und ist nicht zwingend mit jeder Aktion darauf angewiesen, das Tor erzielen zu müssen, man kann das Ganze ein wenig strategischer angehen, mit Spielverlagerungen, mit dem systematischen Vorbereiten von Räumen und Angriffssituationen. Da hat unsere Mannschaft – in erster Linie ihrer individuellen Qualitäten geschuldet – einen großen Schritt nach vorne getan.« Linksverteidiger Andy Robertson wies darauf hin, dass Liverpool mittlerweile auch von seiner Erfahrung profitierte und dadurch das Spiel auch verlangsamen konnte, wenn sie in Führung lagen. Vor allem Gegner aus den unteren Regionen der Tabelle warfen ob dieser Übermacht ziemlich schnell das Handtuch. Was sollten sie auch tun gegen ein Team, das jedes Spiel so spielte, als sei überhaupt nur ein Ergebnis denkbar?

Und sie liefen noch dazu unaufhörlich. Eine ausgeklügelte Belastungssteuerung half, jene kleinen Nachlässigkeiten zu vermeiden, für die man in der Saison davor so teuer hatte bezahlen müssen. Assistenzcoach Pepijn Lijnders hatte beispielsweise angeregt, den Spielern am Tag nach einem Spiel freizugeben, damit sie sich bei ihren Familien erholen konnten, auch um Reisezeiten und Stress zu reduzieren. Anstatt sie nach Melwood aufs Trainingsgelände zu holen, schickte der Klub Masseure und Physiotherapeuten zu den Spielern nach Hause. Laut Klopp war an jenem Punkt aber der größte Teil der Arbeit bereits getan. Just wie er es bei seiner Vorstellungs-Pressekonferenz versprochen und bei der ersten Mannschaftsbesprechung immer wieder betont hatte, hatte er aus seinen Liverpoolern ein Team geformt, das von sich selbst überzeugt war.

Im Kopf der Spieler drehte sich alles um den Erfolg, erzählte er dem Magazin *The Athletic.* »Aber das kann man nicht einfach bestellen und dann davon ausgehen, dass die Jungs schon liefern werden. Wenn es so simpel wäre, müsstest du ihnen bloß sagen, ›Ihr müsst immer weiter an euch glauben‹, wenn du zehn Minuten vor Schluss mit 1:0 hinten liegst.« Liverpools Zuversicht war, wie er ausführte, keine Einbildung, keine Selbsttäuschung, kein Fantasieprodukt. Dieses Selbstbewusstsein hatte seine Wurzel in der Realität, es erwuchs aus dem Wissen, dass die Mannschaft jederzeit in der Lage war, ein Spiel für sich zu entscheiden, wieder und immer wieder. »Du musst so etwas schaffen. Und was wir alle zusammen geschaffen haben, das hat schon vor langer Zeit begonnen. Ich rede nicht gerne darüber, weil ich es eben nicht für etwas Selbstverständliches halte. Keine Sekunde tue ich das. Es ist nur … es ist schon so oft passiert, dass es psychologisch gesehen ein klarer Fall ist. Wenn du etwas gut machst, ist es eben sehr wahrscheinlich, dass es das nächste Mal, wenn du es machst, auch wieder klappen wird. Wenn dir etwas misslingt, dann musst du dich selbst überzeugen: ›Ich kann das schaffen.‹ Du musst zumindest die Chance sehen, dass es gelingen kann. Genau darauf haben die Jungs in den letzten vier Jahren hingearbeitet. Jetzt ist alles anders.«

In den letzten drei Jahrzehnten hatten sich die Fans der Gegner oft einen Spaß daraus gemacht, die Anhänger von

Liverpool für ihren Optimismus zu verspotten. Sie hatten so oft vergeblich gehofft, dass es dieses Mal wirklich »ihr« Jahr in der Liga sein würde. Aber als Liverpool kurz vor Weihnachten nach Katar aufbrach, um den Club World Cup auszuspielen, war der lang ersehnte Triumph in der Meisterschaft schon kein Wunschdenken mehr, sondern recht wahrscheinlich. Vier weitere Spiele hatten zwölf weitere Punkte eingebracht.

Zuerst einmal jedoch wollte die Welt erobert werden. Zwei späte Tore von Roberto Firmino sicherten zwei enge Siege gegen Monterrey (2:1) und Flamengo (1:0 in der Verlängerung), und damit den ersten Triumph des Klubs überhaupt im einstigen Intercontinental Cup, bei dem die Gewinner der Champions League der jeweiligen Kontinente gegeneinander antraten. »Die Jungs haben sich wieder richtig reingehängt und eine Riesenleistung abgeliefert«, strahlte Klopp voller Stolz. »In solchen Momenten fällt es mir schwer, in Worte zu fassen, wie groß mein Respekt vor diesen Jungs ist. Immer wieder müssen sie sich beweisen – das Leben als Fußballprofi ist nun einmal so. Und im Moment bestehen wir einen schwierigen Test nach dem anderen. Und wir müssen sehen, dass wir auch die nächsten Prüfungen erfolgreich bestehen.« Laute Musik dröhnte aus der LFC-Kabine im Khalifa International Stadium nach dem Schlusspfiff gegen Flamengo, aber die Spieler waren da schon in Gedanken bei der nächsten Partie, einem kniffligen Auswärtsspiel gegen Leicester City. Die Foxes waren bestens in Form und unter Brendan Rodgers, Klopps Vorgänger bei Liverpool, auf den zweiten Platz in der Tabelle geklettert, zehn Punkte hinter dem Spitzenreiter.

Krawietz bezeichnet den Trip ins King Power Stadium am zweiten Weihnachtsfeiertag als »einen weiteren Schlüsselmoment, ein Sieg voller Symbolik«. Die Reise in den Nahen Osten war anstrengend gewesen. »Wir waren in Katar, kamen zurück und wussten: ›Wow! Wir hatten wahnsinnig viele Kräfte gelassen, Konzentration, Zeitumstellung, Rückflug und so weiter. Am 26. 12. hatten wir ein wichtiges Spiel gegen Leicester City. Diese Konstellation war außergewöhnlich.« Eine Niederlage wäre ebenso entschuldbar wie verkraftbar gewesen angesichts des Punktepolsters, aber das Team versetzte den Trainerstab in Erstaunen und legte einen sensationell starken Auftritt hin. Der 4:0-Sieg markierte wohl ihre beste Leistung in der gesamten Saison, ein echtes Statement. »Was die Jungs da geleistet haben, wie konzentriert sie waren und mit welcher Energie sie in dieses Spiel reingegangen sind …«, schwärmt Krawietz. »Leicester war vor dem Spiel wirklich stark gewesen. Aber wir haben außergewöhnlich gut performt. Das hat den besonderen Charakter dieser Mannschaft gezeigt.«

Zum Jahreswechsel 2020 hatte Liverpool dreizehn Punkte Vorsprung. Selbst den größten Pessimisten unter den LFC-Fans wurde allmählich klar: Es würde ihr Jahr werden.

Die Schwächeperiode der Vorsaison wiederholte sich im Januar nicht. »Es war nicht so, dass wir uns damals hingesetzt und beschlossen hätten, die Dinge anders anzugehen«, sagt Krawietz. »Das hat die Konstellation auch nicht hergegeben. Im Gegenteil. Mit unserem Einsatz bei der Klub-WM haben wir das Ganze im Grunde genommen noch extremer gestaltet. Wir haben aber natürlich ganzjährig versucht, die Belastung zu verteilen, eine Mischung aus Rhythmus und der notwendigen Erholung zu finden. Das war eines der Dinge, die hervorragend funktioniert haben. Auch da ist Glück vonnöten. Aber diesen Rhythmus haben wir gefunden. Ja, wir haben viel gespielt. Ja, wir waren belastet. Aber wir waren nicht überlastet.«

Zwei weitere ordentliche Auftritte (2:0 gegen Sheffield United, 1:0 gegen Tottenham) brachten vor dem Heimspiel gegen Manchester United sechs weitere Punkte aufs Konto. Die zurückliegenden Begegnungen mit Manchester United waren stets nervenaufreibende Angelegenheiten gewesen, aber die Mannschaft räumte auch diesen Gegner souverän aus dem Weg und begrub somit den letzten Rest von Zweifel. »Wir holen die Meisterschaft, wir holen die Meisterschaft«, sangen die ekstatischen Fans auf dem Kop nach dem 2:0-Sieg, »und jetzt glaubt ihr uns.« Klopp war nicht danach, in den Gesang einzustimmen. »Natürlich dürfen sie träumen und singen, so viel sie wollen«, meinte er. »Und solange sie ihren Job machen, während wir auf dem Platz unseren Job machen, ist alles gut. Aber für uns ist noch keine Zeit zum Feiern. Wir haben noch eine Menge Arbeit vor uns.«

64 von 66 möglichen Zählern. 16 Punkte Vorsprung. Inzwischen lautete die Frage nicht mehr ob, sondern wann. Liverpool hatte das Rennen vier Monate vor Saisonende praktisch bereits für sich entschieden und dabei eine irrsinnige Konstanz an den Tag gelegt, die den Fans auch ihre tief sitzenden Ängste vor einer weiteren Demütigung nach dreißig schmerzvollen Jahren nahm. Die unerträgliche Last der Geschichte hatte die LFC-Teams früherer Jahre immer wieder erdrückt, und dafür gesorgt, dass ihnen in entscheidenden Momenten der Schwung abhandenkam. Aber dieses neue Liverpool hatte sich von dem Druck der Historie endgültig befreit.

»Wäre die Geschichte anders gelaufen, wenn es ein total enges Rennen gewesen wäre, mit einem Punkt und vier Toren Vorsprung vier Spieltage vor Schluss?«, überlegt Krawietz. »Das ist rein hypothetisch. Dass dann eine andere Form der Nervenbelastung dazugekommen wäre, ist ja eindeutig. Es war ein relativ cooler Weg, das auf diese Weise zu regeln.

Diese Konstanz in den Leistungen und bei den Ergebnissen hat eine Situation erschaffen, die vom Punktepolster her relativ komfortabel war. Sie erlaubte uns Rückschläge, die wir uns aber gar nicht geleistet haben. Das hat mit Sicherheit zur Beruhigung der Nerven in unserem Umfeld beigetragen.«

Liverpool gewann auch die nächsten vier Spiele. Mitte Februar lagen sie 25 Punkte vor Manchester City. »Der Vorsprung ist so krass, ich fasse es einfach nicht«, sagte Klopp. »Das geht über meinen Verstand. So etwas hab ich einfach noch nie erlebt.« Sein FC Liverpool war nicht bloß unaufhaltsam, inzwischen war er fast schon unfehlbar. Aber nur fast. Denn derselbe Monat brachte eine 1:0-Niederlage bei Atlético Madrid in der Champions League, und danach tatsächlich die erste Niederlage in der Premier League. Die ganze Mannschaft war gegen Watford unkonzentriert, mutlos, und irgendwie neben der Spur gewesen, am Ende hatte man 0:3 verloren. Eine Wiederholung von Arsenals Saison der »Invincibles«, als sie 2003/04 kein einziges Spiel in der Liga verloren hatten, hatte sich damit erledigt. Aber Klopp schaffte es, wie so oft, diese Enttäuschung zu etwas Positivem umzudeuten. »Die Jungs können jetzt freier aufspielen«, sagte er und erklärte, dass der Gedanke daran, die gesamte Saison in der Liga ohne Niederlage beenden zu können, für manchen möglicherweise zu einer Belastung hätte werden können. Mit einem 2:1-Sieg über Bournemouth wurde dann tatsächlich schnell wieder auf Normalbetrieb umgeschaltet. Einige Aussetzer in der Abwehr und die fahrlässige Chancenverwertung bedeuteten jedoch das Aus im Europapokal. Atlético gewann ein aufregendes Rückspiel in Anfield mit 3:2 nach Verlängerung.

Und dann war es von einem auf den anderen Tag vorbei mit Fußball. Die Covid-19-Krise eskalierte in Großbritannien. Am 13. März wurden sämtliche Partien der Premier League bis auf Weiteres ausgesetzt. Innerhalb weniger Tage ging die ganze Insel in den Lockdown. Das öffentliche Leben kam zum völligen Stillstand. Das Gesundheitssystem (NHS) stand kurz vor dem Kollaps, täglich starben bis zu eintausend Menschen an dem Virus. Der Gedanke, in dieser Situation Fußball zu spielen, mutete absurd an. Liverpool hatte es sich an der Tabellenspitze gemütlich gemacht, man war nur noch sechs Punkte vom Titelgewinn entfernt gewesen, doch plötzlich hatte sich ein Abgrund aufgetan. Es war die Rede davon, die Saison abzubrechen oder sogar komplett zu annullieren.

Klopp veröffentlichte einen Brief an die LFC-Fans und bat sie inständig, den NHS zu schützen und zuallererst an ihre Gesundheit zu denken. Jemand schickte ihm ein Video, in dem medizinisches Personal die Vereinshymne *You'll Never Walk Alone* vor der Intensivstation in einem der örtlichen Krankenhäuser sang. Das Lied klang mehr nach einem Gebet als nach einer Fußballhymne. »Ich musste sofort weinen«, teilte Klopp auf der Website des Klubs mit, »aber dieses Bild sagt doch alles. Diese Leute machen nicht einfach bloß ihre Arbeit, sie sind mit Herz und Seele dabei. Sie sind es gewohnt, anderen Menschen zu helfen. Wir müssen uns auch daran gewöhnen.«

Der Klub sei anfangs von einem Gefühl des Schocks erfasst worden, sagt Krawietz. »Wir standen zunächst mal wie der Ochs vorm Berg, wie jeder andere auch. Es war eine komplett neue Situation, keiner konnte das richtig einschätzen. Wie geht es weiter, wie lange dauert das, was sind die Möglichkeiten? Der erste Impuls war: ›Wir igeln uns ein – packen unsere Koffer und fahren nach Hause. Und da bleiben wir.‹

Aber schon bald dachten wir wieder an die Dinge, die erledigt werden mussten, um irgendwie weiterzumachen. Wir versuchten, die Mannschaft bestmöglich zu unterstützen. Restaurantbesuche waren nicht mehr möglich, die Spieler konnten nicht einmal mehr zum Shoppen gehen. Darum mussten wir uns nun also kümmern. Jürgen nahm die gesamte Organisation in die Hand, da wurde wahnsinnig viel Arbeit geleistet. Es gab Einkaufservice, es gab Essenslieferungen. Aber nicht nur das. Wir haben schon versucht, uns auf ein Szenario möglichst optimal vorzubereiten, dass es mit dem Fußball weitergehen kann. Wir hatten immer noch ein maximal großes sportliches Ziel. Da hat Korni [Andreas Kornmayer] wahnsinnige Arbeit geleistet. Er war wahnsinnig kreativ und hat die Jungs mit Fahrrädern, kleinen Fußballtoren für den Garten und allem Möglichen ausgestattet, damit wir die Jungs am Laufen halten konnten. Eine Riesenlogistik.«

Liverpool kümmerte sich um die teuren Fußballerbeine und ums leibliche Wohl, aber Klopp erkannte schnell, dass die psychische Verfassung seiner Schützlinge nicht minder wichtig war. Eine riesige WhatsApp-Gruppe mit allen Spielern und Mitarbeitern wurde zum virtuellen Treffpunkt. Der Trainer mischte darin seriöse Instruktionen mit vielen Witzen und Sprüchen, um bei Bedarf die Stimmung aufzulockern. »Seine Fähigkeit, jedem Einzelnen mit seinem Sinn für Humor ein gutes Gefühl zu vermitteln, kam in diesen düsteren Tagen wirklich voll zur Geltung«, erzählt Innenverteidiger Joel Matip. Als ehemaliger Abwehrspieler von Schalke 04 hatte er mehr als einmal Klopps sanften Spott ertragen müssen. Während des Lockdowns ließ der Trainer so viele lustige Bemerkungen vom Stapel, dass man sich unmöglich alles merken konnte. Aber Matip muss lachen, wenn er an den Tag denkt, als Klopp ein paar alte Fotos aus seiner Zeit als Spieler postete – mit Frisuren, die jene Zeit zum Glück nicht überdauert haben. In der Mannschaft trug in der Zeit jeder eine mehr oder weniger wilde Haarpracht zur Schau, zum Friseur durfte man ja auch nicht. Aber indem Klopp den ganzen Kader mit Fotos seiner zahlreichen haarigen Fehltritte aus den 80er- und 90er-Jahren beglückte, transportierte sein selbstironischer Humor auch eine durchaus ernste Aussage: Kein Mensch sollte sich wegen solcher Äußerlichkeiten jetzt einen Kopf machen.

Krawietz: »Es ging nicht nur darum, den Alltag zu organisieren. Wir mussten auch an die psychologische Seite denken. Nicht jeder hatte eine Familie um sich. Einige Spieler waren gerade erst nach Liverpool gezogen und saßen allein in ihren Apartments. Wir mussten sehen, dass denen nicht die Decke auf den Kopf fällt. Ein gut gefüllter Kühlschrank ist ja schön, aber das soziale Leben muss auch irgendwie weitergehen. Da hat sich Jürgen im Speziellen und auch das Organisationsteam drum herum ganz, ganz viele Gedanken gemacht.« Der Trainer achtete persönlich darauf, dass »das Team zusammengehalten wurde, auch wenn wir physisch auf Abstand bleiben mussten«, ergänzt Matip.

Gordon sagt, Klopps Anstrengungen in dieser Hinsicht waren für ihn »kein bisschen überraschend«. Dennoch staunte er, an was für Details der Trainer alles dachte. »Es war außergewöhnlich, wie sehr er sein Engagement und seine Fürsorge auf das Wohlbefinden der Leute, das Wohlbefinden der Spieler fokussierte.«

Klopp achtete auch darauf, selbst fit zu bleiben. Er war ebenfalls Mitglied einer weiteren WhatsApp-Gruppe, in der sich seine beiden Söhne und eine Handvoll enger Freunde wie Johannes B. Kerner und andere in urkomischen Liegestütz-Wettkämpfen gegenseitig zu Höchstleistungen trieben.

Derweil zeigte die Verschlimmerung der Corona-Lage im April, dass sich die Fußballer noch glücklich schätzen konnten. Sie waren in luxuriösen Verhältnissen bestens abgeschirmt, während um sie herum ganz normale Leute Angehörige verloren – oder ihren Lebensunterhalt. Mannschaftskapitän Jordan Henderson sorgte dafür, dass das Team Geld für Tafeln und den NHS lockermachte, und der Verein unterstützte örtliche Initiativen über seine Stiftung für wohltätige Zwecke. Klopp ließ unterdessen Dutzenden nicht beim Klub festangestellten Liverpoolern – Fahrern, Security-Leuten, Angestellten der VIP-Lounges –, die kurzfristig arbeitslos geworden waren und auf keine staatliche Hilfen zurückgreifen konnten, heimlich, still und leise Geld zukommen. »Wir reden hier über ein kleines Vermögen«, sagt ein enger Freund.

Die Sorge um den Gewinn der Meisterschaft trat im Vergleich zu diesen Problemen logischerweise in den Hintergrund. Doch insgeheim sorgte sich Klopp sehr wohl, vermutet Gordon. »Das war eine aufreibende Zeit, auch in dieser Hinsicht. Unsere Saison in der Liga war im Vorjahr außergewöhnlich verlaufen. Nur um Haaresbreite am ersehnten Ziel vorbeigeschrammt zu sein ... Klopp nahm diese Enttäuschung hin und nutzte sie dazu, letztendlich eine noch eindrucksvollere Saison hinzulegen. Es war nicht einfach für uns, dass jetzt alles in Zweifel gezogen wurde. Konnte man vielleicht die Saison gar nicht auf dem Platz zu Ende spielen? Würde es am Ende überhaupt einen Ligatitel geben? Das war für alle schwer. Ich kann mir gar nicht ausmalen, wie schwer das für Jürgen gewesen sein muss. Er redete allerdings nicht darüber. Er ließ sich nichts anmerken.«

Krawietz bekennt, anfangs ein Gefühl der Hilflosigkeit verspürt zu haben. Klopp jedoch versuchte schon bald, den Fußballbetrieb wieder in Gang zu bringen. Er telefonierte fast täglich mit Bundesliga-Geschäftsführer Christian Seifert und brachte in Erfahrung, wie man in Deutschland versuchte, die Liga wieder zum Laufen zu bringen. Die relativ niedrigen Infektions- und Todeszahlen in seiner Heimat verschafften dem Land einen gewissen Vorsprung, der wiederum der Liga ermöglichte, frühzeitig die Wiederaufnahme des Spielbetriebs zu planen, mithilfe von strengen Sicherheitskonzepten und Hygienevorschriften. Auch finanzielle Überlegungen sorgten dafür, dass die deutschen Vereine auf einen baldigen Wiedereinstieg drängten.

Klopp berichtete in Liverpool über die Fortschritte in seiner Heimat, und der Verein machte sich daran, zusammen mit der Premier League einen organisatorischen Rahmenplan auszuarbeiten. »Speziell Jürgen war da sehr früh sehr stark bemüht«, sagt Krawietz. »Wir wollten nicht einfach die Hände in den Schoß legen und warten, was passiert. In England schien kein Mensch zu wissen, wie es weiterging, einige Leute erwogen ernsthaft, die Saison komplett zu annullieren. Wir versuchten aktiv, Perspektiven aufzuzeigen. Wir haben auch überlegt und beobachtet, wie es andere machen. Jürgen war ständig in Kontakt mit der Bundesliga und führenden Leuten in den deutschen Vereinen. Zum Glück für uns hat die DFL Pionierarbeit geleistet, für den Fußball in Deutschland, und dann auch in ganz Europa.«

Einen Monat nach dem Neustart der Bundesliga Mitte Mai vor leeren Rängen nahm auch die Premier League den Betrieb wieder auf. Liverpools erster Auftritt in einem gähnend leeren Goodison Park war ein tristes und torloses Remis gegen Everton, aber schon am Spieltag darauf spielten sie beim 4:0-Sieg über Crystal Palace wie wahre Champions.

24 Stunden später trommelte Klopp seinen Mitarbeiterstab und die Mannschaft im Formby Hall Golf Resort & Spa zu einem Grillabend zusammen, um gemeinsam das

Spiel des Verfolgers Manchester City beim FC Chelsea anzuschauen. Wenn Guardiolas Männer keinen Sieg schafften, würde Liverpools Traum tatsächlich Wirklichkeit werden. »Wir wussten: Heute kann es passieren«, sagt Krawietz. »Lasst uns doch einfach mal treffen, damit keiner allein zu Hause auf dem Sofa sitzt. Wir wollten diesen Moment gemeinsam erleben.«

Und der Moment kam. Chelsea gewann 2:1. Krawietz: »Es war ein Ausbruch der Gefühle. Jeder wusste: ›Wow. Es ist wahr geworden.‹ Dann fand der DJ den passenden Song … diese Explosion der Freude war ein ganz besonderer Moment.«

Auch Klopp kam ins Schwärmen: »Ich bin so was von stolz auf meinen Trainerstab und die ganzen Leute hier in Liverpool, seit wir dazugekommen sind«, sagte er im Sky-Interview via Skype wenige Minuten nach dem Schlusspfiff in Chelsea. »Das war wirklich ein heißer Ritt vom ersten Tag an, und der Ritt ist noch nicht vorbei. Wir haben uns das alle gemeinsam mit den Jungs im Fernsehen angeschaut, und ich hab das Gefühl, die haben noch ein paar ziemlich gute Jahre in den Beinen. Das ist mehr, als ich je zu träumen gewagt hätte. Mir fehlen die Worte. Das ist so ein großer Moment, ich bin total überwältigt. Ich hätte nie gedacht, dass es sich so anfühlt, ich hatte keine Vorstellung …«

Dann stand er auf und entschuldigte sich, den Tränen nahe.

Für Klopp selbst hatte sich ein ganz persönlicher, 30-jähriger Kreislauf vollendet. Mit 23 war er zu einem eher mittelmäßigen Profifußballer geworden, im Sommer 1990. Und jetzt hatte er als Trainer einen der größten Erfolge gefeiert, die der moderne Fußball bereithielt: Er war mit Liverpool zurück an die Spitze gekommen.

»Er empfindet keinen Stolz«, meint Christian Heidel. »Er

weiß gar nicht, was das Wort bedeutet. Er ist vielleicht stolz darüber, dass die Leute stolz auf ihn sind. Er hat das für sie gewonnen.«

Liverpool-Boss Mike Gordon: »Wir wussten alle, dass es irgendwann passieren würde. Aber als es dann so weit war, hat es uns umgehauen – allein daran zu denken, wie viel das den Fans bedeutet.«

»Bei Klopp waren es nicht nur Freudentränen, es waren auch Tränen der Erleichterung«, erzählt Krawietz. »Er nimmt eine Menge Verantwortung auf sich. Er hat natürlich auch gewusst, wie groß das Ziel war, wie groß die Sehnsucht der Leute war. Wie viel Einsatz wir in den letzten Jahren geleistet haben, was er sich und anderen abverlangt hat. Und dann war da auch noch diese besondere Konstellation, mit der Pandemie. Da fällt viel von einem ab. Die Freude ist überwältigend. Es war keine explosive Freude, aber es war auch in seinem Falle eine tiefe Genugtuung und Erleichterung. Das Erreichen eines großen Ziels.«

Genau wie ein Jahr zuvor in Madrid zollte Kapitän Jordan Henderson nun einen liebevollen Tribut an den Mann, der Liverpool von seinem Trauma erlöst hatte: »Nach dem Champions-League-Finale sagte ich, ohne den Trainer wäre das niemals möglich gewesen. Nicht anders ist es bei dieser Meisterschaft. Das ist kein Mangel an Respekt vor anderen Trainern. Aber vom ersten Tag an, als er durch diese Tür hier kam, hat er einfach alles verändert. Alle folgten ihm, alle zogen mit, alle glaubten an ihn. Seither ist das hier wirklich etwas ganz Besonderes, und ich hoffe, wir können so weitermachen, unseren Erfolgshunger bewahren. Er ist ein echter Leader, und er ist ein wunderbarer Mensch. Er hat ein tolles Verhältnis zu den Spielern, er kann ihr Freund sein, und er kann sie auch mal rüffeln und nicht ganz so nett sein. Er kann sogar richtig streng sein. Aber trotzdem, wir folgen ihm, wir hören auf ihn, wir glauben an ihn, und er hat uns bis an diesen Punkt geführt ... Es ist fantastisch, ein Teil dieser Geschichte zu sein.«

Die eine neue Erkenntnis über Klopp in der Saison 2019/20 war, wie Mike Gordon erzählt, dass »der Erfolg in der Champions League ihn kein bisschen verändert hatte. Er war noch immer der exakt gleiche Typ wie davor. Er achtete darauf, dass alle weiterhin fokussiert und erfolgshungrig und zielgerichtet und motiviert waren, obwohl wir als Fußballverein nun ganz anders dastanden.«

Dank dieses Antriebs gewann Liverpool innerhalb von 12 Monaten alles. Aber wie schwer wird es sein, einfach so weiterzumachen? Kann Klopp neue Wege finden, den Leuten die gleichen Dinge zu erzählen und damit die gleichen Ergebnisse einzufahren?

Gordons Antwort kommt unverzüglich zurück, als wären diese Fragen rein rhetorischer Natur. »Zwei Sätze dazu: Geben wir den Jungs, der Mannschaft erst einmal die Anerkennung, die sie verdient haben. Wir haben eine außergewöhnlich willensstarke und engagierte Gruppe von Spielern. So effektiv und herausragend Jürgen ist, wenn es darum geht, den Leuten Siegeswillen einzuimpfen, würde das nicht sehr weit führen, wenn wir für diese Ziele nicht genau die richtigen Jungs hätten. Mein Respekt gilt ihm, Michael [Edwards], seinem Trainerstab, den Spielern. Wir haben wirklich eine herausragende Truppe. Jürgens menschliche Eigenschaften wirken bekanntlich ansteckend. Warum ist das so? Die Leute schreiben es mitunter seinem Charme zu, seinem Sinn für Humor und dergleichen. Ich finde, wer das alles nur darauf zurückführt, übersieht etwas Entscheidendes: seine Intelligenz, seinen Intellekt, seine Führungsqualitäten und seine Fähigkeiten als Kommunikator. Der Grund, warum seine Persönlichkeit so ansteckend wirkt, ist doch, dass er die Leute wirklich erreicht. Er kommuniziert sehr gut. Er hat einen sehr starken Willen, und er versteht es wie kein Zweiter, Menschen wahrhaftig zu motivieren. Ich denke, das ist ziemlich umständlich ausgedrückt, wenn man eigentlich sagen will: ›Bitte weiter so.‹ Er wird weitermachen, weil wir ja wissen, was für ein Typ er ist. Sie wissen das, und ich weiß das. Er ist so fokussiert, so unglaublich motiviert. Er ist ganz stark konzentriert auf weitere Erfolge. Ich mache jede Wette, er wird es schaffen, das auch seinen Spielern zu vermitteln, denn die ticken von Natur aus genauso.«

Als Liverpool Ende der 70er- und Anfang der 80er-Jahre die dominante, nahezu unbezwingbare Mannschaft im englischen Fußball war, war oft die Rede von einer vollends aufs Gewinnen ausgerichteten Vereinskultur, und von einer einzigartigen Siegermentalität. Diese Einstellung ist nun zurückgekehrt, wie Gordon glaubt. »Und das verdanken wir zuallererst Jürgen. Wir als Verein, als Institution bleiben unseren Wurzeln absolut treu. Es dreht sich da um harte Arbeit, um den Erfolg des Teams im Kollektiv. Man gewinnt oder verliert als Einheit, nicht als einzelnes Individuum. Das ist das Ethos unseres Klubs. Und das spiegelt sich in unserer Fußballmannschaft wider.«

Klopp hat Liverpool geholfen, wieder an seine eigene Geschichte anzuknüpfen. Aber er legt hartnäckig Wert darauf, in der Gegenwart zu trainieren, ohne den Blick zurück oder allzu weit in die Zukunft zu richten. Angesichts der starken Betonung auf das Hier und Jetzt kam es ein wenig überraschend, als er im Dezember 2019 einer Verlängerung seines Vertrags um weitere zwei Jahre (bis 2024) zustimmte. Nach Darstellung Gordons war das weniger den Überredungskünsten des Klubeigners zuzuschreiben, als das Resultat eines Prozesses, der von gegenseitigem Vertrauen und Respekt geprägt war. »Es ist eine Partnerschaft. Das trifft auf viele Arten von Verbindungen der Leute untereinander in diesem Verein zu. Es ist eine echte Partnerschaft. Jürgen und ich, wir sind Partner. Wir haben darüber geredet. Ich war gar nicht zu sehr darauf fokussiert. Es wäre nicht gut gewesen, ihn unter Druck zu setzen oder ihn ständig daran zu erinnern. Ich habe ihn einfach wissen lassen, dass wir es natürlich gerne sehen würden, wenn er länger bleibt. Wenn dieses Ansinnen auf Gegenliebe stößt, dann sage ich ›Wir sollten reden‹. Und er sagte: ›Danke‹. Und dann, irgendwann im Lauf des Jahres, sagte er: ›Ich würde gerne bleiben, so sehe ich das. Lasst mich wissen, wie ihr darüber denkt.‹ Also setzten wir uns mit seinem Berater zusammen. Das war keine sehr langwierige oder komplizierte Angelegenheit. Es ging eher einfach darum, eine Partnerschaft fortzusetzen. Es ist kein Verhältnis zwischen Chef und Angestelltem. Wir wollen einfach so weitermachen. In unserem Verein hat sich im Grunde nichts verändert. Jürgen, Michael, Jürgens Trainerstab, die Abläufe im Spielbetrieb … Ich denke, das hat auch Jürgen zugesagt. Ich hoffe es.«

Für Klopp gab es noch einen weiteren Grund, die Verbindung zu erneuern. Einige Stammspieler und potenzielle Neuverpflichtungen hatten sich bereits gefragt, ob der Klub wohl in nächster Zeit vor einem größeren Wechsel in der sportlichen Führung stehen würde. Ende 2019 schien der Sommer 2022 nicht mehr gar so weit weg. Mit der Vertragsverlängerung erleichterte Klopp dem Verein die Planung der unmittelbaren Zukunft der Mannschaft – und vielleicht auch seiner Nachfolge.

Gordon stimmt zu. »Das ist absolut richtig. Ich denke auch, Jürgen mag klare Verhältnisse. Es war wichtig für ihn, bezüglich seiner eigenen Situation mehr Klarheit zu schaffen. Ich würde niemals über das Ende seiner Zeit bei Liverpool sprechen wollen, einfach weil ich hoffe, dass er bis ans Ende seiner Trainerkarriere bei uns bleibt. Er hat sich ziemlich klar geäußert, was seine Zeit bei Liverpool angeht. Ich denke, das ist ihm wichtig. Wir wissen jetzt, in welchem Zeitrahmen sich der Übergang vollziehen wird. Wir haben jede Menge Zeit, uns darauf einzustellen. Die Spieler, für die er Verantwortung empfindet, kennen diesen Zeitrahmen nun auch. Jeder weiß, wann der Tag kommen wird, an dem er geht. Wir alle können entsprechende Entscheidungen treffen und uns darauf vorbereiten.«

Es sei denn, er verlängert bis dahin noch für weitere zwei Jahre.

»Das wäre wunderbar«, antwortet Gordon wie aus der Pistole geschossen. »In meiner Position muss ich darauf vorbereitet sein und an so etwas denken ... Aber nicht jetzt. Wir haben jede Menge Zeit, den Blick auf die Gegenwart und die nähere Zukunft zu richten. Wir hatten ursprünglich einen Vierjahresvertrag, und schon nach ein paar Monaten sind wir an ihn herangetreten mit dem Vorschlag einer Vertragsverlängerung, weil wir das Gefühl hatten, dass alles richtig gut zusammenpasst. Solange dies der Fall ist, bin ich glücklich und zufrieden, und auch er ist glücklich und zufrieden. Lassen wir die Zukunft doch einfach auf uns zukommen.«

# 18

# I'm so glad that Jürgen is a red

*Liverpool 2020–2024*

Am 17. September 2020 um 10:32 Uhr vormittags brachte Thiago Alcántara das Internet zum Absturz. Genauer gesagt: The Athletic. Gerade einmal eine Minute nachdem das US-Sportportal verkündet hatte, der Mittelfeldspieler von Bayern München und spanische Nationalspieler würde für 30 Millionen Euro nach Liverpool wechseln, war die Webseite nicht mehr verfügbar. Die Server waren unter einer roten Welle von Aufrufen kollabiert.

Keiner der seit Klopps Ankunft vom LFC verpflichteten Spieler sorgte für einen derartigen Wirbel, bevor er überhaupt einen Fuß auf den Rasen von Anfield gesetzt hatte. Sofort hatte er seinen eigenen Fangesang, basierend auf »Cuba« von den Gibson Brothers, und die Begeisterung, mit der er begrüßt wurde, grenzte an Hysterie. Liverpools Fans waren weniger wegen seiner geschmeidigen Ballbehandlung oder der überragenden Spielmacherqualitäten des 29-Jährigen aus dem Häuschen, sondern wegen des Versprechens, für das er stand. Seine Aufnahme in die Riege unermüdlicher Ackerer und unerbittlicher Zweikampfmaschinen im Zentrum des LFC-Teams signalisierte Klopps Willen zu einer Entwicklung über das gute alte Schema des »organisierten Chaos«

hinaus. Der neue Ansatz würde subtiler und variabler sein, darauf angelegt, mit chirurgischer Präzision tief stehende Verteidigungslinien zu durchbrechen. So sollte Liverpools Spiel energieeffizienter werden und Elemente des auf Ballbesitz aufgebauten Dominanzfußballs integrieren, der Pep Guardiolas Manchester City zu schier unbezwingbaren Seriensiegern gemacht hatte.

Und Thiago, bei Bayern früher ein Lieblingsspieler Peps, fiel noch auf eine andere Weise aus dem gewohnten Rahmen. Einen wichtigen Spieler aus den Reihen des amtierenden Champions-League-Siegers loszueisen zeigte den gestiegenen Status und die finanzielle Potenz der Reds im europäischen Fußball. Sie mussten nun nicht mehr nur angehende Stars verpflichten, sondern konnten sich auch mal einen fertigen Spieler leisten. Klopp beschrieb ihn als »wirklich interessantes Gesamtpaket«.

Drei Tage später wurde Thiago zur Halbzeit beim Auswärtsspiel in Chelsea, die in Unterzahl waren, eingewechselt und lieferte einen meisterlichen Auftritt. Er spielte mehr Pässe als jeder einzelne Spieler der gegnerischen Mannschaft, obwohl er nur 45 Minuten auf dem Platz war. »Er sieht aus, als könnte er auch in Badelatschen spielen«, meinte der ehemalige LFC-Stürmer Peter Crouch beeindruckt. Klopp war etwas zurückhaltender (»Es war nicht perfekt, aber für ihn das Natürlichste von der Welt«), doch die ersten Anzeichen ließen ahnen, dass seine große Idee – mehr Kontrolle und Technik ins Mittelfeld zu holen – bereits Früchte trug.

Leider war der Magier schon bald wieder außer Gefecht. Er erkrankte an Covid, danach erlitt er eine Knieverletzung, die ihn die nächsten zwei Monate kostete. Dieses Muster – aufblitzende Brillanz gefolgt von langen Phasen, die er abseits des Spielfelds verbringen musste – sollte sich bis zu seinem Abschied am Ende der Saison 2023/24, in der er ganze fünf Minuten auf dem Platz stand, stetig wiederholen. Thiagos Körper kam mit den Härten des englischen Fußballs einfach nicht zurecht.

Covid und Verletzungspech wirkten sich auch auf das Gleichgewicht innerhalb des Teams verheerend aus. Eine peinliche 7:2-Klatsche bei Aston Villa im Oktober diente als frühes Warnsignal für die wachsenden Probleme der Champions. Dann passierte die Katastrophe. Innenverteidiger Virgil van Dijk, der Niederländer, der mehr als jeder andere für mehr Stabilität in Liverpools Abwehr gesorgt hatte, wurde im Lokalderby gegen Everton (2:2) durch ein haarsträubendes Tackling von Evertons Schlussmann Jordan Pickford schwer verletzt. Der Schiedsrichter ließ unverständlicherweise weiterlaufen, aber für van Dijk war die Saison vorbei: Kreuzbandriss.

Weitere Verletzungen von Abwehrspielern zwangen Klopp, die Mittelfeldspieler Jordan Henderson und Fabinho in die Innenverteidigung zu beordern. Ohne sie fehlte Liverpool allerdings die Dominanz und Dynamik im Zentrum. »Du kannst einen Spieler ein oder zwei Spiele lang auf eine für ihn ungewohnte Position stellen, und das kann sogar funktionieren. Aber über einen längeren Zeitraum ist das einfach nicht möglich«, sinniert Peter Krawietz.

Neben der gruseligen Stille in den leeren Stadien, die wegen der Pandemie für Zuschauer verschlossen blieben, waren die Auswirkungen entmutigend. Liverpool, ein Team, das nicht zuletzt von dem Funken, der von der Tribüne überspringt lebt, erschien besonders leblos, seines Vorwärtsdrangs und der Spielfreude beraubt. Eine 4:1-Heimniederlage gegen Guardiolas Manchester City im Februar zeigte in übergroßen Lettern, dass das Projekt Titelverteidigung gescheitert war. Sie lagen zehn Punkte hinter den Meisterschaftsrivalen, einer wie eine geölte Maschine funktionierenden Truppe, und das mit einem Spiel mehr. Die Sache war durch.

Krawietz: »Du versuchst, Motivation zu finden, indem du dir vorstellst, während wir hier vor leeren Rängen spielen, sitzen die Fans daheim vor dem Fernseher. Wir hatten nicht vergessen, dass Fußball für alle, die in jenen schwierigen Monaten in den eigenen vier Wänden festsaßen, eine wichtige Ablenkung, auch Lebensfreude bieten konnte. Aber es war schwer, aus dem Hoch der Liga-Meisterschaft zu kommen, und das Verletzungspech machte alles nur noch schwerer. Vielleicht taten uns die leeren Ränge mehr weh als anderen. Die einzige Heimniederlage jemals gegen Everton fiel in die Covid-Zeit, als kein Mensch in Anfield war. Es war offensichtlich, dass uns da etwas fehlte.«

Klopp und er hatten natürlich schon vorher schwierige Zeiten durchgestanden. Diese Saison, betont Krawietz, war jedoch der absolute Tiefpunkt, »noch schlimmer als die letzte Saison in Dortmund (2014/15)«. Damals hatte ein Neustart während der Winterpause geholfen, das Team wieder in die Spur zu bringen. In den dunklen, trostlosen Tagen des scheinbar unendlichen britischen Lockdowns fühlte sich das Trainerteam dagegen machtlos gegen die anhaltende Misere. Es gab keine Auszeit, um den Kopf freizubekommen und sich dann im Training wieder richtig reinzuhängen, kein Ende der Verletzungen in der Abwehr und keine Anzeichen, dass die Fans wieder ins Stadion durften.

Und besonders bedenklich: Klopp wirkte, als würde ihm der Sprit ausgehen, genau wie sein Team. Eine gereizte Überreaktion gegenüber einem Fernsehreporter aus Israel, der zu fragen gewagt hatte, ob Liverpool nach der Niederlage gegen Man City die Meisterschaft abschreiben müsse, verriet seinen ganzen Frust. »Finden Sie die Frage im Moment wirklich angebracht?«, blaffte der Trainer angefasst zurück.

Klopp hatte in früheren Jahren während der Länderspielpausen routinemäßig sonnigere Gefilde aufgesucht, aber aufgrund der Reisebeschränkungen war vorerst keine Flucht aus der heimischen Tristesse möglich. Und für die Öffentlichkeit nicht wahrnehmbar musste er auch einen persönlichen Schicksalsschlag verkraften. Seine Mutter Elisabeth war im Januar mit 81 Jahren gestorben. Die Covid-Vorschriften ließen eine Reise Klopps zur Beerdigung in seinem Heimatort Glatten nicht zu. »Sie hat mir alles bedeutet«, sagte er der Lokalzeitung Schwarzwälder Bote. »Sie war eine richtige Mama im besten Sinn des Wortes. Als gläubiger Christ weiß ich, dass sie jetzt an einem besseren Ort ist.«

Es war herzzerreißend, mit anzusehen, wie Klopp getrennt von seiner ganzen Familie unter der Situation litt, erinnert sich Mike Gordon. »In all den Jahren, die wir gemeinsam verbrachten, habe ich ihn niemals so niedergeschlagen erlebt. Es war unfassbar schwer für ihn, die Mutter inmitten der Pandemie zu verlieren, während er in einem anderen Land lebte. Wir versuchten, sensibel mit der Situation umzugehen und ihn so gut wie möglich zu unterstützen.«

Ohne Klopps überschäumende Energie blieb vom Feuer Liverpools nur ein kaum noch schwelender Aschehaufen übrig. Sie wurden von Manchester United aus dem FA Cup geworfen, verloren sechs Heimspiele nacheinander, hatten keine Handhabe, um eine 3:1-Auswärtsniederlage bei Real Madrid im Viertelfinale der Champions League wettzumachen, und alles sah danach aus, als würden sie es auch nicht mehr auf einen der wichtigen ersten vier Plätze in der Liga schaffen. Dann aber versenkte Alisson Becker am 36. Spieltag in letzter Minute einen unglaublichen Kopfball im Tor von West Bromwich Albion. Der Brasilianer war der erste Torhüter überhaupt, der in 129 Jahren Vereinsgeschichte einen Treffer erzielte. »Wahnsinn, Weltklasse«, jubelte Klopp nach der wundersamen Aktion, »es hätte keinen besseren Menschen treffen können, dem so ein besonderer Moment gelingt, nach allem, was er durchgemacht hatte.« Beckers Vater war im Februar in einem See in Brasilien ertrunken. Auch er konnte wegen der Covid-bedingten Reisebeschränkungen nicht nach Hause reisen.

Gänzlich hausgemacht war der Ärger, der zu Klopps Problemen in jener Saison hinzukam. Am 18. April kündigte der FC Liverpool zusammen mit elf weiteren Vereinen die Gründung der »Super League« an, eine Konkurrenzveranstaltung, um der UEFA die Kontrolle über den internationalen Vereinsfußball zu entreißen und ihn in eine geschlossene Gesellschaft mit garantierter Qualifikation für die selbsternannte Elite zu verwandeln. Die überraschende Ankündigung traf Klopp unvorbereitet und wirkte sich negativ auf die Konzentration des Teams unmittelbar vor dem Match gegen Leeds United am nächsten Tag aus. Vor den Toren von Anfield demonstrierten wütende Fans mit Transparenten gegen den versuchten Coup.

Nach dem 1:1 bei Leeds wählte Klopp seine Worte mit Bedacht, um nicht zu kritisch gegenüber dem Klubbesitzer FSG zu klingen (»das sind vernünftige Leute«), stellte aber auch klar, dass er aus sportlichem Prinzip gegen eine Super League war. Was ihm jedoch am meisten Kopfzerbrechen bereitete, war die Aussicht auf internen Streit und eine Schwächung des Zusammenhalts zwischen Verein und Fans als Folge dieses Debakels. »Das Wichtigste am Fußball sind die Fans und das Team«, sagte er. »Wir müssen sicherstellen, dass es da keine Spaltung gibt. Wir müssen zusammenhalten.«

Innerhalb von 48 Stunden waren unter dem vereinten Druck von Anhängern, Politikern, nicht beteiligten Klubs, prominenten Ex-Aktiven und der UEFA neun der Gründungsmitglieder des Projekts Super League schon wieder ausgestiegen, darunter auch Liverpool. Klopps ablehnende Haltung hatte sich durchgesetzt. Aber er bat ein weiteres Mal um Zusammenhalt. »Die Besitzer haben eine schlechte Entscheidung getroffen. Aber jetzt lasst uns nach vorne schauen. Wir müssen dafür sorgen, dass uns das Ganze nicht schadet. Die Atmosphäre im Verein darf nicht leiden, es kann nicht sein, dass sich Fans jetzt mit Trainern, Managern und Mannschaften anlegen.«

Die Episode hinterließ eine Delle im Verhältnis zwischen Klopp und den Klubbesitzern, jedenfalls vorübergehend. Gordon: »Fühlte er sich von uns im Stich gelassen? Das wäre zu hart formuliert, denke ich. Er verstand die Überlegung dahinter, aber er war definitiv nie ein Fan davon. Er wollte, dass das Ganze wieder rückgängig gemacht wird, aus seiner Perspektive als Trainer von Liverpool. Und das wurde es auch. Ich bin absolut überzeugt, dass diese Geschichte keinen bleibenden Effekt auf unsere gemeinsame Arbeit und seine Rolle als Trainer hatte.«

Liverpool sicherte sich die Qualifikation für die Champions League am letzten Spieltag mit einem 2:0 gegen Crystal Palace vor 30 000 Zuschauern – so viele erlaubte die Behörden inzwischen wieder, als das Vereinigte Königreich sich vorsichtig aus dem Lockdown heraustastete. »Das beste Gefühl, das ich mir je hätte erträumen können«, meinte ein erleichterter Klopp.

Vor dem LFC lagen wieder sonnigere Tage, aber Leute, die ihm nahestanden, fragten sich, ob er vielleicht einen Tapetenwechsel brauchte – und einen weniger hektischen Arbeitsalltag. Rund um Frankfurt, den Sitz des DFB, und in Klopps nahe gelegener Heimatstadt Mainz machten Gerüchte die Runde, er könne sich vorstellen, rechtzeitig vor der Heim-Europameisterschaft 2024 den Job des Nationaltrainers zu übernehmen.

Am Ende passte das Timing für keine der beteiligten Parteien. Joachim Löws Ankündigung vom März 2021, nach der drei Monate später anstehenden Europameisterschaft zurückzutreten, zwang den deutschen Fußballverband, sich zügig um einen Nachfolger zu bemühen und letztlich Hansi Flick zu ernennen, was bedeutete, dass der Job frühestens nach der WM in Katar im Dezember 2022 wieder frei sein würde. Bis dahin hatte ein glücklicher Klopp seinen Vertrag mit dem LFC schon bis 2026 verlängert. Die Rückkehr des Teams zu alter Stärke in der Saison 2021/22 hatte bei ihn neue Energie freigesetzt.

»Wir haben das damals als großen Erfolg gewertet, als Beleg für unsere Charakterstärke und für die Stärke des Teams, dass wir uns da durchgeboxt haben, nach dieser Misere mit den vielen Verletzten. Das dann noch mit Champions-League-Qualifikation abzuschließen, war für uns intern ein Riesenerfolg«, meinte Krawietz. »Es war keine große Überraschung, wir nach der Rückkehr von Allen und dem einen oder anderen Transfer wieder voll ›back on track‹ sind.«

Aber Liverpool kam nicht bloß zurück in die Spur. Sie spielten wahrscheinlich die beste Saison unter Klopp überhaupt. Entscheidend für die überragende Form – von der Rückkehr zu normalen Spielbedingungen und der völligen Wiederherstellung von Klopps Aura als Glücksbringer einmal abgesehen – war die erfolgreiche Auffrischung des Kaders auf wichtigen Positionen zu einer Zeit, als auch die Veteranen von Klopps erstem großen Team (2018-2020) noch voll im Saft standen. Luis Diaz und Diogo Jota waren die perfekte Ergänzungen zu den »Fab Three« Mohammed Salah, Roberto Firmino und Sadio Mané. Der neue Innenverteidiger Ibrahima Konaté, der schnelle französische Nationalspieler von RB Leipzig, wurde zum perfekten Partner für van Dijk in der Abwehr.

Der Mix aus Gegenwart und Zukunft erwies sich als verheerende Kombination für die Konkurrenz. Liverpool blieb wettbewerbsübergreifend zwölf Spiele lang ungeschlagen, bevor man im Oktober zum traditionell kniffligen Auswärtsspiel bei Manchester United fuhr. Klopp beklagte nach dem Schlusspfiff, seine Abwehr hätte »zu offen« gegen Ole Gunnar Solskjaers agiert, aber das fiel hinterher kaum ins Gewicht – Liverpool hatte den Rivalen aus dem Nordwesten mit einem 5:0 gedemütigt, dem höchsten Sieg im Old Trafford in der Vereinsgeschichte.

Und die Siege nahmen kein Ende. Jeder einzelne Liverpooler Spieler, inklusive Torhüter Caoimhín Kelleher, traf beim Elfmeterschießen gegen Chelsea im Carabao Cup, was dem Verein im Februar den ersten Pokal der Saison eintrug. Schon bald hörte man im Kop einen neuen, dem Trainer gewidmeten Song, eine Adaption des Beatles-Klassikers »I feel fine«:

»I'm so glad, that Jürgen is a Red. I'm so glad, he delivered what he said. Jürgen said to me you know, we'll win the Premier League, you know, he said so. I'm in love with him and I feel fine.«

Klopp passte es nicht, dass die Menge den Song gerne schon anstimmte, bevor die Spiele vorbei waren, hatte aber in dieser Beziehung kein echtes Mitspracherecht. Die Begeisterung von 50 000 Leuten brach sich ihre Bahn. Der Text, geschrieben von LFC-Fan Tony Seed in einem Pub unweit von Anfield, wurde zum Soundtrack einer Saison, in der das Team im FA Cup und in der Champions League jeweils das Finale erreichte, und zuvor an einem dramatischen letzten Spieltag um den Titel in der Premier League kämpfte. Ein nervöses 3:1 über die Wolverhampton Wanderers sollte allerdings nicht reichen, weil Man City einen 2:0-Rückstand gegen

Aston Villa noch in einen 3:2-Sieg drehte und damit seinen vierten Titel in fünf Jahren holte. Die 92 Punkte, die LFC zu Buche stehen hatte, hätten bis auf vier Spielzeiten immer ausgereicht, um Meister in der Premier League zu werden.

»Es ist die Geschichte meines Lebens«, meinte Klopp mit einem gequälten Lächeln. Er erinnerte sich an seine zwei gescheiterten Versuche, mit Mainz in die Bundesliga aufzusteigen. »Ich halte immer noch den Rekord als Nichtaufsteiger mit der höchsten Punktzahl in Deutschland.« Ganze zwei Niederlagen in der Liga über die gesamte Saison hatten sich gegen Citys beängstigend konstante Dominanz als eine zu viel für den LFC erwiesen. »Wir wissen, warum wir es nicht geschafft haben. Wir hätten ein bisschen mehr Konstanz in der ersten Hälfte der Saison gebraucht. Aber wir haben eine solide Grundlage, um mit Niederlagen umzugehen. Ich habe den Jungs schon 500 Millionen Mal gesagt: Ihr seid die beste Truppe, die ich jemals gehabt habe.«

Trost stellte sich in Form des FA Cups ein, eine Trophäe, die Klopp bisher noch nie gewonnen hatte. Wieder machten die Elfmeter den entscheidenden Unterschied gegen Chelsea in Wembley aus. Der Liverpool-Trainer schrieb den Erfolg einem deutschen Team von Neurowissenschaftlern zu und widmete ihnen beide Pokale. Ein ausgiebiges Training, darauf ausgelegt, jedwede Ablenkung von den Schützen fernzuhalten, hatte sich bezahlt gemacht.

Nächster Punkt auf dem Terminplan: Real Madrid im Finale der Champions League in Paris – die Chance, Revanche für die traumatische Niederlage von 2018 in Kiew zu nehmen. Aber es sollte nicht sein. Liverpool spielte gut genug, um zu gewinnen, aber die Umstände auf und neben dem Platz verschworen sich gegen das Team und produzierten eine jener bizarren Niederlagen, die für Klopps Karriere trotz aller Siege auch irgendwie typisch sind.

Vor den Toren des Stade de France waren Tausende Liverpool-Fans von den überforderten französischen Behörden in eine schmale Unterführung geschleust worden, was Stunden vor Spielbeginn zu großen Stauungen und einem gefährlichen Gedränge führte. Als dann einheimische Jugendliche versuchten, ohne Ticket ins Stadion zu gelangen, setzte die Polizei Tränengas gegen die Menge ein. Chaos und Tumulte waren die Folge. Wie durch ein Wunder wurde niemand ernsthaft verletzt, aber damit hatten die Qualen für die Fans an jenem Abend längst noch kein Ende. Nach dem Spiel wurden Dutzende Anhänger von Banden gewalttätiger Straßenräuber ins Visier genommen, und Frankreichs Polizei machte wenig Anstalten einzugreifen.

Der Anstoß wurde um 37 Minuten verschoben. Die UEFA machte »das verspätete Eintreffen der Liverpool-Fans« als Grund aus – eine schamlose Lüge. Derweil hatten besorgte Spieler und Mitarbeiter des LFC mitbekommen, dass Freunde und Angehörige außerhalb des Stadions in Schwierigkeiten waren. »Es tröpfeln Nachrichten herein, dass außerhalb des Stadions irgendwas nicht in Ordnung ist«, berichtet Krawietz. »Es gibt Probleme, Verkehrsstaus, Leute werden aufgehalten, unsere ganze Aufwärmphase kam durcheinander. Das sind alles Dinge, die man vor einem Champions-League-Finale nicht braucht. Du kannst dich nicht wirklich darum kümmern, und das solltest du auch nicht müssen. Aber so war eben die Situation.«

Angesichts der Umstände schaffte es Liverpool, eine »relativ solide Leistung auf den Platz zu bringen, und sie waren das überlegene Team«, so Krawietz' Einschätzung. Aber die Atmosphäre in der roten Hälfte des Stadionrunds war matt. Es gab Lücken auf den Rängen, weil einige Zuschauer zu Spielbeginn noch immer draußen festsaßen, und viele von denen, die es ins Stadion geschafft hatten, waren zu aufgewühlt, um ihr Team mit dem gewohnten Elan anfeuern zu können. Die systemische Nachlässigkeit, auf die sie getroffen waren, wirkte fast wie ein Echo der dunkelsten Stunde des Vereins, die Katastrophe von Hillsborough im Jahr 1989. Experten waren sich einig: Allein die kollektive Erinnerung und Besonnenheit der Liverpool-Fans an diese Tragödie hatte verhindert, dass es in der Hauptstadt Frankreichs zu Todesopfern kam.

Liverpool hatte jede Menge Torchancen, kam an jenem Abend aber einfach nicht an Madrids Torwart Thibaut Courtois vorbei. Krawietz: »In einem solchen Spiel, gerade in einem Finale, spielt das erste Tor eine enorme Rolle. Unglücklicherweise bekamen wir dieses Tor, weil wir in einen Konter liefen. Ball in Richtung langer Pfosten, keiner da, und es steht 1:0. Und dann ist das Spiel verloren, was absolut verrückt war, wenn man ehrlich ist.«

Wie immer versuchte Klopp, die Niederlage in einen positiven Kontext zu setzen. Er merkte an, dass man manchmal gegen die Entscheidung zwischen Sieg und Niederlage einfach machtlos war. Aber da die Grundlage stimmte, könnten sie voller Optimismus die nächste Saison in Angriff nehmen. »Die zwei Wettbewerbe, die wir nicht gewinnen konnten, haben wir wegen der denkbar geringsten Differenz nicht gewonnen – ein Punkt, 1:0«, sagte er. »Was sagt uns das? Manchester City war um einen Punkt besser, und heute Abend war Madrid ein Tor besser. Das sagt gar nichts über uns aus. Der Unterschied zwischen 2018 und heute ist, dass ich uns zurückkommen sehe. 2018 wünschte ich es mir bloß, damals konnte es nicht wissen. Aber diese Jungs hier sind wirklich ehrgeizig. Sie haben eine unglaubliche Einstellung. Es ist eine fantastische Truppe. Und wir werden definitiv einen neuen Anlauf nehmen.«

Seine trotzige Botschaft kam bei den Jüngern des Klubs

gut an. Trotz der sportlichen Enttäuschung säumten am nächsten Tag Tausende von ihnen die Busparade des Teams durch die Stadt, um die beiden nationalen Pokalsiege und die Rückkehr ihres Teams zu alter Stärke zu feiern.

»Ich bin stolz auf diese Spieler, und stolz auf diese Menschen«, sagte Klopp strahlend, eingehüllt in rote Rauchschwaden. »Ich habe gehofft, dass es heute so sein würde, unglaublich. Ja, wir haben die letzten zwei Trophäen nicht gewonnen, aber diese Leute hier vergessen nichts. Sie wissen ganz genau, wie sehr sich die Jungs ins Zeug gelegt haben. Ihre Unterstützung ist ein Riesenschub für all das, was noch vor uns liegt.« Klopp sah in der uneingeschränkten Hingabe der Anhänger an die Mannschaft seine eigenen Prioritäten gespiegelt. Sie hatten beschlossen, über den letztendlich willkürlichen Ausgang eines Fußballspiels hinwegzusehen und sich dem zu verschreiben, was im Leben wirklich zählte. Einstellung. Einsatz. Zusammenhalt. Liebe.

Hinter den Kulissen bahnten sich allerdings Veränderungen an. Im Sommer 2022 nahm Sportdirektor Michael Edwards nach zehn Jahren bei Liverpool seinen Hut. Noch im gleichen Jahr kündigte Gordon eine Auszeit vom Tagesgeschäft in der Vereinsführung an, um sich auf den Verkauf des Klubs zu fokussieren. Daraus wurde am Ende jedoch nichts. Das Triumvirat Klopp-Gordon-Edwards, das seit 2015 den Klub umgekrempelt hatte, war Geschichte.

Die Ungewissheit hinter den Kulissen fiel mit einem beunruhigenden Leistungseinbruch zusammen. Erstmals in der Klopp-Ära an der Anfield Road funktionierte der Stoffwechsel des Teams nicht mehr: Sie schafften es nicht, einen Rückschlag aus der Vorsaison in positive Energie zu verwandeln, sondern schleppten die Last der Enttäuschung stattdessen lange mit sich herum. Nach einigen Monaten war auf schmerzliche Weise offenkundig, dass die kraftlose Mannschaft nicht in der Lage sein würde, an der Spitze mit Arsenal und Manchester City mitzuhalten. Ein Platz unter den besten vier war die einzig realistische Perspektive.

»So, wie die vorherige Saison zu Ende gegangen war, hatten wir keinen Grund, mit dem zu rechnen, was danach passieren würde. Natürlich war uns die Schwierigkeit der Situation vollkommen bewusst. Es war eine lange Saison, und wir haben jedes einzelne Spiel gespielt. Danach war die Pause zu kurz, wegen der WM (in Katar). Mohamed Salah und Sadio Mané spielten dazu noch je sieben Partien im Africa Cup, ein paar davon sogar über 120 Minuten und mit Elfmeterschießen. Wir gingen vor der Saison auf Asien-Tour, spielten nach ganzen vier Tagen Training gegen Manchester United und bekamen dort richtig auf die Nuss: 0:4. Das hat eine Unruhe ausgelöst, eine Ungeduld.

Wir wussten, wir können nicht regeneriert sein. Wir wussten, dass es nicht auf hohem Niveau starten kann. Natürlich versucht man alles in seinen Überlegungen mit einzubeziehen, sich selbst ein bisschen Zeit einzuräumen, Verständnis zu entwickeln für eine Situation. Aber die Dynamik, die das dann angenommen hat, war am Ende doch überraschend.

Da war eine mentale Erschöpfung. Und vielleicht wirkte auch die Enttäuschung über den verpassten Gewinn der Premier League und der Champions League noch nach. Einige Spieler waren darauf fokussiert, es ins Aufgebot für die WM mitten in der Saison zu schaffen, und mussten dann mit der Enttäuschung klarkommen, nicht berufen worden zu sein. Am Ende schaukelt sich das Ganze zusammen mit anderen Dingen hoch, die sich negativ auf die Spieler auswirken oder zu weiteren Enttäuschungen führen können. Und so rutschst du immer tiefer rein, weil der Wettbewerb auf diesem Niveau derart intensiv ist. Du kannst dir größere

Leistungsschwankungen einfach nicht leisten, sonst verlierst du zu viel an Boden. Du musst mehr oder weniger dein Topniveau halten, immer auf dem maximalen Leistungsniveau spielen. Sonst läufst du sofort hinterher.«

Hätten sie die Dinge anders anpacken können?

»Ich wüsste spontan jetzt auch nicht, wo die Lösung gelegen hätte. Außer zu sagen, wir machen länger Urlaub, wir geben euch die Chance, noch eine Woche Urlaub länger zu machen. Wir gehen unter Umständen in dem Wissen in die Premier League-Saison, dass wir noch nicht auf dem Level sein können, auf dem wir eigentlich sein wollen am Ende einer Saisonvorbereitung. Das wäre unter Umständen eine Lösung gewesen, aber hinterher ist man da schlauer. Und ob das die richtige Lösung gewesen wäre, weiß auch keiner.«

Vielleicht wäre eine Option gewesen, die Umstellung des Teams stärker voranzutreiben, Urgesteine wie Henderson und James Milner früher abzugeben. Hätten sie gegenüber ihren Veteranen weniger Skrupel, weniger Loyalität an den Tag legen sollen? Krawietz sieht das nicht so. In jenem Sommer, so erzählt er, machte das Trainerteam, was es immer machte: Sie versuchten, in dem gegebenen finanziellen Rahmen die bestmögliche Mannschaft zusammenzustellen. »Du musst die wirtschaftlichen Parameter immer im Kopf haben. Und wenn du die finanziellen Bedingungen akzeptierst, und das haben wir immer so gehandhabt, dann versuchst du natürlich, die Marktwerte deiner Weltklasse-Spieler zu erhalten und zu hegen und zu pflegen. Es gibt Teams, die sagen, ist uns doch egal, wir schicken diesen oder jenen Spieler weg, zerstören seinen Marktwert und ziehen die nächsten 100 Millionen aus der Tasche, um einen Neuen zu holen. Wir hier bei Liverpool können so etwas nicht machen. Das ist das eine. Und wir wollen das auch nicht.«

Die Verschiebung von Alexander-Arnold ins Mittelfeld

brachte ein wenig mehr Stabilität im Frühjahr, als Liverpool bereits aus allen Cupwettbewerben geflogen war. Vor allem die 5:2-Heimniederlage gegen Real Madrid in der Champions League hatte offenbart, wie tief das Leistungsniveau gesunken war. Eine späte Siegesserie in der Premier League reichte nicht mehr, um es in die Champions League zu schaffen und eine verkorkste Saison halbwegs zu retten.

Es gab Spekulationen, wonach sich Geschichte wiederholen und der Trainier sich nach sieben Jahren verabschieden könnte — exakt so, wie es in Mainz und Dortmund passiert war, als sich seine Erfolgsformel ein wenig verbraucht hatte. Doch abgesehen von der Tatsache, dass 2022/23 in Wahrheit bereits sein achtes Jahr in Liverpool war, nicht sein siebtes, war die hier Situation eine vollkommen andere, wie Klopp betonte: »Als ich von Mainz wegging, war das ein Karriereschritt. Als ich von Dortmund wegging, war ich in dem Moment wirklich ausgelaugt. Da kam eine Menge zusammen, und ich dachte, wir müssten wirklich etwas verändern. Es war Zeit, etwas anderes zu tun. Diesmal ist es anders. Ich bin voll und ganz hier. Ich fühle mich verantwortlich. Ich kann nicht gehen, und ich werde nicht gehen.«

Krawietz bestätigt, dass ein Abschied im Sommer 2023 unmöglich gewesen wäre, was aber nicht heißt, dass die Frage danach nie aufgekommen wäre. »Wir hatten gerade eine Phase durchgemacht, die man durchaus als Krise beschreiben kann. Es war sehr, sehr schwierig, die Dinge wieder in die richtige Richtung zu lenken, ein Team zusammenzustellen, das Chancen hatte, Erfolg zu haben, wie es von einem Spitzenklub wie Liverpool einfach erwartet wird. Wenn du dich nicht für die Champions League qualifizierst, dann weißt du, da läuft etwas falsch. Und natürlich musst du überlegen, wie es weitergehen soll, oder ob es überhaupt weitergehen soll. Die Entscheidung im letzten Sommer war relativ unkompliziert: Wir können jetzt nicht aufhören. Dafür war die Liverpool-Story zu gut. Dazu sind wir auch zu klar, wo die Verbesserungsmöglichkeiten liegen.«

Die Verbesserung kam in Form einer Investition von 142 Millionen Pfund in einen kompletten Umbau des Mittelfelds, unter der Führung des neuen Sportdirektors Jörg Schmadtke. Dominik Szoboszlai, Alexis Mac Allister, Ryan Gravenberch und Waturo Endo stießen zum LFC; Fabinho, Jordan Henderson, James Milner und Naby Keita gingen ebenso wie Angreifer Roberto Firmino.

Die neuen Jungs brachten jene wilde Wucht zurück, die Klopps Fußball einfach brauchte. Urplötzlich klang der Slogan an der Tür der heimischen Umkleidekabine – »Our identity is intensity«, unsere Identität ist Intensität – wieder glaubhaft. Die ersten Partien zeigten, dass die Mannschaft in der Lage war, den Ball viel weiter vorne auf dem Platz zurückzuerobern als in der Saison davor, als ihr untermotorisiertes Pressing wieder und wieder ins Leere gelaufen war. Tore und Siege in Hülle und Fülle versprachen eine weitere aufregende Jagd nach Titeln und Trophäen.

»Wir waren wirklich sehr glücklich mit unserem Kader am Ende einer kniffligen Transferperiode«, sagt Krawietz. »Wir waren am Ende der Transferperiode wirklich glücklich mit unserem Kader. Er war jung, breit genug, wir haben interessante Spieler dazubekommen. Aus unserer Sicht haben wir mit dieser Mannschaft über einen langen Zeitraum in dieser Saison wirklich guten Fußball gespielt und schöne Entwicklungsschritte gemacht. Wir wussten, wir waren wieder auf dem richtigen Pfad.«

Es fühlte sich wie ein verheißungsvoller Neubeginn an. Allerdings beschleunigte die Renaissance des Teams auf gewisse Weise auch das Ende von Klopps Amtszeit an der

Merseyside. Der Gedanke an Rücktritt war ihm und seinen engsten Mitarbeitern über den gesamten Herbst durch den Kopf gegangen. Nun zu sehen, wie seine Mannschaft in berauschender Form auftrat, überzeugte ihn, dass er eine Truppe in erstklassigem Zustand hinterlassen konnte. Vielleicht würde es sogar gelingen, einen richtig glanzvollen Abgang hinzulegen. Krawietz: »Jürgen hat gesagt, ›Jetzt, nachdem wir das Ruder rumgerissen haben, reicht es. Im Sommer ist es vorbei.‹«

Die Entscheidung war laut ihm eine kollektive, »ein Gefühl, das das gesamte Trainerteam teilte«, nachdem sich in ersten Planungsbesprechungen für die Saison 2024/25 eine weitere schwierige Saisonvorbereitung einschließlich Übersee-Tournee abgezeichnet hatte, durchaus vergleichbar mit 2022/23. »Es gibt große Turniere diesen Sommer, Copa America und die EM, bei denen viele unserer Spieler im Einsatz sein werden«, führt Krawietz aus. »Und dann fängt alles wieder von vorne an. Es interessiert ja am Ende keinen, warum du nicht performst oder was die Gründe dafür sind. Alles, was man anführen könnte, wird dann als Ausrede gesehen. Während dieses Prozesses hat Jürgen festgestellt, ich bin da nicht mehr bereit für. Er hat das klare Signal für sich erkannt und gesagt, das stehe ich nicht mehr zu 100% dahinter, beziehungsweise, ich bringe die Energie nicht mehr auf, zu 100% überzeugt zu sein, das alles — all die Diskussionen über Transfers, die nicht optimalen Voraussetzungen — noch erfüllen zu können. Die Erfahrung als Trainer sagt dir, dass du diesen Job nicht mit halber Kraft machen kannst, und wenn dich Zweifel umtreiben. Wie sich herausstellte, war dieses Gefühl einhellig vorhanden. Das ist der Moment, in man ehrlich sein und sich selbst gegenüber eingestehen muss: jetzt ist der Punkt erreicht, an dem unsere Reise in Liverpool endet.«

Klopp informierte Gordon im November über seine Entscheidung. Der Amerikaner beschreibt die Mitteilung über die Abschiedspläne des Trainers als »eine Überraschung, aber kein Schock«. Auch ihm war nicht entgangen, dass Klopps Vollgas-Tempo seinen Tribut gefordert hatte.

»Wenn du den Job richtig machen willst, … dann ist es eigentlich gar kein Job, es ist viel mehr als das, es ist eine Rolle, die du einnimmst. Jürgen füllte diese Rolle offensichtlich besser aus als jeder andere in der modernen Ära des FC Liverpool. Es war eine immense Erfolgsphase für den Verein. Da ist das Professionelle. Da ist das Persönliche. Da ist das, was auf dem Platz passiert. Da ist die Unterstützung für kommerzielle Anstrengungen, das Fan-Engagement, das Engagement für die Community. Und wir sind so ein riesiger Verein. Das macht die Verantwortung, der Leader zu sein, der Jürgen war, im Gegenzug gewaltig groß. Es kommt wirklich viel zusammen. Er ist ein riesiges, riesiges Trainertalent und ein wunderbarer Mensch. Aber er ist eben auch nur ein Mensch. Und du konntest sehen, dass das alles mit der Zeit nicht spurlos an ihm vorübergegangen war. Seine Entscheidung hat uns nicht gefallen, aber natürlich haben wir sie akzeptiert. Im Vordergrund stand dann die Idee, die Zeit, die wir noch mit ihm gemeinsam haben würden, maximal zu nutzen. Ich denke, dass haben wir gut hinbekommen.«

Die Gedanken wandten sich sofort der Frage zu, wann der richtige Moment für die öffentliche Bekanntgabe sein würde. »Das war typisch Jürgen, er wollte einerseits die negativen Auswirkungen auf den Klub möglichst minimieren, uns aber andererseits auch so viel Vorlauf wie möglich lassen, um für die Zukunft planen zu können. Uns war klar, dass wir die Sache nicht zu lange würden geheim halten können, so läuft es im Fußballgeschäft nun einmal nicht. Aber Jürgen wollte die Botschaft persönlich überbringen, auf die richtige Art und Weise.«

Genau dies tat er am Morgen des 26. Januar in einer Videobotschaft. »Ich werde den Klub am Ende der Saison verlassen«, sagte er mit einem tiefen Seufzer und blickte dabei direkt in die Kamera. »Ich kann verstehen, dass das in diesem Moment für viele ein Schock sein wird, wenn ihr es zum ersten Mal hört. Aber natürlich kann ich es erklären – oder zumindest versuchen, es zu erklären. Ich liebe absolut alles an diesem Klub, ich liebe alles an dieser Stadt, ich liebe alles an unseren Fans, ich liebe das Team, ich liebe die Mitarbeiter im Verein. Ich liebe alles hier. Dass ich trotz alledem diese Entscheidung treffe, zeigt euch, dass ich überzeugt davon bin: Es ist die Entscheidung, die ich treffen muss. Mir geht die Energie aus. Ich habe keinerlei Problem heute, aber mir ist klar, dass ich diesen Job nicht immer und ewig weitermachen kann. (Zu gehen) ist nicht das, was ich tun will, aber ich glaube einfach, dass es zu 100 Prozent das Richtige ist.«

Falls die Spieler wegen seines bevorstehenden Abgangs traurig sein sollten, merkte man auf dem Platz kaum etwas davon. Liverpool spielte weiterhin spektakulären Fußball, auch wenn sie durch eine 3:1-Niederlage bei Arsenal im Titelrennen an Boden verloren. Es war die zweite Saisonniederlage nach einer surrealen Begegnung mit Tottenham Hotspur im Oktober. Damals hatte der Videoassistent fälschlicherweise ein Tor von Luis Diaz zurückgenommen. Klopp hatte »als Mann des Fußballs« öffentlich aber ohne Erfolg um ein Wiederholungsspiel ersucht.

Der Sieg im Carabao Cup in Wembley gegen Chelsea, bei dem insgesamt fünf Nachwuchsspieler aus der Akademie auf dem Platz gestanden hatten, unterstrich die exzellente Jugendarbeit des Vereins sowie den Charakter, den Klopp den Youngstern eingeimpft hatte. »Es ist der absolute Wahnsinn«, strahlte der Trainer nach van Dijks Siegestor in der Verlängerung, »ich bin so stolz, ein Teil davon zu sein«. Eine

Verletzungsserie hatte ihn gezwungen, viele blutjunge Ergänzungsspieler auf den Rasen zu schicken.

Der Triumph der Klopp-Kids im Carabao Cup fiel mit der Eröffnung einer neuen Tribüne an der Anfield Road zusammen, die die Kapazität des Stadions auf 60 000 Plätze erweiterte und das Wachstum des Vereins verdeutlichte. Dann aber geriet dem Team das Momentum etwas abhanden. Chancen wurden en masse ausgelassen, Fehler in der Abwehr verschlimmerten die Misere. Liverpool wurde von Manchester United aus dem FA Cup geworfen und spielte danach 2:2 gegen den gleichen Gegner, obwohl man genug Chancen herausgespielt hatte, um mindestens zwei Spiele zu gewinnen. Ein paar Wochen zuvor war es gegen den Titelrivalen Man City ganz ähnlich gelaufen. »Ich habe in den letzten Jahren kein Team gesehen, das City dermaßen dominiert hat«, sagt Krawietz, »aber gewonnen haben wir trotzdem nicht.« Die pulsierende Begegnung endete in einem 1:1-Unentschieden.

Klopps Co-Trainer nahmen sich die Dinge vor, die falsch liefen, aber ein Mangel an bedeutsamen Trainingseinheiten führte dazu, dass sie das Ganze nicht praktisch anpacken konnten. »Es schlichen sich kleine taktische Fehler in unser Spiel ein. Das kann manchmal passieren, wenn du unablässig nur noch spielst, spielst, spielst. Unser Abwehrverhalten, speziell im letzten eigenen Drittel vor unserem eigenen Tor, war dann nicht mehr so, wie wir es gebraucht haben. Wenn sich so etwas verfestigt hat, kriegst du das nur mit Analyse und Ansprache nicht mehr hin. Außerdem war unsere Personalsituation durch Verletzungen extrem angespannt. Und dann kam auch noch dazu, dass uns die Kaltschnäuzigkeit vor dem Tor fehlte, genau wie ein wenig Erfahrung. Man konnte hier und da sehen, dass das eine neue Mannschaft war. Wenn ich es in einem Satz zusammenfassen müsste, würde ich sagen: Wir waren einfach noch nicht so weit.«

Eine Woche nach der Länderspielpause im März war es mit Liverpools Jagd nach zwei weiteren Titeln vorbei. Von einer 3:0-Heimniederlage gegen Atalanta Bergamo in der Europa League konnte man sich nicht mehr erholen, und dann handelte man sich auch noch eine 1:0-Heimniederlage gegen Crystal Palace ein, wodurch die Initiative im Titelrennen an Arsenal und Man City verloren ging. Nach der dritten Niederlage innerhalb von zehn Tagen, ein 2:0 beim Lokalrivalen Everton, war endgültig klar, dass Klopps Zeit an der Merseyside kein Märchenende beschieden sein würde.

Geistert da so etwas wie eine nörgelnde Stimme durch Krawietz' Kopf, dass Liverpool angesichts der ganzen Begeisterung, die sie in den knapp neun Jahren unter Klopp entfacht hatten, mehr Trophäen hätten holen müssen? »Ich habe nichts gegen den Gedanken, dass da unter Umständen mehr möglich gewesen wäre. Aber ich bin mit unserem sportlichen Weg, mit unserer Herangehensweise mehr als glücklich«, sagt er. »Wir haben uns verdientermaßen und auch oft genug gegen alle Widerstände durchgesetzt. Dass es schwer ist, die Premier League zu gewinnen, ist eindeutig und klar. Wir sind sehr stolz auf das, was wir hier erreicht haben, auf unsere Art und Weise, auf unseren Weg, genau mit den Voraussetzungen, die toll waren. Gemessen an dem haben wir hier eine wahnsinnig erfolgreiche Zeit hingelegt. Wir haben auf dem Feld immer versucht, uns an Regeln zu halten. Es war für uns immer wichtig, dass unsere Spieler verteidigen, um den Ball zu gewinnen, und nicht, um das Spiel zu unterbrechen. Und ich bin stolz darauf, dass unser Klub alle finanziellen Regeln, soweit wir das beurteilen können, ohne Finanzfachmänner zu sein, eingehalten hat. Was andere machen, ist deren Bier.«

Zum Zeitpunkt der Verfassung dieses Kapitels war das Verfahren der Premier League gegen Manchester City, 115

Anschuldigungen wegen angeblicher Verstöße gegen die finanziellen Vorschriften, noch immer in der Schwebe.

Eine neuerliche Parade durch die Stadt im offenen Bus blieb der LFC-Familie verwehrt, dafür durfte sie sich jedoch auf Klopps Abschiedsspiel an der Anfield Road freuen. Der Mann im Auge des Liebessturms wurde von einem Mosaik begrüßt, das seinen Namen und ein schlichtes »Danke« (auf Deutsch) bildete, zusammen mit den Buchstaben YNWA, dem Kürzel für die Vereinshymne (You Never Walk Alone). Es schien ihm alles ein wenig zu viel. Aber er lenkte bei seinem letzten Auftritt im LFC-Trainingsanzug, ein 2:0-Sieg gegen Wolverhampton, die Aufmerksamkeit von sich weg und verwandelte den Abschied geschickt in eine Feier all der Dinge, was den FC Liverpool so besonders machte. Er sprach von der Zukunft, dass er nun die Rollen tauschen und vom Trainer zum Fan werden würde, und von seiner Freude darüber, ein Team »voller Talente, Jugend, Kreativität, Siegeswillen und Hunger« zu hinterlassen. Er pries die Fans in Anfield als »die Supermacht im Fußball« und animierte diese dann, den Namen seines Nachfolgers Arne Slot in der Stehplatzversion des einst ihm selbst gewidmeten Opus-Hits »Life is life« anzustimmen. Es gab keine dunklen Momente, keine Tränen über das Ende einer neun Jahre währenden Beziehung, die durch gegenseitige Wertschätzung geprägt war. »Ich bin vollkommen überrascht«, sagte Klopp, als er sich vom Mittelkreis aus an die Zuschauer im Stadion wandte. »Ich dachte, ich würde jetzt schon ganz aufgelöst sein, aber das bin ich gar nicht. Ich bin so glücklich, über euch alle, über die Atmosphäre, über das Spiel, darüber, Teil dieser Familie zu sein, über uns, wie wir diesen Tag gefeiert haben. Es ist einfach unglaublich. Vielen, vielen Dank euch allen.« Die Menge und er hatten sich darauf verständigt, wie ein paar beste Freunde den Moment des Zusammenseins zu genießen, anstatt sich darüber zu grämen, von nun an getrennte Wege zu gehen.

»Wir können hier mit hoch erhobenem Haupt rausgehen. Wir kamen durch die Vordertür rein, und wir gehen auch durch die Vordertür wieder raus«, sagt Krawietz über den bewegenden letzten Arbeitstag von ihm und Klopp an der Mersey. »Eine solch tolle Geschichte, wie sie mit uns hier in Liverpool war, auch zu einem würdigen Ende zu führen, hat sich richtig und gut angefühlt. Und genau so war es dann auch.«

Zwei Tage nach seinem Abschied an der Anfield Road gab es eine Zugabe vor 10 000 Zuschauern in der M&S Bank Arena, bei einer Veranstaltung zugunsten der gemeinnützigen Stiftung des Vereins. Kopp bezeichnete die Entscheidung, nach Liverpool zu gehen, als die beste seines Lebens – »abgesehen davon, Ulla geheiratet zu haben« – und meinte: »Es ist schwer, zu gehen, und so soll es ja auch sein. Lasst uns nicht traurig darüber sein, dass es zu Ende geht. Lasst uns froh sein, dass wir zusammen waren.« Während die Menge knapp zwei Minuten lang seinen Song anstimmte, konnte Klopp die Tränen nicht mehr zurückhalten. Dann stand er auf und reckte ein letztes Mal die geballte Faust – die Geste, die zu seinem Markenzeichen geworden war.

»Auf der professionellen Ebene bin ich ihm unglaublich dankbar für seinen Beitrag zu dem, was wir erreichen konnten«, sagte Gordon. »Wir hatten wirklich hohe Erwartungen, als wir den Job hier antraten. Wir wollten Liverpool wieder an den Platz an der Spitze der Fußballwelt bringen, wo der Klub hingehört. Aber das war extrem ambitioniert, es hatte etwas von einem Traum. Diesen Traum verwirklicht zu sehen, war absolut unglaublich. Das war nicht nur der glücklichste Moment in meiner Zeit mit Jürgen, sondern, von meiner Familie einmal abgesehen, einer der absolut glücklichsten Momente meines Lebens. Und auf der persönlichen Ebene habe ich in ihm einen wirklich guten Freund gewonnen, der mir sehr viel bedeutet. Das ist der Teil, der bleiben wird, und für den ich auch extrem dankbar bin.«

Klopps Vermächtnis gegenüber dem Verein bedarf gar keiner gesonderten Erwähnung, er hat einen viel besseren Ort verlassen, als er im Oktober 2015 vorgefunden hatte. Doch was wird er aus der Erfahrung für sich selbst mitnehmen? Gordon überlegt bei der Frage einen Moment lang. »Beziehungen und Erinnerungen«, antwortet er. »Liverpool wieder an die Spitze geführt zu haben, hat unseren Fans so viel Freude beschert. Ich stelle mir vor, das ist etwas, das er für sich mitnimmt, woran er oft und für immer denken wird.«

In Anfield werden sie mit Sicherheit auch an ihn oft und für immer denken. Da sein überdimensionales Konterfei Mauern rund um das Stadiongelände ziert, wird er ohnehin nie ganz weg sein. Man wird ihn als Botschafter für die Vereinsstiftung in Aktion sehen, und das Show-Reel all der Highlights aus seiner Zeit von 2015 bis 2024 wird die Seelen künftiger Generationen von Liverpool-Fans in Schwingung versetzen.

Und jetzt? Erst einmal die Batterien aufladen mit einer Menge Padel, Tanzstunden mit Ulla und einer Auszeit auf Mallorca. Und dann, wer weiß. Nach dem perfekten Triptychon aus Mainz, Dortmund und Liverpool findet Klopp vielleicht nie wieder eine Leinwand in passender Größe, um sich nicht einmal auf die Trainerbank locken zu lassen. Sicher ist allein, dass eine Masse von Menschen auch weiterhin an jedem Wort und jeder Aktion an ihm hängen, sein Instagram-Konto @Kloppo hatte schon innerhalb weniger Tage Millionen von Followern.

Es war überraschend zu sehen, wie sich Klopp gleich nach Saisonende als Taylor-Swift-Fanboy outete, und ein Video des Besuches ihres Konzerts im Anfield-Stadion. Dabei hätte man Ähnliches eigentlich erwarten können. Ein Mann, der so lange so gut darin war, es krachen zu lassen, kann sich nicht geräuschlos in die Nacht verabschieden.

# DANKSAGUNG

Diese Jürgen-Klopp-Geschichte verdankt alles den Erinnerungen, Beobachtungen und Anekdoten, die seine Familienmitglieder, engen Freunde und Fußballkollegen aus Vergangenheit und Gegenwart freundlicherweise mit mir geteilt haben. Ich bin sehr dankbar für die gemeinsame Zeit und die Gedanken von Isolde Reich, Benjamin und Sebastian Frank, Peter Krawietz, Christian Heidel, Harald Strutz, Jan Doehling, Mike Gordon, Hans-Joachim »Aki« Watzke, Martin Quast, Josef Schneck, Fritz Lünschermann, Sven Müller, Ilkay Gündogan, Neven Subotic, Sven »Manni« Bender, Mats Hummels, Sebastian Kehl, Dietrich Weise, Matthias Sammer, Matthias Dersch, Freddie Röckenhaus, Sandro Schwarz, Jürgen Kramny, Ansgar Brinkmann, Guido Schäfer, Ramon Berndroth, Hermann Bauer, Hermann Hummels, Ulrich Rath, Hartmut »Hardy« Rath, Dragoslav »Stepi« Stepanović, Adam Lallana, Thomas Berthold, Michael Theis, Marcel Reif, Jonathan Northcroft, Dominic King, Simon Hughes, Axel Schubert, Norbert Neuhaus, Jamie Carragher, Steve McManaman, Horst Dietz, Frank Kontny, Bernd Hofmann und Reinhard Mongiatti.

Danke auch an Hannes Winzer, Thorsten »Toto« Wirth, Ronald »Ronny« Reng, Mathias Schneider, Dr. Michael Becker,

Sascha Fligge, Daniel Stolpe, Frieder Gamm, Ilhan Gündogan, Jörg Krause, Martin Hägele, Jörg Vorländer und Matt McCann für euren stets so freundlichen Rat.

Ohne den unermüdlichen Einsatz und den Einfallsreichtum von Oliver Trust hätte es große Teile dieses Buches nicht geben können. Vielen lieben Dank.

Ich bedanke mich auch bei Tim Broughton und Frances Jessop von Yellow Jersey Press und bei Daniel Oertel von Ullstein für euer Vertrauen, eure Unterstützung und Geduld. Und für eure Geduld. Und noch einmal für eure Geduld.

Philip Röber: Danke, Mann!

Und was die Familie betrifft… Elinor, Mia, Ayalah und Naomi: Ich liebe euch so sehr. Danke, dass ihr es mit mir aushaltet.

# BILDNACHWEIS

S. 1: imago/MIS (1)

S. 2: Privatarchiv Horst Dietz (2), Privatarchiv Ulrich und Hartmut Rath (3, 4, 5)

S. 3: Privatarchiv Ulrich und Hartmut Rath (6, 7)

S. 4: Privatarchiv Isolde Reich (8); Sven Müller (9)

S. 5: Privatarchiv Rath (10); imago/Sämmer (11); imago/Jan Huebner (12); imago/Eßling (13)

S. 6: imago/Sven Simon (14, 15, 16); imago/Ulmer (17); imago/Moritz Müller (18)

S. 7: Privatarchiv Sven Müller (19)

S. 8: imago images / Jan Huebner (20, 21)

## »Harry Kane ist ein unfassbarer Spieler.« CHRISTIAN STREICH

Wie wurde ein unscheinbarer Junge aus Nordlondon zum Rekordtorschützen der englischen Nationalmannschaft – und zum sympathischen Superstar, der er heute ist? Wie kam es, dass der FC Bayern so viel Geld für einen Spieler ausgab wie nie zuvor?
Mario Krischel, FC-Bayern-Reporter beim *kicker*, hat Harry Kane in seinem ersten Jahr in München begleitet. Von der ersten Pressekonferenz über sein Premieren-Tor bis hin zu aufregenden Champions-League-Abenden in London und Madrid.
Harry Kane aus nächster Nähe: eine hintergründige Spurensuche voller dramatischer Geschichten.

Mario Krischel
**The Torjäger**
Harry Kane beim FC Bayern

Klappenbroschur
Auch als E-Book erhältlich
www.ullstein.de

ullstein